ENDEREÇO DESCONHECIDO

crianças e adolescentes em situação de rua

Normanda Araujo de Morais
Lucas Neiva-Silva
Sílvia Helena Koller

(Organizadores)

ENDEREÇO DESCONHECIDO

crianças e adolescentes em situação de rua

Casa do Psicólogo®

© 2010 Casapsi Livraria, Editora e Gráfica Ltda.
É proibida a reprodução total ou parcial desta publicação, para qualquer finalidade, sem autorização por escrito dos editores.

1ª Edição
2010

Editores
Ingo Bernd Güntert e Juliana de Villemor A. Güntert

Assistente Editorial
Aparecida Ferraz da Silva

Capa
Carla Vogel

Projeto Gráfico & Editoração Eletrônica
Sergio Gzeschenik

Produção Gráfica
Fabio Alves Melo

Fotos
Lucas Neiva-Silva
(Pintura de rua; Pirâmide na rua)

Preparação de Original e Revisão
Flavia Okumura Bortolon

Revisão Final
Juliana de Villemor A. Güntert e Lucas Torrisi Gomediano

Dados Internacionais de Catalogação na Publicação (CIP)
(Câmara Brasileira do Livro, SP, Brasil)

Endereço desconhecido : crianças e adolescentes em situação de rua / Normanda Araujo de Morais, Lucas Neiva-Silva, Sílvia Helena Koller, (organizadores) . -- 1. ed. -- São Paulo : Casa do Psicólogo®, 2010.

Vários autores.
ISBN 978-85-62553-25-7

1. Adolescentes em situação de rua 2. Adolescentes socialmente desfavorecidos 3. Crianças em situação de rua 4. Crianças socialmente desfavorecidas 5. Psicologia do adolescente 6. Psicologia do desenvolvimento 7. Psicologia infantil I. Morais, Normanda Araujo de. II. Neiva-Silva, Lucas. III. Koller, Sílvia Helena.

10-04447   CDD-155

Índices para catálogo sistemático:
1. Adolescentes e crianças em situação de rua :
Psicologia do desenvolvimento 155
2. Crianças e adolescentes em situação de
rua : Psicologia do desenvolvimento 155

Impresso no Brasil
Printed in Brazil

Reservados todos os direitos de publicação em língua portuguesa à

Casapsi Livraria, Editora e Gráfica Ltda.
Rua Santo Antônio, 1010
Jardim México • CEP 13253-400
Itatiba/SP – Brasil
Tel. Fax: (11) 4524.6997
www.casadopsicologo.com.br

DEDICATÓRIA

Cada um de nós tem um anjo da guarda que nos protege, e ele está conosco independente de nosso credo. Nós, do CEP-RUA, temos dois, sempre de plantão! Quando nosso anjo pessoal descansa, o anjo do CEP-RUA é acionado! E temos certeza de que está presente. Às vezes, a demanda é tão grande que podemos quase ver (e cremos!) que ambos estão trabalhando juntos, na difícil empreitada de cuidarem de nós e das crianças e adolescentes com quem trabalhamos! Portanto, dedicamos nosso livro aos nossos anjos da guarda e a quem acredita que eles estão presentes!

Dedicamos, ainda, aos nossos pais, mães, irmãos e sobrinhos! Aos nossos avós e aos nossos padrinhos! Às nossas famílias! E aos nossos filhos!

E de uma forma mais especial, a todas as crianças e adolescentes em situação de rua que deram vida a esse livro! Onde estiverem, recebam nossa gratidão e amor! Desejamos que este livro possa chegar até vocês na forma de intervenções efetivas e melhoria de qualidade de vida.

Além disto, pessoalmente:

Eu, Normanda, dedico este livro ao meu amado pai (*in memorian*), à minha amabilíssima mãe e aos meus queridos irmãos. Dedico-o, ainda, à querida Sílvia Koller, por toda amizade, carinho e orientação ao longo da pós-graduação e na vida.

Eu, Lucas, dedico aos meus pais Joel e Neyde, que me ensinaram o valor da simplicidade e a nunca desistir de meus sonhos. Ao vô Livá, pelas caminhadas ao entardecer. Ao Arthur, minha mais importante "produção não acadêmica", e à Fernanda, co-autora desta obra.

Eu, Sílvia, dedico este livro ao Artur Francisco Koller e ao Lucas Afonso de Quadros Menegon, com muito amor eterno e genuíno! Suas vidas me faziam uma pessoa inteiramente feliz! Aos meus colegas colaboradores, cepianos e cepianas, nesta trajetória de desafios e luta por um mundo melhor! Viva!

SUMÁRIO

Dedicatória 5

Sobre os autores 11

Prefácio 19
Marcela Raffaelli

Apresentação 29

PARTE I – ASPECTOS TEÓRICO-METODOLÓGICOS 33

1   Crianças e adolescentes em situação de rua: história,
    caracterização e modo de vida 35
    Normanda Araujo de Morais, Lucas Neiva-Silva e Sílvia Helena Koller

2   Resiliência e vulnerabilidade na vida de crianças e
    adolescentes em situação de rua 63
    Normanda Araujo de Morais, Marcela Raffaelli e Sílvia Helena Koller

3   A situação de rua como contexto de desenvolvimento
    infantil: discussões metodológicas 85
    Paola Biasoli Alves

4   Aspectos metodológicos nas pesquisas com crianças e
    adolescentes em situação de rua.. 103
    Lucas Neiva-Silva, Normanda Araujo de Morais e Sílvia Helena Koller

5   Princípios éticos nas pesquisas com crianças e
    adolescentes em situação de rua.. 145
    Lucas Neiva-Silva, Normanda Araujo de Morais e Sílvia Helena Koller

PARTE II – ASPECTOS DESENVOLVIMENTAIS......................... 175

6   Famílias de crianças e adolescentes em situação de rua..... 177
    Normanda Araujo de Morais, Simone Paludo e Sílvia Koller

7   Além do saber ler e escrever: a escola na vida das
    crianças em situação de rua.. 199
    Elder Cerqueira-Santos

8   Emoções morais: desvelando a moralidade das
    crianças e adolescentes em situação de rua........................ 213
    Simone Paludo

9   Saúde de crianças e adolescentes em situação de rua........ 235
    Normanda Araujo de Morais e Sílvia Helena Koller

10 Crianças em situação de rua: trabalho e processos de
    socialização... 263
    Hugo Juliano Duarte Matias e Rosângela Francischini

11 A exploração sexual comercial de crianças e adolescentes
    em condição de rua: uma das piores formas de trabalho
    infantil.. 295
    Maria de Fátima Pereira Alberto

12 Uso de drogas por crianças e adolescentes em situação
    de rua e a busca de intervenções efetivas.......................... 325
    *Lucas Neiva-Silva, Joana Plentz Marquardt, Jorge López
    e Sílvia Helena Koller*

13 Comportamentos sexuais de risco em crianças e adolescentes em situação de rua: vulnerabilidade a doenças sexualmente transmissíveis e HIV/AIDS............. 359
Fernanda Torres de Carvalho, Lucas Neiva-Silva,
Cesar Augusto Piccinini e Sílvia Helena Koller

14 Rua, virilidade e violência: crianças e jovens em situação de extrema vulnerabilidade social e pessoal...................... 381
Walter Ernesto Ude Marques

PARTE III – INTERVENÇÕES COM CRIANÇAS E ADOLESCENTES EM SITUAÇÃO DE RUA................................... 403

15 Trajetória de vinculação institucional de crianças e adolescentes em situação de rua....................................... 405
Juliana Prates Santana, Thaís Mesquita Doninelli e Sílvia Helena Koller

16 Profissionais que atendem crianças e adolescentes em situação de rua: conquistas alcançadas e desafios enfrentados.. 421
Yone Gonçalves de Moura e Ana Regina Noto

17 Educação social de rua... 435
Walter Ferreira de Oliveira

18 Inter-Rua: experiência de Porto Alegre........................... 465
Maria Goreti de Souza, Maria Lucia de Andrade Reis,
Naíde Maria Baseggio Corrêa e Silvia Giugliani

19 Experiência das Casas Lares: uma alternativa possível para crianças e adolescentes em situação de rua.............. 499
Aline Cardoso Siqueira, Normanda Araujo de Morais,
Débora Dalbosco Dell'Aglio e Sílvia Helena Koller

SOBRE OS AUTORES

Aline Cardoso Siqueira
Psicóloga formada pela Universidade Federal de Santa Maria (UFSM), mestre em Psicologia do Desenvolvimento, pela UFRGS, e doutora em Psicologia, pela UFRGS. Realizou estágio de doutorado-sanduíche pela University of Connecticut, School of Social Work. É membro do Núcleo de Estudos em Pesquisas em Adolescência (NEPA). Professora adjunta do curso de Psicologia do Centro Universitário Franciscano, Santa Maria, Rio Grande do Sul. Áreas de interesse: desenvolvimento de crianças e adolescentes em situação de risco; institucionalização e reinserção familiar; famílias em vulnerabilidade social e políticas públicas.
E-mail: *alinecsiq@gmail.com*

Ana Regina Noto
Formada em Psicologia e Farmácia-Bioquímica, com mestrado e doutorado pelo Departamento de Psicobiologia da Escola Paulista de Medicina da Universidade Federal de São Paulo (UNIFESP). Professora adjunta do Departamento de Psicobiologia da UNIFESP e pesquisadora do Centro Brasileiro de Informações sobre Drogas Psicotrópicas (CEBRID) desde 1993, com funções didáticas, administrativas e de pesquisa. Consultora de várias revistas científicas e membro da Diretoria fundadora da Associação Brasileira Multidisciplinar de Estudos sobre Drogas (ABRAMD). Sua

linha de pesquisas envolve estudos epidemiológicos e qualitativos sobre o uso de drogas e suas implicações para a saúde, com enfoque em populações específicas, meios de comunicação e violência familiar.
E-mail: *ananoto@psicobio.epm.br*

Cesar Augusto Piccinini

Doutor pela Universidade de Londres, com pós-doutorado pela mesma instituição; mestre em Psicologia pela Universidade de Brasília (UnB); psicólogo pela UFRGS. Professor na graduação, especialização, mestrado e doutorado em Psicologia da UFRGS. Coordenador do Grupo de Pesquisa sobre Interação Social, Desenvolvimento e Psicopatologia. Dedica-se à pesquisa sobre os aspectos subjetivos e comportamentais relacionados à interação pais-bebê/criança, com destaque para as relações familiares na infância, transição para a maternidade e paternidade; e avaliação de intervenções precoces. E-mail: *piccinini@portoweb.com.br*

Débora Dalbosco Dell'Aglio

Psicóloga, doutora em Psicologia (UFRGS), pesquisadora do Conselho Nacional de Desenvolvimento Científico e Tecnológico (CNPq) e professora do Programa de Pós-Graduação em Psicologia da UFRGS. Coordenadora do Núcleo de Estudos e Pesquisas em Adolescência (NEPA). Áreas de interesse: desenvolvimento humano; resiliência; abuso sexual; famílias, adolescentes e crianças em situação de risco e de institucionalização. E-mail: *dalbosco@cpovo.net*

Elder Cerqueira-Santos

Psicólogo pela Universidade Federal de Sergipe (UFS); mestre em Psicologia do Desenvolvimento pela UFRGS e doutor em Psicologia pela UFRGS e University of Nebraska. Membro do Centro de Estudos Psicológicos sobre Meninos e Meninas em Situação de Rua (CEP-Rua) desde 2001; consultor do World Childhood Foundation e professor do mestrado em Psicologia Social da UFS. Principal linha de pesquisa: desenvolvimento humano em situações atípicas; sexualidade e religiosidade do adolescente. E-mail: *eldercerqueira@yahoo.com.br*

Fernanda Torres de Carvalho

Psicóloga formada pela PUC-RS. Mestre e doutora em Psicologia pela Universidade Federal do Rio Grande do Sul (UFRGS), tendo realizado Residência Integrada em Saúde Coletiva pela Escola de Saúde Pública do Rio Grande do Sul. Atualmente é coordenadora adjunta do Centro de Estudos de AIDS e DST do Rio Grande do Sul, professora do curso de especialização em Saúde Comunitária da UFRGS e Psicóloga da Secretaria de Saúde do Estado do RS. Áreas de interesse: psicologia da Saúde e Saúde Coletiva, HIV/AIDS, infância e família, educação para a saúde, intervenções em saúde e bioética. E-mail: *torresdecarvalho@yahoo.com.br*

Hugo Juliano Duarte Matias

Psicólogo pela Universidade Federal do Rio Grande do Norte (UFRN) e mestre em Psicologia pela UFRN. Atualmente, é doutorando do Programa de Pós-Graduação em Psicologia Clínica e Cultura, pela UnB. Tem interesse em métodos clínicos de pesquisa. E-mail: *hugo_jdm@yahoo.com.br*

Joana Plentz Marquardt

Psicóloga, formada pela Universidade Federal do Rio Grande do Sul (UFRGS), membro do Centro de Estudos Psicológicos sobre Meninos e Meninas de Rua (CEP-Rua). Atua na área clínica e em pesquisas com crianças e adolescentes em situação de risco. Email: *juplentz@ig.com.br*

Jorge López Martínez

Médico, psicólogo e doutor em Psicologia pela Universidad Autónoma de Madrid (UAM). Pesquisador e professor do curso de Pós-Graduação em Comportamiento Social e Organizacional do Departamento de Psicología Social y Metodologia da Universidad Autónoma de Madrid. E-mail: *jorge.lopez@uam.es*

Juliana Prates Santana

Psicóloga formada pela Universidade Federal da Bahia (UFBA), mestre em Psicologia do Desenvolvimento pela UFRGS e doutora em Sociologia da Infância pelo Instituto de Estudos da Criança, Universidade do

Minho. Atualmente é professora da Universidade Salvador (UNIFACS) e psicóloga do Projeto EspaSSos da Rua, ligado ao Centro de Atenção Psicossocial de Álcool e Drogas (CAPS-AD Pernambués), na cidade de Salvador. É membro do CEP-Rua (UFRGS). E-mail: *jps1103@msn.com*

Lucas Neiva-Silva
Psicólogo formado pela Universidade de Brasília (UnB). Mestre e doutor em Psicologia pela Universidade Federal do Rio Grande do Sul (UFRGS) em convênio com Universidad Autónoma de Madrid (UAM). Professor da Universidade Federal do Rio Grande (FURG). É pesquisador membro e consultor estatístico do Centro de Estudos Psicológicos sobre Meninos e Meninas de Rua (CEP-RUA FURG e UFRGS) e pesquisador colaborador do Centro de Estudos de AIDS do Rio Grande do Sul (CEARGS). Áreas de interesse: crianças e adolescentes em situação de rua, uso de drogas e saúde mental, comportamentos sexuais de risco, HIV/AIDS e estratégias de intervenção em saúde.
E-mail: *lucasneiva@yahoo.com.br*

Marcela Raffaelli
Doutora em Psicologia do Desenvolvimento pela Universidade de Chicago e professora do Departamento de *Human and Community Development* na Universidade de Illinois em Urbana-Champaign. Áreas de interesse: famílias, adolescentes, e crianças em situação de risco; resiliência; imigração; cultural e desenvolvimento humano. E-mail: *mraffael@illinois.edu*

Maria de Fátima Pereira Alberto
Psicóloga, doutora em Sociologia pela Universidade Federal de Pernambuco (UFPE). Professora do Departamento de Psicologia e do Programa de Pós-Graduação em Psicologia Social da Universidade Federal da Paraíba (UFPB), coordena o Grupo de Estudos sobre o Trabalho Infantil, com registro no CNPq. Pesquisadora do grupo de pesquisa Subjetividade e Trabalho. Tem experiência na área de Psicologia, com ênfase em Psicologia Social e do Desenvolvimento, atuando com trabalho infantil, violência sexual contra crianças e adolescentes, direitos humanos, subjetividade, juventude e políticas públicas. E-mail: *jfalberto@uol.com.br*

Maria Goreti de Souza

Assistente social formada pela Universidade Luterana do Brasil (ULBRA). Especialista em Intervenção Sociofamiliar pela ULBRA. Atualmente, é assistente social do serviço de Acolhimento Noturno, que integra a rede de assistência à infância e adolescência em situação de rua da cidade de Porto Alegre. E-mail: *mgsouza@fasc.prefpoa.com.br*

Maria Lucia de Andrade Reis

Educadora física formada pela Universidade Federal de Juiz de Fora (UFJF). Professora da rede municipal de ensino da Secretaria Municipal de Educação de Porto Alegre. Atualmente, compõe a coordenação pedagógica da Escola Municipal de Ensino Fundamental de Porto Alegre, escola especializada no atendimento a adolescentes e jovens com risco pessoal e social, em especial àqueles em situação de rua. Terapeuta comunitária, formadora em Terapia Comunitária pelo Movimento Integrado de Saúde Comunitária do Rio Grande do Sul (MISC/RS), sócia fundadora da Associação Brasileira de Terapia Comunitária (Abratecom), vice-presidente da Abratecom (Gestão 2007/2009) e presidente do MISC/RS (Gestão 2007/2009). E-mail: *malureis@uol.com.br*

Naide Maria Baseggio Corrêa

Assistente social formada pela PUC-RS. Possui especialização em Orientação Familiar pela PUC-RS e em Gestão Social pela UFRGS. Coordenadora técnico-administrativa do Lar Dom Bosco desde junho de 2001. Possui experiência no trabalho com meninos em situação de moradia nas ruas e oficinas de iniciação profissional, gerenciamento de pessoal, articulação com fóruns, conselhos e demais serviços que atuam na área. E-mail: *lardombosco@terra.com.br*

Normanda Araujo de Morais

Psicóloga formada pela Universidade Federal do Rio Grande do Norte (UFRN). Mestre e doutora em Psicologia pela UFRGS. Realizou o seu estágio de doutorado-sanduíche na Universidade de Illinois (Urbana-Champaign). Integrante do CEP-Rua. Áreas de interesse: desenvolvimento

em contextos de vulnerabilidade social, especialmente crianças e adolescentes em situação de rua, resiliência e exploração sexual.
E-mail: *normandaaraujo@yahoo.com.br*

Paola Biasoli Alves

Psicóloga pela Faculdade de Filosofia Ciências e Letras de Ribeirão Preto (FFCL-RP), com mestrado e doutorado pelo Programa de Pós-Graduação em Psicologia do Desenvolvimento pela UFRGS. Atualmente é professora efetiva do Instituto de Educação da Universidade Federal do Mato Grosso (UFMT), pertencendo ao Departamento de Psicologia. Tem experiência na área de Psicologia, com ênfase em Desenvolvimento Humano em Situações de Risco, atuando principalmente nos seguintes temas: desenvolvimento infantil, crianças em situação de rua, desenvolvimento humano, ensino-aprendizagem e metodologia.
E-mail: *paolabia@yahoo.com*

Rosângela Francischini

Psicóloga pela Pontifícia Universidade Católica de Campinas (PUC-CAMP), mestre em Psicologia pelo Instituto de Psicologia da Universidade de São Paulo (IPUSP), doutora em Linguística pelo Instituto de estudos da Linguagem da Universidade Estadual de Campinas (IEL/UNICAMP), professora e pesquisadora do Departamento de Psicologia da UFRN, coordenadora do Núcleo de Estudos Socioculturais da Infância e Adolescência da UFRN, coordenadora do GT Desenvolvimento Humano em Situação de Risco Social e Pessoal da Associação Nacional de Pesquisa e Pós-Graduação em Psicologia (ANPEPP), presidente da Associação Brasileira de Psicologia do Desenvolvimento. Linha de pesquisa: infância e contextos de desenvolvimento. E-mail: *rfranci@uol.com.br*

Sílvia Helena Koller

Psicóloga, doutora em Educação (PUC-RS), pesquisadora do CNPq, professora do curso de Pós-Graduação em Psicologia da UFRGS. Coordenadora do CEP-Rua do Departamento de Psicologia da UFRGS. Áreas de interesse: desenvolvimento humano, ecologia humana, psicologia positiva, famílias, adolescentes e crianças em situação de risco e de rua, pobreza, violência intrafamiliar e na comunidade. E-mail: *kollersh@ufrgs.br*

Sílvia Giugliani
Psicóloga formada pela PUC-RS. Atualmente é assessora técnica do Centro de Referência Técnica em Psicologia e Políticas Públicas (CREPOP), instância do CRP-RS. Realiza assessoria a projetos sociais nas áreas da infância, juventude, família, intersetorialidade, redes sociais e políticas públicas. Compõe a coordenação do Centro de Defesa da Criança e do Adolescente (CEDECA) do Instituto de Acesso à Justiça na cidade de Porto Alegre. Compôs a Coordenação Executiva do Programa de Atenção Integral a Crianças e Adolescentes em Situação de Rua (PAICA- Rua) no período de 1997 a 2004, representando a FASC, órgão vinculado a Prefeitura Municipal de Porto Alegre executor da política de Assistência Social. E-mail: *sgiugliani@yahoo.com.br*

Simone Paludo
Psicóloga, mestre e doutora em Psicologia pela Universidade Federal do Rio Grande do Sul (UFRGS), professora adjunta da Universidade Federal de Rio Grande (FURG), vice-coordenadora do Centro de Estudos Psicológicos sobre Meninos e Meninas de Rua (CEP-Rua) da FURG. Email: *simonepaludo@yahoo.com.br*

Thaís Mesquita Doninelli
Psicóloga, formada pela Universidade Federal do Rio Grande do Sul (UFRGS), membro do Centro de Estudos Psicológicos sobre Meninos e Meninas de Rua (CEP-Rua). Email: *tmdoninelli@yahoo.com.br*

Walter Ernesto Ude Marques
Psicólogo formado pela Pontifícia Universidade Católica de Minas Gerais (PUC-MG), mestre em Educação pela Universidade Federal de Minas Gerais (UFMG) e doutor em Psicologia pela UnB, com pós-doutorado em Psicologia pela Universidade Federal Fluminense (UFF). Atualmente é professor adjunto da UFMG. Tem experiência na área de Psicologia,

atuando principalmente nas seguintes áreas: violência e juventude, trabalho infantil, infância, marginalização, escola e identidade.
E-mail: *walterude@fae.ufmg.br*

Walter Ferreira de Oliveira
Graduado em Medicina pela Escola de Medicina e Cirurgia, da Federação das Escolas Federais Isoladas do Estado do Rio de Janeiro (FEFIERJ), atual Universidade Federal do Estado do Rio de Janeiro (UniRio), mestre e doutor pela Universidade de Minnesota. Atualmente é professor do Departamento de Saúde Pública da Universidade Federal de Santa Catarina (UFSC), parecerista do Ministério da Saúde e professor adjunto à residência em psiquiatria do Instituto de Psiquiatria do Estado de Santa Catarina. Temas de maior interesse: SUS, saúde mental, saúde coletiva, desinstitucionalização em saúde mental, violência, abordagens alternativas em saúde, formação profissional e educação social.
E-mail: *walter@ccs.ufsc.br*

Yone Gonçalves de Moura
Formada em Psicologia, com mestrado em Ciências pelo Departamento de Psicobiologia pela UNIFESP. Formação no curso de especialização em "Dependência de Drogas: da Prevenção ao Tratamento". Atualmente é pesquisadora do CEBRID, exercendo atividades de pesquisa no grupo de psicoepidemiologia e de estudos de pesquisa qualitativa sobre uso de drogas, envolvendo populações específicas
E-mail: *ygmoura@hotmail.com*

PREFÁCIO

Marcela Raffaelli
University of Illinois at Urbana-Champaign, Estados Unidos

A presença de crianças e adolescentes buscando sua sobrevivência nas ruas das grandes cidades do Brasil não é fenômeno recente. Há muito tempo, a presença destes jovens tem sido comentada por autores populares, pela mídia, e por grupos que trabalham diretamente nos espaços públicos do país. Mais recentemente (durante os últimos 30 anos) pesquisas acadêmicas e relatos de profissionais têm gerado informações sistemáticas sobre esta população. Este livro capta o estado atual do conhecimento sobre o desenvolvimento de crianças e adolescentes em situação de rua no Brasil.

Crianças e adolescentes em situação de rua – e suas famílias de origem – representam uma população de interesse para vários grupos de profissionais; portanto, é apropriado que o livro apresente uma variedade de perspectivas. Os autores levantam questões teóricas, metodológicas e éticas; discutem aspectos do desenvolvimento entre crianças e adolescentes em situação de rua; e descrevem trabalhos de intervenção com estes jovens. O entrejogo entre teoria, pesquisa e prática representa uma contribuição importante do livro. Acredito que este livro vai servir como um recurso importante para leitores do mundo acadêmico, profissionais que trabalham diretamente com crianças e adolescentes, e aqueles responsáveis pelo desenvolvimento de políticas socias.

ORGANIZAÇÃO DO LIVRO

I: Aspectos teórico-metodológicos

No primeiro capítulo, os organizadores apresentam uma revisão histórica do fenômeno de crianças e adolescentes em situação de rua e traçam o desenvolvimento de pesquisas acadêmicas com esta população. Os autores contrapõem a visão da rua como um *lugar de passagem* com a visão da rua como um *espaço de permanência* – local de sobrevivência, moradia e lazer. Usando estudos de casos e relatos de jovens, mostram que a ida para rua representa não um evento isolado, mas uma série de eventos que são o resultado da vulnerabilidade social e falta de alternativas de vida. Os autores enfatizam que "a criança encontrada nas ruas de hoje é fruto de um longo processo histórico de ausência de políticas de proteção à infância". Assim, os autores chamam atenção aos fatores macrossociais (como políticas públicas e leis) que afetam famílias no Brasil e criam condições de pobreza e desvantagem. Mas os autores também enfatizam a necessidade de considerar a diversidade do grupo de "crianças e adolescentes em situação de rua" no desenvolvimento de pesquisas e políticas públicas, reconhecendo o papel de fatores microssociais (como a estrutura da família e a qualidade da escola). O primeiro capítulo deixa bem claro que o livro não vai tratar somente de crianças e adolescentes que estão em situação de rua, mas também do contexto histórico e social que leva estes jovens a buscar a rua como espaço de desenvolvimento.

Em seguida, Morais, Raffaelli e Koller apresentam o conceito da resiliência como um contrapeso à noção do risco que é frequentemente encontrada na literatura sobre estes jovens. As autoras enfatizam que a resiliência deve ser vista não como uma característica individual, mas como um processo que emerge do entrejogo entre a pessoa e o contexto. Elas apresentam um estudo de caso para ilustrar experiências consideradas típicas nas vidas de crianças e adolescentes em situação de rua e identificar fatores que podem contribuir à boa adaptação a situações de vulnerabilidade. Esta análise abre caminho para a identificação de fatores que contribuem para que alguns indivíduos em situação de rua alcancem o bem-estar em suas vidas, mesmo sendo expostos a situações de adversidades.

Em conjunto, estes dois primeiros capítulos apresentam um desafio à noção de que crianças e adolescentes em situação de rua devem ser vistos como vítimas que precisam de assistência ou delinquentes que precisam de correção, e estabelecem o compromisso dos autores de respeitar a dignidade e autonomia destes jovens. Esta posição é consistente com trabalhos internacionais recentes que utilizam uma perspectiva de direitos humanos e buscam incluir as vozes e perspectivas de crianças e adolescentes em situação de rua (Lucchini, 2003; Macedo & Brito, 1998; Maciel, Brito, & Camino, 1998; Panter-Brick, 2002).

Seguem três capítulos tratando de aspectos metodológicos e éticos que pesquisadores enfrentam nos trabalhos com crianças e adolescentes em situação de rua. No seu capítulo sobre aspectos metodológicos, Biasoli enfatiza a necessidade da criação e adaptação de metodologias adequadas para a realidade da rua. A autora salienta que metodologias para estudos com jovens em situação de rua têm que ser lúdicas e precisam levar em conta a dinâmica do ambiente. Ela descreve instrumentos desenvolvidos para serem usados com crianças e adolescentes em situação de rua e que permitem aos pesquisadores testar propostas teóricas de uma forma adequada às características da população. Em seguida, Neiva-Silva, Morais e Koller elaboram uma proposta metodológica para pesquisas com crianças e adolescentes em situação de rua. Os autores articulam desafios encontrados por pesquisadores em diferentes etapas de pesquisa (vinculação com a população, escolha de local para coleta de dados, seleção de participantes, adaptação de técnicas e instrumentos de coleta de dados, e tentativas de realização de pesquisas longitudinais) e apresentam possíveis soluções.

Enfocando questões de ética, Neiva-Silva, Morais e Koller apresentam uma discussão de pressupostos universais da bioética e sua aplicação em pesquisas com crianças e adolescentes em situação de rua. O capítulo traça a história da elaboração de princípios de ética nas pesquisas com seres humanos por países e entidades internacionais. Em seguida, os autores analisam a aplicação de princípios gerais da bioética em pesquisas envolvendo jovens em situação de rua. Usando exemplos de situações encontradas em seus trabalhos, eles demonstram nitidamente os desafios enfrentados por pesquisadores que trabalham com esta população, e oferecem sugestões concretas para superar estes desafios. Um ponto central deste capítulo é que a ética em pesquisas com crianças e adolescentes em situação de rua deve ser tratada como um processo que continua ao longo da pesquisa e mesmo depois da análise dos dados, com a devolução dos achados de pesquisa para grupos diferentes: os participantes, instituições onde foi realizada a coleta de dados, a equipe de pesquisa, audiências acadêmicas e profissionais. Esta devolução aumenta a possibilidade de que os resultados ajudem a avançar o conhecimento e melhorar a prática.

II. Aspectos desenvolvimentais

A segunda parte do livro apresenta uma série de capítulos sobre aspectos desenvolvimentais. Os primeiros dois capítulos tratam de contextos básicos – família e escola. Morais, Paludo e Koller enfatizam que a maioria destes jovens tem contato com suas famílias de origem, mas que estas famílias são caracterizadas por vulnerabilidade e instabilidade. São estes os fatores que levam alguns jovens a se afastar das famílias de origem e construir uma família nova no contexto da rua. Este capítulo encerra com uma discussão da necessidade de programas e políticas públicas que fortaleçam famílias empobrecidas e evitem a saída dos filhos para as ruas. Devido à vulnerabilidade social e econômica das famílias de muitos jovens em situação de rua, a escola tem a potencialidade de assumir um papel importante em suas vidas. De fato, Cerqueira-Santos oberva que no Brasil, como em outros países, a escola tem assumido responsabilidades que tradicionalmente eram da familia – a escola não serve somente como local de ensino, mas também como um órgão de socialização e intervenção. Ele relata, porém, que a relação entre a escola e o jovem em situação de rua é tipicamente bastante frágil. Usando resultados de pesquisas, o autor descreve medidas que poderiam ser tomadas

Prefácio

para transformar a escola em um espaço que pode "competir" com as atrações da rua.

Vários capítulos tratam da saúde emocional e física de crianças e adolescentes em situação de rua. Buscando entender o impacto da vida de rua no desenvolvimento moral, Paludo apresenta resultados de uma pesquisa investigando a expressão das emoções morais por jovens em situação de rua. Baseando sua análise nos relatos de jovens sobre suas experiências de emoções morais, a autora afirma que jovens em situação de rua "possuem e expressam emoções morais que refletem suas vivências cotidianas". Para sobreviver na rua, às vezes é preciso usar estratégias transgressivas, levando ao estabelecimento de novos códigos morais e afetivos. Assim, o contexto da rua tem um impacto profundo no desenvolvimento moral. A rua marca também a saúde física de crianças e adolescentes em situação de rua. Morais e Koller descrevem trabalhos sobre concepções de saúde e doença, autoavaliação de saúde, problemas de saúde enfrentados pelos jovens, acesso (e barreiras) aos serviços de saúde e a perspectiva de profissionais de saúde que atendem crianças e adolescentes em situação de rua. Este capítulo identifica a pobreza como um fator a ser considerado por pesquisadores nesta área.

Um contexto importante para o desenvolvimento de crianças e adolescentes em situação de rua é o mundo do trabalho. Matias e Francischini relatam que, durante a maior parte do século XX, o trabalho e a aprendizagem profissionais eram vistos como meios de afastar crianças de famílias pobres da marginalidade. Foi somente a partir da década de 1980 que o trabalho infantil passou a ser visto como indesejável, e programas foram montados para combater o trabalho infantil. Mesmo assim, os autores notam que, "O trabalho é a atividade mais comum em que são encontradas as crianças em situação de rua e, até certo ponto, definidora de sua condição". Os autores apresentam uma revisão detalhada da literatura sobre crianças que trabalham na rua, revelando a complexidade do fenômeno. Alberto destaca que a exploração sexual comercial representa "uma das piores formas de trabalho infantil". Elaborando este tema, Alberto apresenta dados de uma pesquisa realizada para entender as condições de trabalho, a organização do trabalho, o conteúdo das tarefas, as exigências físicas e psíquicas e a divisão sexual do trabalho. Este trabalho destaca a violência que estes jovens sofrem e as consequências psicossociais e físicas desta exploração.

Em seguida, dois capítulos descrevem comportamentos que podem trazer riscos ao indivíduo – uso de drogas e envolvimento sexual. Neiva-Silva e colaboradores apresentam uma revisão de estudos brasileiros (e internacionais) sobre padrões do uso de drogas entre crianças e adolescentes em situação de rua e identificam fatores que aumentam ou diminuem a probabilidade de uso de drogas por estes jovens. Esta análise mostra a presença pervasiva de drogas no cotidiano destes jovens e levanta a possibilidade de impactos físicos, sociais e psicológicos. Porém, os autores enfatizam também que muitos jovens buscam se afastar das drogas, abrindo caminhos para trabalhos de intervenção. Carvalho, Neiva-Silva, Piccinini, e Koller enfocam a questão do HIV/AIDS e outras doenças sexualmente transmissíveis. Existem muitas pesquisas demonstrando que, em comparação à população geral de adolescentes, jovens em situação de rua apresentam níveis elevados de comportamentos de risco sexual, muitas vezes ligados ao uso de drogas. Os autores apontam para a necessidade de desenvolver intervenções integradas e contínuas para esta população.

Encerrando a segunda parte do livro, Marques examina a relação entre a rua e questões de gênero, traçando os processos histórico-sociais que fizeram da rua um "lugar de vagabundo e mulher vadia" e da casa o "lugar do homem trabalhador, honesto e responsável". O autor analisa esta contradição cultural entre rua e casa e da dominação masculina no âmbito da rua para vários grupos: as crianças e adolescentes que se encontram na rua, suas famílias e os educadores/as que trabalham com jovens em situação de rua.

Em conjunto, os capítulos da segunda parte do livro realçam o quanto o estado de conhecimento sobre crianças e adolescentes em situação de rua tem avançado nos últimos 20 anos. O número de pesquisas realizadas em regiões diversas do Brasil é impressionante, e mais impressionante ainda é a qualidade teórica e empírica dos trabalhos. Muitos dos autores utilizam a perspectiva bioecológica do Bronfenbrenner para entender o desenvolvimento-no-contexto (Koller, 2004) e utilizam metodologias qualitativas e quantitativas para melhor entender a realidade de crianças e adolescentes em situação de rua. Estes capítulos trazem ao leitor um entendimento aprofundado dos desafios que estes jovens enfrentam. Ainda, permitem ao leitor se perguntar sobre o que pode ser feito para mudar a condição destes jovens e suas famílias. A terceira parte do livro trata desta questão.

III. Intervenções com crianças e adolescentes em situação de rua

Este grupo de capítulos descreve eloquentemente os esforços das pessoas que realizam trabalhos de intervenção com crianças e adolescentes em situação de rua e realça a dedicação destes profissionais. Santana, Doninelli e Koller enfatizam o papel das instituições de atendimento como provisores de proteção, cuidado físico, apoio emocional e voz política. Os autores apresentam os resultados de uma pesquisa realizada em Porto Alegre que avaliou as instituições de atendimento a partir de três "olhares" distintos: das crianças atendidas, dos documentos produzidos pelas instituições e dos dirigentes desses serviços. A maior contribuição deste capítulo é o desenvolvimento do modelo de *Trajetória de Vinculação Institucional* que traça as relações que crianças estabelecem com as instituições de atendimento. A identificação de quatro etapas na trajetória de vinculação institucional aponta para possibilidades de intervenção e reinserção social em cada uma das etapas.

Os próximos dois capítulos descrevem as experiências de profissionais que atendem crianças e adolescentes em situação de rua. Moura e Noto destacam os desafios enfrentados e as conquistas alcançandas por profissionais que trabalham no espaço da rua. Usando dados de vários estudos, as autoras examinam a realidade de profissionais trabalhando em locais de atendimento ao redor do país. Esta análise revela um contraste entre o compromisso dos profissionais e a precariedade dos serviços de atendimento, permitindo a identificação de propostas para melhorar a rede de atendimento. No seu capítulo, Oliveira traça a história intelectual, política e social da Educação Social de Rua, que surgiu no Brasil durante as décadas de 1970 e 1980. O autor apresenta uma revisão histórica dos fatores políticos, econômicos, e sociais que se juntaram para criar o fenômeno de crianças e adolescentes em situação de rua durante o século XX e traça a emergência da Educação Social em torno da "causa" destes jovens. Em sua análise meticulosa, ele explica as bases filosóficas e teóricas da Educação Social de Rua, conta a história deste movimento, e apresenta exemplos de práticas desenvolvidas por profissionais desta inovadora prática pedagógica.

Os últimos dois capítulos apresentam experiências de instituições de atendimento. Souza e colaboradores apresentam um relato sobre a rede de atendimento em Porto Alegre. Embora este capítulo enfoque uma só cidade, a realidade descrita reúne muitos dos temas que aparecem no restante do livro – por exemplo, a precariedade e fragilidade das instituições, o contexto histórico e social da cidade, os desafios vividos pelos profissionais dos serviços de atendimento e a implantação da Educação Social de Rua. Ao descrever serviços criados por setores diferentes da rede de atendimento, este grupo mostra a possibilidade de ação coletiva e efetiva para atender às necessidades de jovens vulneráveis. Siqueira, Morais, Dell'Aglio e Koller descrevem uma medida de proteção relativamente recente – a Casa Lar – como uma alternativa de moradia onde jovens vivem em pequenos grupos com "mãe social" que representa uma figura constante. As autoras notam que "formular, desenvolver e consolidar uma ação educativa no cotidiano dos abrigos de proteção é a tarefa mais difícil e importante proposta pelo Estatuto da Criança e do Adolescente (1990)". O desafio deste processo fica claro no estudo de caso de uma Casa Lar localizada no estado do Paraná. Este capítulo mostra as possibilidades apresentadas por este tipo de moradia para a transformação das vidas de jovens em situação de rua.

CONSIDERAÇÕES FINAIS

Depois de três décadas de estudos sistemáticos, existe muita informação sobre crianças e adolescentes em situação de rua, suas famílias e os profissionais que se dedicam a estes jovens nas ruas, escolas, centros de atendimentos e outros locais. Ao reunir os resultados destes trabalhos, este livro constitui uma contribuição importante ao estado de conhecimento sobre crianças e adolescentes em situação de vulnerabilidade social. Mas o livro tem outras características marcantes que devem ser reconhecidas.

Primeiro, a inclusão de relatos pessoais e falas de jovens em situação de rua oferece ao leitor um entendimento mais profundo da realidade destes jovens. Segundo, a representação de autores com ampla e variada experiência com crianças e adolescentes em situação de rua contribui para a riqueza do livro. E terceiro, é impressionante o nível de compromisso que os autores mostram à questão dos direitos e a atenção que dão ao Estatuto da Criança e do Adolescente (ECA) como um guia à pesquisa e à intervenção. Embora a maioria dos capítulos baseie-se em experiências de pesquisa, os autores nunca se esquecem de que a "existência de crianças e adolescentes em situação de rua deve ser vista como um assunto de direitos humanos" (Morais & Koller, cap. 9). A responsabilidade de profissionais de responder a esta situação é evidente não só nos capítulos sobre trabalhos de intervenção, mas também naqueles que descrevem pesquisas e trabalhos "acadêmicos". Por isso, este livro pode servir como um guia para ação social e intervenção direta com jovens e suas famílias.

Nelson Mandela, grande lutador pelos direitos humanos, disse: "Não há revelação mais aguçada do espírito de uma sociedade do que a forma pela qual ela trata seus filhos". Por muito tempo, crianças e adolescentes em situação de rua foram excluídos não só da sociedade, mas também do mundo acadêmico (Connolly & Ennew, 1996, Earls & Carlson, 1999). Este livro representa um passo importante à remediação desta situação no Brasil e deve ser lido por todo brasileiro para estimular um melhor entendimento de como o país está tratando seus cidadãos mais vulneráveis.

REFERÊNCIAS

Connolly, M., & Ennew, J. (Eds.). (1996). Introduction [Special issue]. *Childhood, 3*, 131-145.

Earls, F., & Carlson, M. (1999). Children at the margins of society: Research and practice [Special issue]. In W. Damon (Series Ed.), M. Raffaelli & R. Larson (Vol. Eds.), Homeless and working youth around the world: Exploring developmental issues. *New Directions for Child and Adolescent Development, 85*, 71-82.

Estatuto da Criança e do Adolescente. (1990). *Lei N° 8069 de 13 de julho de 1990*. São Paulo, SP: Cortez.

Koller, S.H. (Ed.). (2004). *Ecologia do desenvolvimento humano: Pesquisa e intervenção no Brasil* (2. ed.). São Paulo, SP: Casa do Psicólogo.

Lucchini, R. (2003). A criança em situação de rua: Uma realidade complexa. In I. Rizzini (Ed.), *Vida nas ruas: Crianças e adolescentes nas ruas: Trajetórias inevitáveis?* (pp. 45-86). Rio de Janeiro, RJ: Editora da Pontifícia Universidade Católica do Rio de Janeiro.

Macedo, M.J., & Brito, S.M.O. (1998). A luta pela cidadania dos meninos do Movimento Nacional de Meninos e Meninas de Rua: Uma ideologia reconstrutora. *Psicologia: Reflexão e Crítica, 11*, 511-522.

Maciel, C., Brito, S., & Camino, L. (1998). Explicações das desigualdades sociais: Um estudo com meninos em situação de rua de João Pessoa. *Psicologia: Reflexão e Crítica, 11*, 209-232.

Panter-Brick, C. (2002). Street children, human rights, and public health: A critique and future directions. *Annual Review of Anthropology, 31*, 147-171.

Apresentação

O livro que agora trazemos até você é fruto de um sonho. Um sonho nascido em meio a escolhas de vida, trajetórias acadêmicas e projetos de vida de cada um de nós. Portanto, ele nasce de tudo que somos e fazemos.

Falamos em escolhas de vida, trajetórias acadêmicas e projetos de vida porque é isso que está envolvido nesse livro. Decidimos, em momentos diversos das nossas trajetórias, dedicarmo-nos a trabalhar com a população de crianças e adolescentes em situação de rua. A Sílvia, quando há 15 anos, resolveu fundar o CEP-Rua (Centro de Estudos Psicológicos sobre Meninos e Meninas em Situação de Rua) e se comprometeu com toda a sua dedicação, compromisso e competência a produzir conhecimento em Psicologia sobre essa população tão esquecida nos tradicionais manuais de Psicologia nacionais ou internacionais. O Lucas, desde Brasília, Distrito Federal, e a Normanda, desde Natal, Rio Grande do Norte, ambos ainda à época da Graduação, com os trabalhos voluntários... até a vinda para Porto Alegre e a decisão de fazer pós-graduação nessa área.

Vindos de diferentes locais do país e profundamente atraídos por aquela forma CEP-Rua de trabalhar (com que a Sílvia tão empolgadamente nos cativava nos congressos Brasil afora), encontramo-nos em Porto

Alegre com um objetivo comum: fazer uma Psicologia comprometida com a melhoria da qualidade de vida de crianças e adolescentes que vivem pelas ruas do nosso país. Queríamos produzir conhecimento de qualidade, mas a partir de uma inserção e relação diferenciadas com as crianças e adolescentes em situação de rua. E vice-versa! Queríamos ser presença na vida dessas crianças e adolescentes e decidimos que faríamos isso por meio da Universidade, via pós-graduação. Afinal, como calar diante de tantas histórias de vida? Como não denunciar as violências sofridas por essas crianças e adolescentes? E como não dar voz a tanto potencial de vida com os quais éramos diariamente surpreendidos? Definitivamente, tudo isso precisava ser contado, partilhado e multiplicado, Brasil afora.

O livro tem esse objetivo, portanto. Dar voz a essa crianças e adolescentes. Deixar que elas e suas histórias invadam nosso cotidiano, nossa forma de pensar e agir como psicólogos, pesquisadores e trabalhadores sociais. Nessa empreitada, decidimos que não iríamos sozinhos. O caminho seria por demais solitário! E o caminho não precisa ser solitário, pois, felizmente, tem muita gente produzindo conhecimento de qualidade na área e motivados, muito provavelmente, por razões semelhantes às nossas. E isso para nós foi fundamental quando ocorreu a escolha dos autores dos capítulos. Aos nossos colegas oferecemos o nosso sincero obrigada(o) por essa parceria! Agradecemos a confiança e a disponibilidade em participar e, sobretudo, o esmero com que se dedicaram às suas contribuições. Orgulhamo-nos em tê-los como autores dessa obra.

Tentamos, ao máximo (e isso pode ser comprovado pelo tamanho do livro), abarcar todos os aspectos que julgávamos importantes. Perguntávamos sobre o quê gostaríamos de ter lido tantas vezes antes das coletas de dados das nossas pesquisas e que não conseguíamos achar de forma tão sistematizada; perguntávamos sobre as mesmas questões que educadores sociais se fazem no cotidiano de sua atuação; perguntávamos em que ponto está a produção teórica (em Psicologia e áreas afins) sobre essa temática e para onde a mesma precisa avançar. E, a partir desses pontos, tentamos delinear as três grandes partes que compõem esse livro:

(a) aspectos teórico-metodológicos, (b) aspectos desenvolvimentais e (c) intervenções com crianças e adolescentes em situação de rua.

Uma das grandes riquezas do livro está no fato de que ele nos leva a pensar em aspectos teóricos e conceituais que estão intimamente relacionados ao cotidiano de vida dessa população. Todos os capítulos da seção 2 desse livro contribuem para isso, através da descrição dos principais aspectos relacionados ao modo de vida dessa população: família, escola, moralidade, saúde, trabalho, exploração sexual, comportamento sexual de risco, uso de drogas e violência. Nesse sentido, são muitas as citações de falas das próprias crianças/adolescentes em situação de rua e/ou de educadores que trabalham com essa população. Essas citações têm como objetivo trazer para mais próximo de cada leitor a realidade à qual nos referimos.

Outro aspecto bastante comum ao longo dos capítulos é a conclusão de que, pensar a infância e adolescência em situação de rua é, sobretudo, trabalhar com a infância em situação de vulnerabilidade social e com famílias e contextos sociais em situação de vulnerabilidade. É preciso, portanto, voltar... Voltar as nossas pesquisas e propostas de intervenções para as comunidades de baixa renda, voltar para as famílias negligenciadas pelas políticas públicas, voltar para as escolas... Portanto, voltar-se para toda a diversidade de atores, programas e políticas sociais, localizados em diferentes "endereços desconhecidos", os quais estão em diferentes níveis, relacionados ao fato de que crianças e adolescentes continuam a fazer da rua o seu principal (ou um dos principais) contextos de desenvolvimento. Junto a estes podemos contribuir para o fortalecimento e desenvolvimento de alternativas mais viáveis e sadias de projetos de vida para essas crianças e adolescentes.

Quando falamos em mudanças sociais, não nos referimos apenas às crianças e adolescentes em situação de rua ou às suas famílias. Falamos em mudança de consciência das pessoas de diferentes níveis socioeconômicos, da desconstrução do preconceito que ainda permeia as relações humanas e da discriminação em relação ao que é diferente. Mudar o mundo das crianças em situação de rua não é apenas retirá-las deste contexto. É também convidar as pessoas a olharem estas crianças de maneira mais acolhedora, a não estigmatizá-las, a reverter a percepção de cada cidadão de que elas serão sempre perigosas. E qualquer indivíduo pode realizar estas intervenções no dia a dia, entre os amigos, familiares e demais pessoas. Talvez esta seja a melhor maneira de se iniciar uma revolução social.

Inicialmente falávamos – e hoje costumamos ouvir de diferentes pessoas – que depois de ter trabalhado em algum momento com crianças ou adolescentes em situação de rua, nunca mais seríamos os mesmos. Este livro é uma forma de estimular as pessoas a viverem esta experiência. São crianças que muito cedo aprenderam com a vida o que nunca seremos capazes de aprender nos livros. E talvez por isto, elas gentilmente nos oferecem suas histórias de vida, suas amizades, seus sorrisos e suas lágrimas. Ensinam-nos como testemunhas vivas de um passado recente que vale a pena plantar sementes... para que tenhamos em breve uma realidade social mais inclusiva.

Normanda, Lucas e Sílvia

PARTE I

ASPECTOS TEÓRICO-METODOLÓGICOS

1

CRIANÇAS E ADOLESCENTES EM SITUAÇÃO DE RUA: HISTÓRIA, CARACTERIZAÇÃO E MODO DE VIDA

Normanda Araujo de Morais
Lucas Neiva-Silva
Sílvia Helena Koller

Quando pensamos em rua, visualizamos um lugar de passagem, um lugar pelo qual devemos passar para chegar até o nosso objetivo final (escola, trabalho, lojas, casas de familiares, amigos etc.). Ao caminharmos a pé ou nos locomovermos de ônibus e automóvel, a rua mostra-se como um conjunto de estímulos (visuais, sonoros e olfativos) que se multiplicam de forma rápida e dinâmica. Além dos estímulos físicos, encontram-se (em maior ou menor quantidade) as pessoas que dela fazem parte e lhe dão cor e vida. Para a maioria dessas pessoas, a rua continua sendo simplesmente um "lugar de passagem", de impessoalidade (multidão de desconhecidos) e que gera a sensação de insegurança.

No entanto, em grande parte das cidades brasileiras, o espaço da rua tem sido uma alternativa concreta de sobrevivência, moradia e mesmo de lazer para um elevado número de jovens, adultos, idosos e, ainda, de crianças e adolescentes. Para essas pessoas, a rua é mais que um lugar de passagem para chegar até outro ponto. Ela tem bem mais importância e centralidade quando comparada aos outros espaços por elas frequentados (casa de familiares e amigos, escola, trabalho etc.).

Este capítulo analisa o contexto da rua como um espaço de permanência, destacando a perspectiva de quem nela vive ou dela tira o seu sustento. Apresenta uma face da história da infância no Brasil, mostrando que a criança encontrada nas ruas de hoje é fruto de um processo histórico de ausência de políticas de proteção à infância. Este trabalho discute ainda o campo das pesquisas com esta população, destacando a importância de se realizar uma adequada caracterização da mesma e mostrando um pouco do cotidiano e modo de vida das crianças e adolescentes em situação de rua.

A RUA VISTA EM SUA AMBIGUIDADE

Uma parcela de pessoas faz do espaço da rua o seu principal espaço de vida, seja pela realização das suas atividades de trabalho (sobretudo comércio informal), atividades de mendicância, de lazer ou mesmo moradia. No entanto, para estas pessoas, a rua não se configura apenas como um lugar de passagem, de impessoalidade ou insegurança. A rua para eles é um contexto a mais de desenvolvimento, no qual o indivíduo pode suprir suas diferentes necessidades de sobrevivência, tanto no que se refere aos aspectos materiais quanto aos aspectos afetivos e relacionais.

Essa ambiguidade é muito presente na vida de crianças e adolescentes que passam boa parte do tempo nas ruas das nossas cidades, seja mais ou menos perto do seu local de moradia. Estas crianças/adolescentes são cooptadas pelos atrativos dos espaços públicos em detrimento da escassez de alternativas concretas de sobrevivência, lazer, respeito e dignidade na sua própria casa, escola e vizinhança. Por isso, ao mencionarmos a rua, estamos nos referindo não apenas a um local geográfico ou contexto onde a criança se encontra. A rua é, simultaneamente, alternativa de vida – para a situação de pobreza, falta de perspectivas e quase sempre de violência vivida no ambiente familiar e comunitário – e mais um espaço de privação, sofrimento e violência.

Esse aspecto ressalta a necessidade de considerarmos os diferentes condicionantes (fatores de risco[1]) que levam crianças e adolescentes a

---

[1] Os fatores de risco são os eventos de vida que, quando presentes, aumentam a probabilidade de o indivíduo apresentar problemas físicos, psicológicos e sociais (Assis, Pesce, & Avanci, 2006; Tavares, 2001; Yunes & Szymansky, 2001).

passarem boa parte do seu tempo nas ruas das nossas cidades. Ao mesmo tempo, ele resgata a urgência de problematizarmos quais os principais "atrativos" que a rua tem sobre a vida dessas crianças e adolescentes, sobretudo quando os consideramos em relação ao contexto de onde saíram. É necessária, portanto, uma análise contextualizada e complexa desse fenômeno social, de modo a evitar análises simplistas e, consequentemente, estratégias de intervenção reducionistas.

A RUA COMO RESULTADO DE UM PROCESSO DE VULNERABILIZAÇÃO ANTERIOR

Um segundo aspecto a ser destacado é que uma criança ou adolescente que "adota" a rua como seu principal espaço de desenvolvimento faz isso como resultado de um *processo de vulnerabilização anterior*. A seguir são analisadas detalhadamente estas palavras em destaque.

Processo

Compreende-se que uma criança não vai para a rua e lá permanece de um dia para o outro. Há um processo que tende a ir gradualmente aumentando os laços de vinculação com o espaço da rua e com pessoas que dela fazem parte (sobretudo os amigos). Quase sempre, esse processo de maior proximidade com a rua é simultâneo à fragilização dos vínculos com a própria família e comunidade. Sendo assim, aquele menino(a) que costumava ir para a rua apenas para brincar e encontrar os amigos, começa a perceber que, enquanto está na rua, afasta-se, por exemplo, dos constantes conflitos presentes no contexto familiar. Além disso, na rua é possível conseguir com relativa facilidade dinheiro e comida à qual, quase sempre, não tinha muito acesso em sua própria casa. Aos poucos, ele(a) vai envolvendo-se mais e mais com a rua.

Vulnerabilização anterior

Compreende-se que há uma situação de vulnerabilização anterior que predispõe crianças e adolescentes a buscarem a rua, seja para a mendicância, venda de produtos, brincadeiras, moradia etc. De acordo com Abramovay, Castro, Pinheiro, Lima e Martinelli (2002), vulnerabilidade social é o resultado negativo da relação entre a disponibilidade dos recursos materiais ou simbólicos dos atores, sejam eles indivíduos ou grupos, e o acesso à estrutura de oportunidades sociais, econômicas e culturais que provêm do Estado, do mercado e da sociedade. Esse resultado se traduz em debilidades ou desvantagens para o desempenho e a mobilidade social dos atores e está relacionado com o maior ou menor grau de qualidade de vida das pessoas (Rocha, 2007). Nesse processo de vulnerabilização anterior à ida para a rua, alguns fatores de risco tradicionalmente descritos são originados no contexto familiar: situação de pobreza; desemprego; monoparentalidade; famílias com grande número de filhos; violência (agressões verbais, físicas e situações de abuso sexual); dependência química de parentes e/ou da própria criança e adolescente; e morte de algum familiar importante com quem a criança/adolescente era vinculado. Outros contextos também são indicados como fatores de risco, como a escola pela fragilização do vínculo; a comunidade pela falta de alternativas de lazer e a situação de violência, entre outros. A ida para a rua, portanto, apresenta-se como uma alternativa de sobrevivência a esse ambiente. Certamente, a soma dos fatores de risco contribuem para a ruptura feita pela criança/adolescente e a gradual vinculação com a rua. O relato a seguir, presente no diário de campo da primeira autora desse capítulo, com base na descrição de um adolescente, ilustra a confluência de fatores de risco que age permitindo que a criança/adolescente vincule-se à rua. Ademais, o trecho reflete o caráter processual dessa vinculação, narrado pelo adolescente.

> João morava com o avô e a avó em Esmeralda, RS, e eles faleceram. O irmão do pai consanguíneo quis adotá-lo e ele foi morar em Florianópolis. Como ele ficava com saudade da mãe, pediu para morar com ela em Porto

Alegre. Mas João não se dava bem com o padrasto que bebia e o agredia. Daí João começou a ir para o centro da cidade com o seu primo cuidar de uma fruteria. Um dia ele se perdeu. Um dia ele conheceu o Tiago que ofereceu uma "molhada de loló". Daí começou a usar. E aí, cada vez que o padrasto batia, o João voltava para a rua "porque aprendeu o caminho da rua". (Diário de Campo, Outubro de 2007)

Neste exemplo, a morte dos avós, a distância e a saudade da mãe, o desentendimento e a violência por parte do padrasto, a primeira ida à rua para ajudar o primo, o episódio de "perda", o contato com um amigo que lhe ofereceu loló e o uso mais contínuo da droga são episódios que se sucedem e servem para ilustrar a trajetória de vinculação e a permanência na rua desse adolescente. As próprias expressões utilizadas pelo adolescente João (mantidas no relato no diário de campo) servem para marcar a ideia de continuidade e interdependência entre os acontecimentos que ocasionaram a sua vinculação com a rua ("daí", "um dia" e "cada vez", por exemplo). Esse processo de socialização gradual com o mundo da rua é feito através de uma disputa entre dois "campos de forças", tal como propõe W. Moura (1991). De um lado estão os atrativos da vida na rua (amigos, drogas, liberdade) e do outro o contexto da vida familiar e comunitária (quase sempre vivido e percebido como muito negativo).

DA INVISIBILIDADE À ATENÇÃO DA SOCIEDADE CIVIL E DAS POLÍTICAS PÚBLICAS: UMA FACE DA HISTÓRIA DA INFÂNCIA NO BRASIL

Com frequência pergunta-se sobre o início do fenômeno de crianças e adolescentes que têm a rua como o principal contexto de desenvolvimento. A resposta mais provável para esta pergunta é "desde que existe a rua", pois nos diferentes momentos da história da humanidade, em maior ou menor número, existiram crianças expostas a situações de vulnerabilidade sem a supervisão adequada de seus responsáveis. Na literatura ocidental, o primeiro relato sobre uma criança em situação de rua, apareceu em 1554, em um romance autobiográfico de autor anônimo, intitulado *La vida de Lazarillo de Tormes y de sus fortunas y adversidades*, sobre um menino que andava pelas ruas da Espanha (Rovere & Pelegrini, 1980). Em 1851, o termo "criança de rua" (*street children*) foi usado pela primeira vez, pelo escritor Henry Mayhew, na obra *London Labour and the London Poor* (Williams, 1993). Durante a Revolução Francesa, outro menino de rua foi protagonista de um romance de Victor Hugo (Kosof, 1988). Já em 1921, Charles Dickens publica o romance *Oliver Twist*, que relata a história de um menino que após perder a mãe e viver em um orfanato, foge para as ruas de Londres onde passa a cometer pequenos furtos sob o agenciamento de um adulto.

Saindo do campo da literatura, é possível reconstituir brevemente uma das facetas da história da criança no Brasil e compreender que o cenário atual é fruto de um longo processo marcado também pela negligência, exploração e abuso. No século XVI, durante as viagens marítimas de Portugal para o Brasil, as crianças podiam subir a bordo na condição de aprendizes de marinheiros – chamados de grumetes –, como órfãs do Rei enviadas ao Brasil para se casarem com os súditos da Coroa, ou como passageiros embarcados em companhia dos pais ou de algum parente (Ramos, 2007). Os grumetes tinham entre nove e 16 anos de idade e eram geralmente recrutados entre órfãos desabrigados e famílias de pedintes, com a esperança de ascensão social e profissional. No entanto, quando se encontravam a bordo, eram obrigados a abandonar o universo infantil para entrar rapidamente no mundo dos adultos. Eram obrigados a realizar todo tipo de trabalho, recebendo alimentação restrita e sofrendo abusos sexuais dos marujos mais antigos e hierarquicamente superiores. As demais crianças, mesmo aquelas acompanhadas dos pais, eram frequentemente violentadas sexualmente. Havia uma ideia de que crianças órfãs, bastardas ou abandonadas tornavam-se bons soldados ou marinheiros mais facilmente (Venâncio, 2007). Por consequência, as crianças mantidas pelo poder público teriam a pátria como pai e mãe e os demais combatentes como irmãos, dedicando à nação todo amor e lealdade que as crianças "de família" costumavam dedicar aos seus familiares.

Em relação ao comércio de escravos, a maioria dos que desembarcavam nas costas brasileiras era formada por adultos, já que raras eram as crianças que sobreviviam às precárias condições da viagem. As crianças compradas não eram o principal objeto de investimento dos donos das fazendas, mas sim suas mães que trabalham em diferentes contextos. Segundo Goés e Florentino (2007), entre o final do século XVIII e início do século XIX no Rio de Janeiro, poucas crianças chegavam a ser adultos. Documentos da época mostram que um terço dos escravos falecidos tinha até dez anos de idade. Por esta razão, desde muito cedo precisavam ser produtivos. Segundo estes autores, há documentos mostrando crianças com quatro anos já desempenhando tarefas domésticas leves. Outras crianças com oito anos já pastoreavam o gado da fazenda enquanto meninas de 11 anos eram costureiras. Por volta dos 12 anos, o adestramento que as tornava adultas estava se concluindo. O aprendizado da criança obtido com o decorrer dos anos era proporcional ao preço que alcançava no mercado. Por volta dos sete anos de idade, uma criança escrava valia 60% mais do que uma com quatro anos. Por volta dos 11 anos, chegava a valer o dobro. Aos 14 anos, o adolescente valia o mesmo preço que um adulto, ao mesmo tempo em que realizava os mesmos trabalhos.

Ao longo dos períodos Colonial e Imperial brasileiros, foram criadas várias Casa dos Expostos, instituições que tinham o objetivo de receber crianças abandonadas e de mantê-las até os sete anos (Venâncio, 2007). Segundo este autor, há documentos mostrando que algumas destas instituições enviavam os meninos para trabalharem em arsenais de guerra ou em navios mercantes desde o século XVIII. Várias escolas aprendizes de marinheiros começaram a ser criadas. Nas cidades onde não havia a Casa dos Expostos, os meninos abandonados eram substituídos por crianças carentes enviadas pelos pais ou tutores e por aquelas presas por "vadiagem", tidas como delinquentes. Venâncio afirma que os textos legais destinavam os mesmos alojamentos às crianças carentes e àquelas que haviam cometido delitos, dando origem a uma prática institucional perversa, na qual os estabelecimentos que acolhiam crianças pobres acabavam se transformando em escolas de crimes. No caso dos "voluntários" oriundos de famílias carentes, os respectivos responsáveis recebiam um valor em dinheiro suficiente para comprar duas ou mais crianças escravas. Com este expressivo estímulo, compreende-se o motivo pelo qual rapidamente as Companhias de Aprendizes ultrapassavam rapidamente a sua capacidade de acomodação, chegando algumas a contar com mais de duzentos aprendizes em meados do século XIX. Para manter a disciplina, era usado todo tipo de violência, incluindo a chibata. A alimentação era precária, baseada em farinha de mandioca e charque, alimentos que não eram suficientes para uma adequada nutrição, facilitando a proliferação de anemias e infecções. Uma das consequências é que era comum haver fugas de grandes grupos, com relatos de que até 20 ou 30 por cento dos matriculados se evadiam. Em 1864, com o início da Guerra do Paraguai, para sanar a falta de contingente efetivo nas Forças Armadas, um conjunto de leis foi alterado gerando "uma verdadeira máquina de recrutamento forçado" (p. 204) com importante papel da polícia, prendendo adolescentes "vagabundos" [sic] nas ruas e encaminhando às Companhias de Aprendizes. O resultado é que, em pouco tempo, ocorreu um esvaziamento das Companhias de Aprendizes da Marinha, com o envio de centenas ou milhares de garotos com menos de 17 anos de idade para a guerra. Venâncio (2007) apresenta documentos históricos que evidenciam a convocação para a guerra de inúmeros meninos entre nove e doze anos de idade, entre 1864 e 1870. Em consequência do recrutamento forçado, muitas famílias entravam com pedido formal de devolução do seu filho ou em outros casos de devolução da sua criança escrava que havia sido presa ou arrebatada à força pela polícia e posteriormente recrutada para a guerra.

No final do século XIX ocorreram importantes transformações econômicas e sociais em grandes cidades brasileiras. Um exemplo disto é a cidade de São Paulo, que em 1870 tinha cerca de 30 mil habitantes, passando a 286 mil em 1907 (Santos, 2007). As condições habitacionais existentes não comportavam este aumento, estimando-se que um terço das habitações existentes era composta de cortiços, com grande quantidade de pessoas por unidade, favorecendo a propagação de pestes e epidemias, associadas à ausência de condições mínimas de salubridade e saneamento. Gerava-se assim uma dicotomia entre os que trabalhavam e os que "vadiavam" [sic]. Segundo Santos, a busca pelo trabalhador ideal gerava uma discriminação em relação ao negro em grande disponibilidade graças ao solapamento do sistema escravista. É neste contexto social que se instaura e se amplia a percepção de criminalidade associada a crianças e adolescentes que perambulavam pelas ruas. Desde quando começaram as estatísticas sobre criminalidade em São Paulo, as crianças e adolescentes sempre estiveram presentes. Entre 1900 e 1916, o coeficiente de prisões (por 10 mil habitantes) chegava a 307 em pessoas maiores de 18 anos e de 275 em menores de 18 anos. Entretanto, os motivos que levavam as crianças e adolescentes a serem presos eram bastante distintos dos adultos. Santos (2007) afirma que entre 1904 e 1906, 40% das prisões de crianças e adolescentes foram motivadas por "desordens", 20% por "vadiagem", 17% por embriaguês e 16% por furto ou roubo, enquanto que 93% dos homicídios foram cometidos por adultos. O Código Penal do Império, elaborado em 1831, afirmava que não seriam julgados como criminosos os menores de 14 anos. No entanto, reiterava que mesmo não atingindo a idade mínima de 14 anos, caso o garoto tivesse agido com discernimento, ou seja, de forma consciente, este deveria ser recolhido à Casa de Correção. O novo Código Penal Republicano, em sua versão de 1890, mudou levemente o texto, afirmando que aqueles que tivessem agido "com discernimento" e tendo entre nove e 14 anos, deveriam ser recolhidos a estabelecimentos disciplinares industriais. Fica claro que a forma de se "regenerar" as crianças e adolescentes que haviam cometido algum ato infracional era por meio do trabalho. Num contexto social em que não havia trabalho formal para uma maioria, assim como no atual momento brasileiro, as ruas estavam repletas de pessoas que realizavam atividades informais. Foi assim que a criança ou o adolescente que não era capaz de comprovar perante a autoridade policial a sua ocupação passou a ser presa sob a acusação de "vadiagem", crime previsto nos artigos 399 e 400 do Código Penal da época (Santos, 2007). Em 1904, dentre os presos pelo crime de vadiagem, 20% eram crianças ou adolescentes. Passa a se desenvolver no discurso dos cidadãos e das autoridades policiais e judiciárias a ideia de que a criança ou o adolescente está nas ruas porque não quer trabalhar, perseverando até os dias atuais ditos populares como "cabeça vazia, oficina do diabo".

Se o problema das ruas era a falta de vontade para trabalhar, muitas crianças e adolescentes passaram a constituir expressiva parcela da mão de obra no início do século XX. Entre 1910 e 1919, de 30 a 37% dos trabalhadores do setor têxtil do estado de São Paulo eram crianças e adolescentes (E.B.B. Moura, 2007). Este autor apresenta diversos registros de acidentes de trabalho da época, em que crianças e adolescentes feriam-se, chegando a ocorrer amputações de membros e morte. Se não bastasse os acidentes, a violência no mundo do trabalho era acentuada pelos ferimentos resultantes dos maus-tratos impetrados por patrões para assegurar a disciplina ou o adequado desempenho no ambiente de trabalho. Apesar das estatísticas sobre trabalho terem surgido apenas no final do século XIX, o trabalho sempre foi um fator constante entre as crianças pobres brasileiras. Para Rizzini (2007), as crianças trabalharam para seus donos durante a escravidão no período Colonial e Imperial; no início da industrialização, especialmente entre as crianças órfãs ou abandonadas; para os proprietários de terras, na condição de boias-frias; na produção agrícola em unidades domésticas, em casas de famílias e finalmente nas ruas, para manterem a si ou as suas famílias.

Como é possível observar ao longo desta seção, a criança encontrada nas ruas de hoje é fruto de um longo processo histórico de ausência de políticas de proteção à infância. A rua como "espaço público" não foi usada na mesma proporção por pessoas de diferentes níveis socioeconômicos, fazendo com que as crianças órfãs ou oriundas de famílias pobres fossem gradualmente levadas para as ruas, enviadas à guerra, escravizadas, presas ou colocadas para trabalhar. Somente nas últimas décadas do século XX é que a criança em situação de rua passou a ser foco de maior atenção por parte de organizações governamentais.

Apesar de se ter relatos da presença das crianças nas ruas desde o século XVI, o termo "criança de rua" (*street children*) teve o seu uso oficialmente reconhecido apenas em 1979, definido como o Ano da Criança, pelas Nações Unidas (Neiva-Silva & Koller, 2002). E foi no contexto de desigualdade crescente e de emergência de movimentos sociais que caracterizaram a década de 1980[2], que se começou a questionar o porquê da existência de tantas crianças e adolescentes nas ruas das cidades brasileiras. Pode-se dizer que foi nesse contexto que a problemática social dos meninos(as) em situação de rua ganhou visibilidade, tanto por parte da sociedade civil, quanto do mundo acadêmico e das políticas sociais (Rizzini & Butler, 2003).

De acordo com Oliveira (2004), a visibilidade social dos meninos e meninas em situação de rua, sobretudo no cenário da política social, deve-se, principalmente, ao trabalho dos educadores sociais de rua[3]. Estes foram responsáveis por denunciar a grave situação de vida das crianças e adolescentes em situação de rua e por clamar por ações. De acordo com o autor:

> Foi a partir dessas tensões, entre os que buscavam negar a gravidade da situação e os que a denunciavam como escândalo, a partir do incômodo que as crianças e os jovens de rua passaram a representar, e deflagrado por tragédias pessoais, como assaltos e crimes contra a vida, que se desenvolveu uma sensibilidade social que propiciou a busca de soluções institucionais. Os governos passaram a ter de oferecer respostas para a vergonha que constituía a multidão de crianças e adolescentes perambulando pelas ruas das grandes capitais do país. (p. 32)

Nos últimos anos, a criança em situação de rua vem saindo da sua condição de invisibilidade e gradualmente passando a receber alguma atenção da sociedade civil e das políticas públicas. O longa-metragem "*Crianças Invisíveis*" retrata diferentes realidades de infâncias consideradas invisíveis

---

[2] Os anos 80 ficaram conhecidos como a "década perdida", sendo caracterizado pelo crescimento negativo, aumento da inflação, dívida externa e déficit fiscal. Essa situação gerou, por sua vez, uma forte dívida social e o agravamento da situação social brasileira, com a explosão dos bolsões de pobreza e do fenômeno das crianças e adolescentes nas ruas das cidades. Sobre esse panorama, ver Oliveira (2004) e Oliveira (neste livro).

[3] A Educação Social de Rua é um sistema político-pedagógico desenvolvido no Brasil no final da década de 1970, que tem como fontes inspiradoras a pedagogia de Paulo Freire, Celestine Freinet e Emília Ferreiro. Ela buscava lidar com o fenômeno dos "meninos de rua" em uma perspectiva não assistencialista, mas buscando uma libertação social, política e existencial. Sobre Educação Social de Rua, ver o capítulo de Oliveira, neste livro.

ao redor do mundo (AIDS, meninos-soldados, reformatórios, trabalho infantil etc.). Os personagens "Bilu e João" ilustram a dura realidade de crianças que sobrevivem catando papelão e metal nas ruas de São Paulo. A obra torna "visível" uma dimensão da vida dos personagens quase sempre desconhecida da população em geral, lembrando que, apesar de serem socialmente percebidas como ameaça à segurança e ao bem-estar social, tratam-se de crianças! Mesmo em um universo de exploração do trabalho infantil, observa-se que as personagens continuam a demonstrar uma inabalável disposição para brincar, resistir e sonhar.

PESQUISAS COM CRIANÇAS E ADOLESCENTES EM SITUAÇÃO DE RUA

O interesse pela questão das crianças e adolescentes em situação de rua estendeu-se também ao mundo acadêmico. De acordo com Rizzini e Butler (2003), as primeiras pesquisas sobre os chamados "meninos de rua", que datam da segunda metade da década de 1980, eram eminentemente descritivas. Sua importância reside no fato de terem provocado o questionamento das ações do Estado nos serviços prestados à população infantojuvenil em situação de pobreza. Já na década de 1990, a produção acadêmica foi além da tentativa de traçar um perfil descritivo desta população e de sua vida nas ruas. O aprofundamento analítico desses anos deu ênfase à compreensão do fenômeno sob o ponto de vista socioeconômico. Os últimos anos do século XX, por sua vez, foram marcados por uma visão mais crítica do que nos períodos anteriores. Os autores salientaram que os trabalhos desses últimos anos deslocaram o foco do "problema da criança" para o que seria a verdadeira origem do problema, ou seja, os múltiplos fatores que contribuíram para a "produção" dos "meninos/as de rua".

Ainda, é difícil fornecer um número exato de crianças em situação de rua, tanto porque a literatura utiliza diferentes categorias, quanto pelo fato de que é praticamente impossível produzir estatísticas confiáveis, pois estas crianças se encontram em constante movimento (Stoecklin,

2003). A maior preocupação, porém, não deve ser com o número de crianças encontradas nas ruas, mas a qualidade de suas vidas fora da rua e na rua. Contagens de crianças e adolescentes nas ruas têm sido, também, realizadas amplamente no Brasil, tendo como objetivo principal a utilização destes resultados para planejamento de intervenções (ver Martins, 1996a, 1996b; Rosemberg, 1996; Schuch *et al.*, 2008). A aplicação imediata dos resultados terá maior valor e utilidade para crianças em situação de rua, respeitando a constante modificação do panorama das ruas. As dúvidas agora recaem sobre estudos mais correlacionais e analíticos, que envolvam aspectos psicológicos mais profundos do desenvolvimento deles.

Diferentes teorias e métodos têm servido para a realização de estudos com esta população, e, em geral, no Brasil, estes têm revelado uma implicação importante com a prática, a intervenção e a possibilidade de melhorar a qualidade de vida de todos e de cada um dos pesquisados. Estudos com crianças e adolescentes em situação de rua são extremamente relevantes e constroem conhecimentos que identificam e avaliam as condições de vida, as estratégias de sobrevivência, como percebem e lutam por seus direitos, o que acontece com elas quando atingem a maioridade, como são suas famílias de origem e quais as perspectivas de futuro. Pesquisas que apontem fatores de risco e de proteção, que poderão ser respectivamente combatidos e estimulados, têm a possibilidade de subsidiar programas de prevenção e de intervenção e mostrando ainda quem são psicologicamente estas crianças. Isto poderá, certamente, melhorar a qualidade de vida de cada um deles, além da de suas famílias e dos cidadãos em geral.

QUEM DEVE SER CONSIDERADO CRIANÇA OU ADOLESCENTE EM SITUAÇÃO DE RUA?

Como caracterizar crianças e adolescentes em situação de rua? A quem este livro se refere? Estas são definitivamente perguntas difíceis ou quase impossíveis de se responder. Para pessoas que transitam pelas ruas, crianças e adolescentes "de rua" são todos aqueles que circulam com aparência de pobres, malvestidos, sujos e, em geral, pedindo ou exercendo tarefas nas praças e nas ruas. No entanto, esta definição exige mais rigor para aquelas pessoas que trabalham cotidianamente na rede de assistência a esta população e principalmente para aqueles que realizam pesquisas com estes meninos e meninas.

Diante da constatação da heterogeneidade de perfis de crianças e adolescentes que frequentam as ruas, ao longo da história, foram surgindo diferentes tipologias que tentavam dar conta da complexidade de perfis existentes. As mudanças de terminologia, de acordo com Rizzini e Butler (2003) ocorrem na medida em que são incorporados novos elementos à compreensão do fenômeno.

A primeira proposta de caracterização mais específica foi feita pelo Fundo das Nações Unidas para a Infância (UNICEF) em 1989 na cidade de Bogotá. Naquela oportunidade, foi criada uma nomenclatura diferenciando "criança *de* rua" e "criança *na* rua". No primeiro grupo (criança *de* rua) estariam aquelas crianças que têm vínculos familiares débeis (quando os têm), que têm na rua o seu *habitat* principal, substituindo a família como fator essencial de crescimento e socialização e que estão expostas a riscos consideráveis e específicos. Já as crianças *na* rua seriam aquelas que manteriam o vínculo familiar e que usam a rua para realizar atividades destinadas a garantir o seu sustento.

Nos primeiros anos da década de 1990, o pesquisador Mark Lusk, após um estudo com crianças e adolescentes cariocas, propôs a classificação das mesmas em quatro grupos, a partir de características como: escolaridade, criminalidade, estrutura familiar e relacionamento com a família e com a rua. Os grupos eram os seguintes: (a) trabalhadores de rua com bases familiares; (b) trabalhadores de rua independentes; (c) crianças de rua; e (d) crianças de famílias de rua (Rizzini & Butler, 2003).

As antigas e ultrapassadas categorias estáticas – meninos *de* rua e meninos *na* rua – foram superadas pela complexidade e diversidade do cotidiano vivido por estas pessoas. A definição e a caracterização da população de crianças e adolescentes em situação de rua têm variado em diferentes estudos (Aptekar, 1996; Koller & Hutz, 1996). Ao longo da década de 1990, pesquisadores utilizaram alguns indicadores básicos para caracterizar a relação que crianças e adolescentes estabelecem com a rua (Alves, 1998; Aptekar, 1996; Forster, Barros, Tannhauser, & Tannhauser, 1992; Hutz & Koller, 1999, Martins, 1996a), baseados principalmente em parâmetros relacionados ao dormir na rua e às relações com a família. Em 1996, Koller e Hutz já apontavam o quão questionável era a premissa de que aquelas duas categorias corresponderiam à realidade e seriam capazes de abranger a diversidade e a dinâmica do cotidiano destas crianças e adolescentes. A terminologia *crianças/adolescentes em situação de rua* para fazer referência a essa população, com imprescindíveis análises caso a caso, foi e ainda tem sido a mais recomendada. De acordo com Lucchini (2003), uma visão sistêmica mostra que as crianças "de rua" não formam uma categoria homogênea, e que é, portanto, preferível falar de crianças em situação de rua. Além disso, a nomenclatura *"em situação de rua"* mostra-se mais adequada, por se considerar que o problema não é a criança em si, mas as situações nas quais ela pode se encontrar (Stoecklin, 2003).

Ainda que este não seja um fator frequentemente levado em conta, os aspectos que caracterizam uma criança ou adolescente em situação de rua variam entre diferentes estudos e principalmente entre distintas culturas. Isto porque culturas diversas irão perceber a mesma situação como apresentando níveis diferentes de exposição ao risco, dependendo de fatores ambientais, sociais e econômicos, além de valores historicamente constituídos. Por exemplo, determinados padrões de relação familiar podem ser aceitos adequadamente em uma cultura e serem percebidos como inaceitáveis em outra. Alguns autores ainda defendem a ideia de que dependendo dos motivos pelos quais os adolescentes chegaram às ruas, pode haver grupos muito específicos e com características diferentes entre si. Nos Estados Unidos, diferentes terminologias vêm sendo utilizadas como tentativa de diferenciar estes grupos (Ginzler, Cochran, Domenech-Rodríguez, Cauce, & Whitbeck, 2003). Segundo esses autores, existem aqueles que se separaram de suas famílias fugindo sem o conhecimento dos pais ou guardiões (*runaways*). Há os que deixam suas casas com o consentimento e/ou estímulo dos familiares (*throwaways*), além dos que são forçados pelas famílias a saírem de suas casas (*pushouts*). Internacionalmente ainda é comumente usado o termo *homeless* (que poderia ser traduzido como "sem lar") que transmite uma ideia de que o adolescente não teria casa, sendo em alguns casos usado indistintamente do termo *street youth*, que estritamente se refere ao adolescente ou jovem que está nas ruas, independente de ter casa ou não.

Independente do motivo que leva a criança ou o adolescente a permanecer nas ruas, observa-se que diferentes estudos apresentam distintos níveis de detalhamento no que diz respeito à caracterização da população de crianças e adolescentes em situação de rua. Boa parte dos estudos refere apenas que são crianças/adolescentes que vivem nas ruas (Matchinda, 1999). No estudo de Bao, Wihtbeck e Hoyt (2000), os participantes foram encontrados nas ruas ou em instituições que prestam assistência a esta população, sendo que apenas 3% da amostra havia passado a última semana diretamente nas ruas e 14% havia passado com os familiares. O restante passou a última semana em abrigos ou vivendo com amigos. Em outro estudo (Adlaf & Zdanowicz, 1999), os critérios de participação incluíam ter frequentado pelo uma vez na vida alguma instituição de assistência social voltada a jovens em situação e rua ou deviam cumprir três de quatro condições: (a) ter deixado a escola antes de completar o ensino médio; (b) ter vivido distante da sua família ou guardião por pelo menos dois dias durante o último ano; (c) ter fugido ou ter sido colocado para fora de casa pelo menos uma vez na vida; e (d) não ter tido um lugar para ficar pelo menos uma vez na vida. No estudo de Ginzler *et al.* (2003), foram usados os seguintes critérios de inclusão: (a) não ter vivido com os pais na última semana; (b) não estar sob a custódia do estado; e (c) não estar residindo em uma "casa grupal" (*group home*) por mais de 45 dias.

Como se observa, boa parte dos estudos adota critérios de inclusão associados à permanência na rua em oposição ao estar vinculado à família. Contudo, no contexto brasileiro, o fato de as crianças ou adolescentes permaneceram nas ruas não significa que tenham rompido os vínculos familiares. No maior estudo brasileiro realizado com crianças e adolescentes em situação de rua (Noto *et al.*, 2004), 68,8% dos participantes se autodescreveram como estando morando com a família. Observam-se também muitas crianças que interromperam seus estudos e nem por isto encontram-se em situação de rua. Por outro lado, existem adolescentes em situação de rua que nunca frequentaram qualquer instituição de assistência a esta população. Conclui-se então que há necessidade de se elaborar uma caracterização de criança/adolescente em situação de rua adequada ao contexto brasileiro, ampla o suficiente para abarcar a complexidade das diferenças encontradas nas ruas e, ao mesmo tempo, fazendo a adequada diferenciação entre essas e as crianças pobres que não necessariamente estão em situação de rua. Em face do exposto, para efeitos de pesquisa, sugere-se que sejam consideradas em situação de rua as crianças ou os adolescentes que (a) permanecem parte do tempo na rua, (b) distantes ou sem um local de referência residencial e (c) sem a presença de um adulto responsável. A seguir, são analisados detalhadamente cada um destes aspectos.

Permanecer parte do tempo na rua

Compreende-se "rua" como sendo toda via ou espaço público externo, incluindo-se avenidas, praças, parques, estacionamentos, jardins, feiras, calçadas, assim como todo espaço público ao redor de instituições ligadas a comércio, alimentação, lazer, transporte, desporto, saúde e religião, dentre outros. O termo "permanecer" se opõe à ideia de "transitar", ou seja, a rua passa a ser utilizada não como um espaço de trânsito entre um local de origem e um de destino, mas um local onde as crianças ou adolescentes passam mais tempo, com o sentido específico de permanência.

A expressão "parte do tempo" ressalta a ideia de que uma criança pode estar em situação de rua, mesmo passando poucas horas por dia neste contexto. Por exemplo, se uma criança pede dinheiro cotidianamente junto a um semáforo por duas horas, durante este período ela encontra-se exposta aos riscos que são inerentes à rua, como violência, abuso, exploração do trabalho, uso e tráfico de drogas, dentre outros.

Proporcionalmente, com o aumento progressivo do número de horas passadas na rua, entende-se que a exposição a estas situações aumenta, assim como a probabilidade de que estes eventos ocorram de fato.

Distante ou sem um local de referência residencial

É preciso analisar o quão próximo ou distante a criança ou adolescente encontra-se de sua casa ou do local que considera como sua referência domiciliar primária. Este critério é especialmente importante para diferenciar uma criança em situação de rua de uma criança pobre que esteja, por exemplo, brincando na rua em frente à sua residência. Neste último caso, a criança geralmente utiliza o espaço da rua por não haver um espaço lúdico mais apropriado, como uma praça ou quadra de esporte. Junto à sua residência, frequentemente existe um conjunto de pessoas que a conhece e que funciona como uma rede de apoio, diminuindo o impacto dos riscos do contexto da rua.

O critério da distância não é definido em metros, mas deve ser avaliado em cada caso. Existem contextos brasileiros em que mesmo após caminhar algumas quadras, as pessoas ao redor continuam conhecendo a criança, sabendo onde é a sua residência ou quem são os responsáveis por ela. Por outro lado, existem cidades em que ao virar uma esquina situada a 30 metros de sua casa, a criança passa a fazer parte de um mundo completamente desconhecido em que ela está sozinha diante dos riscos da rua.

Sem a presença de um adulto responsável

Partindo do pressuposto de que possa haver crianças e adolescentes em situação de rua vinculados às suas famílias, é preciso avaliar em que medida a criança ou o adolescente está no contexto da rua sem o acompanhamento ou a supervisão de um adulto responsável. Este aspecto é importante para diferenciar a situação de famílias que literalmente moram nas ruas ou embaixo de viadutos, mas que oferecem às suas crianças relativa supervisão e cuidado em relação aos riscos da rua. Nestes casos, a criança está se desenvolvendo no contexto da rua pelo fato de a família não possuir uma residência, mas muitos são os casos em que os familiares cumprem efetivamente o papel de cuidadores, minimizando os riscos aos quais a criança é exposta.

Há outros casos em que o familiar da criança pode ser justamente o responsável pela sua exposição a uma situação de risco. Um exemplo disto ocorre nos semáforos, nos quais as crianças ficam pedindo dinheiro, mas ao longe, estão sendo monitorados por alguém que pode estar realmente evitando que outros lhe causem danos (Neiva-Silva & Koller, 2002). Quando da aproximação de alguma pessoa que possa representar uma ameaça à funcionalidade desta estrutura, seja um policial, um educador de rua ou um pesquisador, surge imediatamente este adulto afirmando que as crianças não estão desacompanhadas. Por mais que esta criança não seja considerada em situação de rua segundo os critérios aqui descritos, é uma criança em situação de extremo risco que está sendo vítima de exploração do trabalho infantil pelos próprios familiares.

O critério "sem a presença de um adulto responsável" caracterizará adequadamente a situação de rua na maioria dos casos. Contudo, tentando considerar o fato de que o nível de autonomia da criança aumenta proporcionalmente ao aumento da idade, em algumas situações poderia se incluir a expressão "em horário incompatível com o esperado para a idade". A rigor, adota-se a norma social de que uma criança não deve estar na rua desacompanhada de um adulto que seja responsável por ela. Contudo, dependendo da cidade, do bairro, do nível de risco percebido sobre o local específico onde o adolescente se encontra, da atividade por ele realizada e principalmente do horário, pode ser aceito socialmente que adolescentes mais velhos estejam desacompanhados de seus responsáveis, sem que se configure nestes casos a situação de rua.

Considerando-se a complexidade da população de crianças e adolescentes em situação de rua, nenhum dos fatores deve ser tomado de forma absoluta e isolado dos demais. Os critérios adotados são gerais e, reconhecendo a diversidade de características dos que estão nas ruas, terminam por incluir um maior número de pessoas nesta condição. Por esta razão, reconhece-se que os critérios propostos não esgotam o conjunto de situações que entrariam como exceções da caracterização. Ao mesmo tempo, reitera-se que não são definições operacionais, podendo haver certo nível de subjetividade do pesquisador ao ter que avaliar caso a caso se a criança ou o adolescente encontra-se ou não em situação de rua. Ao mesmo tempo, busca-se avançar em relação às caracterizações utilizadas em estudos de diferentes países de que criança em situação de rua seria aquela que "vive" ou foi encontrada no contexto da rua.

Em uma pesquisa, a caracterização de forma abrangente e minuciosa da amostra abrange a correta descrição e identificação dos participantes. Tal descrição oferece confiabilidade aos resultados. Uma preparação cuidadosa da equipe evita falsear achados, por problemas amostrais difíceis de sanar (Paludo & Koller, 2004). Neste sentido, como aponta Martins (1996a), apesar da caracterização da população de crianças e adolescentes em situação de rua ser um dos pontos nevrálgicos de várias investigações, esta etapa deve ser conduzida de forma bastante criteriosa. Portanto, o mais importante é "definir" quem os pesquisadores e trabalhadores sociais estão chamando de crianças em situação de rua, com o cuidado de integrar e descrever com cuidado e rigor os participantes de suas investigações e/ou clientela de suas instituições e serviços de assistência. Além disso, a diversidade de perfis é útil no sentido de informar em que fase da "trajetória de rua" a criança está, a fim de oferecer um *insight* sobre possíveis passos que poderiam ser dados para modificar esta dinâmica.

COTIDIANO E MODO DE VIDA

Houve na última década um esgotamento de estudos descritivos sobre aspectos sociodemográficos e do modo de vida de crianças e adolescentes em situação de rua (Alves, 1998; Aptekar, 1996; Cosgrove, 1990; Craidy, 1999; Earls & Carlson, 1999; Forster *et al.*, 1992; Hutz & Koller, 1999; Koller & Hutz, 1996; Lusk, 1989, 1992; Lusk & Mason, 1993; Maciel, Brito, & Camino, 1997; Martins, 1996a, 1996b; Menezes

& Brasil, 1998; Raffaelli, 1999; Rosemberg, 1996; Silva *et al.*, 1998; Smollar, 1999).

Há, de forma geral, uma diversidade de modos de vida e de vinculação com a rua entre as crianças e adolescentes em situação de rua, da mesma forma que há uma variedade de perfis de crianças que frequentam uma mesma sala de aula, por exemplo. Deve-se, portanto, reconhecer a grande variabilidade de características no grupo de crianças e adolescentes em situação de rua, uma vez que há diferentes graus de vinculação e formas de viver e perceber o ambiente da rua e a influência que esta tem sobre o seu desenvolvimento. Para algumas crianças, a vinculação com a rua pode estar restrita à brincadeira, enquanto para outros, a rua é lugar de moradia, trabalho e de uso de drogas, por exemplo. Para algumas crianças, o tempo de permanência na rua é o turno inverso ao da escola, enquanto para outras, este tempo é de 24 horas. Alguns adolescentes, por sua vez, estão há muitos anos na rua, com constantes idas e vindas para casa, abrigagens e/ou internações em clínicas de tratamento de dependência química. Para outros, a rua foi uma experiência situacional em sua vida, restringindo-se há poucas semanas ou meses. Portanto, é preciso estar atento a essa diversidade e às particularidades que elas colocam para cada criança e adolescente na forma que ele tem de se relacionar consigo mesmo e com o mundo ao seu redor. Com base em tal "complexidade", Lucchini (2003) conclui que as crianças em situação de rua constituem uma "categoria heterogênea" (p. 46).

A relação entre diferentes fatores produz as etapas da trajetória de vida da criança em situação de rua. Dentre os fatores que explicam a diversidade dessas trajetórias pessoais, estão: (a) modalidades de partida para a rua; (b) referências e modelos identitários; (c) competências simbólicas e instrumentais; (d) grau de inserção e participação na vida da rua; (e) movimentos entre os diferentes campos (rua, família, parentes, escola, instituição etc.); (f) necessidades e motivações; (g) modalidades de saída da rua; e (h) experiências institucionais (ONG, polícia, justiça, mídia, sistema educativo, emprego) (Lucchini, 2003).

No entanto, mesmo essa diversidade coloca elementos comuns na forma como estes sujeitos vinculam-se à rua e aos diferentes atores que dele fazem parte. Há, assim, aspectos comuns que marcam o linguajar, modo de ser e de se vestir, bem como as regras e leis de vida na rua, as quais caracterizam a chamada "subcultura de rua"[4]. Ela diz respeito, assim, a um mundo de significados e ações comuns, a qual inclui a:

> maneira como as pessoas da rua se portam, se vestem, se apresentam perante o mundo, incluindo seu comportamento corporal, suas maneiras de socializar-se, de falar e de exercer suas atividades cotidianas, inclusive de comer, brincar e se relacionar com os "de fora". (Oliveira, 2004, p. 35)

CONSIDERAÇÕES FINAIS

Como é possível observar a partir do exposto, compreender o mundo da rua exige a integração de múltiplos fatores: o exercício de enxergar a ambiguidade vivida por aqueles que vivem na rua ou dela tiram o seu sustento; entender que a situação de rua é o resultado de um processo histórico da sociedade, bem como do indivíduo que gradualmente fragiliza os vínculos familiares. Compreende-se os desafios diante da caracterização desta população seja para a realização de pesquisas ou para a elaboração de políticas públicas.

Este capítulo é um convite a olhar a rua sob nova perspectiva, para que "nossas" crianças e adolescentes deixem de ser mais um simples elemento da paisagem urbana. Talvez seja preciso reconhecer a dificuldade de retroceder ou inverter o processo migratório da casa para a rua. Casa? Que casa? Aqueles lares que já foram mencionados? "É fácil tirar o menino da rua. Difícil é tirar a rua do menino". Esta reflexão reproduzida por Santana, Doninelli, Frosi e Koller (2005) revela a realidade desta dinâmica imbricada entre as crianças e adolescentes, o contexto da rua e suas histórias de vida. Ao mesmo tempo nos instiga a nunca abandonar o

---

[4] O uso do termo "subcultura de rua", de acordo com Oliveira (2004), não indica uma relação de inferioridade, mas que uma determinada cultura está contida ou contextualizada, em culturas mais abrangentes. Assim, a "subcultura de rua" no Brasil seria parte de um contexto cultural maior e estaria contida na cultura brasileira em geral.

compromisso de buscar a melhoria da qualidade de vida desta população, bem como de não desistirmos do sonho de uma sociedade com mais flores e menos crianças na rua.

REFERÊNCIAS

Abramovay, M., Castro, M.G., Pinheiro, L.C., Lima, F.S., & Martinelli, C.C. (2002). *Juventude, violência e vulnerabilidade social na América Latina: Desafios para políticas públicas*. Brasília, DF: UNESCO.

Adlaf, E.M., & Zdanowicz, Y.M. (1999). A cluster-analytic study of substance problems and mental health among street youths. *American Journal of Drug and Alcohol Abuse, 25*(4), 639-660.

Alves, P.B. (1998). *O brinquedo e as atividades cotidianas de crianças em situação de rua*. Dissertação de mestrado não publicada, Universidade Federal do Rio Grande do Sul, Porto Alegre, Brasil.

Aptekar, L. (1996). Crianças de rua nos países em desenvolvimento: Uma revisão de suas condições. *Psicologia: Reflexão e Crítica, 9*, 153-184.

Assis, S.G., Pesce, R.P., & Avanci, J.Q. (2006). *Resiliência: Enfatizando a proteção dos adolescentes*. Porto Alegre, RS: Artmed.

Bao, W.N., Whitbeck, L.B., & Hoyt, D.R. (2000). Abuse, support, and depression among homeless and runaway adolescents. *Journal of Health and Social Behavior, 41*, 408-420.

Cosgrove, J.G. (1990). Towards a working definition of street children. *International Social Work, 33*, 185-192.

Craidy, C. (1999). *Meninos de rua e analfabetismo*. Porto Alegre, RS: Artes Médicas.

Earls, F., & Carlson, M. (1999). Children at the margins of society: Research and practice [Special issue]. In W. Damon (Series Ed.), M. Raffaelli & R. Larson (Vol. Eds.), Homeless and working youth around the world: Exploring developmental issues. *New Directions for Child and Adolescent Development, 85*, 71-82.

Forster, L.M.K., Barros, H., Tannhauser, S., & Tannhauser, M. (1992). Meninos na rua: Relação entre abuso de drogas e atividades ilícitas. *Revista da ABP-APAL, 14*, 115-120.

Ginzler, J.A., Cochran, B.N., Domenech-Rodríguez, M., Cauce, A.M., & Whitbeck, L.B. (2003). Sequential progression of substance use among homeless youth: An empirical investigation of the Gateway Theory. *Substance Use & Misuse, 38*, 725-758.

Goés, J.R., & Florentino, M. (2007). Crianças escravas, crianças dos escravos. In M. Del Priore (Ed.), *História das crianças no Brasil* (pp. 177-191). São Paulo, SP: Contexto.

Hutz, C., & Koller, S. (1999). Methodological and ethical issues research with street children [Special issue]. In W. Damon (Series Ed.), M. Raffaelli & R. Larson (Vol. Eds.), Homeless and working youth around the world: Exploring developmental issues. *New Directions for Child and Adolescent Development, 85,* 59-70.

Koller, S.H., & Hutz, C.S. (1996). Meninos e meninas em situação de rua: Dinâmica, diversidade e definição. *Coletâneas da ANPEPP, 1*(12), 11-34.

Kosof, A. (1988). *Homeless in America.* New York: Franklin Watts.

Lucchini, R. (2003). A criança em situação de rua: Uma realidade complexa. In I. Rizzini (Ed.), *Vida nas ruas: Crianças e adolescentes nas ruas: Trajetórias inevitáveis?* (pp. 45-86). Rio de Janeiro, RJ: Editora da Pontifícia Universidade Católica do Rio de Janeiro.

Lusk, M.W. (1989). Street children programs in Latin America. *Journal of Sociology and Social Welfare, 16,* 55-77.

Lusk, M.W. (1992). Street children of Rio de Janeiro. *International Social Work, 35,* 293-305.

Lusk, M.W., & Mason, D. (1993). Meninos e meninas "de rua" no Rio de Janeiro: Um estudo sobre sua tipologia. In I. Rizzini (Ed.), *A criança no Brasil hoje: Desafio para o terceiro milênio.* Rio de Janeiro, RJ: Editora Universitária Santa Úrsula.

Maciel, C., Brito, S., & Camino, L. (1997). Caracterização dos meninos em situação de rua de João Pessoa. *Psicologia: Reflexão e Crítica, 10*(2), 315-334. Recuperado em 28 novembro, 2008, de http://www.scielo.br/scielo.php?script=sci_arttext&pid=S0102-79721997000200010&lang=pt.

Martins, R.A. (1996a). Censo de crianças e adolescentes em situação de rua em São José do Rio Preto. *Psicologia: Reflexão e Crítica, 9,* 101-122.

Martins, R. (1996b). Crianças e adolescentes em situação de rua: Definições, evolução e políticas de atendimento. *Coletâneas da ANPEPP, 1*(12), 35-44.

Matchinda, B. (1999). The impact of home background on the decision of children to run way: The case of Yaounde City street children in Cameroon. *Child Abuse and Neglect, 23*(3), 245-255.

Menezes, D.M.A., & Brasil, K.C.T. (1998). Dimensões psíquicas e sociais da criança e do adolescente em situação de rua. *Psicologia: Reflexão e Crítica, 11,* 327-344.

Moura, E.B.B. (2007). Crianças operárias na recém-industrializada São Paulo. In M. Del Priore (Ed.), *História das crianças no Brasil* (pp. 259-288). São Paulo, SP: Contexto.

Moura, W. (1991). A família contra a rua: Uma análise psico-sociológica da dinâmica familiar em condições de pobreza. In A. Fausto & R. Cervini (Eds.), *O trabalho e a rua: Crianças e adolescentes no Brasil urbano dos anos 80*. São Paulo, SP: Cortez.

Neiva-Silva, L., & Koller, S.H. (2002). A rua como contexto de desenvolvimento. In E.R. Lordelo, A.M.A. Carvalho & S. H. Koller (Eds.), *Infância brasileira e contextos de desenvolvimento* (pp. 205-230). São Paulo, SP: Casa do Psicólogo.

Noto, A.R., Galduróz, J.C.F., Nappo, S.A., Carlini, C.M.A., Moura, Y.G., & Carlini, E.A. (2004). *Levantamento nacional sobre o uso de drogas entre crianças e adolescentes em situação de rua nas 27 capitais brasileiras (2003)*. São Paulo, SP: Centro Brasileiro de Informações sobre Drogas Psicotrópicas.

Oliveira, W.F. (2004). *Educação social de rua: As bases políticas e pedagógicas para uma educação popular*. Porto Alegre, RS: Artmed.

Paludo, S.S., & Koller, S. (2004). Inserção ecológica no espaço da rua. In S.H. Koller (Ed.), *Ecologia do desenvolvimento humano: Pesquisa e intervenção no Brasil* (2. ed., pp. 267-291). São Paulo, SP: Casa do Psicólogo.

Raffaelli, M. (1999). Street youth in Latin America: A developmental review. *Interamerican Journal of Psychology, 32*, 7-28.

Ramos, F.P. (2007). A história trágico-marítima das crianças nas embarcações portuguesas do século XVI. In M. Del Priore (Ed.), *História das crianças no Brasil* (pp. 19-54). São Paulo, SP: Contexto.

Rizzini, I. (2007). Pequenos trabalhadores do Brasil. In M. Del Priore (Ed.), *História das crianças no Brasil* (pp. 376-406). São Paulo, SP: Contexto.

Rizzini, I., & Butler, U.M. (2003). Crianças e adolescentes que vivem e trabalham nas ruas: Revisitando a literatura. In I. Rizzini (Ed.), *Vida nas ruas: Crianças e adolescentes nas ruas: Trajetórias inevitáveis?* (pp. 17-44). Rio de Janeiro, RJ: Editora da Pontifícia Universidade Católica do Rio de Janeiro.

Rocha, S.R. (2007). *Possibilidades e limites no enfrentamento da vulnerabilidade social juvenil: A experiência do programa agente jovem em Porto Alegre*. Tese de doutoramento não publicada, Faculdade de Serviço Social, Pontifícia Universidade Católica do Rio Grande do Sul, Porto Alegre, Brasil.

Rosemberg, F. (1996). Estimativa sobre crianças e adolescentes em situação de rua: Procedimentos de uma pesquisa. *Psicologia: Reflexão e Crítica, 9*, 21-58.

Rovere, S.I., & Pellegrini, J.C. (1980). *La vida de Lazzarillo de Tormes y de sus fortunas y adversidades*. Buenos Aires, Argentina: Editorial CREA.

Santana, J.P., Doninelli, T.M., Frosi, R.V., & Koller, S.H. (2005). É fácil tirar a criança da rua, o difícil é tirar a rua da criança. *Psicologia em Estudo* (Maringá), *10*(2), 165-174.

Santos, M.A.C. (2007). Criança e criminalidade no início do século. In M. Del Priore (Ed.), *História das crianças no Brasil* (pp. 210-230). São Paulo, SP: Contexto.

Schuch, P., Magni, C., Kundel, C., Gehlen, I., Silva, M., & Santos, S. (2008). *Cadastro de crianças e adolescentes em situação de rua.* Recuperado em 15 dezembro, 2008, de http://lproweb.procempa.com.br/pmpa/prefpoa/cs/usu_doc/pesquisacriancas.pdf.

Silva, A.S., Reppold, C.T., Santos, C.L., Prade, L.T., Silva, M.R., Alves, P.B., *et al.* (1998). Crianças em situação de rua de Porto Alegre: Um estudo descritivo. *Psicologia: Reflexão e Crítica, 11*, 555-582.

Smollar, J. (1999). Homeless youth in the United States: Description and developmental issues [Special issue]. In W.Damon (Series Ed.), M. Raffaelli & R. Larson (Vol. Eds.), Homeless and working youth around the world: Exploring developmental issues. *New Directions for Child and Adolescent Development, 85*, 47-58.

Stoecklin, D. (2003). Das potencialidades de crianças e adolescentes em situação de rua ao desenvolvimento social. In I. Rizzini (Ed.), *Vida nas ruas: Crianças e adolescentes nas ruas: Trajetórias inevitáveis?* (pp. 87-121). Rio de Janeiro, RJ: Editora da Pontifícia Universidade Católica do Rio de Janeiro.

Tavares, J. (Ed.). (2001). *Resiliência e educação.* São Paulo, SP: Cortez.

Venâncio, R.P. (2007). Os aprendizes da guerra. In M. Del Priore (Ed.), *História das crianças no Brasil* (pp. 192-209). São Paulo, SP: Contexto.

Williams, C. (1993). Who are "street children?" A hierarchy of street use and appropriate responses. *Child Abuse & Neglect, 17*, 831-841.

Yunes, M.A.M., & Szymansky, H. (2001). Resiliência: Noção, conceitos afins e considerações críticas. In J. Tavares (Ed.), *Resiliência e educação* (pp. 13-42). São Paulo, SP: Cortez.

2

RESILIÊNCIA E VULNERABILIDADE NA VIDA DE CRIANÇAS E ADOLESCENTES EM SITUAÇÃO DE RUA

Normanda Araujo de Morais
Marcela Raffaelli
Sílvia Helena Koller

INTRODUÇÃO

Viviane[1] tem dezessete anos, é negra e é a filha mais velha de quatro irmãos. Saiu de casa aos sete anos de idade e continua na rua até hoje, *"por causa da mãe e do padrasto"*, uma vez que sofria constantemente agressão verbal e física, principalmente por parte da sua mãe. Viviane só conheceu o seu pai biológico quando tinha 13 anos de idade. Porém, nunca mais o viu. Afirmou que "odeia a mãe e o padrasto porque estes me tratam mal... Eles não gostam de mim". Reclama por não ter recebido (e nem receber) o cuidado e a atenção que gostaria por parte dos seus pais, destacando o fato de ter sido "rejeitada" por seus familiares. No momento da entrevista, disse não manter contato com a família, uma vez que "não tem interesse", assim como a mãe e o padrasto "também não têm interesse em vê-la".

O seu dia a dia é marcado pela frequência à rede de instituições especializada no atendimento a crianças e adolescentes em situação de rua na sua cidade. Viviane frequenta regularmente uma escola e uma instituição onde pode tomar banho, jantar e dormir à noite. No entanto,

---

1 O nome utilizado é fictício, por questões de sigilo de identidade da adolescente participante do estudo.

quase sempre, após tomar banho e jantar, ela sai dessa instituição. Viviane está na quinta série e já foi reprovada três vezes. De acordo com ela, "faltava muito, usava droga e ficava sem ir no colégio. Não conseguia ficar dentro do colégio". Viviane fuma desde os oito anos de idade. Há quatro anos, parou de usar drogas ilícitas (loló, maconha e *crack*), depois de "ficar internada por 5 meses em um hospital psiquiátrico". Atualmente, fuma e consome bebidas alcoólicas. No ano de 2006, cumpriu medida de privação de liberdade por cinco meses.

Além do histórico de violência familiar, Viviane relatou alguns episódios de briga nos quais esteve envolvida, tanto como vítima quanto como vitimizadora. Além disso, afirmou ter sido "tocada sexualmente" contra a vontade, embora informe que nunca foi vítima de estupro. Viviane também reclama do racismo sofrido e das humilhações de que foi e é vítima. Descreve-se como "amendrontada", especialmente com relaçao à morte, a ficar sozinha e a perder quem ela gosta.

Viviane descreve a si mesma como carinhosa, bem-humorada, divertida, esperta e calma. Afirma, ainda, ser ativa, decidida, esforçada, participativa e "forte" (emocionalmente). Não menciona dificuldades em fazer amizade e tem um bom relacionamento com colegas. Manifesta um senso de cuidado, proteção e "maternidade" com os meninos(as) mais novos(as) que ela e costuma evitar desavenças com colegas da rua, mostrando-se sempre disponível a compartilhar os seus pertences pessoais (roupa, maquiagem, creme para cabelo etc.). Ainda assim, quando não está disposta a emprestar, sempre dá um jeito de "escapar" da solicitação, seja saindo mais cedo do abrigo antes que alguma outra adolescente possa vê-la, seja mentindo e dizendo que não tem o que lhe é solicitado.

A relação de cuidado com o corpo e com a higiene pessoal são muito evidentes em Viviane. Grande parte do tempo que passa na instituição, que acessa no período noturno, é gasto com o banho e sua *"arrumação"*. Na instituição, ela tem uma sacola na qual costuma guardar creme e gel para o cabelo, escova e creme dental, desodorante, perfume e produtos de maquiagem (batom e lápis delineador). Entre as outras adolescentes que usam essa instituição, Viviane desperta atenção por essa característica, além do fato de que costuma andar sempre com roupas limpas e relativamente bem cuidadas.

Dentre as poucas adolescentes que frequentam a rede de atendimento, Viviane costuma ser a mais assídua. Além disso, costuma ser muito bem vista pela maioria dos monitores, seja pelas características pessoais dela, seja pelo seu não envolvimento em discussões e brigas, tanto com os educadores quanto com os próprios adolescentes que frequentam o espaço.

O rechaço de Viviane à figura materna é bastante evidente. No entanto, refere-se de uma forma muito afetiva aos seus irmãos, mesmo não tendo contato frequente com eles, uma vez que estão todos na casa da mãe. De fato, a maior parte da rede de apoio de Viviane é composta pelas pessoas (amigos e funcionários) que conheceu no espaço da rua e das instituições. Quando perguntada a respeito de qual pessoa ela mais pode contar, Viviane citou uma educadora da escola que frequenta, dizendo que ela dá "tudo que é tipo de apoio", seja apoio material ou afetivo, "quando tiver mal, com depressão, ela ajuda".

Ao descrever sua rede de apoio social e afetivo, Viviane citou a si mesma quando foi solicitada a indicar no Mapa dos Cinco Campos[2] as pessoas que fazem parte da sua vida como "amigos". Após dizer o nome de oito amigos (todos em "situação de rua"), ela acrescentou: *e eu mesma. Eu sou minha amiga!*" Em seguida, acrescentou o nome de outros nove amigos(as).

Em todas as cidades brasileiras, encontram-se crianças e adolescentes que fazem das ruas o seu principal espaço de vida. Cada vez mais, acentua-se o fato de que estes jovens variam tremendamente nas trajetórias que os levaram para a rua, nas experiências de vida desde a chegada na rua e no impacto que essa experiência de rua tem sobre o seu desenvolvimento físico, psicológico e social. O caso de Viviane serve para

---

[2]   O Mapa dos Cinco Campos é um instrumento utilizado para avaliar a rede de apoio social e afetiva de crianças e adolescentes (Hoppe, 1998; Samuelsson, Thernlund, & Ringström, 1996). Avalia-se a quantidade de pessoas com as quais a criança/adolescente pode contar, assim como a qualidade do apoio recebido, seja na escola, família, instituições, amigos/parentes/vizinhos e em outros espaços formais por elas frequentados.

ilustrar experiências consideradas típicas nas vidas de crianças e adolescentes em situação de rua. O seu relato ilustra um caso de vinculação bastante duradoura com a rua, o qual foi motivado, sobretudo, pela falta de acolhida e carinho no ambiente familiar, incluindo as situações de violência física. No espaço da rua, Viviane também enfrentou situações de violência e envolvimento com drogas. No entanto, ainda que breve, o relato de sua história também demonstra características pessoais e da rede de apoio social e afetiva que diminuíram o impacto que estes eventos adversos poderiam causar sobre o seu desenvolvimento, saúde e bem-estar. Viviane relata uma história de superação de dependência química no passado e, no momento da entrevista, demonstra bom cuidado de si mesma e participação ativa nas instituições de atendimento.

Casos como os de Viviane levantam indagações sobre os fatores que podem contribuir à boa adaptação diante de situações de vulnerabilidade. A expressão "adaptação" é aqui utilizada na perspectiva dialética proposta por Piaget (1936/1970). Trata-se, portanto, da visão de um sujeito que é ativo para transformar as situações adversas vivenciadas na sua interação com o ambiente e com outras pessoas ao seu redor (Santos & Dell'Aglio, 2006). Não se trata de "conformidade às regras", mas da capacidade singular que cada ser humano possui de significar e ressignificar experiências traumáticas vividas, dando-lhes um novo sentido. E, assim, ao ressignificar, elaborar estratégias de enfrentamento que contribuem para a melhoria de seu bem-estar e qualidade de vida. A superação de situações e experiências que normalmente causariam mal-adaptação e desvios no desenvolvimento tem sido denominada *resiliência* (Rutter, 1993; Luthar, Cicchetti, & Becker, 2000; Masten & Garmezy, 1985; Masten *et al.*, 1999; Rutter, Quinton, & Hill, 1990).

Estudos do desenvolvimento de crianças e adolescentes em situações de adversidade – incluindo pobreza, vida de rua, maltrato e violência – indicam que alguns demonstram bem-estar psicológico, social e físico. Este capítulo examina a resiliência entre crianças e adolescentes em situação de rua e está dividido em três partes. A primeira parte apresenta um resumo da literatura teórica sobre resiliência e define termos usados sobre este tema. A segunda parte é uma revisão de pesquisas sobre a resiliência entre crianças e adolescentes em situação de rua no Brasil. A parte final considera como a noção de resiliência pode subsidiar trabalhos de intervenção e ações políticas que resultem em melhoria da qualidade de vida de crianças e adolescentes em situação de rua.

RESILIÊNCIA

A noção da resiliência engloba duas dimensões: experiências de adversidade e bem-estar apesar destas experiências. Embora as pesquisas iniciais sobre resiliência na década de 1970 a considerassem como uma característica da pessoa, hoje em dia a resiliência é considerada um processo dinâmico que emerge da interação entre a pessoa e seu contexto (Luthar *et al.*, 2000; Masten & Coatsworth, 1998). Em outras palavras, a pessoa "demonstra" resiliência em certas situações e em certas áreas de funcionamento. Características pessoais protetivas são acionadas, a rede de apoio social e afetiva é posta em funcionamento e o processo de resiliência é ativado (Masten & Garmezy, 1985). Compreende-se, portanto, que este processo não é permanente, não está disponível para toda e qualquer situação e nem a todo momento. O entrejogo de variáveis individuais e contextuais configurará a maior ou menor capacidade de cada pessoa, em momentos específicos, de lidar de forma positiva com a adversidade, não sucumbindo a ela (Rutter, 1993).

A definição de resiliência, a partir da compreensão da interação da pessoa com o seu ambiente, implica o entendimento dinâmico dos chamados fatores de risco e proteção. Os fatores de risco são aqueles que aumentam a probabilidade de o indivíduo apresentar problemas físicos, psicológicos e sociais. Já os fatores de proteção referem-se às influências que modificam, melhoram ou alteram respostas pessoais a determinados riscos de desadaptação (Assis, Pesce, & Avanci, 2006; Tavares, 2001; Yunes & Szymansky, 2001). Tanto no conceito de fatores de risco quanto no de proteção, a literatura tem destacado a necessidade de enfatizar uma abordagem de "processos" e de considerar a percepção de cada indivíduo na definição do que venha a ser "risco" ou "proteção".

A importância do processo é um aspecto fundamental da Abordagem Ecológica do Desenvolvimento Humano (AEDH), que descreve o desenvolvimento como o resultado de um processo de interação contínua entre a pessoa e o seu contexto (Bronfenbrenner, 1979, 1986, 1995a, 1995b, 1999; Bronfenbrenner & Morris, 1998). As características das pessoas incluem aquelas herdadas geneticamente e desenvolvidas ao longo do ciclo vital da pessoa e da sua relação com o ambiente social. O contexto é composto de quatro níveis ambientais. O *microssistema* refere-se ao conjunto de atividades, papéis e relações interpessoais experienciados diretamente pela pessoa em desenvolvimento em um ambiente específico. Por exemplo, hoje em dia a Viviane participa nos contextos da instituição, da escola, e da rua. As inter-relações ocorridas entre os microssistemas formam o *mesossistema*. Os microssistemas rua, família, escola, grupos comunitários e de assistência podem integrar o mesossistema das crianças em situação de rua (Alves *et al.*, 2002.). O *exossistema* é composto pelos ambientes nos quais a pessoa em desenvolvimento não está presente, mas cujos eventos ocorridos influenciam indiretamente o seu desenvolvimento. No caso da Viviane, o exossistema incorpora orgões que implementam políticas públicas na cidade, grupos que coordenam instituições de assistência social e recreativa, e grupos que lidam com crianças e adolescentes em situação de rua. O *macrossistema* refere-se ao conjunto compartilhado de crenças, ideologias e valores que perpassam as formas de organização social, influenciando o desenvolvimento das pessoas. As experiências da Viviane são marcadas por sua etnia (que reflete a história dos afrodescendentes no Brasil) e seu sexo (que a deixou vulnerável ao abuso sexual).

Fatores de proteção (e de risco) podem estar presentes em vários níveis do sistema ecológico. Por exemplo, Masten e Garmezy (1985) descrevem três tipos de fatores de proteção: (a) os atributos disposicionais das pessoas; (b) os laços afetivos no sistema familiar e/ou em outros contextos que ofereçam suporte emocional em momentos de estresse; e, (c) os sistemas de suporte social, seja na escola, no trabalho, nos centros religiosos, no serviço de saúde, que propiciem competência e determinação individual e um sistema de crenças para a vida (Cowen, Work, & Wyman, 1992;

Garmezy & Masten, 1994; Luthar *et al.*, 2000; Masten, 2001; Werner & Smith, 2001). Estes fatores estão presentes no caso da Viviane.

Viviane apresenta características pessoais que atuaram como fatores de proteção ao seu desenvolvimento. Destacam-se aquelas atribuídas pela própria Viviane e observadas pela equipe de pesquisa. A forma como Viviane se autodescreve "carinhosa, bem-humorada, divertida, esperta, calma, ativa, decidida, esforçada, participativa e forte" (emocionalmente) revela muito dela mesma. Em termos do contexto, destaca-se a vinculação efetiva e afetiva estabelecida com as instituições que frequenta. Nesses espaços, Viviane parece ter recebido, ao longo dos anos, tanto apoio material (alimentação, higiene, roupas, sapatos etc.) quanto afetivo, por intermédio da vinculação e relação de amizade com outros adolescentes em situação de rua, educadores, funcionários e dirigentes. Tal apoio, apesar de ser importante por si mesmo, na história de vida de Viviane parece ter um pouco mais de valor, dada a "precariedade" da relação afetiva estabelecida com as figuras materna e paterna.

A história de Viviane ilustra processos de resiliência na vida de jovens em situação de rua e faz perguntar se estes mesmos processos são relatados em outras pesquisas. Infelizmente, no caso de estudos crianças e adolescentes em situação de rua, são muito mais comuns as descrições dos problemas derivados da vida na rua comparado aos estudos sobre fatores que promovem o bem-estar e/ou que podem minimizar os efeitos dos fatores de risco sobre a vida dessas crianças e adolescentes. Este enfoque não é difícil de ser entendido, já que existe muita preocupação sobre os riscos enfrentados por eles na rua. Assim, as pesquisas têm examinado o *deficit* de crescimento físico, atraso escolar, uso de drogas, envolvimento precoce em atividades sexuais, exploração sexual, risco de contaminação pelo HIV/AIDS e o envolvimento em atos de violência e delinquência (Aptekar, 1994; Diversi, Moraes, & Morelli, 1999; Hecht, 1998; Inciardi & Surratt, 1998; Martins, 2002; Noto *et al.*, 2004; Panter-Brick, 2001, 2002; Raffaelli, 1999). Escassos são os estudos que tratam diretamente da resiliência e dos fatores de proteção envolvidos na melhor adaptação e enfrentamento das dificuldades vivenciadas na rua.

RESILIÊNCIA ENTRE CRIANÇAS E ADOLESCENTES EM SITUAÇÃO DE RUA

Alguns estudos tendem a enfatizar a questão da rua como uma estratégia de saúde e busca de qualidade de vida das crianças e adolescentes em situação de rua. É o caso, por exemplo, dos estudos de Leite (1991, 1998, 2005), Morais (2005) e Westphal (2001). Nesses estudos a "saída para a rua" é entendida como uma estratégia e opção de saúde dessas crianças e adolescentes, frente ao espaço familiar violento e pouco promotor de qualidade de vida. De acordo com esses estudos, o(a) menino(a) que vai para a rua, inúmeras vezes, está fugindo de dados reais da sua vida, como: condições de moradia precária, insalubridade, "casa cheia", violência doméstica, fome, exploracão pelo trabalho etc. Assim, procuram escapar dos fatores ambientais e psíquicos que lhe causam danos físicos e psicológicos, mesmo que isto não lhes seja consciente. Nas palavras de uma profissional de saúde (psiquiatra), participante do estudo de Morais e Koller (no prelo):

> tem algumas crianças que relatam por que foram pra rua e tu acha que essas crianças tomaram uma atitude de vida em ir pra rua . . . Muitas dessas crianças saíram de casa porque a situação de casa era insustentável. Então assim, por mais que a rua seja terrível, a casa deles era mais terrível. Algumas pessoas dizem assim, alguns meninos que tu ouves o relato que, "Bom, saiu de casa porque tinha saúde até pra sair" . . .

Referências diretas ao construto "resiliência" são bem menos frequentes nas pesquisas com crianças e adolescentes em situação de rua. Santos (2006), por meio do estudo de caso de dois adolescentes em situação de rua de Salvador, BA, frisa a constituição de moradas na rua como uma resposta resiliente destes. Essas moradas, ainda que precárias, provisórias e inconstantes são também cheias de atrativos e possibilidades (comida, droga, amigos, sexo etc.), sobretudo quando comparadas às ruas dos bairros periféricos de onde vieram – violentos e sem infraestrutura.

O estudo de caso relatado por Paludo e Koller (2005) evidencia alguns fatores relacionados à resiliência de uma adolescente em situação de rua. São eles: a presença e a relação com pessoas significativas (monitoras do abrigo, amigos e mãe), a rede e a coesão estabelecida nos diferentes contextos (abrigo, rua e escola), o estabelecimento de fortes relações de amizade, a busca de atendimento quando em situações de risco, assim como a capacidade de afeto e reciprocidade nas relações interpessoais por parte da adolescente participante. Outro estudo desenvolvido por Abreu, Mullis e Cook (1999), com 30 adolescentes em situação de rua na cidade do Rio de Janeiro, buscou avaliar a relação entre apoio social e a adaptação à vida na rua. Nesse caso, a "adaptação" foi avaliada como a habilidade de encontrar comida, abrigo e crescer (fisicamente) conforme o esperado para sua faixa etária. Os resultados da pesquisa mostraram que nem a quantidade, nem a qualidade da rede de apoio estiveram relacionadas com uma melhor adaptação dos adolescentes.

Tais estudos apresentam achados convergentes, embora paradoxais quando examinam risco e proteção. Se por um lado, evidenciam-se os eventos estressores, por outro, enfatizam-se a adaptabilidade e a capacidade de enfrentamento e superação das adversidades (Donald & Swart-Kruger, 1995). Esse aspecto, longe de representar um "problema insolúvel", deve ser considerado em toda e qualquer análise das consequências da vida na rua para o desenvolvimento de crianças e adolescentes. Sendo assim, portanto, no caso de crianças e adolescentes em situação de rua não é contraditória a evidência de que os maiores riscos enfrentados estejam relacionados aos relatos de exibições de estratégias de resiliência. A consequência maior de toda a dinamicidade deste processo está no ajustamento à vida nas ruas ainda que na presença de vários fatores de risco e desafios (Aptekar, 1994; Panter-Brick, 2001; Stoecklin, 2003).

De fato, a inexistência de estatísticas acerca das principais causas de morbidade e mesmo das principais doenças que acometem crianças e adolescentes em situação de rua torna difícil a análise das reais implicações da vida na rua sobre a saúde física e, principalmente, psicológica dos que nela vivem. Os poucos estudos comparando o bem-estar destas com o de outros jovens levantam a possibilidade de que a rua não represente somente uma fonte de risco. Por exemplo, em um estudo da saúde mental das crianças e adolescentes em situação de rua, De Souza, Koller, Hutz e Forster (1995) encontraram níveis de depressão semelhantes entre jovens em situação de rua, crianças órfãs (de abrigo) e crianças de nivel socioeconômico médio. Outros estudos comparando crianças e adolescentes em situação de rua com jovens morando com as famílias em bairros da periferia indicaram que os dois grupos não diferem em sofrimento declarado (Forster, Marcantonio, & Silva, 1995) ou bem-estar subjetivo (Koller, Hutz, & Silva, 1996).

Estes resultados oferecem apoio ao argumento da Panter-Brick (2001) de que pode ser a situação de pobreza e não a vida na rua que contribui para a situação de vulnerabilidade física e psicológica de muitas destas crianças e adolescentes. A rua não seria por si só um fator de risco para a saúde, pois "a vida de rua é um evento ao longo do *continuum* da experiência de pobreza da criança" (p. 92). Dessa forma, sugere que o foco dos estudos deveria estar sobre a análise dos fatores de risco e resiliência que mediam (aumentam ou diminuem) a influência da pobreza sobre a saúde e o desenvolvimento e não apenas sobre o estudo da "situação de rua" vivida pela criança ou adolescente. Outra importante recomendação dada por Panter-Brick (2002) é a necessidade de que as pesquisas centrem a sua atenção nas variações encontradas dentro da mesma população, a fim de entender por que algumas crianças e adolescentes em situação de rua exibem uma série de problemas de saúde física e/ou mental, enquanto outros sobrevivem mais favoravelmente (Rizzini, Barker, & Cassaniga, 2002).

A questão das variações dentro da população de crianças e adolescentes em situação de rua foi avaliada em um estudo com 69 jovens em Porto Alegre, RS. Este estudo revelou grande diversidade nas perspectivas dos jovens sobre suas vidas. Por exemplo, em um teste de sentenças incompletas, um terço dos jovens completaram a frase "Na rua, me sinto...", com sentimentos positivos – ex.: bem, feliz, legal, livre, melhor (do que em casa) –, metade com sentimentos negativos – ex.: isolado, abandonado, mal, triste, medo e os demais com uma mistura de emoções positivas e negativas (Raffaelli *et al.*, 2001). As respostas não eram associadas com idade nem sexo. Em outra análise, as meninas descreveram experiências familiares mais negativas do que os meninos (Raffaelli *et al.*, 2000). Respondendo à pergunta "por que saíram de casa?", mais da metade das meninas citaram *conflito* (51%, comparado a 36% dos meninos), *abuso* (24% contra 18%) e *liberdade* (18% contra 15%) As meninas também descreveram relações mais negativas com os pais. Completando a frase "Minha mãe e eu...", 48% das meninas deram uma resposta positiva (ex.: somos felizes, somos amigas), comparado a 68% dos meninos, enquanto 48% das meninas deram uma resposta negativa (ex.: brigamos muito, não nos damos bem), comparado a 25% dos meninos. Estes achados sugerem a importância de avaliar as variações entre crianças e adolescentes em situação de rua.

Em outro estudo realizado recentemente com 25 rapazes em situação de rua em Porto Alegre (Raffaelli, Koller, & Morais, 2007), a "sabedoria de rua" (definida como a capacidade de conseguir comida, abrigo, roupas novas, proteção etc.) foi positivamente relacionada com o bem-estar físico (ausência de sintomas, como tosse, febre etc.). Além disso, eventos de vida considerados prejudiciais (ex.: foi vítima da violência de autoridades, parou de ver um amigo próximo ou grupo de amigos) foram negativamente relacionados com o bem-estar físico. Estes resultados indicam que características pessoais e do contexto podem promover processos de resiliência entre crianças e adolescentes em situação de rua.

Como se pôde perceber, faltam estudos sobre resiliência de crianças e adolescentes em situação de rua. Futuras pesquisas nesta área devem investir no processo de avaliação dos impactos de "longo prazo" da vida nas ruas sobre o desenvolvimento nessa situação. Idealmente, isto seria realizado por pesquisas longitudinais que seguem o mesmo grupo para descrever suas trajetórias e examinar o entrejogo de variáveis individuais e contextuais ao longo do tempo.

Um desafio nestas pesquisas será a definição empírica de "resiliência". Não existe grande debate sobre a definição de adversidade, mas a definição de bem-estar em circunstâncias desafiadoras tem sido bastante discutida (Luthar *et al.*, 2000; Masten, 2001). Alguns pesquisadores afirmam que para demonstrar resiliência, o indivíduo em situação de adversidade tem que exibir um nível de bem-estar superior à maioria das pessoas na população geral. Outros afirmam que a definição tem que ser relativa a outras pessoas na mesma situação. No caso de crianças e adolescentes em situação de rua, aqueles que estão lidando com os desafios do dia a dia melhor do que os outros que estão na mesma situação podem estar demonstrando resiliência. Pode-se ver que a escolha de uma ou outra definição empírica pode render resultados bem diferentes na mesma amostra.

Westphal (2001), por exemplo, descreve a história de vida de dez ex-meninos de rua do Rio de Janeiro, chamando-os de "saudáveis sobreviventes". Mostra que esses jovens foram capazes de superar os comportamentos de risco que vivenciaram durante um período de suas vidas (uso de drogas, envolvimento com tráfico e o crime, etc.), além de terem desenvolvido uma imagem positiva de si mesmos, extraindo da vida prazer e felicidade. A realidade objetiva de vida pós-rua desses meninos(as) continuava sendo marcada por muitas dificuldades objetivas (moradia e trabalho incertos, por exemplo), assim como por preocupações subjetivas (insegurança quanto ao futuro, medo de reviver a história passada "de rua", preconceitos, desafetos etc.). No entanto, a realização subjetiva passou pelo reconhecimento de seus valores pessoais, pela apreciação da sua própria história e reconstrução de uma autoimagem positiva diferente da que tinham antes nas ruas. Westphal (2001) afirma que no momento vivido (de vulnerabilidade à saúde mental) a manutenção da saúde mental é o potencial que cada um possui, isto é, a resistência individual às pressões externas e a capacidade de reinventar valores e parâmetros de realização, felicidade e bem-estar.

No entanto, todo o processo de "resistência individual às pressões externas" e a "capacidade de reinventar valores e parâmetros de realização, felicidade e bem-estar" (Westphal, 2001, p. 147) só foi possível porque estas crianças e adolescentes tiveram ajuda de instituições e dos técnicos dessas. Como no caso da Viviane, estes jovens tiveram a oportunidade de ter sido ajudado por alguém, que foi determinante para a opção de mudar de vida. O acolhimento afetivo, reconhecimento de potencialidades, valorização, apoio, disponibilidade de escuta e o oferecimento de alternativas de ocupação e lazer foram aspectos muito importantes do processo de saída das ruas. De acordo com Westphal, uma das estratégias mais bem-sucedidas foi a oferta de atividades lúdicas e principalmente artísticas (literatura, esportes, desenho e principalmente o circo).

Um maior número de estudos sobre o bem-estar psicológico, social, e físico das crianças e adolescentes em situação de rua e sobre os processos contextuais e desenvolvimentais pelos quais os mesmos negociam, cotidianamente, com as adversidades de seu meio é necessário. A ênfase sobre fatores de proteção é consistente com o movimento da Psicologia Positiva (Seligman & Csikszentmihalyi, 2000), que tem como premissa compreender os fatores e processos que promovem o desenvolvimento psicológico sadio e quais os aspectos que são responsáveis por fortalecer e construir competências nos indivíduos. Essa nova perspectiva encoraja o foco dos estudos sobre os fatores de proteção, sobretudo para se desenvolver estratégias de prevenção mais eficazes (Cowen & Wyman, 1998; Giacomoni, 2002; Sheldon & King, 2001; Yunes, 2003).

APLICANDO A PERSPECTIVA DA RESILIÊNCIA PRA DESENVOLVER AÇÕES E POLÍTICAS PARA CRIANÇAS E ADOLESCENTES EM SITUAÇÃO DE RUA

A perspectiva da resiliência pode abrir novos caminhos para melhorar o futuro de crianças e adolescentes em situação de rua. Como a noção da resiliência engloba fatores de risco e proteção, levanta a necessidade de tentar entender a interação de fatores pessoais e contextuais em suas vidas. Trabalhos de intervenção e ações políticas podem ser subsidiados por pesquisas sobre o tema para a melhoria da qualidade de vida.

De acordo com Infante (2005), a resiliência permite nova epistemologia do ser humano, pois enfatiza seu potencial, é específica de cada cultura e faz um chamado à responsabilidade coletiva. Nesse sentido, pode ser promovida por pais, professores, educadores sociais, funcionários de instituições, pesquisadores etc. Essa nova epistemologia, no caso de crianças e adolescentes em situação de rua, é ainda mais necessária, dado o estigma social com o qual essa população é vista (delinquente, irrecuperável, agressivos etc.). Nessa direção, Westphal (2001) sugere que educadores sociais, sociedade civil e poder público precisam urgentemente mudar a forma de encarar crianças e adolescentes em situação de rua. Percebe-se, ainda, uma visão estigmatizada sobre a possibilidade de mudança dos destinos dessas crianças (vistas como irrecuperáveis) e talvez por isso boa parte dos jovens não consiga efetivá-las.

A noção da resiliência como uma interação do indivíduo com o seu ambiente leva a entender que uma criança pode exibir boa adaptação em alguns momentos e falta de adaptação em outros momentos. O caso da Viviane demonstra esta realidade. No passado, a Viviane não foi bem na escola, usava drogas ilícitas e teve que cumprir medidas socioeducativas. No presente, ela tem um perfil bem diferente, demonstrando um menor envolvimento em situações de risco, satisfação com a sua vida e comportamentos mais protetivos. Outros jovens têm a experiência oposta. Na ausência de apoio institucional ou social ou mesmo na falta de adesão ao apoio que lhes é oferecido, vão se envolvendo em situações de risco através do tempo. Essa é a história, por exemplo, de um adolescente (Ricardo, 16 anos) acompanhado pela primeira autora desse artigo desde o ano de 2004. Na oportunidade, ele se mostrava mais sorridente, brincalhão e saudável fisicamente. Quase três anos depois, o maior envolvimento com drogas e atos infracionais, o levou, inclusive, a cumprir medida socioeducativa de privação de liberdade. O tempo passou, ele cresceu, mas muito do sorriso que lhe era tão característico se perdeu, dando espaço a uma feição mais fechada. No momento da escrita desse artigo, Ricardo foi encaminhado e já está internado em uma clínica de recuperação para dependentes químicos.

Finalmente, a identificação de fatores individuais, sociais e contextuais que promovem risco ou proteção permite o desenvolvimento de intervenções para promover processos de resiliência. É fundamental que todas as ações e políticas públicas dirigidas a crianças e adolescentes em situação de rua tenham como prioridade olhar a criança e o seu contexto para conhecê-la. A aproximação a essas crianças e adolescentes faz identificar particularidades do seu universo cultural (modo de vida, valores, estratégias de sobrevivência etc.), os quais são essenciais para a compreensão de como cotidianamente elas lidam com as adversidades que lhes são impostas. Ao mesmo tempo, somente essa aproximação torna possível reconhecer as possibilidades e limites de cada um e, consequentemente, elaborar estratégias de intervenção mais coerentes à situação.

O modelo ecológico enfatiza a necessidade de considerar o contexto em toda sua complexidade. As pessoas podem se comportar de maneiras diferentes em contextos diferentes (Luthar *et al.*, 2000; Masten *et al.*, 1999). Dessa forma, é necessário avaliar vários contextos antes de chegar a qualquer conclusão sobre o nível de funcionamento de uma criança ou adolescente. Certamente, o padrão de comportamento de uma criança/adolescente varia em função das características físicas do local onde está (mais ou menos limpo e acolhedor, por exemplo), da dinâmica de atividades (maior ou menor definição de regras, limites e atividades a serem desempenhadas) e, sobretudo, da qualidade da relação estabelecida com as pessoas nos diferentes contextos (afeto, escuta, respeito etc.). Assim, um jovem (Eduardo, 14 anos) que numa determinada instituição pela manhã mostra-se mais participativo e atento ao que lhe é proposto, ao longo do dia e depois de se envolver na rua com o uso de drogas, por exemplo, pode se mostrar alheio ou mesmo agressivo em uma outra instituição no período da noite. Um outro exemplo é a participação mais ativa de Armando (13 anos) numa instituição – na qual ele tem toda uma estrutura física e humana de apoio, as quais o fazem atribuir o *status* de "sua casa" àquele espaço – enquanto em outro espaço, com regras menos rígidas, ele se comporta fazendo muito mais algazarra e brincadeiras.

As intervenções devem ser estruturadas de modo a contemplar todas as dimensões (individuais e da rede de apoio social e afetiva) da criança e adolescente em situação de rua. Em nível individual, os objetivos socioeducativos devem enfatizar promoção de autoconhecimento, fortalecimento da autoestima, descoberta de potencialidades, reconhecimento da importância das relações interpessoais e da afetividade. Além disso, a rede de apoio social e afetiva deve permitir uma intermediação com cada criança e adolescente que esteja fundamentada em respeito, valorização e afeto. Somente assim se poderá contribuir para o desenvolvimento de indivíduos saudáveis (Westphal, 2001). O exemplo de Viviane ilustra o papel protetivo que a rede de apoio social e afetiva teve e tem na sua vida, destacando-se a figura de uma educadora, descrita como a pessoa existente na sua vida e com quem ela mais pode contar ("para tudo"). Ao mesmo tempo, a sua história é exemplar na relação que uma característica pessoal ("ser amiga de si mesma") tem como fator de proteção na sua vida. Dessa forma, portanto, pode-se identificar que esses, entre outros aspectos, têm atuado (em maior ou menor grau) em momentos específicos da história de Viviane, de modo a diminuir os impactos que tantos eventos adversos têm sobre a sua vida, ao mesmo tempo em que podem ter contribuído para a sua autodefinição de alegre, feliz e forte.

REFERÊNCIAS

Abreu, R.C., Mullis, A.K., & Cook, L.R. (1999). The resilience of street children in Brazil. *Adolescence, 3*(136), 745-751.

Alves, P, Koller, S., Silva, A., Santos, C., Silva, M., Reppold, C., *et al.* (2002). Atividades cotidianas de crianças em situação de rua. *Psicologia: Teoria e Pesquisa, 18*, 305-315.

Aptekar, L. (1994). Street children in the developing world: A review of their condition. *Cross-Cultural Research, 28*, 195-224.

Assis, S.G., Pesce, R.P., & Avanci, J.Q. (2006). *Resiliência: Enfatizando a proteção dos adolescentes.* Porto Alegre, RS: Artmed.

Bronfenbrenner, U. (1979). *The ecology of human development.* Cambridge, MA: Harvard University Press.

Bronfenbrenner, U. (1986). Ecology of the family as a context for human development: Research perspectives. *Developmental Psychology, 22*, 723-742.

Bronfenbrenner, U. (1995a). Developmental ecology through space and time: A future perspective. In P.M. Moen, G.H. Elder & K. Lüscher (Eds.), *Examining lives in context* (pp. 619-647). Washington, DC: American Psychological Association.

Bronfenbrenner, U. (1995b). The bioecological model from a life course perspective: Reflections of a participant observer. In P.M. Moen, G.H. Elder & K. Lüscher (Eds.), *Examining lives in context* (pp. 599-618). Washington, DC: American Psychological Association.

Bronfenbrenner, U. (1999). Environments in developmental perspective: Theoretical and operational models. In B.L. Friedmann & T.D. Wacks (Eds.), *Conceptualization and assessment of environment across the life span* (pp. 3-30). Washington, DC: American Psychological Association.

Bronfenbrenner, U., & Morris, P.A. (1998). The ecology of developmental processes. In W. Damon (Series Ed.) & R.M. Lerner (Vol. Ed.), *Handbook of child psychology: Theoretical models of human: Vol. 1* (pp. 993-1027). New York: Wiley.

Cowen, E.L., Work, W.C., & Wyman, P.L. (1992). Resilience among profoundly stressed urban schoolchildren. In M. Kessler, S.E., Goldston & J.M. Joffe (Eds.), *The present and future of prevention: In honor of George W. Albee* (pp. 155-168). Newbury Park, CA: Sage.

Cowen, E.L., & Wyman, P.A. (1998). Resilience in children: The nature and the importance of the concept. *Psicologia escolar e educacional, 2*(3), 247-256.

De Souza, E., Koller, S.H., Hutz, C.S., & Forster, L. (1995). Preventing depression among Brazilian street children. *Interamerican Journal of Psychology, 29*, 261-265.

Diversi, M., Moraes, N., & Morelli, M. (1999). Daily reality on the streets of Campinas, Brazil [Special issue]. In W. Damon (Series Ed.), M. Raffaelli & R. Larson (Vol. Eds.), Homeless and working youth around the world: Exploring developmental issues. *New Directions in Child Development, 85*, 19-34.

Donald, D., & Swart-Kruger, J. (1995). Crianças das ruas da África do Sul. *Psicologia: Reflexão e Crítica, 9*(1), 59-82.

Forster, L.M., Marcantonio, S., & Silva, M. (1995). *O sofrimento declarado de crianças de rua.* Trabalho apresentado no XXV Encontro da Sociedade Brasileira de Psicologia, Ribeirão Preto, SP.

Garmezy, N., & Masten, A. (1994). Chonic adversities. In M. Rutter, E. Taylor & L. Herson (Eds.), *Child and adolescent psychiatry* (pp. 191-207). Oxford, UK: Blackwell.

Giacomoni, C. (2002). *Bem-estar subjetivo infantil: Conceito de felicidade e construção de instrumentos para avaliação.* Tese de doutoramento não publicada, Universidade Federal do Rio Grande do Sul, Porto Alegre, Brasil.

Hecht, T. (1998). *At home in the street: Street children of Northeast Brazil.* New York: Cambridge University Press.

Hoppe, M. (1998). *Redes de apoio social e afetivo de crianças em situação de risco.* Dissertação de mestrado não publicada, Universidade Federal do Rio Grande do Sul, Porto Alegre, Brasil.

Inciardi, J.A., & Surratt, H.L. (1998). Children in the streets of Brazil: Drug use, crime, violence, and HIV risks. *Substance Use & Misuse, 33*, 1461-1480.

Infante, F. (2005). A resiliência como processo: Uma revisão da literatura recente. In A. Melillo & E.N.S. Ojeda (Eds.), *Resiliência: Descobrindo as próprias fortalezas* (pp. 22-38). São Paulo, SP: Artmed.

Koller, S.H., Hutz, C.S., & Silva, M. (1996, June). *Subjective well-being of Brazilian street children.* Paper presented at XXVI International Congress of Psychology. Montreal, Canada.

Leite, L.C. (1991). *A magia dos invencíveis: Os meninos de rua na escola Tia Ciata.* Petrópolis, RJ: Vozes.

Leite, L.C. (1998). *A razão dos invencíveis: meninos de rua: O rompimento da ordem (1554-1994).* Rio de Janeiro, RJ: Editora da Universidade Federal do Rio de Janeiro.

Leite, L.C. (2005). *Meninos de rua: A infância excluída no Brasil* (4. ed.). São Paulo, SP: Saraiva.

Luthar, S.S., Cicchetti, D., & Becker, B. (2000). The construct of resilience: A critical evaluation and guidelines for future work. *Child Development, 71*, 543-562.

Martins, R. (2002). Uma tipologia de crianças e adolescentes em situação de rua baseada na análise de aglomerados [A typology of street children and adolescents based on cluster analysis]. *Psicologia Reflexão e Crítica, 15*, 251-260.

Masten, A.S. (2001). Ordinary magic: Resilience processes in development. *American Psychologist, 56*, 227-238.

Masten, A.S., & Coatsworth, J.D. (1998). The development of competence in favorable and unfavorable environments: Lessons from research on successful children. *American Psychologist, 53*, 205-220.

Masten, A.S., & Garmezy, N. (1985). Risk, vulnerability and protective factors in developmental psychopathology. In B.B. Lahey & A.E. Kazdin (Eds.), *Advances in clinical child psychology* (Vol. 8, pp.1-52). New York: Plenum Press.

Masten, A.S., Hubbard, J.J., Gest, S.D., Tellegen, A., Garmezy, N., & Ramirez, M. (1999). Competence in the context of adversity: Pathways to resilience and maladaptation from childhood to late adolescence. *Development and Psychopathology, 11*, 143-169.

Morais, N.A. (2005). *Um estudo sobre a saúde de adolescentes em situação de rua: O ponto de vista dos adolescentes, profissionais de saúde e educadores.* Dissertação de mestrado não publicada, Universidade Federal do Rio Grande do Sul, Porto Alegre, Brasil.

Morais, N.A., & Koller, S.H. (no prelo). Aspectos biopsicossociais da saúde de crianças e adolescentes em situação de rua. In F.J. Penna & V.G. Haase (Eds.), *Aspectos biopsicossocias da saúde na infância e adolescência.* Belo Horizonte, MG: Coopemed.

Noto, A.R., Galduróz, J.C.F., Nappo, S.A., Carlini, C.M.A., Moura, Y.G., & Carlini, E.A. (2004). *Levantamento nacional sobre o uso de drogas entre crianças e adolescentes em situação de rua nas 27 capitais brasileiras (2003).* São Paulo, SP: Centro Brasileiro de Informações sobre Drogas Psicotrópicas.

Paludo, S.S., & Koller, S. (2005). Resiliência na rua: Um estudo de caso. *Psicologia: Teoria e Pesquisa, 21*(2), 187-195.

Panter-Brick, C. (2001). Street children: Cultural concerns. In N.J. Smelser & P.B. Baltes (Eds.), *International Encyclopedia of the Social & Behavioral Sciences* (pp. 15154-15157). New York: Elsevier.

Panter-Brick, C. (2002). Street children, human rights and public health: A critique and future directions. *Annual Reviews of Anthropology, 31*, 147-171.

Piaget, J. (1970). *O nascimento da inteligência na criança*. Rio de Janeiro, RJ: Zahar. (Original publicado em 1936)

Raffaelli, M. (1999). Street youth in Latin America: A developmental review. *Interamerican Journal of Psychology, 32*, 7-28.

Raffaelli, M., Koller, S.H., Bandeira, D.R., Reppold, C., Kuschick, M., & Dani, D. (2001). How do Brazilian street youth experience "the street"?: Analysis of a sentence completion task. *Childhood, 8*, 396-415.

Raffaelli, M., Koller, S.H., & de Morais, N.A. (2007). Assessing the development of Brazilian street youth. *Vulnerable Children and Youth Studies, 2*, 154-164.

Raffaelli, M., Koller, S.H., Reppold, C., Kuschick, M., Krum, F.M.B., & Bandeira, D.R. (2000). Gender differences in Brazilian street youth's family circumstances and experiences on the street. *Child Abuse and Neglect, 24*(11), 1431-1441.

Rizzini, I., Barker, G., & Cassaniga, N. (2002). From street children to all children: Improving the opportunities of low-income urban children and youth in Brazil. In M. Tienda & W.J. Wilson (Eds.), *Youth in cities: A cross-national perspective* (pp. 113-137). Cambridge, UK: Cambridge University Press.

Rutter, M. (1993). Resilience: Some conceptual considerations. *Journal of Adolescent Health, 14*, 626-631.

Rutter, M., Quinton, D., & Hill, J. (1990). Adult outcomes of institution-reared children: Males and females compared. In L. Robins & M. Rutter (Eds.), *Straight and devious pathways from childhood to adulthood* (pp. 135-157). New York: Cambridge University Press.

Samuelson, M., Therlund, G., & Ringström, J. (1996). Using the five field map to describe the social network of children: A methodological study. *International Journal of Behavioral Development, 19*, 327-345.

Santos, L.L. (2006). *Habitar a rua: Risco e resiliência*. Dissertação de mestrado não publicada, Universidade Federal do Rio Grande do Sul, Porto Alegre, Brasil.

Santos, L.L., & Dell'Aglio, D.D. (2006). A constituição de moradas nas ruas como processos de resiliência em adolescentes. In D.D. Dell'Aglio, S.H. Koller & M.A.M. Yunes (Eds.), *Resiliência e psicologia positiva: Interfaces do risco à proteção* (pp. 203-231). São Paulo, SP: Casa do Psicólogo.

Seligman, M.E.P., & Csikszentmihalyi, M. (2000). Positive psychology: An introduction. *American Psychologist, 55*(1), 5-14.

Sheldon, K.M., & King, L. (2001). Why positive psychology is necessary? *American Psychologist, 56*(3), 216-217.

Stoecklin, D. (2003). Das potencialidades de crianças e adolescentes em situação de rua ao desenvolvimento social. In I. Rizzini (Ed.), *Vida nas ruas: Crianças e adolescentes nas ruas: Trajetórias inevitáveis?* (pp. 87-121). Rio de Janeiro, RJ: Editora da Pontifícia Universidade Católica do Rio de Janeiro.

Tavares, J. (Ed.). (2001). *Resiliência e educação*. São Paulo, SP: Cortez.

Werner, E.E., & Smith, R.S. (2001). *Journeys from childhood to midlife: Risk, resilience, and recovery.* Ithaca, NY: Cornell University Press.

Westphal, R.B. (2001). *Meninos de rua: Investigando o estigma da insanidade. Dez histórias de respostas positivas a uma socialização de risco.* Tese de doutoramento não publicada, Instituto de Psiquiatria, Universidade Federal do Rio de Janeiro, Brasil.

Yunes, M.A.M. (2003). Psicologia positiva e resiliência: O foco no indivíduo e na família. *Psicologia em Estudo* (Maringá), *8*, 75-84.

Yunes, M.A.M., & Szymansky, H. (2001). Resiliência: Noção, conceitos afins e considerações críticas. In J. Tavares (Ed.), *Resiliência e educação* (pp. 13-42). São Paulo, SP: Cortez.

3

A SITUAÇÃO DE RUA COMO CONTEXTO DE DESENVOLVIMENTO INFANTIL: DISCUSSÕES METODOLÓGICAS

Paola Biasoli Alves

O estudo das chamadas populações em situação de risco psicossocial, de acordo com parâmetros psicológicos do desenvolvimento humano, tem evidenciado o crescente desafio epistemológico e metodológico que caracteriza a complexidade na contemporaneidade. Na reunião de aspectos históricos, psicológicos, psicossociológicos e estruturais, autores como Foucault (1999) e Goffman (2003, 2005) inauguraram, em meados do século XX, as discussões sobre a importância do pensamento contextual, da interlocução entre sujeito e sociedade, da consideração de aspectos históricos e dinâmicos na construção das estruturas de relação entre os seres humanos, que envolvem o poder de decisão, a criação e manutenção de processos de marginalização, o genocídio, entre outros fenômenos. Morin (2000), neste contexto, traz a importância dos saberes integrados e, ainda, comprometidos com a transgeracionalidade e a construção de alternativas de sustentabilidade humana, identificando, entre outros, processos políticos, econômicos e científicos responsáveis pela criação e perpetuação de processos discriminatórios e de injustiça social.

Neste contexto, os estudos sobre crianças e adolescentes em situação de rua, considerando-os como fenômenos constituídos na perspectiva biopsicossócio-histórica, demanda discussões aprofundadas, que eliminem as perspectivas das relações de causa-efeito e que legitimem o espaço da subjetividade e das vivências cotidianas como promotoras de aspectos saudáveis do desenvolvimento. A escolha teórica, coerente com os procedimentos metodológicos, fundamenta este novo olhar para o risco psicossocial representado pela rua. Este novo olhar valoriza os aspectos protetivos e os mecanismos de resiliência (Alves, 2002; Aznar-Faria & Oliveira-Monteiro, 2006; Morais & Koller, 2004; Paludo & Koller, 2004).

No Brasil, dentro do contexto da contemporaneidade, é preciso considerar que as definições para a situação de rua apresentam uma história importante, que envolve diferentes momentos socioculturais e a própria exclusividade deste fenômeno nos anos de ditadura militar no país e nas décadas seguintes (Alves, 1998; Castro, 1996; Moura, 1999). Nesta trajetória há a nomeação de crianças e adolescentes de rua, na rua e, por fim em situação de rua, de acordo com sua permanência nas ruas, sua dedicação a diferentes atividades para subsistência e diversão, assim como à sustentabilidade de seus vínculos afetivos e sociais (Koller & Hutz, 1996; Martins, 1996; Neiva-Silva & Koller, 2002). Estes elementos, em conjunto, delimitaram inúmeras dificuldades para o estudo das populações infanto-juvenis nas ruas do Brasil e, por meio de permanentes experimentações metodológicas e discussões teóricas em momentos científicos importantes (congressos nacionais e internacionais de Psicologia, produção de dissertações de mestrado e teses de doutorado) e do contato direto com esta realidade na própria rua ou em instituições, muitos avanços puderam ser obtidos. Neste sentido é que se pôde identificar a necessidade de adaptação e criação de metodologias específicas à rua, buscando-se que estas enfatizassem a ludicidade e a dinâmica deste ambiente. Estes procedimentos mostram a crítica ao uso das metodologias tradicionais em Psicologia, fortemente marcadas por parâmetros de análise psicodiagnóstica e de índices paramétricos, que traziam questões sobre a qualidade do desenvolvimento destas crianças e adolescentes, principalmente com relação à sua saúde mental e seu potencial cognitivo. A aplicação de testes e a busca de interpretação de dados de acordo com parâmetros teóricos clássicos e de base positivista trouxeram elementos distorcidos do cotidiano social, cognitivo e afetivos da infância e juventude que tem nas ruas um ambiente de desenvolvimento. Estes elementos, por muito tempo, revalidaram políticas públicas que descaracterizaram as crianças e os adolescentes como cidadãos e pessoas em desenvolvimento, portanto, construtores de sua história e ativos em suas interações com outras pessoas e com o ambiente físico-social (Alves, 2002; Carraher, Carraher, & Schliemann, 1988; Koller & Hutz, 1996; Raffaelli & Koller, 2005; Raffaelli *et al.*, 2001). A organização social de diferentes segmentos, como por exemplo, mães de crianças desaparecidas; técnicos, crianças e adolescentes que frequentavam a rua na integridade de sua dinâmica de desenvolvimento; mulheres vítimas de violência; profissionais do sexo, entre outros, viabilizaram a discussão política e social da diversidade das situações humanas de desenvolvimento, exigindo posicionamentos mais responsáveis e responsivos do Estado e sociedade em geral. No sentido de citar um exemplo efetivo destas discussões e conquistas, no Brasil vigora há mais de quinze anos o Estatuto da Criança e do Adolescente ([ECA], 1990).

Assim, inicialmente é preciso buscar uma definição para o fenômeno da situação de rua, em particular para as populações infantis e adolescentes na atualidade brasileira. A infância é vivida por crianças geralmente em idade escolar (entre três e onze anos) que têm nas ruas uma fonte de subsistência econômica e afetiva, realizando pequenos trabalhos – lavando ou cuidando de carros, vendendo pequenas peças (bijuterias, santinhos, lixas de unha etc.) mendigando, realizando malabares nos sinais de trânsito, ou até mesmo praticando furtos –, reunindo-se em grupos nos quais há a vivência e distribuição de papéis sociais determinados (a "mãe", o "pai", os "irmãos", os "chegados" etc.), e onde é particularmente difícil identificar um adulto que possa ser considerado cuidador e responsável, sendo este o papel vivido por crianças mais velhas ou mesmo por adolescentes (Alves, 2002; Lima, 2006; Koller & Hutz, 1996; Neiva-Silva & Koller, 2002; Santana, Doninelli, Frosi, & Koller, 2005). A generalidade desta definição permite aos pesquisadores identificar aspectos culturais particulares, histórias de vida e

Endereço Desconhecido: crianças e adolescentes em situação de rua

processos de permanência e ausência da rua específicos de cada região do país, ou até mesmo de cada cidade pesquisada.

Já a adolescência em situação de rua traz particularidades além das esperadas para este período, como por exemplo, a importância dos papéis vividos nos grupos (mais voltados para as habilidades de liderança, de domínio, de conquista e manutenção de territórios afetivos e geográficos), a busca por atividades de sobrevivência diferenciadas, nas quais permanece a informalidade e, em alguns casos, é possível identificar aspectos ilícitos (venda e tráfico de drogas e objetos roubados, por exemplo) e a baixa escolaridade (Castro, 2002; Lepoutre, 2005; Martins, 1996; Neiva-Silva & Koller, 2002; Rosemberg, 1996). Neste capítulo será dada maior ênfase às metodologias criadas para o estudo de crianças em situação de rua, contudo, as discussões a seguir são pertinentes para as duas populações.

Os conceitos elaborados e descritos na Teoria dos Sistemas Ecológicos e na Psicologia Positiva (Delle Fave & Massimini, 2004; Seligman & Csikszentmihalyi, 2001; Yunes, 2003) sustentam as construções científicas na área, evidenciando as dinâmicas de interação entre indivíduo-ambiente, demarcando a necessidade de coerência entre os processos de caracterização e de identificação do fenômeno a ser estudado, da construção metodológica, da efetivação da coleta e da análise dos dados, assim como a responsabilidade na discussão e aplicação dos resultados encontrados.

Sabe-se que os estudos ecológicos apresentam, necessariamente, a compreensão das dimensões Tempo, Pessoa, Processo e Contexto (Alves, 2002; Aznar-Faria & Oliveira-Monteiro, 2006; Morais & Koller, 2004; Narvaz & Koller, 2004), assim como, associados à Psicologia Positiva, devem abordar as temáticas da resiliência, dos fatores de risco e de proteção para o desenvolvimento dos indivíduos focalizados, a responsabilidade social dos estudos na elaboração e implementação de políticas de atendimento, além da valorização das propostas que evidenciem o compromisso com valores eticamente estabelecidos. Neste sentido, o estudo da infância e da adolescência em situação de rua permite a identificação de: (a) crianças e adolescentes como Pessoas, ou seja, cidadãos de direito, com

88

características biopsicossociais próprias e possíveis de serem caracteriza-das, como por exemplo, autoestima, competência social, deficiências orgânicas e nutricionais, autoeficácia etc.; (b) situação de rua como um fenômeno inscrito no Tempo, o que significa abordar a temática de acordo com suas dimensões históricas (processos de urbanização e indus-trialização, características específicas de colônias de exploração – no caso do Brasil e América Latina, processos de escravatura e imigração, entre outros) e específicas do desenvolvimento humano (infância, adolescência, idade adulta e velhice); (c) interações entre Pessoas, objetos e símbolos como parâmetros de construção de atividades, papéis sociais e redes de significado, identificando-se, assim, o movimento humano, seu Processo de desenvolvimento; (d) relações face a face, trânsito multidirecional entre sistemas, crenças e valores como constituintes da inter e da intras-subjetividade na dinâmica da situação de rua e todos seus participantes. Ainda, há que se legitimar as características pessoais e ambientais como fortalecedoras de processos saudáveis de adaptação às vivências estres-soras (resiliência) e aspectos como otimismo, bom humor e ludicidade enquanto parâmetros preventivos e promotores de vivências que tendem à saúde e ao bem-estar, caracterizando as dinâmicas de Contexto (Alves, 2002; Neiva-Silva & Koller, 2002).

Estas breves considerações teóricas apoiam as características básicas das pesquisas ecologicamente respaldadas: os estudos devem ser realiza-dos, preferencialmente, em ambiente natural; os fenômenos pesquisados devem associar-se às características saudáveis e/ou promotoras de saúde do desenvolvimento humano; e há a necessidade de criação e de sustentabi-lidade instrumental para a realização das pesquisas, ou seja, instrumentos de coleta de dados e metodologias de análise devem ser criados para que os fenômenos estudados possam ser vistos na sua multidimensionalidade e garantidos enquanto pertencentes às redes de significado da interação entre Pessoa, Processo, Contexto e Tempo (Alves & Koller, 2007).

Neste sentido, este capítulo apresenta três instrumentos criados para a pesquisa com crianças em situação de rua, cada um abordando uma dimensão de seu cotidiano: o *jogo de sentenças incompletas*, utili-zado para a caracterização da infância para crianças em situação de rua;

a *entrevista semiestruturada*, para a compreensão da suas vivências no tempo e os significados cronológicos e afetivos deste organizador socio-emocional humano; as *gravuras*, que representam atividades diárias das crianças na rua e que buscam identificar as características das situações pelas próprias crianças e os sentimentos associados a cada vivência ali representada. Todos estes instrumentos foram criados dentro dos pressupostos da Teoria dos Sistemas Ecológicos e, por intermédio de sua aplicação e análise, trouxeram dados complementares sobre as vivências cotidianas de crianças em situação de rua, salientando aspectos das diferentes dimensões envolvidas, ou seja, aspectos de conteúdo subjetivo e objetivo da realidade destas crianças.

Alves *et al.* (1999), em definição de metodologia observacional para o contexto da rua, chamam a atenção para alguns parâmetros que são também muito relevantes na aplicação de outros instrumentos: é fundamental a presença no contexto da rua de, ao menos, dois pesquisadores, pois é preciso caracterizar a situação de rua da criança focalizada; avaliar as condições reais para a aplicação dos instrumentos (se os procedimentos não trariam riscos a mais na situação da criança); conduzir a aplicação com o acompanhamento da dinâmica da rua, localizando processos que poderiam ser intervenientes, como por exemplo, batidas policiais, tráfico e uso de drogas, manifestações públicas etc.; favorecer a discussão e o registro das impressões dos pesquisadores durante a coleta, buscando a legitimidade da análise dos resultados, entre outros parâmetros. Para os instrumentos aqui descritos, todos estes cuidados fazem-se imprescindíveis, além da observação de todos os procedimentos éticos previstos nas pesquisas com seres humanos. É necessário considerar as características naturais da rua, que trazem o movimento das pessoas, a presença de vendedores ambulantes, de distribuidores de folhetos, o comércio local, o ir e vir de carros, ônibus e caminhões, entre outras. Dentro deste contexto, enquanto estrutura, é necessário que o instrumento traga de forma objetiva os tópicos a serem pesquisados e as questões, sentenças, gravuras etc. devem ser em número reduzido. Nos procedimentos, o *rapport* deve ser conduzido de forma a favorecer o vínculo pesquisador-participante, deve-se garantir às crianças a sua liberdade de movimento no contexto, a minimização dos riscos aos quais estarão expostas por concederem entrevistas e também o acesso às informações que produzirem.

Na pesquisa conduzida pelos autores citados, é evidenciada a observação como uma metodologia funcional e primordial para o contexto da rua. O olhar é a principal ferramenta de identificação das crianças e adolescentes ("pessoas focalizadas", de acordo com a Teoria dos Sistemas Ecológicos, Bronfenbrenner, 1979/1996) e viabiliza a compreensão imediata da adequação ou não daquele momento observado para a coleta de dados pretendida (Alves, 1998; Alves *et al.*, 1999). Neste estudo, a observação tinha início após cinco minutos de acompanhamento da criança, sendo estes minutos utilizados para a confirmação das características da criança e a percepção de segurança no ambiente para realizar-se a pesquisa. A criança era seguida a uma distância entre 10 e 30 metros por dois pesquisadores, sendo um responsável por "ditar" todos os comportamentos observáveis feitos pela criança, enquanto o segundo realiza seu registro de forma cursiva. Após 30 minutos de observação, os pesquisadores deveriam se aproximar da criança, apresentar-se, apresentar a pesquisa e seus objetivos e a partir daí requerer o consentimento da criança para a utilização dos dados. Se a criança não permitisse, os registros deveriam ser rasgados na sua frente. Estes procedimentos foram realizados com um total de 20 crianças em situação de rua do centro da cidade de Porto Alegre, sendo que com a anuência em participar da pesquisa, todas elas respondiam a um roteiro de entrevista semiestruturado e a um *jogo de sentenças incompletas* sobre o brinquedo após serem observadas. Os dados de observação, registrados em dissertação de mestrado em 1998 e em artigo de 1999 trazem, pela interpretação dos comportamentos observados de acordo com a metodologia quantitativa-interpretativa (Biasoli-Alves, 1988), o Manual de Codificação de Atividades Cotidianas de Crianças em Situação de Rua, já utilizado em pesquisas posteriores, com amostras maiores (Cerqueira-Santos, 2004). Estes dados evidenciam, por exemplo, a grande quantidade de atividades que envolvem o brincar, sendo que os objetos do cotidiano são utilizados (brincadeiras com objetos do contexto, como rolar latinhas de refrigerante, batucar em bancos de praça, rolar pneus velhos abandonados), as roupas das crianças (brincadeiras de faz de conta, quando as camisetas viram capas de super-heróis) e os próprios instrumentos de trabalho (brincadeiras com as caixas de engraxate, por exemplo). Há também as atividades de passeio, de conversa e de trabalho, todas subcategorizadas de acordo com as vivências de cada criança, em cada contexto. Este estudo de 1998 serviu de base para o desenvolvimento dos instrumentos descritos neste capítulo, utilizados em uma pesquisa para a composição de uma tese de doutorado, realizada entre 1998 e 2002, detalhados a seguir.

O *jogo de sentenças incompletas* sobre a infância seguiu, em sua composição, as ideias e discussões contemporâneas sobre a necessidade de construção de instrumentos de fácil aplicação na situação natural da rua. Sua origem está relacionada à clínica psicológica e à busca de instrumentos que favorecessem a verbalização de crianças sobre diferentes assuntos, basicamente vinculados aos conteúdos afetivos vivenciados nas relações parentais (Alves & Koller, 2007). Contudo, por ser um instrumento de possível aplicação verbal, rápida e referente a diversos assuntos, ou mesmo a diferentes aspectos de um mesmo assunto, o *jogo de sentenças incompletas* foi incorporado às pesquisas com crianças e adolescentes em situação de rua em meados da década de 1990, trazendo informações relevantes sobre esta população (Raffaelli & Koller, 2005; Raffaelli *et al.*, 2001). Na originalidade de sua composição são necessários alguns procedimentos cuidadosos que envolvem: (a) a discriminação do assunto a ser abordado de forma objetiva; (b) a composição das sentenças de maneira afirmativa e com o uso de poucas palavras; (c) a seleção dos verbos regentes de forma que possam ser expressas, nas respostas, crenças, valores, opiniões, expectativas e preferências; (d) a organização do instrumento em, no máximo, 20 sentenças, viabilizando sua aplicação em um curto espaço de tempo e favorecendo o contato pesquisador-participante (Alves & Koller, 2007). Ainda, é importante lembrar que uma das principais características deste instrumento é a ludicidade, ou seja, este é um instrumento que valoriza que, tanto o pesquisador, como o participante, interajam dentro de uma dinâmica que lembra um jogo de perguntas e respostas que não envolve "certo" ou "errado", e sim, o imediato, a surpresa contida em cada sentença, a diversão das respostas de elaboração rápida (Alves & Koller, 2007).

Especificamente, o *jogo de sentenças incompletas* sobre a infância, aplicado em conjunto com os outros dois instrumentos que foram apresentados a um grupo de 10 crianças em situação de rua de uma cidade do interior do Estado de São Paulo no ano de 2002 (cinco de cada sexo, com idades entre 8 e 11 anos) foi composto de 12 sentenças abertas dividias em três temas (definição e caracterização da infância, gostos e preferências, visão da sociedade e expectativa de futuro), tendo como objetivo explorar junto a crianças em situação de rua sua definição para a infância, suas vivências afetivas cotidianas ao longo deste processo de desenvolvimento e, por fim, qual a sua percepção sobre como são vistas e interpretadas no cotidiano das ruas. A aceitação do instrumento foi instantânea e os dados, analisados de acordo com o modelo quantitativo-interpretativo (Alves, 1998, 2002; Alves & Koller, 2007; Biasoli-Alves, 1988) salientam a vivência da infância nas ruas como um processo de intensas vivências afetivas, estruturantes tanto no aspecto do desenvolvimento saudável, quanto na possibilidade do adoecimento. É importante mostrar que, por meio deste instrumento e com a composição dos dados, há material instigante para a discussão de Políticas Públicas para a infância, reafirmando-se a necessidade de voz ativa destas crianças sobre suas vivências cotidianas. A dimensão ecológica do Processo legitima esta afirmação, pois é necessário que os participantes de pesquisa, além de estarem eticamente respaldados, sejam porta-vozes de si mesmos, ou seja, ofereçam como dado suas vivências e opiniões e sejam legitimados neste processo. A exaustiva discussão que marcava a oposição entre metodologias quantitativas e qualitativas na pesquisa em Psicologia, e que fortalecia a supremacia da primeira, por muitos anos legitimou que os pesquisadores "falassem" por seus participantes. A inclusão do conceito de subjetividade, de relatos inteiros ou mesmo trechos de entrevistas de participantes de pesquisa, o modelo de história de vida, os estudos de caso e os diários de campo foram, entre outros instrumentos, eficazes no apoderamento das temáticas e estratégias qualitativas que, por fim, permitem ao participante falar por si mesmo nas pesquisas de base qualitativa. Atualmente, sabe-se relevante a coerência teórica-metodológica adotada nas pesquisas e é frequente o uso de modelos combinados, ou seja, com amostras ou grupos que respondem a instrumentos a serem analisados em suas dimensões quantitativas, qualitativas e na combinação entre ambas (Biasoli-Alves, 1998; Morin, 2000; Silva, 1998).

Na abordagem do tema centrado no tempo optou-se pelo uso da entrevista com roteiro semiestruturado (Alves, 2002). Esta temática é bastante diversa na literatura, trazendo aspectos antropológicos, sociológicos, psicológicos e mesmo vinculados às ciências físicas. Desta forma, antes da elaboração do roteiro de entrevista, foram testados diferentes instrumentos, como por exemplo: (a) o uso de um barbante para que a criança fosse desenrolando o fio e contando tudo o que fazia durante o dia; (b) a execução, com giz, de um círculo no chão para que a criança dividisse-o em partes, com tamanhos diferentes para cada atividade e o tempo gasto em cada uma. Porém, estes instrumentos mostraram-se disfuncionais e incompletos, eram de difícil compreensão para as crianças e não traziam todas as dimensões do tempo que se pretendia explorar. Assim, pela perspectiva da complexidade e pela caracterização do tempo como um organizador, tanto social como emocional na vida dos seres humanos, fez-se a escolha por um instrumento bastante usual na pesquisa psicológica e com potencial para abranger a temática pretendida de forma coerente (Alves, 2002; Neiva-Silva, Alves, & Koller, 2004).

O uso da técnica de entrevista em pesquisas sobre fenômenos de interesse para a Psicologia é bastante antigo e frequente (Navarro & Díaz, 1995). Nas mais diferentes áreas e com os mais diversos objetivos, a entrevista conduzida com um roteiro semiestruturado, ou seja, com temas preestabelecidos e perguntas direcionadoras, mas, com oportunidade de aprofundamento de acordo com as informações oferecidas por cada participante, mostra-se um instrumento importante também na pesquisa com crianças em situação de rua. Dentro dos cuidados éticos, no caso das entrevistas gravadas, é importante reservar um tempo para mostrar à criança a gravação, discutir com ela o conteúdo; se as respostas forem anotadas, pode-se ler para a criança o que foi registrado, entre outros procedimentos. Em termos de análise, sugere-se o uso de metodologias combinadas, como o modelo quantitativo-interpretativo ou mesmo o qualitativo-interpretativo (Alves & Koller, 2007).

O roteiro de entrevista semiestruturado sobre o tempo constava de 13 questões, divididas em rotina, orientação cronológica, classificação e características de pessoas e edifícios "velhos" e "novos", aspectos de distância e reversibilidade, além de percepções afetivas da temporalidade. Estes subtemas buscam contemplar as diversas dimensões apresentadas na literatura interdisciplinar sobre o tempo, apresentando aspectos cronológicos convencionais, as vivências rotineiras e as percepções sociais e afetivas, caracterizando-o como uma vivência humana de importância ímpar na constituição da subjetividade e explorada ainda de forma incipiente nas pesquisas com populações em situação de risco. De uma maneira geral, os dados coletados mostram que: (a) a rotina semanal das crianças envolve três atividades básicas – o autocuidado (higiene e alimentação), o brincar e a escola –, atividades integradas ao hábito de assistir à televisão e ao cuidado de outras pessoas (mais novas e mais velhas). Já nos finais de semana há a visita a parentes e as atividades propostas por grupos religiosos e de trabalho na comunidade de moradia das crianças. Pode-se perceber que as atividades destas crianças são concentradas e durante a semana não há espaço para o lazer organizado ou mesmo para o desenvolvimento de habilidades e competências pedagógicas vividas de forma lúdica; (b) com relação ao reconhecimento das convenções temporais, as crianças demonstram insegurança ao citar os dias da semana, a composição matemática dos meses e dos anos. É importante ressaltar que todo o grupo de crianças relatou estar frequente às escolas; (c) quanto à organização das atividades do dia, seja no "ontem" ou no "amanhã", as crianças permanecem citando aquelas características do mundo infantil (brincar e estudar) e não foi possível identificar um padrão de organização destas atividades ou se elas realmente corresponderiam ao que foi ou seria realizado; (d) as perspectivas de futuro centram-se na reprodução de papéis socialmente estabelecidos, como por exemplo, casar, ter filhos, sustentar a família, trabalhar, assinalando a urgência destas crianças em encontrar estratégias e alternativas para sua subsistência e pertencimento; (e) a passagem do tempo é marcada

Endereço Desconhecido: crianças e adolescentes em situação de rua

nas fases de desenvolvimento (velho e novo, idoso e criança) e as crianças citam pessoas de seu contato próximo, assinalando a importância da convivência social e da identificação de pessoas significativas; (f) quanto à sua percepção da relação tempo, distância e velocidade, as crianças trazem dados que demonstram a importância da escolarização e de experiências sociais organizadas que facilitem a compreensão destes conceitos e, por conseguinte, da vivência da reversibilidade, pois, suas respostas mostram dificuldades e confusão na estruturação destes conceitos; (g) ao avaliar a qualidade do tempo empregado na realização de tarefas consideradas prazerosas, as crianças evidenciam a passagem do tempo de forma rápida, sendo a relação contrária quando a atividade a ser realizada é maçante. Estes dados mostram a importância subjetiva das vivências cotidianas organizadas no tempo e trazem elementos importantes para a reflexão sobre as atividades que são oferecidas a estas crianças no dia a dia escolar e social amplo; (h) a ida para a situação de rua na vida destas crianças é marcada pela presença de parentes e amigos que relataram a obtenção de alimento e diversão como principais argumentos para sustentar sua presença nas ruas. Este dado corrobora a perspectiva de que a situação de rua caracteriza-se na complexidade e envolve diferentes atores sociais e que, ao se pensar em estratégias de intervenção, todos os sistemas envolvidos devem ser atendidos.

O terceiro instrumento aplicado no grupo traz informações sobre os sentidos e significados de atividades cotidianas realizadas pelas crianças quando em situação de rua. As gravuras de atividades cotidianas de crianças em situação de rua compõem um instrumento que teve como objetivo apresentar, de forma concreta e lúdica, atividades identificadas no cotidiano das ruas ao longo de um estudo realizado entre 1996 e 1998 no Centro de Estudos Psicológicos de Meninas e Meninos de Rua (Alves, 1998). Sua criação relaciona-se aos pressupostos da teoria dos Sistemas Ecológicos, que evidenciam a necessidade da criação de instrumentos de coleta de dados e metodologias de análise quando os fenômenos pesquisados trazem características particulares e, muitas vezes, são inacessíveis ou erroneamente interpretados quando se faz uso de instrumentos validados para outras populações. Com o objetivo de apresentar às crianças em situação de rua atividades nas quais outras crianças na mesma situação foram observadas, houve a necessidade de criação de instrumento que fosse ao mesmo tempo fiel às atividades e que não identificasse nenhuma criança em particular. Desta forma, ao longo de aproximadamente dois meses, diversas atividades da situação de rua foram fotografadas e, obedecidos os critérios éticos de não identificação das crianças, não se fez uso das imagens; estas fotos serviram de base para que a desenhista responsável pela composição do instrumento tivesse material que auxiliasse na criação das gravuras. Também, com o objetivo de preservar nas gravuras o contexto da situação de rua, a desenhista e a equipe de pesquisa estiveram por diversas vezes nas ruas observando e conversando informalmente com as crianças, buscando-se, desta forma, maior legitimidade para as gravuras que foram criadas. Com base no estudo anterior (Alves, 1998), foram fotografadas diversas atividades relacionadas àquelas constantes no *Manual de codificação de atividades cotidianas de crianças em situação de rua* (Alves, 1998) e, ao final, escolhidas 10 atividades representativas. É importante relatar que, inicialmente, o objetivo consistia em que todas as atividades observadas fossem desenhadas, mas, o tempo cronológico necessário para a realização do estudo proposto foi um fator limitante deste instrumento.

As 10 gravuras criadas representam, de acordo com o *Manual de codificação* (Alves, 1998) as seguintes atividades: alimentação ("O menino e a alimentação"), observação de contexto ("A menina e os livros"; "O menino e o *show* de palhaços"), brinquedo com objeto de trabalho ("O menino e a caixa de engraxate"), trabalho ("O menino e o táxi"; "O menino engraxate"); cuidado ("Os meninos e o sorvete"); passeio ("Os meninos e o passeio"); brinquedo com objeto do contexto ("Os meninos e a bicicleta") e conversa ("O menino e a conversa"). Dentro dos procedimentos de aplicação foi requerido que cada criança do grupo respondesse a duas perguntas direcionadoras: o que você acha que está acontecendo nesta gravura? E como você acha que estas pessoas estão sentindo-se? Por quê?

Nos dados apresentados pelas crianças pode-se observar, de forma ampla, as seguintes dimensões: (a) as crianças reconhecem as atividades cotidianas de acordo com o que havia sido previamente categorizado pelos pesquisadores; (b) ao relatar o que as gravuras representam, as crianças contam histórias completas, com passado, presente e futuro, além de trazer elementos de seu próprio cotidiano para ilustrar seus relatos; (c) as crianças pontuam frequentemente as dificuldades e vicissitudes do cotidiano da situação de rua, salientando a necessidade de atenção diferenciada nos aspectos sócio-emocionais desta população. Há grande potencial, no instrumento, para as dimensões projetivas e avaliativas, permitindo as reflexões sobre diferentes estratégias de atuação junto a esta população.

É possível perceber, de acordo com os instrumentos e dados apresentados, o alcance das propostas teóricas e metodológicas presentes na Teoria dos Sistemas Ecológicos e sua vinculação com os estudos e intervenções com populações em situação de risco psicossocial. Neste sentido, a atenção para os participantes de pesquisa, a busca do equilíbrio entre a descrição objetiva, a mediação e a subjetividade, além do questionamento constante no lugar das respostas imediatas revigoram o desafio do fazer científico e a responsabilidade da extensão do conhecimento. É possível e necessário o acesso aos mais diferentes fenômenos humanos e suas complexas configurações, permanecendo no rigor da construção teórica e da validade metodológica, sem, contudo, descaracterizar as particularidades humanas envolvidas nas dinâmicas subjetivas.

A situação de rua como contexto de desenvolvimento infantil

REFERÊNCIAS

Alves, P.B. (1998). *O brinquedo e as atividades cotidianas de crianças em situação de rua*. Dissertação de mestrado não publicada, Universidade Federal do Rio Grande do Sul, Porto Alegre, Brasil.

Alves, P.B. (2002). *Infância, tempo e atividades cotidianas de crianças em situação de rua: As contribuições a Teoria dos Sistemas Ecológicos*. Tese de doutoramento não publicada, Universidade Federal do Rio Grande do Sul, Porto Alegre, Brasil.

Alves, P.B., & Koller, S.H. (2007). *Completar sentenças: Uma proposta lúdica e rigorosa para pesquisa em Psicologia*. Manuscrito não publicado, Universidade Católica de Brasília, Brasília, Brasil.

Alves, P.B., Koller, S.H., Silva, A.S., Reppold, C.T., Santos, C.L., Bichinho, G., *et al.* (1999). A construção de uma metodologia observacional para o estudo de crianças em situação de rua: Criando um manual de codificação de atividades cotidianas. *Estudos de Psicologia* (Natal), *4*(2), 289-310.

Aznar-Faria, M., & Oliveira-Monteiro, N.C. (2006). Reflexões sobre prósociabilidade, resiliência e Psicologia Positiva. *Revista Brasileira de Terapia Cognitiva, 2*(2), 39-46.

Biasoli-Alves, Z.M.M. (1988). Intersecções das abordagens qualitativas e quantitativas. In D.G. Souza, V.R. Otero & Z. M. M. Biasoli-Alves (Eds.), *Anais da 18ª Reunião Anual de Psicologia da Sociedade de Psicologia de Ribeirão Preto* (pp. 487-489). Ribeirão Preto, SP: SPRP.

Biasoli-Alves, Z.M.M. (1998). A pesquisa psicológica – Análise de métodos e estratégias na construção de um conhecimento que se pretende científico. In G. Romanelli & Z.M.M. Biasoli-Alves (Eds.), *Diálogos metodológicos sobre prática de pesquisa* (pp. 34-54). Ribeirão Preto, SP: Legis Summa.

Bronfenbrenner, U. (1996). *A ecologia do desenvolvimento humano: Experimentos naturais e planejados*. Porto Alegre, RS: Artes Médicas. (Original publicado em 1979)

Carraher, T., Carraher, D., & Schliemann, A.L. (1988). *Na rua dez, na escola zero*. São Paulo, SP: Cortez.

Castro, L.R. (1996). O lugar da infância na modernidade. *Psicologia: Reflexão e Crítica, 9*(2), 307-335.

Castro, L.R. (2002). A infância e seus destinos na contemporaneidade. *Psicologia em Revista, 8*(11), 47-58.

Cerqueira-Santos, E. (2004). *Um estudo sobre a brincadeira de crianças em situação de rua*. Dissertação de mestrado não publicada, Universidade Federal do Rio Grande do Sul, Porto Alegre, Brasil.

Delle Fave, A., & Massimini, F. (2004). Parenthood and the quality of experience in daily life: A longitudinal study. Social Indicators Research, 67, 75-106.

Estatuto da Criança e do Adolescente (1990). *Lei N° 8069 de 13 de julho de 1990*. São Paulo, SP: Cortez.

Foucault, M. (1999). *As palavras e as coisas* (8. ed.). São Paulo, SP: Martins Fontes.

Goffman, E. (2003). *Representação do eu na vida cotidiana* (11. ed.). Rio de Janeiro, RJ: Vozes.

Goffman, E. (2005). *Manicômios, prisões e conventos* (7. ed.). São Paulo, SP: Perspectiva.

Koller, S.H., & Hutz, C.S. (1996). Meninos e meninas em situação de rua: Dinâmica, diversidade e definição. *Coletâneas da ANPEPP, 1*(12), 11-34.

Lepoutre, D. (2005). A cultura adolescente de rua nos grandes conjuntos habitacionais suburbanos. In E. Morin (Ed.), *A religação dos saberes – O desafio do século XXI* (pp. 447-453). Rio de Janeiro, RJ: Bertrand Brasil.

Lima, S.M. (2006). Os aprendizes da rua e a tríade educação, trabalho e cidadania. *Psicologia: Ciência e Profissão, 26*(1), 106-117.

Martins, R.A. (1996). Censo de crianças e adolescentes em situação de rua em São José do Rio Preto. *Psicologia: Reflexão e Crítica, 9*, 101-122.

Morais, N.A., & Koller, S.H. (2004). Abordagem ecológica do desenvolvimento humano, Psicologia Positiva e resiliência: Ênfase na saúde. In S.H. Koller (Ed.), *Ecologia do desenvolvimento humano: Pesquisa e intervenção no Brasil* (2. ed., pp. 91-107). São Paulo, SP: Casa do Psicólogo.

Morin, E. (2000). *Os sete saberes necessários à educação do futuro*. São Paulo, SP: Cortez.

Moura, E.B.B. (1999). Meninos e meninas na rua: Impasse e dissonância da identidade da criança e do adolescente na República Velha. *Revista Brasileira de História, 19*(37), 85-102.

Narvaz, M.G., & Koller, S.H. (2004). O modelo bioecológico do desenvolvimento humano. In S.H. Koller (Ed.), *Ecologia do desenvolvimento humano: Pesquisa e intervenção no Brasil* (2. ed., pp. 51-65). São Paulo, SP: Casa do Psicólogo.

Navarro, P., & Díaz, C. (1995). Análisis de contenido. In J.M. Delgado & J. Gutierrez (Eds.), *Métodos e tecnicas cualitativas de investigación em ciencias sociales* (pp. 177-227). Madrid, España: Sínteses.

Neiva-Silva, L., Alves, P.B., & Koller, S.H. (2004). A análise da dimensão ecológica tempo no desenvolvimento de crianças e adolescentes em situação de rua. In S. H. Koller (Ed.), *Ecologia do desenvolvimento humano: Pesquisa e intervenção no Brasil* (2. ed., pp. 143-166). São Paulo, SP: Casa do Psicólogo.

Neiva-Silva, L., & Koller, S.H. (2002). A rua como contexto de desenvolvimento. In E.R. Lordelo, A.M.A. Carvalho & S.H. Koller (Eds.), *Infância brasileira e contextos de desenvolvimento* (pp. 205-230). São Paulo, SP: Casa do Psicólogo.

Paludo, S., & Koller, S.H. (2004). Inserção ecológica no espaço da rua. In S.H. Koller (Ed.), *Ecologia do desenvolvimento humano: Pesquisa e intervenção no Brasil* (2. ed., pp. 219-244). São Paulo, SP: Casa do Psicólogo.

Raffaelli, M., & Koller, S.H. (2005). Future expectations of Brazilian street youth. *Journal of Adolescence* (London), *28*(2), 249-262.

Raffaelli, M., Koller, S.H., Reppold, C.T., Kuschick, M.B., Krum, F.M.B., & Bandeira, D.R. (2001). How do Brazilian street youth experience "the street"?: Analysis of a sentence completion task. *Childhood, 8*, 396-415.

Rosemberg, F. (1996). Estimativa sobre crianças e adolescentes em situação de rua: Procedimentos de uma pesquisa. *Psicologia: Reflexão e Crítica, 9*, 21-58.

Santana, J.P., Doninelli, T.M., Frosi, R.V., & Koller, S.H. (2005). É fácil tirar a criança da rua. O difícil é tirar a rua da criança. *Psicologia em Estudo* (Maringá), *10*(2), 165-174.

Seligman, M.E.P., & Csikszentmihalyi, M. (2001). Positive psychology: An introduction. *American Psychologist, 55*, 5-14.

Silva, R.C. (1998). A falsa dicotomia qualitativo-quantitativo: Paradigmas que informam nossas práticas de pesquisa. In G. Romanelli & Z.M.M. Biasoli-Alves (Eds.), Diálogos metodológicos sobre prática de pesquisa (pp. 159-174). Ribeirão Preto, SP: Editora da Universidade de São Paulo.

Yunes, M.A.M. (2003). Psicologia positiva e resiliência: O foco no indivíduo e na família. *Psicologia em Estudo* (Maringá), *8*, 75-84.

4

ASPECTOS METODOLÓGICOS NAS PESQUISAS COM CRIANÇAS E ADOLESCENTES EM SITUAÇÃO DE RUA

Lucas Neiva-Silva
Normanda Araujo de Morais
Sílvia Helena Koller

As pesquisas realizadas com crianças e adolescentes em situação de rua destacam-se principalmente pela relevância social e teórica do tema, considerando o fato de que esta é uma população exposta a diversos fatores de risco. Entretanto, existem desafios metodológicos bastante característicos de pesquisas junto a estas crianças e adolescentes, os quais merecem uma atenção particular.

O presente capítulo é resultado de uma sistematização realizada pelos autores, os quais ao longo de diferentes momentos de coleta de dados viram-se diante de desafios na forma de melhor acessar e compreender o desenvolvimento dessa população. Seja no processo de escolha de instrumentos de pesquisa e definição do método a ser utilizado durante a coleta de dados, ou mesmo durante o treinamento da equipe de pesquisa para o trabalho de campo, os autores sempre buscaram encarar as particularidades que o contexto da rua colocava, tanto em termos metodológicos quanto éticos. Esse capítulo, em especial, destaca as reflexões metodológicas.

A INSERÇÃO ECOLÓGICA COMO METODOLOGIA DE COLETA DE DADOS E A NECESSIDADE DA CRIAÇÃO DE VÍNCULO ENTRE PESQUISADORES E PARTICIPANTES

Um aspecto central à realização de pesquisas diz respeito à forma como os pesquisadores estão inseridos nos ambientes de coleta de dados, assim como a relação que estabelecem com os participantes do estudo. Nos últimos anos, o CEP-Rua (Centro de Estudos Psicológicos sobre Meninos e Meninas em Situação de Rua), vinculado ao Instituto de Psicologia da Universidade Federal do Rio Grande do Sul, tem se dedicado a desenvolver a proposta metodológica da Inserção Ecológica, a qual está baseada na Abordagem Bioecológica do Desenvolvimento Humano, criada por Bronfenbrenner (1979/1996). Para uma melhor compreensão da Abordagem Ecológica do Desenvolvimento Humano, ver Cecconello e Koller (2003), Eschiletti-Prati, Couto, Moura, Poletto e Koller (2008) e Paludo e Koller (2004).

Em linhas gerais, a Inserção Ecológica tem como pressuposto teórico a abordagem ecológica de desenvolvimento humano, a qual é entendida como resultado da interação de quatro dimensões – pessoa, processo, contexto e tempo (Bronfenbrenner, 1979/1996). Em termos práticos, esse entendimento sobre o desenvolvimento humano implica a inserção dos pesquisadores nos contextos frequentados pelos participantes do estudo, assim como na sua participação em atividades e dinâmica de vida destes, a fim de melhor compreender o fenômeno investigado (Cecconello & Koller, 2003; Eschiletti-Prati *et al.*, 2008).

Sendo assim, uma pesquisa com crianças e adolescentes em situação de rua, deve garantir a participação e o envolvimento dos pesquisadores nos diferentes contextos vividos pelas crianças (ruas e instituições, por exemplo), assim como a participação em suas atividades cotidianas, por períodos de tempo estáveis e não simplesmente pontuais. Além disso, deve-se buscar, sempre que possível, o engajamento em atividades do cotidiano de vida dessas crianças e adolescentes, procurando conhecer e fazer parte destas atividades, o que pressupõe uma maior vinculação com os participantes. Tal vinculação é considerada essencial à realização da Inserção Ecológica, uma vez que permite um maior conhecimento da realidade estudada pelos pesquisadores (garantindo validade ecológica aos dados coletados). Mas também e, sobretudo, porque pressupõe uma relação diferenciada entre pesquisadores e participantes do estudo. Passa, portanto, a existir uma relação de reciprocidade entre eles, de forma que o processo de coleta de dados não fica alheio do cotidiano dos participantes, nem restrito a um único e fortuito minuto de encontro. Pesquisadores e participantes podem, assim, ao longo do tempo e das atividades, conhecerem-se mais, compartilhando experiências de vida e significados culturais. Desta forma, se dá o processo proximal que é uma dimensão imprescindível do processo de inserção ecológica, ou seja, é o processo que dá identidade a este método de trabalho. Inserção ecológica exige a ocorrência de processos proximais e é um deles por excelência.

A necessidade de um mínimo de vinculação entre pesquisadores e participantes é tanto um imperativo ético (o qual é discutido no capítulo sobre aspectos éticos, nesse livro) quanto uma garantia de que o dado coletado é de qualidade, ou seja, não foi respondido com omissões ou distorções, nem de qualquer maneira e não é uma informação socialmente desejável, distante da realidade, fornecida apenas para criar uma imagem artificial dos respondentes. Há entre participantes e pesquisadores, portanto, uma relação de confiança e respeito que permite que os primeiros sintam-se livres pra expressar os seus sentimentos e/ou relatar o seu envolvimento com questões que tradicionalmente envolveriam o uso de respostas socialmente aceitas (uso de drogas, sexualidade, suicídio etc.). E, ainda, fazem com que esta relação de confiança seja percebida e assegurada pelos pesquisadores.

A fim de garantir o processo de vinculação, considera-se que o aspecto-chave é a disponibilidade dos pesquisadores em estabelecer relações positivas (baseadas no afeto, no equilíbrio de poder e na reciprocidade) com os participantes. Nesse sentido, tudo pode funcionar como um possível caminho para que ocorra a aproximação. É importante que os pesquisadores estejam, de fato, dispostos a entrar em relação com os participantes, mostrando-se interessados pelas histórias que as crianças e

Endereço Desconhecido: crianças e adolescentes em situação de rua

adolescentes têm pra contar, assim como para participar de atividades diversas nas quais os mesmos estejam envolvidos tanto em instituições (jogos, esportes diversos, oficinas, assistir televisão, filmes, conversas, trocas de experiências etc.) quanto nas ruas (conversas informais, trabalho, brincadeiras, descanso). A simples presença de alguém estranho no ambiente em que as crianças e adolescentes em situação de rua estão já despertará a atenção e curiosidade destes. Por isso, é muito provável que uma criança ou adolescente logo se aproxime e pergunte aos pesquisadores quem eles são e o que estão fazendo ali naquele espaço que é deles. A aproximação, portanto, é uma questão de tempo e costuma ser muito mais simples e fácil do que o senso comum pressupõe. Nas experiências de coleta de dados da equipe do CEP-Rua, a atitude receptiva tem sido frequentemente descrita como um elemento importante para a vinculação. O gravador, muitas vezes, faz parte do instrumental de trabalho dos pesquisadores e, diferentemente de outros estudos, tem servido como meio de aproximar os pesquisadores dos participantes. Quase sempre as crianças e adolescentes mostram-se muito interessados em cantar e escutar suas vozes seguidas vezes. Nesse processo, laços de cumplicidade e proximidade vão se desenvolvendo e não tarda para que o *rapport* seja estabelecido adequadamente. A experiência tem mostrado, enfim, que o elemento mais importante é mesmo a disponibilidade dos pesquisadores em acolhê-los, uma vez que na história de vida dessas crianças e adolescentes, eles têm colecionado uma história (ou várias) de outros adultos pouco preocupados com o que eles sentem e pensam.

COMO REALIZAR A ABORDAGEM DA CRIANÇA/ ADOLESCENTE QUE ESTÁ NA RUA?

Para quem está começando a pesquisar ou a trabalhar com crianças e adolescentes em situação de rua, uma das questões mais inquietantes refere-se a como realizar a abordagem inicial desta população no contexto da rua. Baseados em trabalhos anteriores (Almeida, Ribeiro, Pacheco, & Neiva-Silva, 1998; Neiva-Silva, 2008; Paludo & Koller, 2004), a seguir é apresentada uma proposta de sistematização das diferentes etapas da abordagem a crianças e adolescentes em situação de rua e do tipo de vinculação estabelecida. Reconhece-se que este processo não se aplica a todos os casos, tendendo a ocorrer principalmente quando a abordagem é realizada diretamente no contexto da rua sem que os pesquisadores conheçam previamente alguma criança ou adolescente.

1ª Etapa: Familiarização com o contexto da rua

A primeira etapa dos pesquisadores é a inserção no espaço da rua, com o objetivo de haver uma mínima familiarização com este contexto. É o momento em que os pesquisadores começam a perder o estranhamento em relação ao trânsito das diferentes pessoas que os observam com um olhar diferenciado. Gradualmente, passa-se a identificar as pessoas que geralmente frequentam aquele local específico e, ao mesmo tempo, os pesquisadores se fazem conhecer por aqueles que estão na rua e procuram fazer com que os mesmos se habituem à sua presença. Dentre esses estão as próprias crianças e adolescentes em situação de rua, os lojistas das áreas adjacentes, guardadores de carros, transeuntes e adultos que desempenham trabalho informal na rua, dentre outros. Nesta etapa, o principal instrumento utilizado é a observação sistemática das atividades e das pessoas na rua, juntamente com cumprimentos e curtas conversas informais. Um instrumento complementar pode ser o diário de campo, em que possam ser feitos pequenos e breves registros para posterior análise e discussão entre os pesquisadores.

Natureza da Vinculação: Contato Estereotipado. Nesta primeira fase, na maior parte das vezes, o contato com as crianças e adolescentes em situação de rua poderia ser caracterizado como estereotipado, ou seja, eles geralmente apresentam o mesmo conjunto de repertórios na interação com os pesquisadores, sem diferenciá-los dos transeuntes comuns. O contato pode ser marcado pela desconfiança, considerando que dificilmente "pessoas comuns da sociedade" – ou seja, que não são do contexto da rua – param para falar com as crianças em situação de rua.

Em último caso, quando o fazem, geralmente têm interesses que podem até colocar em risco a própria criança como, por exemplo, na abordagem de um adulto com interesse em exploração sexual ou exploração do trabalho infantil. Os pesquisadores podem ainda ser confundidos com profissionais ligados a órgãos governamentais que zelam pelos direitos das crianças e adolescentes, como conselheiros tutelares ou outros. Por este motivo, a percepção dos meninos e meninas interfere na organização e/ou no equilíbrio da situação de rua. Associada a esses fatores, nesta fase, a fala estabelecida entre crianças/adolescentes e pesquisadores são geralmente superficiais, abordando temas corriqueiros. Mas este é exatamente o esperado para um primeiro contato.

Implicações para a Coleta de Dados. Quando a falta de um vínculo maior é desconsiderada e busca-se detalhar o diálogo tentando conhecer de maneira mais aprofundada a vida da criança ou do adolescente, é comum se obter respostas evasivas ou socialmente aceitas, que venham a atender às supostas expectativas dos pesquisadores. É possível ainda haver um afastamento por parte da criança/adolescente, por sentir-se invadida por questionamentos sobre temas pessoais propostos por um estranho. Pelos motivos apresentados, desaconselha-se o início de coleta de dados ainda nesta fase de vinculação, sob pena de se obter dados que não representem minimamente o mundo da rua ou a situação específica da criança ou do adolescente entrevistado. Há, ainda, a sabedoria de rua, que é um fator de proteção comumente utilizado pelas crianças, a fim de evitar invasões em suas vidas e dar respostas socialmente esperadas (Aptekar, 1996).

Em certa ocasião, os autores deste capítulo estavam na rua com as crianças e adolescentes e presenciaram a chegada de profissionais que faziam um cadastramento daqueles que estavam frequentando as ruas. Alguns fugiram e os que ficaram forneceram tranquilamente as informações solicitadas. No entanto, todas as respostas apresentadas – tais como nome, idade, nomes dos familiares, local de residência da família de origem, relação com a escola, uso de drogas, trabalho, mendicância etc. – foram criadas no momento. Sabidamente as equipes que vinham trabalhando com eles nas ruas por um período mais estendido de tempo conheciam outras respostas às mesmas questões. Isto mostra o risco de se fazer pesquisas com crianças e adolescentes em situação de rua sem levar em conta o processo de abordagem e a formação de vínculo, sob pena de se obter resultados completamente distantes da realidade.

2ª Etapa: Negociação de vínculo

Com o transcorrer do tempo, os pesquisadores passam a ter um contato mais pessoal com as crianças e adolescentes em situação de rua, em que são reconhecidos os nomes e características próprias de cada um. Boa parte das crianças e adolescentes já se acostumou à presença dos pesquisadores, sendo diferenciados dos demais transeuntes no espaço da rua. Nesta etapa, são valorizadas as diferenças relativas à história de cada um(a), o que acaba por diferenciar a relação entre os pesquisadores e as diversas crianças/adolescentes. O discurso estereotipado vai cedendo lugar a narrativas de suas histórias de vida. Começam a ser estabelecidas conversações mais estruturadas sobre temas variados e inclusive sobre a própria pesquisa. As primeiras informações pessoais começam a emergir com menos desconfiança, na medida em que os pesquisadores deixam de ser vistos como alguém que poderia colocar em risco o bem-estar da criança/adolescente ou do equilíbrio da situação de rua. Inicia-se uma relação de negociação, pela qual a criança "joga" algumas informações para explorar e testar os interesses do integrante da equipe de pesquisa e sua tolerância com a difícil realidade da rua. Uma criança que se encontra a partir desta segunda etapa de vinculação pode funcionar como importante intermediário entre os pesquisadores e as outras crianças ainda sem vínculo. Um recurso bastante efetivo no sentido de melhorar a vinculação entre pesquisadores e participantes é o uso de atividades lúdicas. Seja pelo uso do gravador, em que as crianças possam cantar e depois ouvir suas próprias vozes, seja pela participação dos pesquisadores em algum jogo (futebol, vôlei, dominó, cartas etc.), ou seja simplesmente contando piadas ou inserindo brincadeiras durante uma conversa, a atividade lúdica tem o poder de quebrar barreiras e aproximar as pessoas, principalmente crianças ou adolescentes. O mais importante, no entanto, é que a atitude dos pesquisadores seja genuína, eles estarão presentes no contexto da pesquisa, com interesse, empatia, capacidade de escuta, ferramentas de encaminhamento e ajuda. Esta atitude representa o que popularmente se define como "presentes de corpo e alma".

Implicações para a coleta de dados. Nesta fase, a partir da solicitação do assentimento dos participantes para colaborar com a pesquisa, seguindo os procedimentos éticos necessários (ver capítulo sobre ética neste livro), já é possível que os pesquisadores deem início à coleta de dados, com a realização de entrevistas ou a aplicação de instrumentos, pois já existe um mínimo de confiança, vínculo e abertura para questões um pouco mais aprofundadas. Entretanto, se as entrevistas ou os instrumentos permearem temas que exigem maior exposição pessoal – como drogas, comportamentos sexuais, atividades ilícitas, dentre outros – ou estiverem associados a maior nível de sofrimento – como violência, abuso sexual, tentativa de suicídio etc. – há ainda um risco de não se ter acesso adequado a essas informações. O tempo para início destas coletas é um ponto ainda bastante delicado e deve ser uma decisão dos pesquisadores após profunda análise. A equipe deve ter bastante discernimento para iniciar a coleta em momento ótimo. Ninguém sabe quando é este momento, ele deve ser capturado da experiência dos pesquisadores com os participantes.

3ª Etapa: Estabelecimento de vínculo afetivo

Nesta etapa, geralmente as crianças ou adolescentes em situação de rua tendem a eleger uma pessoa (ou mais) da equipe de pesquisa para o estabelecimento de vínculo afetivo. A introdução do elemento afetivo na relação permite que as crianças ou os adolescentes sintam-se à vontade para compartilhar com os pesquisadores conteúdos da vida pessoal e íntima, baseada em uma relação de afeto e confiança mútua. Já não existe o discurso estereotipado característico da primeira etapa. A criança com respostas socialmente aceitas cede espaço àquela que fala de si com maior transparência e, desde que não se sinta julgada, pode assumir que usa ou que vende drogas, se já foi presa, se já teve relações sexuais em troca de dinheiro, se já teve aborto induzido, se foi abusada sexualmente ou se já realizou atividades ilícitas. O(a) integrante da equipe de pesquisa deixa de ser percebido(a) como julgador e assume uma posição acolhedora, afetiva, mais próxima de um(a) amigo(a), pois é sabido que o compartilhar destas informações não poderá prejudicar nem a própria criança nem o vínculo estabelecido entre ambos. A criança/adolescente sente-se segura de que não será julgada por essas ações, que não haverá críticas ou recomendações do tipo "Não faça mais isto!" e sim que será acolhida de maneira incondicional, independente do quão "certas" ou "erradas" poderiam ser avaliadas suas ações. Portanto juízos morais devem estar fora desta relação, sem perder de vista o melhor interesse da criança.

Implicações para a Coleta de Dados. Somente nesta etapa da vinculação é possível que seja realizada adequadamente investigações aprofundadas de assuntos íntimos ou sobre atividades socialmente proibidas. Isto mostra a necessidade de extensa capacitação dos pesquisadores que irão a campo para coletar dados com crianças e adolescentes em situação de rua. Ao mesmo tempo, destaca-se a predisposição pessoal destes pesquisadores no sentido de abrir mão de julgamentos em relação a valores sociais sobre certo e errado, de estarem abertos a relações permeadas de sofrimento e de se envolverem afetivamente e de modo adequado com as crianças e adolescentes.

Faz-se necessário destacar que o vínculo estabelecido com crianças e adolescentes em situação de rua não é algo estanque, mas uma relação construída ao longo do tempo. Ao mesmo tempo, a qualidade do vínculo não é necessariamente dependente do fator tempo, ou seja, não se pode preestabelecer uma relação de tempo para a passagem de uma etapa para outra. A prática cotidiana de pesquisa mostrou que com certas crianças ou adolescentes foi possível alcançar a terceira etapa de vinculação em um único encontro. Já outras, mesmo depois de semanas de contato, não se conseguiram ultrapassar a primeira etapa.

Caso já exista um vínculo maior com alguma criança ou adolescente, esta poderá auxiliar significativamente para que a abordagem e o processo de vinculação ocorra mais rápido junto a outras crianças/adolescentes em situação de rua. A percepção pelas demais crianças/adolescentes de que existe uma relação próxima estabelecida entre o colega e o(a) pesquisador(a) facilita a quebra da desconfiança inicial e da relação estereotipada, abrindo espaço para a negociação do vínculo e o desenvolvimento de afeto presentes na segunda e terceira fases.

Caso o método de pesquisa, por características próprias, não permita ou não inclua um maior tempo de contato com os participantes, visando ao estabelecimento de vínculo, os pesquisadores de campo devem buscar conscientemente a melhoria da relação e o avanço das etapas de vinculação mesmo em um período curto de tempo. Geralmente uma abordagem descontraída, com brincadeiras e histórias iniciais antes da pesquisa, apresenta bons resultados no sentido de quebrar barreiras. Outro recurso que pode auxiliar é a escolha adequada da ordem dos temas a serem abordados em uma entrevista. Sugere-se abordar primeiros os assuntos gerais, associados às características bio-sócio-demográficas, às atividades realizadas cotidianamente, para depois entrar em assuntos mais difíceis. A fala inicial tende a baixar a artificialidade da relação e, em um segundo momento, é possível abordar aspectos associados a sofrimento pessoal, como histórias de violência, abuso etc. A experiência de campo tem demonstrado que após se ter conseguido falar sobre estes aspectos, cria-se uma proximidade muito maior, permitindo assim adentrar aos assuntos mais difíceis, geralmente geradores de respostas socialmente aceitas como o uso de drogas, atividades ilícitas etc.

A ESCOLHA DO LOCAL DE COLETA DE DADOS: NA RUA OU EM INSTITUIÇÕES?

Outra importante questão metodológica refere-se à análise do melhor local para coletar dados com crianças e adolescentes em situação de rua. Antes de definir este aspecto, sugere-se que tanto os fatores positivos quanto os negativos de cada contexto sejam ponderados, levando-se em conta, sobretudo, os objetivos da pesquisa, o delineamento proposto para o estudo e as situações contextuais de cada cidade.

Sabe-se, por exemplo, que em algumas cidades, não há uma rede de assistência a crianças e adolescentes em situação de rua. Sendo assim, nesse caso, é quase que um imperativo que a abordagem ocorra, única e exclusivamente, nas ruas das cidades. Em outros lugares, ao contrário, a dinâmica de vida das crianças e adolescentes em situação de rua envolve o seu acesso a instituições da rede de assistência social. Em ambos os casos, porém, é de fundamental importância que se conheça onde e como se pode encontrar essas crianças e adolescentes (quais os principais logradouros públicos frequentados e em que horários e épocas do ano, quais as instituições que elas costumam acessar, qual a rotina das instituições, etc.).

Os objetivos de pesquisa e delineamento do estudo são outro aspecto que devem guiar a escolha do local de acesso aos participantes. É recomendável, por exemplo, que o uso de instrumentos mais longos e que demandam mais de um encontro com os participantes não seja feito na rua, uma vez que os adolescentes tendem não só a transitar entre diferentes lugares, mas também porque a aplicação de instrumentos pode ser dificultada pelas características do contexto aberto da rua (barulho, interrupções de transeuntes, falta de um lugar adequado para expor o instrumento etc.). É de responsabilidade dos pesquisadores, portanto, avaliar com muito critério os aspectos positivos e negativos de uma coleta em um espaço ou outro, estando cientes do tipo de perfil de crianças e adolescentes que poderão atingir, assim como das que não poderão acessar, ao optar por um e não pelo outro espaço.

Rua

Um possível contexto de coleta de dados é, sem dúvida, a própria rua. É o local onde, por definição, as crianças e adolescentes em situação de rua passam parte do seu tempo diário. É o lugar onde muitos brincam, trabalham, dormem, estabelecem relações com outras pessoas, sejam elas em situação de rua ou não. Por outro lado, a rua é o contexto no qual é encontrado o maior número de fatores de risco, como drogas, violência, exploração sexual e trabalho infantil. Estudos anteriores do CEP-Rua têm auxiliado na construção de novas pesquisas na rua (Alves, Koller, Silva, Reppold, Santos, Bichinho *et al.*, 1999; Alves, Koller, Silva, Reppold, Santos, Silva *et al.*, 2002; Cerqueira-Santos & Koller, 2003).

Parte das crianças e adolescentes em situação de rua não acessa outros contextos onde geralmente são desenvolvidas pesquisas com as demais crianças, como escolas, centros esportivos, centros de saúde e hospitais. Portanto, a principal vantagem de se coletar dados nas ruas é a possibilidade de se conhecer e investigar um conjunto de pessoas passíveis de serem encontradas apenas neste contexto. Por outro lado, a coleta de dados realizada na rua coloca importantes desafios metodológicos ao pesquisador. Um destes desafios é encontrar um local com menor índice de ruído que permita conduzir adequadamente uma entrevista ou a gravação da mesma. No CEP-Rua se tem registros de entrevistas gravadas na rua que posteriormente apresentaram grande dificuldade de compreensão das falas em virtude da existência de ruídos de automóveis. Outra questão presente nas ruas é a exposição da situação de pesquisa às mudanças climáticas. Já houve casos de entrevistas serem interrompidas por ter começado a chover de maneira inesperada. Já houve situações em que todo o cronograma da pesquisa precisou ser alterado em virtude da chegada do inverno, fazendo a temperatura diminuir e, por consequência, diminuindo o número de crianças e adolescentes nas ruas e dificultando o acesso àqueles ainda presentes.

Outra dificuldade é a falta de controle de diversos fatores que podem influenciar a coleta de dados. Por exemplo, a interrupção por parte de pessoas externas à equipe de pesquisa. Esta interrupção pode ser causada tanto por outras crianças e adolescentes que, sendo amigos do participante que fornece a entrevista, sentem-se à vontade para se aproximar e perguntar o que está acontecendo. Alguns chegam a sentar ao lado do(a) companheiro(a) e dizem que não vão interromper, mas que gostariam apenas de ficar ouvindo o(a) amigo(a) falar. Estas são situações que demandam habilidade do entrevistador para o seu adequado manejo. O ideal é que nestes casos haja um membro da equipe de pesquisa com a responsabilidade específica de manter preservada a situação de entrevista, convidando as outras crianças e adolescentes a participarem, por exemplo, de alguma atividade lúdica. Caso não seja possível este membro da equipe com a função de "preservar" a díade entrevistador-entrevistado, sugere-se que tal situação seja manejada com bastante sensibilidade e cautela. O entrevistador pode, por exemplo, interromper a entrevista e explicar à criança recém-chegada a importância de se respeitar aquele momento e a necessidade do amigo poder falar sem se sentir constrangido pela presença de outra pessoa. Pode-se ainda argumentar que, caso a criança recém-chegada queira também participar da pesquisa, ela poderá aguardar um pouco e terá o seu momento de diálogo também preservado, sem a interrupção ou presença de nenhum outro colega.

Muitas vezes, porém, o próprio participante coloca-se em defesa do amigo que chega e permite a sua permanência, dizendo que não há problema algum. Certa vez, em uma ocasião de coleta de dados, a segunda autora desse capítulo foi surpreendida por uma situação desse tipo. Nesse caso, como os dois adolescentes eram bem amigos, o primeiro com quem ela estava a conversar, permitiu a permanência do segundo, dizendo: *"Nós somos amigos. Não temos segredo!"* Mais surpreendente foi ver o desenrolar da entrevista, e a disposição do segundo participante (que chegou depois) a relatar dados sobre a sua própria vida, os quais não tinha tido ainda a coragem de revelar quando estava sozinho em seu momento privado de entrevista. Na presença do amigo, porém, sentiu a confiança e teve a abertura em expressar algo que até então não fizera.

Além da interferência das próprias crianças e adolescentes em situação de rua, a coleta de dados pode ser interrompida por qualquer outra pessoa que esteja passando pela rua, transeuntes que sentem curiosidade a respeito do motivo pelo qual uma pessoa "bem-vestida" conversa com uma criança ou adolescente em situação de rua, geralmente "invisível". Neste contexto, o entrevistador pode ser confundido tanto com alguém que põe em risco a criança, como com alguém que põe em risco a atividade ilícita na qual a criança pode estar envolvida. Têm-se, portanto, duas situações de risco, as quais são difíceis de escapar. Por isso, os pesquisadores precisam estar preparados para enfrentá-las adequadamente para garantia da própria segurança, da equipe de pesquisa e da criança/adolescente em questão.

No primeiro caso, quando os pesquisadores podem ser confundidos com alguém querendo explorar a criança, deve-se ter elementos suficientes que provem a filiação institucional, assim como o objetivo do trabalho. Camisetas da Universidade, pastas ou cartão de identificação, além de autorizações para o desenvolvimento do estudo, ajudam a esclarecer a procedência dos integrantes da equipe de pesquisa. Além disso, deve-se sempre evitar estar sozinhos com a criança ou adolescente que está sendo entrevistado em lugares escuros e de pouca movimentação. Sugere-se que para ir a campo (rua), deve-se estar pelo menos em dupla e, mesmo que ambos estejam realizando entrevistas, que possam estar em locais em que um membro da equipe possa acompanhar visualmente o outro.

O segundo risco consiste no fato de os pesquisadores serem confundidos com policiais ou integrantes do Conselho Tutelar, por exemplo, os quais estariam interessados, por exemplo, em "investigar" e/ou "denunciar" o uso de drogas ou a situação de exploração sexual comercial. Para esse caso, valem as mesmas recomendações expostas no parágrafo anterior. Além disso, é de fundamental importância que nenhuma abordagem a qualquer criança/adolescente seja precipitada. Ou seja, em qualquer processo de pesquisa, precisamos estar atentos ao entorno social, às pessoas que dele fazem parte e às dinâmicas características de cada contexto. Sendo assim, antes de começar a abordagem de qualquer participante, é imprescindível que tenhamos conhecimento da segurança do local. Algumas horas ou dias de observação serão, portanto, necessários para esse fim, especialmente se a coleta é realizada no contexto de rua. É preciso ter claro se há a presença de tráfico de drogas, se há adultos vigiando e explorando o trabalho de crianças na área, se existe o trânsito de policiais, etc. Obviamente, além desses cuidados anteriores, é preciso estar atento à necessidade de deixar claro ao participante o real objetivo dos pesquisadores ao abordá-lo, com vistas a diminuir fantasias e garantir a vinculação. Como descrito anteriormente, com o passar do tempo, é natural que os pesquisadores vão se tornando mais conhecidos e possam se sentir mais à vontade para transitar e ocupar os espaços onde possam desenvolver adequadamente a pesquisa.

No estudo de Neiva-Silva (2003) sobre expectativas futuras de adolescentes em situação de rua, realizado pelo uso do método autofotográfico, há um exemplo da interferência de policiais no desenvolvimento do estudo. Dois adolescentes, após receberem a câmera fotográfica e permanecerem com ela durante dois dias para o registro das imagens, retornaram no dia marcado ao local onde iriam se encontrar com os pesquisadores para a devolução do equipamento. Antes da chegada da equipe de acadêmicos, os adolescentes foram abordados por policiais que, acreditando ser a câmera um fruto de roubo, tomaram os equipamentos dos adolescentes. Apesar da alegação de inocência e da longa explicação apresentada pelo grupo de que aquilo era equipamento para uma pesquisa que estava em andamento, os policiais optaram por abrir as câmeras para confirmar se os equipamentos continham mesmo o filme fotográfico. Diante da constatação positiva, os policiais fecharam as câmeras e, demonstrando expressivo abuso de autoridade, passaram a usar as câmeras tirando as fotos restantes do ambiente no qual estavam. Após certa insistência dos adolescentes, os policiais repetiram a operação de abertura das câmeras e devolveram-nas aos seus respectivos responsáveis. Ao encontrar a equipe de pesquisadores, os adolescentes relataram o fato detalhadamente. Apesar da exposição dos filmes à iluminação excessiva, optou-se por revelar os filmes, na expectativa de que alguma fotografia pudesse estar intacta. O resultado de tal operação mostrou haver a perda total das fotografias de um dos adolescentes e a obtenção de apenas duas do outro participante. O aspecto mais expressivo desta situação ocorreu no dia seguinte, ao se constatar que os adolescentes não sabiam sobre a impossibilidade de abertura da câmera pelo risco de haver a perda do material. Ao ser informado do resultado de que todas as suas fotografias haviam sido danificadas, o adolescente, com lágrimas nos olhos, informou da sua desistência de participação na pesquisa, recusando-se, na época, a receber outra câmera para o registro de novas fotos. Este relato ilustra, portanto, situações imprevistas, passíveis de acontecer em pesquisas no contexto da rua. A partir de tal ocorrência, optou-se por lacrar a câmera com material adesivo, identificando, por escrito, a procedência do equipamento, com os respectivos telefones dos pesquisadores para possível averiguação por parte das autoridades policiais. No entanto, em resposta ao transtorno causado àquele adolescente, assim como à consecução da pesquisa, percebe-se que a simples ocorrência desse infeliz acontecimento permitiu acessar um aspecto central no cotidiano de vida de adolescentes que vivem em situação de rua: a violência policial. Em se tratando de um estudo sobre perspectivas futuras, é digno de nota o fato de policiais inferirem o "assalto" e não acreditarem no relato dos adolescentes de que se tratava de uma situação de pesquisa, fato que revela todo o seu preconceito e sua descrença nessas crianças e adolescentes.

Instituições

Algumas cidades brasileiras possuem redes de instituições responsáveis pelo atendimento de crianças e adolescentes em situação de rua. Trata-se de abrigos diurnos, albergues noturnos, escolas ou instituições que funcionam no turno inverso ao da escola, que visam ao atendimento específico dessa população. Faz-se necessário ressaltar que as *instituições* aqui citadas possuem caráter *aberto*, ou seja, permitem que as crianças e os adolescentes frequentem a instituição, mesmo continuando parte do seu tempo na rua. Este esclarecimento é importante, pois existem instituições que exigem o não retorno à rua como critérios para que os adolescentes participem de suas atividades. Estudos do CEP-Rua têm auxiliado nas escolhas de instituições e nos procedimentos para trabalhar com as crianças em seus espaços (Morais, 2005; Santana, Doninelli, Frosi, & Koller, 2005a, 2005b).

No momento em que os pesquisadores optam por realizar a coleta de dados e/ou intervenção em espaços desse tipo, é fundamental que eles tenham uma justificativa que seja coerente com o seu objetivo de pesquisa e com o delineamento do estudo, conforme dito anteriormente. No caso dos autores do presente capítulo, os quais já realizaram coletas tanto no espaço da rua, quanto em espaços fechados das instituições, essas últimas foram preferidas quando: (a) o objetivo de pesquisa esteve intimamente relacionado às instituições em questão; (b) houve a necessidade

Aspectos metodológicos nas pesquisas com crianças e adolescentes em situação de rua

de encontros mais duradouros com os participantes (mais de um momento de entrevista, por exemplo); (c) buscava-se um lugar mais "protegido" para a inserção da equipe de pesquisa, quase sempre formada por alunos de graduação, e (d) para facilitar o acesso aos participantes, a partir do vínculo já estabelecido entre as crianças/adolescentes e os profissionais das instituições.

Obviamente, a inserção de uma equipe de pesquisa em um contexto institucional levanta algumas questões que precisam ser consideradas. Sendo assim, é imprescindível que os dirigentes e equipe técnica da instituição tenham pleno conhecimento de quem são e o que estão fazendo aquelas novas pessoas ali inseridas. O estabelecimento de um "contrato psicológico" prévio (explanação dos objetivos da pesquisa, do tempo que levará a coleta, dos dias de visita etc.), assim como o seu pleno cumprimento é de fundamental importância. Uma preocupação bastante comum na prática de pesquisa tem sido a de tentar interferir o mínimo possível no cotidiano das atividades da instituição onde está sendo realizada a pesquisa. Sabe-se da dificuldade que educadores possuem de engajar as crianças e adolescentes em atividades da rotina da instituição (oficinas, banho, horários de almoço, janta etc.), assim como a dificuldade que é trabalhar com o cumprimento de regras com essa população. Sendo assim, é preciso estar muito atento à forma de funcionamento das instituições, trabalhando sempre em parceria com técnicos e educadores, buscando somar e não atrapalhar a dinâmica institucional. O conhecimento da rede de assistência na cidade permitirá a definição de quais espaços são mais adequados para a coleta de dados em questão. Recomenda-se que os pesquisadores se informem anteriormente acerca do perfil da clientela atendida em cada espaço, assim como do seu modo de funcionamento (horários, equipe de trabalho, rotinas, regras etc.).

Compreende-se então que tanto na rua ou em instituições, o acesso às crianças e adolescentes em situação de rua tende a ser bastante complexo e a exigir bastante energia e disponibilidade (de tempo e emocional) por parte da equipe de pesquisa. Esta precisa estar adequadamente preparada e informada acerca da complexidade de vida das crianças e adolescentes em situação de rua, as quais possuem um cotidiano de vida extremamente dinâmico. Da mesma forma que um dia um adolescente pode ser encontrado em um lugar específico nas ruas da cidade, em outro momento já está em lugar completamente distinto, seja no seu bairro de origem ou em instituições da rede de assistência.

O PROCESSO DA SELEÇÃO DE PARTICIPANTES

Outro desafio encontrado pelos pesquisadores ocorre no momento de fazer a seleção das crianças e adolescentes para participar do estudo. Este é um aspecto que necessita de uma atenção especial tanto em pesquisas quantitativas como nas qualitativas.

Como minimizar o viés na seleção de crianças e adolescentes em situação de rua?

É preciso ter consciência acerca da diversidade de perfis de crianças e adolescentes em situação de rua, os quais possuem um maior ou menor grau de vinculação com a rua, utilizando-a para diferentes objetivos (trabalho, lazer, moradia etc.). Sendo assim, é fácil concluir que, dependendo do local em que uma coleta de dados seja realizada, os pesquisadores podem enfocar diferentes perfis de crianças em situação de rua, com maiores ou menores índices de uso de drogas, violência sofrida etc. (Neiva-Silva, 2008). A fim de evitar tais vieses, recomenda-se bastante clareza e transparência no processo de definição e caracterização dos participantes do estudo, assim como ponderação quanto à generalização dos seus achados. Diante da dificuldade de realização de cálculo amostral (fato que é praticamente impossível em se tratando de pesquisa com crianças/adolescentes em situação de rua, dadas as dificuldades e controvérsias na contagem e no dimensionamento dessa população) e dos desafios de realizar um processo de amostragem aleatória dos participantes, raramente é possível generalizar os achados de pesquisa com esse tipo de população.

Propõe-se então que, tanto nas pesquisas quantitativas como nas qualitativas, mesmo não sendo possível cumprir todos os critérios de aleatoriedade na seleção dos participantes, se busque uma amostra com menor viés possível, ou seja, que represente minimamente as características da população estudada. Pode-se, por exemplo, tomar a hipótese de realização de uma pesquisa sobre depressão entre crianças e adolescentes em situação de rua. Se os pesquisadores, ao chegarem na rua ou em alguma instituição, perguntarem abertamente quem gostaria de participar, certamente encontrariam alguns adolescentes que iriam se voluntariar para participar da pesquisa, justamente aqueles com menor probabilidade de apresentar algum sintoma depressivo. Por outro lado, um adolescente mais introspectivo e afastado do grupo, que se esquiva de interações sociais, tem menor probabilidade de se autoapresentar como participante e assim tem menos chance de ser convidado a participar do estudo. Ao mesmo tempo, este teria maior probabilidade de apresentar algum sintoma depressivo. Adotando estes procedimentos, um possível resultado da pesquisa é que não existem adolescentes em situação de rua com depressão, pois nenhum adolescente com sintomas depressivos teria se voluntariado para participar. Neste exemplo, constata-se que o problema ocorre durante a fase de seleção dos participantes, em virtude dos procedimentos de amostragem não buscarem reduzir minimamente o viés.

Além de se ter em mente as considerações feitas anteriormente (válidas para todo e qualquer tipo de estudo e não apenas com crianças e adolescentes em situação de rua), recomenda-se que: (a) sejam buscadas diferentes formas de acesso a crianças e adolescentes em situação de rua, tanto nas ruas quanto em diferentes instituições da cidade; (b) busque-se, na medida do possível, atingir uma amostra de crianças e adolescentes que variem no seu grau de vinculação com a rua (tempo de rua, horas que passa na rua, frequência de contato com a família, relação com escola etc.); e (c) planeje-se a coleta de dados dispondo de bastante tempo para a mesma. Sugere-se ainda que sejam buscadas outras formas mais recentes e inovadoras de seleção da amostra, como, por exemplo, o método da Janela Espaço-Temporal (*Time-Space Sampling* – TSS) e a Amostragem Conduzida pelo Participante (*Respondent-Driven Sampling* – RDS).

Sobre a inclusão de meninas na amostra

Embora seja uma constatação de vários estudos que há um número superior de crianças/adolescentes do sexo masculino em situação de rua, é preciso ter clareza que os fenômenos estudados apresentam, em maior ou menor grau, um componente de gênero. No maior estudo realizado no Brasil com crianças e adolescentes em situação de rua, em que foram entrevistados 2807 participantes nas 27 capitais brasileiras, observou-se que 75,5% da amostra era do sexo masculino (Noto *et al.*, 2004). Isto mostra que, em média, para cada três meninos que são vistos nas ruas, existe uma menina que nem sempre é tão visível ou facilmente acessada quanto os demais. Parte-se do pressuposto de que, somente acessando também as meninas que estão em situação de rua, será possível ter uma compreensão mais exata de como determinado fenômeno se configura, dependendo do gênero.

Muitas vezes, a aproximação com as adolescentes do sexo feminino, bem como o estabelecimento de vínculo com estas é mais difícil, seja porque elas estão em menor número ou porque se mostram mais "desconfiadas" e defensivas. Desse fato, decorre a necessidade de um esforço extra em abordá-las. No entanto, tais dificuldades não devem ser *a priori* um fator limitante da abordagem. Ao contrário, devem aumentar a responsabilidade e o compromisso dos pesquisadores no sentido de tentar acessar essa parcela da população. Erro bastante grave consistiria em interpretar os fenômenos psicossociais como sendo semelhantes entre ambos os gêneros, simplesmente porque durante o processo de amostragem uma parte significativa da população foi excluída.

"Novos" métodos de amostragem adaptados a pesquisas com crianças e adolescentes em situação de rua

Os métodos tradicionais de amostragem são frequentemente criticados por não serem adequados às chamadas "populações de difícil acesso", seja por não se ter um tamanho exato da população ou por não ser possível aplicar os procedimentos para seleção aleatória dos participantes. Para o estudo com populações em situação de rua, Hutz e Koller (1999) já chamavam a atenção para as dificuldades em amostrá-las e ter dados mais generalizáveis. Já os métodos não probabilísticos, incluindo-se a amostragem por conveniência, são questionados em relação ao quanto da população-alvo a amostra representa (Muhib *et al.*, 2001), podendo gerar tendências ou vieses na seleção dos participantes e levar a distorções expressivas nos resultados das pesquisas. Entre estes extremos encontram-se dois métodos mais atuais (TSS e RDS) direcionados a estas populações, que minimizam significativamente o viés de seleção, permitindo alguma generalização dos resultados.

Amostragem Espaço-Temporal ou Time-Space Sampling (TSS). O método de amostragem denominado *Time-Space Sampling* (TSS) ou *Venue-Based Sampling* pode ser traduzido como Amostragem Espaço-Temporal. O TSS é um método para recrutar membros de uma população-alvo em períodos e contextos específicos (Semaan, Lauby, & Liebman, 2002). Neste caso, são selecionadas unidades de Espaço-Dia-Hora (EDH, do original em inglês *venue-day-time*) que representem o universo de potenciais lugares, dias e horários acessados pela população-alvo. Os dias associados aos contextos são divididos em segmentos padronizados de tempo como, por exemplo, períodos de quatro horas (Muhib *et al.*, 2001). Na prática, exemplificando, pode ser definida como uma unidade EDH "quartas-feiras, das 14 às 18 horas, na Praça Central". Os pesquisadores podem identificar o conjunto de EDHs por meio de informações obtidas, por exemplo, com profissionais que trabalhem com a população-alvo, entrevistando informantes-chave ou até mesmo com membros da população em estudo. Desta maneira, é gerada uma lista com todas as unidades EDH consideradas potencialmente elegíveis. Estas informações permitem estimar para cada EDH um número aproximado da população que frequenta aquele local, naquele dia e horário, permitindo assim fazer a estimativa do número de participantes por EDH para compor a amostra.

Tendo um número maior de unidades EDH, a seleção da amostra pode ser feita em duas fases (Muhib *et al.*, 2001; Semaan *et al.*, 2002). Na primeira, a partir da lista original de EDHs, pode-se fazer uma seleção aleatória destas unidades, de preferência proporcionalmente ao número total da população estimada que frequenta os locais. Na segunda etapa, com as EDHs já definidas, os participantes são abordados sistematicamente dentro de cada unidade Espaço-Dia-Hora e convidados a participar do estudo. A vantagem da TSS é poder ser utilizada tanto em locais públicos, como praças, ruas, esquinas e parques, como também em contextos privados, tais como instituições abertas de atendimento, bares, centros de saúde etc. No entanto, para que se obtenha uma amostra representativa da população, não basta alcançar uma alta taxa de participantes, mas principalmente que sejam selecionados lugares "representativos", ou seja, que são frequentemente visitados por pessoas com distintas características da população-alvo (Stueve, O'Donnell, Duran, Doval, & Blome, 2001). Por este motivo, é necessário que os pesquisadores conheçam profundamente a população a ser investigada, bem como suas características e os locais que frequentam.

As crianças e adolescentes em situação de rua, como citado anteriormente, constituem um grupo de difícil acesso, do qual não se tem adequadamente a dimensão exata da população, fator importante para a realização de cálculo amostral. Além disso, boa parte das instituições que prestam serviços a esta população não possuem uma lista atualizada das crianças e adolescentes atendidos, o que torna praticamente impossível utilizar o método de aleatorização por sorteio a partir de uma lista única. Assim, com o objetivo de diminuir o viés na seleção e permitir alguma generalização dos resultados para a população-alvo, no I Levantamento Nacional Sobre Uso de Drogas Entre Crianças e Adolescentes em Situação de Rua nas 27 Capitais Brasileiras (Noto *et al.*, 2004) foi realizada uma adaptação do método TSS, tendo sido identificada como Janela Temporal. Neste estudo, foi realizado um mapeamento de instituições que prestavam assistência a crianças e adolescentes em situação de rua, tendo sido identificadas um total de 93 instituições. A delimitação do tempo foi o período de uma semana de trabalho das referidas instituições. Assim, foram considerados participantes em potencial todas as crianças e adolescentes que acessaram o espaço de alguma das instituições no período de uma semana de trabalho. Em termos procedimentais, na medida em

Aspectos metodológicos nas pesquisas com crianças e adolescentes em situação de rua

que as crianças acessavam este espaço, o nome de cada uma ia sendo colocado em uma lista para posteriormente ser convidada a participar do estudo. Estabeleceu-se o critério de que, caso ao final da primeira semana não tivesse sido entrevistado 80% da lista, as entrevistas continuariam na segunda semana, apenas para terminar de acessar os participantes incluídos na lista durante a primeira semana. Isto significa que na segunda semana não eram incluídos novos casos, pois a janela temporal já havia sido encerrada.

Analisando os resultados de pesquisas que usaram o TSS ou Janela Temporal (Carvalho *et al.*, 2006; Neiva-Silva, 2008; Noto *et al.*, 2004), avalia-se o método como um bom recurso de seleção amostral para pesquisas com crianças e adolescentes em situação de rua. Ao adotar como potencial participante todas as pessoas que acessam determinado espaço, dentro de um período específico de tempo, o TSS minimiza o viés de seleção e permite alguma generalização dos resultados.

Amostragem Conduzida pelo Participante (Respondent-Driven Sampling – RDS). Outro método de amostragem desenvolvido recentemente para pesquisas com populações de difícil acesso é o chamado *Respondent-Driven Sampling – RDS* (Amostragem Conduzida pelo Participante; Heckathorn, 1997). De acordo com este autor, as chamadas "populações de difícil acesso" (*hard to reach populations* ou *hidden populations*) apresentam duas características principais: (a) não existe uma estrutura amostral definida, ou seja, tanto o número de indivíduos quanto as fronteiras divisórias da população são desconhecidos; e (b) existe uma forte preocupação em relação à privacidade, principalmente porque os membros destas populações geralmente são estigmatizados ou estão associados a comportamentos ilícitos, o que leva os indivíduos a se recusarem a participar das pesquisas ou a fornecer respostas não confiáveis. Para Broadhead (2001), o RDS é particularmente útil para processos de amostragem em populações que, em princípio, "não confiam" na comunidade de pesquisadores. Compreende-se então que o "difícil acesso" não se refere especificamente a uma limitação geográfica ou ao fato de não se conseguir encontrar as pessoas, mas principalmente à dificuldade de se obter informações dos integrantes de determinados grupos ou populações. Dentre as populações de difícil acesso estão usuários de drogas, crianças, adolescentes e jovens em situação de rua, adolescentes vítimas de exploração sexual, profissionais do sexo e homens que fazem sexo com homens, dentre outros grupos.

O RDS assume que as melhores pessoas para recrutarem membros de populações de difícil acesso são seus próprios pares (Heckathorn, 1997), ou seja, outras pessoas que fazem parte destas populações. O RDS combina características da amostragem pelo método "Bola de Neve" com modelos matemáticos que "pesam" a amostra para compensar o fato de que esta foi coletada de uma maneira não randômica[1]. O RDS diferencia-se do método "bola de neve" tradicional de duas maneiras. Primeiramente, enquanto o método bola de neve inclui apenas um incentivo pela participação, o RDS envolve um sistema duplo de incentivo, ou seja, uma recompensa pela pessoa ter sido entrevistada e um outro incentivo pelo fato do entrevistado recrutar outras pessoas para participar do estudo (Heckathorn, 1997). Este método baseia-se na premissa de que quando métodos de amostragem em cadeia – como o bola de neve – são modelados estatisticamente em um adequado nível de detalhamento – como feito no RDS –, é possível derivar indicadores estatisticamente válidos e também determinar quantitativamente a sua precisão (Heckathorn, 2002). Segundo este autor, assim como em outros métodos de amostragem probabilística, isto permite avaliar a confiabilidade dos dados obtidos e torna possível a realização de inferências sobre as características da população a partir da qual a amostra foi obtida. A análise de dados obtidos a partir do RDS tem mostrado que o método controla o viés associado a métodos amostrais por cadeia, resultando em amostras representativas com usuários de drogas (Heckathorn, Semaan, Hughes, & Broadhed, 2002).

No primeiro estudo brasileiro em que se utilizou o método RDS com crianças e adolescentes em situação de rua (Neiva-Silva *et al.*, 2008), inicialmente foram identificadas as chamadas "sementes", ou seja, pessoas com uma intensa rede social, responsáveis pelo recrutamento dos

---

[1] Para maiores informações sobre o RDS, verificar em http://www.respondentdrivensampling.org/

próximos participantes. A essas sementes foi pedido que recrutassem duas outras crianças ou adolescentes conhecidos, que passaram a convidar outras crianças/adolescentes, e assim por diante. O recrutamento de novos participantes foi realizado por meio de um cupom-convite, sistematicamente numerado, de forma que posteriormente fosse possível reconstruir a rede e identificar quem convidou quem. Cada criança/adolescente recebia um ressarcimento, na forma de vale-alimentação, pela entrevista realizada e outro por cada participante recrutado de maneira efetiva, ou seja, após o convidado também ter sido entrevistado. O fato de ser a própria criança/adolescente quem convida o próximo participante tende a reduzir as "respostas socialmente aceitas", na medida em que é menor a desconfiança em relação a um convite feito pelo pesquisador. No estudo de Neiva-Silva *et al.* (2008), o uso do RDS para a seleção de crianças e adolescentes em situação de rua foi avaliada de maneira muito positiva. Como a amostragem é conduzida pelo participante, o convite chegou a crianças/adolescentes aos quais os pesquisadores, de fato, não teriam acesso, fazendo com que fosse obtida uma amostra mais representativa da população em estudo. Isto é confirmado por Semaan *et al.* (2002), ao afirmar que o RDS tem a vantagem de permitir acessar pessoas que se afastam de locais públicos e é prático também em projetos menores e modestamente financiados. Estes autores complementam que o RDS é particularmente apropriado na seleção de amostras de grupos de pessoas que são unidas por certos comportamentos, como o uso de drogas, ou certas características, como a infecção por HIV. Por outro lado, reconhece-se que o RDS teria a desvantagem de tornar mais difícil a realização de estudos longitudinais com crianças e adolescentes em situação de rua, uma vez que se perderia a referência de instituições ou outros locais fixos para localizar os participantes no momento da segunda coleta de dados. Outra desvantagem do método é que exige o uso de um programa estatístico específico para a análise dos seus dados (RDSat) que ainda se encontra em uma versão inicial que necessita de um maior desenvolvimento. Apesar destas limitações, os resultados da pesquisa mostraram o êxito do método para acessar crianças e adolescentes em situação de extremo risco que nunca haviam sido recrutadas em pesquisas anteriores.

ADAPTAÇÃO DE TÉCNICAS E INSTRUMENTOS DE COLETA DE DADOS

Com o passar do tempo e desenvolvimento de estudos com crianças e adolescentes em situação de rua, tem-se desenvolvido uma série de roteiros de entrevistas e/ou de instrumentos que têm sido utilizados com essa população. Por isso, recomenda-se que, ao se iniciar qualquer estudo, os pesquisadores possam buscar na literatura modelos de entrevistas e instrumentos que foram anteriormente utilizados. Deve-se ter sempre em vista a necessidade de avançar na produção de conhecimento em determinada área, utilizando, para isso, instrumentos que melhor estejam adequados à população infantojuvenil em situação de rua.

Além disso, acredita-se que ao se ter conhecimento do que já foi feito e como foi feito, pode-se tanto aperfeiçoar a técnica utilizada, quanto evitar erros passados. O acesso à literatura nacional e internacional pode e deve contribuir nesse processo. Deve-se, ainda, buscar clareza teórica e coerência metodológica entre o que se pretende estudar e a forma como se propõe acessar tal conceito. A fim de contribuir com o processo de avanço do conhecimento na área, recomenda-se: (a) a realização de pesquisas que busquem testar modelos conceituais, por meio do uso de estatísticas multivariadas; e (b) o incentivo aos procedimentos de tradução e validação de instrumentos para a realidade do contexto brasileiro, que contribuam para o desenvolvimento de instrumentos com adequadas propriedades psicométricas (Raffaelli, Koller, & Morais, 2007).

Em conjunto, tais medidas (teste de modelos teóricos, uso de estatísticas multivariadas e validação de instrumentos) representarão um salto qualitativo bastante importante na área. Será possível, assim, avançar na forma de compreensão dos fenômenos estudados, garantindo maior subsídio teórico para o delineamento de programas de intervenção junto a essa população. Do modelo de "tentativa-erro", pode-se avançar para o desenvolvimento de programas sociais, teórica e empiricamente embasados (Neiva-Silva, 2008).

Buscando esses ideais, tem-se desenvolvido no CEP-Rua uma série de pesquisas com crianças e adolescentes em situação de rua, em que são utilizados tanto roteiros de entrevista (Cerqueira-Santos, 2003; Morais, 2005; Neiva-Silva, 2003; Santana, 2002), quanto outros instrumentos de coleta: Mapa dos Cinco Campos – desenvolvido por Samuelsson, Thernlund e Ringström (1996), e adaptado para uso no Brasil por Hoppe (1998) –, *Scan Bulling* (Almeida & del Barrio, 2002), Inventário de Eventos Estressores de Vida (Kristensen, Dell'Aglio, Leon & D'Incao, 2004), Escala de Afeto Positivo e Negativo (Laurent *et al.*, 1999), Questionário sobre o Uso de Drogas (Noto *et al.*, 2004), Questionário sobre Comportamentos Sexuais de Risco, Uso de Drogas e Acesso a Serviços de Saúde (Neiva-Silva *et al.*, 2008), Escala de Avaliação de Violência Doméstica e Escala de Avaliação das Relações Familiares (ambos em processo de construção e validação pelos autores deste capítulo), dentre outros. Ao longo da aplicação desses instrumentos, sejam eles entrevistas, questionários ou escalas, tem-se deparado com algumas situações, as quais serão discutidas a seguir.

Uso de imagens para facilitar a compreensão de escalas do tipo Likert

Frequentemente, tem-se recorrido ao uso de escalas, cujas respostas envolvem intensidade, frequência ou grau de concordância, as quais são expressas em termos numéricos. Na Escala de Eventos Estressores, por exemplo, os participantes devem indicar em valores que variam de 1 (nenhum pouco) a 5 (muitíssimo), o quanto se sentem com relação a 60 itens, os quais correspondem a afetos positivos e negativos (feliz, alegre, triste e deprimido, por exemplo). A fim de garantir a compreensão por parte das crianças e adolescentes em situação de rua, optou-se por produzir algumas imagens que pudessem ilustrar a ideia expressa pelos números.

No caso da Escala de Eventos Estressores, utilizou-se o desenho de retângulos que aumentavam de tamanho, sendo o primeiro retângulo (o menor), correspondente à resposta "nenhum pouco" e o último (o maior), correspondente à resposta "muitíssimo". Na Escala de Avaliação de Violência Doméstica, além de se analisar a ocorrência e a frequência de cada tipo de violência sofrida, também é investigada a percepção da criança/adolescente sobre o quão ruim era ou é cada tipo de violência. Para tanto, utilizou-se um conjunto de desenhos de rostos que tentavam expressar a gradação das emoções (nada ruim, um pouco ruim, mais ou menos ruim, muito ruim, horrível). Já na Escala de Avaliação das Relações Familiares, para avaliar o quanto a criança/adolescente concordava ou discordava das afirmações, foi utilizada o desenho de uma mão fechada com o polegar estendido para cima (significando concordo totalmente) que ia girando até ficar com o polegar para baixo (significando "discordo totalmente").

Na prática, verifica-se que os participantes, tendem a aprender rapidamente a ideia proposta. O fato de o desenho estar disponível para a visualização pode ajudar nos casos em que as crianças ou adolescentes têm maior dificuldade de compreensão ou de expressão, assim como para lembrar ao respondente de que ele tem diversas opções de resposta e não precisa se fixar somente em um número, gerando uma resposta "viciada".

Entrevista em duas etapas: benefícios e riscos

Algumas pesquisas, devido às características metodológicas, podem demandar mais de um encontro com o participante durante a coleta de dados. Em estudos transversais, isto pode ocorrer no caso de haver a aplicação de vários instrumentos ou quando se tem uma entrevista muito extensa. Outra situação em que são necessários diversos encontros ocorre quando se utiliza o método autofotográfico em que é dada uma câmera fotográfica ao participante e solicitado que sejam registradas imagens que respondam determinada questão. Neste método, são necessários, no mínimo, três encontros com cada participante: (a) explicação dos objetivos do estudo e entrega da câmera ao participante; (b) devolução da câmera com as imagens ao entrevistador; (c) entrevista com o participante sobre as imagens registradas[2].

---

[2] Para maiores informações sobre o método autofotográfico e/ou sua aplicação com crianças em situação de rua, sugere-se ver os seguintes trabalhos: Neiva-Silva (2003); Neiva-Silva e Koller (2002).

Tanto nos casos em que a pesquisa é realizada no contexto da rua, quanto em instituições, é importante que os participantes sejam selecionados tentando identificar quais são mais assíduos naquele local, uma vez que é imprescindível a participação do mesmo participante nas diferentes etapas da coleta de dados. Nesse processo de composição da amostra por conveniência, o principal risco é que a amostra seja excessivamente tendenciosa. Porém é preferível que isto ocorra do que haver a perda dos participantes após a primeira fase ou momento de coleta. Nestes casos, uma das principais estratégias é planejar um tempo mais longo voltado à Inserção Ecológica, permitindo a familiarização da equipe de pesquisa com a rua e a instituição, o estabelecimento de vínculos e a manutenção de contato com as crianças e adolescentes que serão estudados.

O principal risco de se optar por metodologias de coleta de dados que preveem, desde o início, mais de um momento de encontro com a respectiva criança ou adolescente, é a possibilidade de o participante não ser novamente encontrado, principalmente por ter deixado de frequentar o local onde foi anteriormente abordado. A fim de diminuir essa possibilidade, recomenda-se o conhecimento da dinâmica de vida do adolescente, e que seja feito o esclarecimento, desde o primeiro contato, de que o nosso trabalho implicará mais de um encontro. A criança/adolescente precisa ter clareza do objetivo da pesquisa e de como a mesma será realizada, assim como o que implicará a sua participação; ainda que, obviamente, esteja claro que ele possa desistir em qualquer parte da realização da coleta de dados. Outra atitude que pode minimizar a "perda" de participantes, diz respeito à continuidade e permanência da equipe de pesquisa no local em que os participantes estão. É preciso haver continuidade na inserção da equipe de pesquisa, a fim de abordar com sucesso o participante.

Certamente, ao longo das coletas, já houve situações de haver a perda de contato com alguns adolescentes, que ou foram para casa, ou foram abrigados, ou presos, ou simplesmente "sumiram". Em alguns casos, é possível encontrar esses adolescentes em outros locais da cidade. Em outros casos, sobretudo quando o adolescente voltou para casa ou foi abrigado, é preciso avaliar com bastante critério se vale a pena procurá-lo e quais são os ganhos e perdas que tal iniciativa terá, sobretudo, para a criança/adolescente envolvido. Como pesquisadores, seria muito bom ter todos os instrumentos preenchidos, mas se isso pode implicar "levar a rua" para aquela criança e adolescente que voltou para casa ou está lutando para se adaptar em um abrigo, recomenda-se que não se vá em busca do mesmo. A fim de avaliar cada situação, é importante que a equipe de pesquisadores converse entre si e com a equipe técnica responsável pela criança e adolescente em questão.

Um acontecimento frequente quando se coleta dados em mais de um momento é o reconhecimento por parte dos participantes de que haverá um fim no processo de coleta de dados. Alguns relatos curiosos exemplificam isso. O primeiro deles é de um adolescente que foi o primeiro a começar a entrevista do estudo de doutorado da segunda autora. Certo dia ele disse: "Não vou terminar logo não, senão vocês vão embora!" Nesse caso, foi reafirmado que havia um prazo preestabelecido de permanência que independeria do adolescente concluir ou não, embora se reconheça implícito em sua fala o desejo de que os pesquisadores permanecessem naquele espaço. Em outra situação, um adolescente passou alguns dias sem acessar a instituição e, ao encontrar um integrante da equipe de pesquisa na rua, falou: "Ah, eu preciso voltar lá pra gente terminar, né?" A experiência tem mostrado, enfim, que a maioria dos participantes mostra-se disposta a contribuir com a pesquisa, provavelmente porque se sentem acolhidos e escutados. Além disso, apesar das dificuldades características dessa forma de coleta (mais tempo despendido, possibilidade de deixar instrumentos pela metade, por exemplo), ela também apresenta pontos positivos como a possibilidade de uma maior vinculação com os participantes, mais conhecimento do contexto onde se está inserido, respeito pelo "tempo" de cada participante, que em um dia pode não está muito disposto a falar e participar, mas em outro mostra-se mais disponível e chega até a pedir para participar. Por fim, é importante ressaltar que, nos casos em que se prevê a necessidade de mais de um momento de encontro, sugere-se que a coleta seja realizada em instituições ou em outros locais de referência mais fixos, pois na rua a probabilidade de que se encontre a criança/adolescente para o segundo encontro é menor.

Perguntas sobre temporalidade

Durante as pesquisas com crianças e adolescentes em situação de rua é comum haver perguntas sobre aspectos temporais, principalmente em relação ao passado. Existe uma percepção entre alguns pesquisadores da área de que esta população pode ter certa dificuldade de compreender perguntas sobre passado ou futuro. Sobre esta questão, são analisados alguns aspectos, a seguir.

Apesar de existirem ritmos temporais que são comuns a todos os membros de uma cultura, a percepção temporal das pessoas depende, em parte, da influência exercida por instituições sociais, como a escola ou o trabalho (Crouter & Maguire, 1998). Neste sentido, algumas crianças em situação de rua, especialmente aquelas que não possuem vinculação com o processo de escolarização formal, podem apresentar problemas na compreensão de questões sobre o tempo (Koller & Hutz, 1996; Maciel, Brito, & Camino, 1997; Neiva-Silva, 2003). Isto não significa ausência de um reconhecimento de passado, presente ou futuro, mas uma apreensão não acurada do "tempo de calendário". Isto acontece em virtude da falta de uma rotina a ser tomada como referência, e não por algum possível atraso no desenvolvimento. O ir e vir de uma semana, o trabalhar determinados dias e depois descansar outros e a repetição deste processo sugere a criação de um ritmo (Almeida & McDonald, 1998) a ser entendido como o tempo de um calendário semanal. O tempo de calendário pode, então, ser compreendido como o conjunto de atividades e rotinas realizadas por uma pessoa, de forma circular e recorrente, percebido como um ciclo. Este calendário semanal oferece às pessoas uma estrutura para organizar suas atividades de uma forma minimamente previsível e estruturada (Zerubavel, 1985).

Uma vez que as crianças e adolescentes em situação de rua nem sempre possuem este ciclo de atividades temporalmente estruturado, durante a pesquisa com a referida população, questões que envolvem períodos de tempo ou expressões como "nos últimos seis meses" ou "quantas vezes no último ano" devem ser avaliadas cuidadosamente, sob risco de gerar uma menor confiabilidade dos dados (Hutz & Koller,

1999; Neiva-Silva, 2003; Neiva-Silva, Alves, & Koller, 2004). No caso, dependendo da idade da criança ou do quanto ela esteve participando de atividades temporalmente estruturadas ao longo de sua vida, sugere-se trabalhar com marcos temporais mais concretos. Por exemplo, em relação ao passado, podem-se usar marcos temporais como "desde a virada do ano", "desde o Natal", "desde quando você saiu de casa", "desde quando teve aquela festa aqui na instituição" (tomando por base, por exemplo, uma festa ocorrida um ano antes na instituição em que o participante está sendo entrevistado). Em questões que usam um marco temporal mais recente como, por exemplo, "no último mês", a prática de pesquisa tem mostrado que não há problemas com a compreensão ou a definição temporal.

ESTUDOS LONGITUDINAIS

Por definição, um delineamento longitudinal é adotado quando o principal interesse de uma pesquisa é descrever ou avaliar a mudança ou desenvolvimento ao longo do tempo (Colin, 1993). Neste caso, o mesmo conjunto de pessoas e/ou a mesma questão ou situação é estudada por um determinado período de tempo, com um mínimo de duas coletas de dados em momentos distintos.

Ao se realizar um estudo longitudinal, os pesquisadores devem estimar um percentual de perda de participantes entre as diferentes etapas do estudo, pois alguns podem desistir de continuar participando, outros podem não ser encontrados nas coletas de dados posteriores e outros podem falecer, dentre outros motivos. Comumente se discute qual seria o percentual de perdas considerado aceitável em uma pesquisa longitudinal. A rigor, não existe um "padrão ótimo" de perdas, considerando que o ideal é não perder nenhum participante. Entretanto, alguns fatores interferem de maneira mais expressiva na possibilidade de perda de participantes. Um dos principais fatores é a própria população estudada. Investigar longitudinalmente o conjunto de funcionários de uma empresa tem menores chances de perdas, imaginando que grande parte dos funcionários continuará trabalhando no mesmo local, mesmo transcorrido um tempo maior entre a primeira e a segunda coleta de dados ou se os funcionários tiverem mudado de endereço na mesma cidade. Um estudo longitudinal com alunos de escolas regulares tem probabilidade de perda de participantes um pouco maior que os empregados, uma vez que parte das crianças e adolescentes pode mudar de escola de um ano para outro ou seus familiares podem mudar de residência, dificultando a localização dos participantes em um segundo momento. Por outro lado, se reconhece que é relativamente alta a probabilidade de, um ano após a coleta inicial, a maior parte dos alunos estarem matriculados na mesma escola, morando na mesma região e continuarem tendo contato com o mesmo grupo de amigos da escola que possam fornecer informações sobre o paradeiro do aluno. Já uma pesquisa longitudinal com crianças e adolescentes em situação de rua apresenta uma probabilidade de perdas ainda maior, em virtude da dinamicidade desta população, da mobilidade entre distintos locais em curto espaço de tempo, da menor vinculação a instituições formais (como escolas) e da menor vinculação familiar, dentre outros motivos.

Outro fator que pode influenciar o percentual de perdas de participantes é o tempo entre uma coleta de dados e outra. Em geral, quanto maior o tempo, maiores as chances de perda. Assim, torna-se um desafio maior investigar as mudanças desenvolvimentais em crianças e adolescentes em situações ocorridas ao longo de períodos de tempos maiores, como aqueles iguais ou superiores a um ano. Outro aspecto é se foi mantido contato com os participantes ao longo do tempo, mesmo sem haver coleta de dados. Quanto maior o contato, menores as chances de perda, principalmente pela possibilidade de acompanhamento da localização dos mesmos.

Até o presente momento, foi encontrado apenas um estudo longitudinal com crianças e adolescentes em situação de rua realizado no Brasil. Este estudo investigou o uso de drogas junto à referida população na cidade de Porto Alegre (Neiva-Silva, 2008). Para tanto, foram realizadas duas entrevistas com intervalo de tempo de um ano entre ambas. Participaram da primeira etapa 216 crianças e adolescentes em situação de rua, sendo que, após um ano, foi possível encontrar 68 participantes,

Endereço Desconhecido: crianças e adolescentes em situação de rua

correspondendo a uma perda de 68,5%. A seguir são discutidas algumas dificuldades encontradas no processo de localização e identificação dos participantes na segunda etapa da coleta de dados e as estratégias desenvolvidas para superar ou minimizar tais dificuldades.

No estudo de Neiva-Silva (2008), a perda de participantes foi associada principalmente à dificuldade de localização das crianças e adolescentes no segundo momento da coleta de dados. Para tentar minimizar esta questão, algumas estratégias foram adotadas tanto na fase anterior quando durante a coleta de dados. Uma primeira medida foi, entre os dois momentos de entrevista, manter contato com os profissionais das instituições, principalmente com aqueles que conheciam mais a história dos adolescentes e que mantinham, com estes, maior vinculação afetiva. Tais profissionais foram importantes no processo de localização dos adolescentes "reentrevistados" e também puderam fornecer informações sobre o que ocorreu com os adolescentes não encontrados. No referido estudo, ocorreram casos de adolescentes que foram entrevistados inicialmente em uma instituição aberta e que, no segundo momento, foram encontrados em outra instituição. Constatou-se ainda que, mesmo que um determinado participante continuasse vinculado a uma instituição, participando das atividades propostas ou recebendo os benefícios oferecidos, isto não assegurava necessariamente a sua assiduidade. Isto significa que muitas crianças e adolescentes se afastavam durante uma, duas ou mais semanas e depois voltavam a frequentar mais regularmente a instituição. Para minimizar as perdas, depois de terminado o período de reentrevista – em geral, de uma a duas semanas em cada instituição – foi deixada na instituição uma lista com os nomes dos participantes que não haviam sido reentrevistados e telefones de contato dos pesquisadores responsáveis. Novamente foi importante a boa vinculação com os profissionais das instituições, que muitas vezes interrompiam o seu trabalho e ligavam informando que o adolescente havia aparecido naquele dia. Imediatamente alguém da equipe de pesquisa se deslocava para a instituição para a realização da segunda entrevista.

Outra dificuldade descrita no estudo longitudinal realizado em Porto Alegre (Neiva-Silva, 2008) foi a correta identificação da criança/

adolescente no momento da segunda entrevista. No momento da primeira entrevista (T1) não se perguntou o nome completo da criança ou adolescente. Tal medida foi tomada na tentativa de minimizar o nível de desejabilidade social nas respostas do participante. Como eram avaliados temas sensíveis ou de difícil acesso, como uso de drogas, locais de obtenção de drogas, comportamento sexual de risco e exploração sexual, suicídio e outros, entendeu-se que a obtenção do nome completo do participante aumentaria significativamente a probabilidade de se ter respostas socialmente aceitas. Para minimizar estes problemas, na primeira coleta de dados, além do nome próprio foi anotado também o(s) apelido(s) do participante. Constatou-se que, em geral, parte das crianças e adolescentes em situação de rua era mais conhecida pelo apelido do que pelo nome próprio. Contudo, nomes e apelidos se repetiam, aumentando a chance de haver confusão no momento de identificar o mesmo participante durante a segunda coleta de dados (T2). Por esta razão, em T1 (primeira coleta de dados), também foi feita uma breve descrição física e fisionômica, com informações sobre cor da pele, cor do cabelo, dos olhos, altura (que certamente mudaria de um ano para outro, mas que ainda assim poderia ser útil na identificação) e alguma característica que se destacasse de maneira diferenciada como o formato dos olhos ou do nariz. Também foi anotado se havia alguma marca visível permanente, como uma cicatriz, algo que é bastante frequente entre esta população, geralmente fruto de alguma violência sofrida no passado ou de acidente. Tais informações foram úteis na diferenciação de alguns casos no momento de realizar a segunda entrevista.

Outra estratégia adotada no estudo de Neiva-Silva (2008) e que pode servir como sugestão para futuros estudos longitudinais com crianças e adolescentes em situação de rua refere-se às informações presentes na lista de participantes a serem reentrevistados. Neste estudo, os dados eram coletados em instituições abertas que prestavam assistência a crianças e adolescentes em situação de rua. Nestas instituições, as crianças e adolescentes tinham autonomia para entrar e participar das atividades oferecidas, sem a exigência de "sair das ruas" para permanecer vinculado às instituições. Ao organizar as listas dos participantes em potencial para a realização da segunda entrevista, sugere-se que tais listas devam ser feitas por instituição e que devam constar minimamente as seguintes variáveis: (a) primeiro nome; (b) apelido; (c) sexo; (d) idade na época da primeira entrevista; (e) data de nascimento; (f) data da realização da primeira entrevista; e (g) turno em que foi realizada a primeira entrevista. Dependendo do caso, podem também ser inseridas informações referentes a parentesco como, por exemplo, "irmão de...", ou ainda incluir as características fisionômicas de cada participante. Caso se opte por não inserir a descrição fisionômica diretamente na lista, para evitar o acúmulo de informações em um único formulário, tais dados devem estar sempre disponíveis para possível checagem. Há que partir do pressuposto de que, diferentemente de uma escola, muitas das instituições não terão uma lista atualizada das crianças e adolescentes em situação de rua que são atendidas. Por este motivo, informações como "idade", "turno em que foi entrevistado" ou "irmão de Fulano" podem ser úteis para diferenciar um participante de outro e identificá-los adequadamente. Nas instituições que possuem uma lista mais completa e atualizada, a data de nascimento pode ser muito útil neste processo de diferenciação. Na primeira etapa do referido estudo, apenas 7,4% dos entrevistados não souberam informar a data de nascimento. Isto indica que, tanto em pesquisas realizadas junto a instituições abertas quanto as desenvolvidas diretamente na rua, a data de nascimento pode ser utilizada como importante recurso de checagem da identidade do participante, juntamente com os traços fisionômicos e marcas na pele.

Nos estudos longitudinais em que ocorre uma perda expressiva dos participantes ao longo da coleta de dados, é importante que faça uma comparação entre as amostras da Etapa 1 (transversal) e da Etapa 2 (longitudinal) – ou de outras etapas, no caso de haver mais que dois momentos de coleta de dados. Esta análise é imprescindível no sentido de verificar se o grupo de participantes que se conseguiu acompanhar ao longo do tempo não difere de maneira significativa em relação às variáveis sócio-demográficas. No estudo de Neiva-Silva (2008), apesar de ter tido uma elevada perda de participantes na etapa longitudinal, praticamente não houve diferenças entre as amostras da Etapa 1 e 2, o que permitiu traçar comparações entre ambos os grupos.

Aspectos metodológicos nas pesquisas com crianças e adolescentes em situação de rua

Em estudos longitudinais, pode ser produtivo tentar obter informações sobre o grupo de participantes que não foram encontrados ou acompanhados na etapa longitudinal. Compreender o que ocorreu com estes participantes pode, inclusive, fornecer subsídios para melhorar pesquisas futuras, implementando novas formas de acompanhamento e busca dos participantes nas etapas longitudinais. No estudo de Neiva-Silva (2008), os principais fatores associados à perda dos participantes foram: (a) abandono/evasão dos adolescentes em relação às instituições; (b) o fato de alguns participantes terem completado 18 anos e serem legalmente obrigados a deixar de frequentar as instituições de atendimento; (c) melhoria ou restabelecimento de laços familiares; (d) conclusão das séries oferecidas pelas escolas abertas nas quais participavam e o consequente afastamento das instituições educacionais; (e) trabalho nas ruas, envolvimento com drogas e/ou tráfico; (f) brigas e ameaças; e (g) cumprimento de medida socioeducativa de privação de liberdade. Como é possível observar, muitos são os fatores que podem influenciar o não acompanhamento das crianças e adolescentes em situação de rua em um estudo longitudinal.

Um último fator que pode gerar a perda de participantes em um estudo longitudinal é o falecimento dos mesmos. No estudo realizado em Porto Alegre (Neiva-Silva, 2008), constatou-se que, entre a primeira e segunda coleta de dados, dois adolescentes foram mortos por arma de fogo em decorrência de questões associadas ao tráfico de drogas. No Brasil, não foram encontrados outros estudos controlados específicos sobre mortalidade em crianças e adolescentes em situação de rua. No Canadá, em um estudo de coorte desenvolvido entre 1995 e 2000, as principais causas de morte entre jovens em situação de rua foram suicídio e *overdose* (Roy *et al.*, 2004). Em um estudo brasileiro, realizado com jovens internados em hospital para tratamento de dependência química, no intervalo de um a seis meses, 10% dos que fugiram do local de tratamento foram assassinados por traficantes ou durante conflito armado entre a polícia e os traficantes (Silva *et al.*, 2003). Se entre os adolescentes internados em instituições de saúde especializadas há um número tão expressivo de fugas e subsequentes mortes associadas ao tráfico, acredita-se que entre jovens em situação de rua este número possa ser ainda maior. Estes resultados mostram que os riscos presentes no contexto da rua podem afetar não só a saúde e o bem-estar das crianças e adolescentes, mas também as suas próprias vidas.

Mesmo considerando as dificuldades presentes na realização de um estudo longitudinal, é necessário que este tipo de estudo continue sendo estimulado e realizado em escala cada vez maior. Sugere-se que novos estudos longitudinais sejam realizados com crianças e adolescentes em situação de rua, buscando ampliar a amostra inicial, com a expectativa de que também seja ampliado o grupo longitudinal. Uma possibilidade para que se alcance um grupo longitudinal significativamente maior é a realização de estudos multicêntricos em que possam ser implementados os mesmos procedimentos de amostragem, de coleta de dados e de acompanhamento dos participantes ao longo do tempo.

CONSIDERAÇÕES FINAIS

Espera-se que o conhecimento prévio da existência dos desafios metodológicos aqui descritos permita que outros pesquisadores, durante o planejamento de estudos futuros, possam elaborar estratégias cada vez mais eficientes no enfrentamento dos mesmos. Diante da quase inexistência de artigos e capítulos de livros sobre essa temática, comprometemo-nos nessa tentativa de sistematização. O objetivo desse capítulo foi, portanto, o de compartilhar com as pessoas interessadas, com pesquisadores que trabalham ou têm interesse em trabalhar com crianças e adolescentes em situação de rua, um pouco das experiências e aprendizados obtidos ao longo dos anos e que gostaríamos de ter lido antes de começar os nossos trabalhos.

REFERÊNCIAS

Almeida, A., & del Barrio, C. (2002). A vitimização entre companheiros em contextos escolares. Um instrumento narrativo para estudo das representações dos maus-tratos na pré-adolescência – o *Scan Bullying*. In C. Machado & R. Abrunhosa (Eds.), *Violência e vítimas de crimes: Vol. 2. Crianças* (pp. 169-197). Coimbra: Quarteto.

Almeida, A.M. de O., Ribeiro, A.S.M., Pacheco, J.G., & Neiva-Silva, L. (1998, out.). *Estratégias de intervenção na rua*. Trabalho apresentado na XXVIII Reunião Anual da Sociedade Brasileira de Psicologia, Ribeirão Preto, SP.

Almeida, D.M., & McDonald, D. (1998). Weekly rhythms of parents' work stress, home stress, and parent-adolescent tension. *New Directions for Child and Adolescent Development, 82*, 53-67.

Alves, P.B., Koller, S.H., Silva, A.S., Reppold, C., Santos, C.L., Bichinho, G.S., *et al.* (1999). A construção de uma metodologia observacional para o estudo de crianças em situação de rua: Criando um manual de codificação de atividades cotidianas. *Estudos de Psicologia* (Natal), *4*(2), 289-310.

Alves, P.B., Koller, S.H., Silva, A.S., Reppold, C., Santos, C.L., Silva, *et al.* (2002). Atividades cotidianas de crianças em situação de rua. *Psicologia: Teoria e Pesquisa, 18*(3), 305-313.

Aptekar, L. (1996). Crianças de rua nos países em desenvolvimento: Uma revisão de suas condições. *Psicologia: Reflexão e Crítica, 9*, 153-184.

Broadhead, R. (2001). Hustlers in drug-related AIDS prevention: Ethnografhers, outreach workers, injection drug users. *Addiction Research and Theory, 9*, 545-556.

Bronfenbrenner, U. (1996). *A ecologia do desenvolvimento humano: Experimentos naturais e planejados*. Porto Alegre, RS: Artes Médicas. (Original publicado em 1979)

Carvalho, F.T., Neiva-Silva, L., Ramos, M.C., Evans, J., Koller, S.H., Piccinini, C.A., *et al.* (2006). Sexual and drug use risk behaviors among children and youth in street circumstances in Porto Alegre, Brazil. *Aids and Behavior, 10*(Suppl. 1), S57-S66.

Cecconello, A.M., & Koller, S.H. (2003). Inserção ecológica na comunidade: Uma proposta metodológica para o estudo de famílias em situação de risco. *Psicologia: Reflexão e Crítica, 16*, 515-524.

Cerqueira-Santos, E. (2003). *Um estudo sobre a brincadeira de crianças em situação de rua*. Dissertação de mestrado não publicada, Universidade Federal do Rio Grande do Sul, Porto Alegre, Brasil.

Cerqueira-Santos, E.C., & Koller, S.H. (2003). Brincando na rua. In A.M.A. Carvalho, C.M.C. Magalhães, F.A.R. Pontes & I.D. Bichara (Eds.), *Brincadeira e cultura: Viajando pelo Brasil que brinca* (Vol. 1, pp. 187-206). São Paulo, SP: Casa do Psicólogo.

Colin, R. (1993). *Real World Research: A resource for Social Sciences and practioner-researcher*. Oxford, UK: Blackwell.

Crouter, A.C., & Maguire, M.C. (1998). Seasonal and weekly rhythms: Windows into variability in family socialization experiences in early adolescence. In R. Larson & A.C. Crouter (Eds.), *New Directions for Child and Adolescent Development, 82*, 69-82.

Eschiletti-Prati, L., Couto, M.C.P.P., Moura, A., Poletto, M., & Koller, S. (2008). Revisando a inserção ecológica: Uma proposta de sistematização. *Psicologia: Reflexão e Crítica, 21*, 160-169.

Heckathorn, D. (1997). Respondent-Driven Sampling: A new approach to the study of hidden populations. *Social Problems, 44*(2), 174-199.

Heckathorn, D. (2002). Respondent-driven sampling II: Deriving valid population estimates from chain-refferal samples. *Social Problems, 49*, 11-34.

Heckathorn, D., Semaan, S., Hughes, J., & Broadhead, R. (2002). Extensions of respondent-driven sampling: A new approach to the study of infection drug users aged 18-25. *AIDS and Behavior, 6*, 55-68.

Hoppe, M. (1998). *Redes de apoio social e afetivo de crianças em situação de risco*. Dissertação de mestrado não publicada, Universidade Federal do Rio Grande do Sul, Porto Alegre, Brasil.

Hutz, C., & Koller, S. (1999). Methodological and ethical issues research with street children [Special issue]. In W. Damon (Series Ed.), M. Raffaelli & R. Larson (Vol. Eds.), Homeless and working youth around the world: Exploring developmental issues. *New Directions for Child and Adolescent Development, 85*, 59-70.

Koller, S.H., & Hutz, C.S. (1996). Meninos e meninas em situação de rua: Dinâmica, diversidade e definição. *Coletâneas da ANPEPP, 12*, 11-34.

Kristensen, C.H., Dell'Aglio, D.D., Leon, J.S., & D'Incao, D.B. (2004). Análise da freqüência e do impacto de eventos estressores em uma amostra de adolescentes. *Interação, 8*, 45-55.

Laurent, J., Catanzaro, S.J., Joiner, T.E., Rudolph, K.D., Potter, K.I., Lambert, S., *et al.* (1999). A measure of positive and negative affect for children: Scale development and preliminary validation. *Psychological Assessment, 11*, 326-338.

Maciel, C., Brito, S., & Camino, L. (1997). Caracterização dos meninos em situação de rua de João Pessoa. *Psicologia: Reflexão e Crítica, 10*(2), 315-334.

Morais, N. A. (2005). *Um estudo sobre a saúde de adolescentes em situação de rua: O ponto de vista dos adolescentes, profissionais de saúde e educadores.* Dissertação de mestrado não publicada, Instituto de Psicologia, Universidade Federal do Rio Grande do Sul, Porto Alegre, Brasil.

Muhib, F.B., Lin, L.S., Stueve, A., Miller, R.L., Ford, W.L., Johnson, W.D., *et al.* (2001). A venue-based method for sampling hard-to-populations. *Public Health Reports, 116*, 216-222.

Neiva-Silva, L. (2003). *Expectativas futuras de crianças em situação de rua: Um estudo autofotográfico.* Dissertação de mestrado não publicada, Universidade Federal do Rio Grande do Sul, Porto Alegre, Brasil.

Neiva-Silva, L. (2008). *Uso de drogas entre crianças e adolescentes em situação de rua: Um estudo longitudinal.* Tese de doutoramento não publicada, Instituto de Psicologia, Universidade Federal do Rio Grande do Sul, Porto Alegre, Brasil.

Neiva-Silva, L., Alves, P.B., & Koller, S.H. (2004). A análise da dimensão ecológica tempo no desenvolvimento de crianças e adolescentes em situação de rua. In S.H. Koller (Ed.), *Ecologia do desenvolvimento humano: Pesquisa e intervenção no Brasil* (2. ed., pp. 143-165). São Paulo, SP: Casa do Psicólogo.

Neiva-Silva, L., Carvalho, F.T., Paludo, S., Portolan, K.C.C., Siqueira, A.C., Koller, S.H., *et al.* (2008). *Estudo comportamental com crianças e adolescentes em situação de rua em Porto Alegre e Rio Grande: Uso da técnica de Respondent Driven Sampling (RDS) para a identificação de comportamentos sexuais de risco e uso de drogas. Relatório de pesquisa. Programa Nacional de DST/Aids*, Ministério da Saúde, Brasília, DF, Brasil.

Neiva-Silva, L., & Koller, S.H. (2002). O uso da fotografia na pesquisa em psicologia. *Estudos de Psicologia, 7*, 237-250.

Noto, A.R., Galduróz, J.C.F., Nappo, S.A., Carlini, C.M.A., Moura, Y.G., & Carlini, E.A. (2004). *Levantamento nacional sobre o uso de drogas entre crianças e adolescentes em situação de rua nas 27 capitais brasileiras (2003).* São Paulo, SP: Centro Brasileiro de Informações sobre Drogas Psicotrópicas.

Paludo, S., & Koller, S.H. (2004). Inserção ecológica no espaço da rua. In S.H. Koller (Ed.), *Ecologia do desenvolvimento humano: Pesquisa e intervenção no Brasil* (2. ed., pp. 223-248). São Paulo, SP: Casa do Psicólogo.

Raffaelli, M., Koller, S.H., & de Morais, N.A. (2007). Assessing the development of Brazilian street youth. *Vulnerable Children and Youth Studies, 2,* 154-164.

Roy, E., Haley, N., Leclerc, P., Sochanski, B., Boudreau, J.F., & Boivin, J.F. (2004). Mortality in a cohort of street youth in Montreal. *Journal of American Medical Association, 292*(5), 569-574.

Samuelsson, M., Therlund, G., & Ringström, J. (1996). Using the five field map to describe the social network of children: A methodological study. *International Journal of Behavioral Development, 19,* 327-345.

Santana, J.P. (2002). *Instituições de atendimento a crianças e adolescentes em situação de rua: Objetivos atribuídos por seus dirigentes e pelos jovens atendidos.* Dissertação de mestrado não publicada, Universidade Federal do Rio Grande do Sul, Porto Alegre, Brasil.

Santana, J.P., Doninelli, T.M., Frosi, R.V., & Koller, S.H. (2005a). É fácil tirar a criança da rua. O difícil é tirar a rua da criança. *Psicologia em Estudo* (Maringá), *10*(2), 165-174.

Santana, J.P., Doninelli, T.M., Frosi, R.V., & Koller, S.H. (2005b). Os adolescentes em situação de rua e as instituições de atendimento: Utilizações e reconhecimento de objetivos. *Psicologia: Reflexão e Crítica, 18*(1), 134-142.

Semaan, S., Lauby, J., & Liebman, J. (2002). Street and network sampling in evaluation studies of HIV risk-reduction interventions. *Aids Reviews, 4,* 213-223.

Silva, V.A., Aguiar, A.S., Felix, F., Rebello, G.P., Andrade, R.C., & Mattos, H.F. (2003). Brazilian study on substance misuse in adolescents: Associated factors adherence to treatment. *Revista Brasileira de Psiquiatria, 25*(3), 133-138.

Stueve, A., O'Donnell, L.N., Duran, R., Doval, A.S., & Blome, J. (2001). Time-space sampling in minority communities: Results with young latino men who have sex with men. *American Journal of Public Health, 91*(6), 922-926.

Zerubavel, E. (1985). *The seven day circle: The history and meaning of the week.* New York: Free Press.

5

PRINCÍPIOS ÉTICOS NAS PESQUISAS COM CRIANÇAS E ADOLESCENTES EM SITUAÇÃO DE RUA[1]

Lucas Neiva-Silva
Normanda Araujo de Morais
Sílvia Helena Koller

A discussão e aplicação de princípios éticos devem estar sempre presentes nas pesquisas com crianças e adolescentes, especialmente se estas se encontram em situação de rua. Comumente se observa o cumprimento dos pressupostos éticos em situações padrões, como na submissão do projeto a um Comitê de Ética em Pesquisa, na explicitação dos objetivos da pesquisa aos participantes, na obtenção do Termo de Consentimento Livre e Esclarecido, na elaboração do contrato de sigilo e confidencialidade das informações obtidas. Por outro lado, os aspectos éticos precisam ser analisados em diversas outras situações como na análise do risco da pesquisa, na suspeita de situações de abuso, exploração sexual e/ou de trabalho infantil, na identificação de ideação ou tentativa de suicídio, dentre outras. O presente capítulo tem o objetivo de discutir os pressupostos universais da bioética e algumas de suas aplicações nas pesquisas com crianças e adolescentes em situação de rua.

---

[1] Parte deste capítulo foi baseado no artigo Neiva-Silva, Lisboa e Koller (2005). Os autores agradecem aos editores do *Jornal Brasileiro de Doenças Sexualmente Transmissíveis* pela autorização de adaptação.

ÉTICA NAS PESQUISAS E INTERVENÇÕES

Em julho de 2008, na cidade de Berlim, Alemanha, foi adotada a *Declaração universal de princípios éticos para psicólogos e psicólogas*[2] ([DUPEP], 2008). Este documento foi aprovado unanimemente pela Assembleia Geral da União Internacional de Ciência Psicológica (*International Union of Psychological Science*) e pelo Comitê de Diretores da Associação Internacional de Psicologia Aplicada (*International Association of Applied Psychology*). Esta *Declaração universal* descreve os princípios éticos e valores humanos compartilhados por diferentes culturas, reafirmando o compromisso da comunidade de profissionais da Psicologia com princípios como paz, liberdade, responsabilidade, justiça, humanidade e moralidade. Foram estabelecidos quatro princípios éticos: (a) Respeito à dignidade das pessoas e dos povos; (b) Cuidado competente do bem-estar dos outros; (c) Integridade; e (d) Responsabilidade profissional e científica com a sociedade.

O Respeito pela Dignidade é o princípio ético mais comumente encontrado nas diversas culturas e profissões (DUPEP, 2008). Este princípio reconhece o valor inerente a todos os seres humanos, sem diferenciar o *status* social, origem étnica, gênero, capacidades ou qualquer outra característica. Este princípio inclui o respeito à diversidade das pessoas e povos, aos costumes e crenças culturais, excetuando-se as situações em que os costumes ou crenças de determinadas pessoas ou povos contradiga este princípio ou cause sério dano ao bem-estar das pessoas. O respeito à dignidade ainda inclui o consentimento livre e esclarecido; a privacidade para indivíduos, famílias, grupos e comunidades; a proteção da confidencialidade da informação pessoal; e a equidade e justiça no tratamento para com os outros.

O segundo princípio da *Declaração universal* (DUPEP, 2008) – cuidado competente pelo bem-estar dos outros – implica trabalhar em benefício das demais pessoas, maximizando os benefícios e minimizando o dano e, caso este ocorra, compensa e/ou corrige-o. Este princípio

---

[2] O termo original *Psychologists* foi aqui traduzido por "Psicólogos e Psicólogas".

exige dos profissionais e pesquisadores o desenvolvimento de autoconhecimento a respeito de como seus próprios valores, atitudes, experiências e contexto social podem influenciar suas ações, interpretações, escolhas e recomendações.

O Princípio da Integridade (DUPEP, 2008) é descrito como um dos mais importantes para o desenvolvimento do conhecimento científico e para a manutenção da confiança pública na área da Psicologia. Este princípio está baseado na honestidade, confiança e comunicação precisa e aberta, incluindo o reconhecimento, monitoramento e gerenciamento de possíveis vieses e outros conflitos de interesse que poderiam resultar em danos e exploração de pessoas ou povos. Destaca-se que a abertura de informações deve ser equilibrada no sentido de proteger a segurança e confidencialidade das pessoas. Em relação aos conflitos de interesse, deve-se trabalhar sempre no sentido de evitá-lo e, quando isto não seja possível, deve-se expressá-lo claramente.

O quarto princípio – Responsabilidade profissional e científica com a sociedade – adota que a Psicologia, como ciência e como profissão, tem o compromisso de incrementar o conhecimento científico e profissional no sentido de promover o bem-estar da sociedade e de seus membros. Isto inclui contribuir para o conhecimento acerca do comportamento humano e para a compreensão das pessoas sobre si mesmas e sobre as demais, fazendo com que este conhecimento gerado melhore a condição dos indivíduos, famílias, grupos e comunidade (DUPEP, 2008).

Observa-se que a *Declaração universal de princípios éticos para psicólogos e psicólogas* (DUPEP, 2008) tenta estabelecer preceitos deontológicos para pesquisas e intervenções dos profissionais de Psicologia, independente de valores culturais específicos. Compreende-se que a referida declaração compartilha estes princípios com aqueles adotados de maneira mais global pela área da Bioética. Entende-se por Bioética o estudo sistemático da conduta humana na área das ciências da vida e dos cuidados da saúde, na medida em que esta conduta é examinada à luz dos valores e princípios morais (Reich, 1978). A Bioética não tem a intenção de introduzir novos princípios éticos fundamentais, mas de aplicar a ética filosófica a um conjunto de novas situações dentro do campo da saúde

Endereço Desconhecido: crianças e adolescentes em situação de rua

(Clotet, 1993). Ao analisar os dilemas bioéticos, é preciso reconhecer que não há normas únicas para resolver as diversas situações apresentadas, mas que para tal, é necessário se pautar em princípios hierárquicos gerais, tentando conciliar as melhores soluções. Com base nesses pressupostos, em 1978, nos Estados Unidos, a *National Commission for the Protection of Human Subjects of Biomedical and Behavioral Research* estabeleceu princípios gerais a fim de oferecer subsídios para deliberações sobre os diferentes dilemas éticos encontrados nas pesquisas e que ao mesmo tempo fossem aceitos pela grande parte dos seus integrantes (Clotet, 1993). Os princípios da Bioética são: (a) o princípio da autonomia ou o respeito às pessoas; (b) o princípio da beneficência e não maleficência; e (c) o princípio da justiça.

O princípio da autonomia, também conhecido como o princípio do respeito às pessoas, pressupõe que as pessoas têm o direito de se autogovernar, ou seja, de tomar suas próprias decisões em relação às suas escolhas e aos seus atos (Clotet, 1993). Este princípio reconhece o domínio da pessoa sobre a própria vida e enfatiza o respeito à intimidade (Loch, Clotet, & Kipper, 2004). Nas pesquisas na área da saúde e das ciências humanas, o princípio da autonomia requer que os pesquisadores respeitem a vontade do(a) participante ou do seu representante, bem como os valores morais e crenças do(a) mesmo(a).

O princípio da beneficência e não maleficência pressupõe que sejam atendidos os interesses importantes e legítimos dos indivíduos e que, sempre que possível, sejam evitados danos aos implicados (Clotet, 1993). O princípio da beneficência tem como regra norteadora a busca pelo bem-estar das pessoas e seus interesses (Kipper & Clotet, 1998). Na pesquisa, este princípio deve ser entendido como uma dupla obrigação: primeiramente, a de não causar danos aos participantes da pesquisa; e, em segundo lugar, a de maximizar o número de possíveis benefícios, sempre minimizando os prejuízos.

O princípio da justiça requer a igualdade na distribuição de bens e benefícios às pessoas atendidas (Clotet, 1993). Uma pessoa sofre injustiça quando lhe é negado um bem ao qual tem direito e que, portanto, lhe é devido. Durante a realização de uma pesquisa, esse princípio se aplica ao afirmar, por exemplo, que não se pode oferecer determinado benefício, tratamento ou medicamento a um só grupo, deixando de fornecê-lo a outro. Isto significa que não se pode tratar de maneira diferente aqueles que são iguais, deixando de oferecer um benefício a todos os participantes indistintamente.

Esses princípios básicos da Bioética continuam sendo discutidos em várias instâncias, tanto na intervenção do profissional como em suas pesquisas. É comum poder aplicar e refletir sobre dois ou três desses princípios na análise de uma mesma situação, gerando novos dilemas. A aplicação e o cuidado com o zelo por estes princípios básicos da Bioética merecem especial atenção quando se tratam de pesquisas ou intervenções com populações em situação de vulnerabilidade social. A seguir, são apresentadas algumas reflexões sobre tais princípios e alguns dilemas éticos frequentemente encontrados nas pesquisas envolvendo crianças e adolescentes em situação de rua.

ANÁLISE DO RISCO DA PESQUISA

Até 1996, quando o Conselho Nacional de Saúde (CNS) publicou a Resolução n. 196/96 que normatiza as pesquisas envolvendo seres humanos, existia a percepção de que poderia haver pesquisa sem risco para os participantes. De acordo com a Resolução n. 01/88 (CNS, 1988), revogada posteriormente, "Pesquisa sem risco" seria aquela que:

> emprega técnicas e métodos retrospectivos de pesquisa e aqueles em que não se realiza nenhuma intervenção ou modificação intencional nas variáveis fisiológicas ou psicológicas e sociais dos indivíduos que participam no estudo, entre os quais se consideram: questionários, entrevistas, revisão de prontuários clínicos e outros, nos quais não se identifique nem seja invasivo à intimidade do indivíduo. (Art. 7)

Destaca-se nesta definição a palavra intencional, remetendo-se a possíveis danos fisiológicos ou psicológicos gerados de maneira não intencional aos participantes da pesquisa.

Atualmente prevalece a ideia proposta pelo Conselho Nacional de Saúde, em sua Resolução n. 196/96 (CNS, 1996), considerando que toda pesquisa realizada com seres humanos envolve algum nível de risco. Este possível dano pode ser gerado tanto ao participante quanto à sociedade, e pode ocorrer tanto de maneira imediata quanto tardia. Por esta razão, a análise do possível risco gerado pela pesquisa é imprescindível, justamente porque pode haver danos ou prejuízos não intencionais aos participantes, ou seja, consequências negativas que os pesquisadores não conseguiram identificar antes da realização da pesquisa.

O Conselho Federal de Psicologia (CFP) editou em 2000 uma resolução que dispõe sobre a realização de pesquisa em Psicologia com seres humanos (Resolução n. 016/2000). De acordo com o seu artigo terceiro, "é obrigação do responsável pela pesquisa avaliar os riscos envolvidos, tanto pelos procedimentos, como pela divulgação dos resultados, com o objetivo de proteger os participantes e os grupos ou comunidades às quais eles pertençam". Portanto, ao realizar pesquisas com crianças e adolescentes em situação de rua, estas devem ser consideradas, pelo menos, como de risco mínimo para os participantes. Segundo o parágrafo primeiro, do artigo terceiro da citada resolução (CFP, 2000), "pesquisas de risco mínimo são aquelas cujos procedimentos não sujeitam os participantes a riscos maiores do que os encontrados nas suas atividades cotidianas". Em continuidade, o parágrafo segundo afirma que:

> a avaliação do risco na pesquisa com grupos vulneráveis ou em situação de risco (por exemplo, crianças e adolescentes em situação de rua, moradores de rua, habitantes de favelas e regiões periféricas das cidades, entre outros), deverá ser feita somente por pesquisadores e profissionais que conheçam bem a realidade dos participantes e tenham experiência de pesquisa e trabalho com esses grupos.

Por mais que os procedimentos metodológicos adotados em uma pesquisa não demonstrem apresentar risco para a criança ou adolescente em situação de rua, em muitos casos, o próprio estabelecimento de contato entre esses adolescentes com "pessoas estranhas" (no caso, os pesquisadores ou entrevistadores) pode gerar algum risco para os participantes.

Muitas das crianças e adolescentes, quando estão nas ruas, convivem com pessoas que realizam atividades ilícitas como tráfico de drogas, exploração sexual de crianças e adolescentes, dentre outros. Nestes contextos, existem regras afirmando que qualquer denúncia das pessoas envolvidas será punida, em alguns casos podendo resultar em morte. Por este motivo, ao se realizarem pesquisas no contexto da rua, sugere-se evitar perguntas que possam identificar as pessoas envolvidas em tais atividades. Por exemplo, é possível perguntar sobre o uso de drogas, a frequência de uso, a forma de obtenção, o valor de mercado da substância, mas perguntas sobre quem vende, onde a droga é vendida etc devem ser evitadas. Essa precaução é tomada justamente para proteger a criança ou adolescente de alguma represália em relação às informações fornecidas.

É comum crianças e adolescentes em situação de rua relatarem a vivência de experiências traumáticas, como violência física, abuso sexual, exploração do trabalho infantil, fome etc. Pesquisas que, de alguma maneira, possam gerar algum tipo de sofrimento aos participantes devem ser especialmente avaliadas em relação ao risco. A Resolução n. 016/2000 (CFP, 2000), em seu artigo terceiro, parágrafo terceiro, afirma que:

> as pesquisas que manipulem variáveis que possam gerar ansiedade, ou que utilizem instrumentos (inclusive entrevista) com o objetivo de obter dados e informações sobre eventos que possam ter sido traumáticos (por exemplo, com vítimas de violência, abuso físico ou sexual, entre outros) não receberão classificação de risco mínimo.

E complementa afirmando que os pesquisadores deverão incorporar procedimentos que permitam avaliar, ao término da participação de cada indivíduo, se nenhum dano foi causado.

A análise do risco da pesquisa deve ser balizada principalmente pelo princípio da beneficência e da não maleficência. Sempre que possível, a pesquisa deve trazer benefícios aos participantes. Os danos devem ser sempre evitados e quando, porventura, estes venham a ocorrer, os pesquisadores devem estar preparado para repará-los. Por isto, no artigo terceiro, parágrafo quarto da Resolução n. 016/2000 (CFP, 2000), "o pesquisador deverá garantir que dispõe dos meios, recursos e competências para lidar com as possíveis consequências de seus procedimentos e intervir, imediatamente, para limitar e remediar qualquer dano causado". Assim, ao realizar pesquisas com crianças e adolescentes em situação de rua, sugere-se que os pesquisadores busquem estabelecer contato com a rede de instituições que prestam assistência a essa população, seja no âmbito da saúde física e psicológica, educação e profissionalização, dentre outras.

CONSENTIMENTO LIVRE E ESCLARECIDO EM PESQUISAS ENVOLVENDO CRIANÇAS E ADOLESCENTES EM SITUAÇÃO DE RUA

Um dos primeiros documentos que estabeleceu regras claras para a realização de pesquisas com seres humanos foi um projeto de lei norte-americano apresentado em 1900 (Goldim, 1998). Apesar de não ter sido aprovado, o projeto apresentava pela primeira vez a necessidade de uma autorização dos participantes, previamente informados, com garantia de voluntariedade. De acordo com este documento, não poderiam ser realizadas pesquisas com bebês, crianças e adolescentes, pois os sujeitos de pesquisa deveriam ter mais de vinte anos de idade e estarem em plena capacidade para tomarem decisões.

Nas décadas de 1960 e 1970, observaram-se comportamentos inadequados nas atividades de investigação científica em saúde, principalmente porque muitos pesquisadores percebiam as pessoas apenas como objetos passíveis de gerar conclusões científicas que os levariam a adquirir prestígio social e profissional (Freitas & Hossne, 2002). Neste contexto, foram criados os Comitês de Ética em Pesquisa, sendo desenvolvidas diferentes normas a fim de garantir a autonomia dos participantes.

O princípio do respeito à autonomia da vontade é o fundamento ético e jurídico do consentimento livre e esclarecido (Baú, 2005). A obtenção de termos de consentimento livre e esclarecido das pessoas que são convidadas a participar de uma pesquisa confirma a aceitação, consciência e concordância com os objetivos e procedimentos (Hoagwood, Jensen, & Fischer, 1996; Hutz, 1999). O processo de obtenção do consentimento visa garantir a voluntariedade dos participantes por meio do compartilhamento de informações entre os pesquisadores e os participantes da pesquisa (Goldim & Francesconi, 2005). Considerando a ausência de capacidade legal da criança para fornecer o consentimento informado, este procedimento é, em geral, realizado junto aos pais ou guardiões legais.

Atualmente, um dos principais documentos que regulamentam os princípios éticos em pesquisas com seres humanos é a Resolução n. 196/96, do CNS (1996). Este documento define o Consentimento Livre e Esclarecido como sendo a:

anuência do sujeito da pesquisa e/ou de seu representante legal, livre de vícios (simulação, fraude ou erro), dependência, subordinação ou intimidação, após explicação completa e pormenorizada sobre a natureza da pesquisa, seus objetivos, métodos, benefícios previstos, potenciais riscos e o incômodo que esta possa acarretar, formulada em um termo de consentimento, autorizando sua participação voluntária na pesquisa. (Item 2.11)

Tal resolução entende que a criança e o adolescente, comparados com os adultos, apresentam uma situação de substancial diminuição em sua capacidade de consentir a participação, pois podem não entender os esclarecimentos sobre a pesquisa e suas características. O problema é que o item 4.3 do mesmo documento informa que tais indivíduos necessitam ser *apenas informados*, no limite de suas capacidades, sobre a realização da pesquisa. Segundo as discussões atuais sobre direitos humanos e direitos da criança, entende-se que neste item existe a falta de uma exigência maior sobre a necessidade da criança também expressar o seu consentimento, após ser explicado em linguagem adequada os objetivos da pesquisa e a voluntariedade da participação.

A Resolução n. 41/1995 (Conselho Nacional dos Direitos da Criança e do Adolescente, 1995), que trata dos direitos da criança e do adolescente hospitalizado, estabelecida pelo Conselho Nacional dos Direitos da Criança e do Adolescente, vinculado ao Ministério da Justiça, estabelece em seu artigo 12 que a criança tem o "direito de não ser objeto de ensaio clínico, provas diagnósticas e terapêuticas, sem o consentimento informado de seus pais ou responsáveis e o seu próprio, quando tiver discernimento para tal". Neste caso, está destacado que, além do consentimento dos pais ou responsáveis, também a criança ou adolescente deve participar ativamente do processo, apresentando o seu próprio consentimento sobre a realização da pesquisa. Tal posicionamento é reafirmado pela Resolução n. 251/97 (CNS, 1997), ao asseverar que quando se tratar de sujeitos cuja capacidade de autodeterminação não seja plena, além do consentimento do responsável legal, deve-se levar em conta a manifestação do próprio sujeito, ainda que com capacidade não plenamente desenvolvida, como no caso das crianças. O termo "autodeterminação" está associado à autonomia, ou seja, à capacidade da pessoa de governar a si mesma (Ferreira, 2004). Sobre o mesmo pressuposto, a Resolução n. 16/2000 (2000), do Conselho Federal de Psicologia, que trata da pesquisa com seres humanos, estabelece que, mesmo já se tendo consentimento dos pais ou responsáveis, as crianças e adolescentes devem ser também informados, em linguagem apropriada, sobre os objetivos e procedimentos da pesquisa e devem concordar em participar voluntariamente da mesma, manifestando seu assentimento (Art. 5, item 3). A participação de crianças e adolescentes na obtenção do Termo de Consentimento Livre e Esclarecido deve ser incentivada, considerando a adequação do processo ao estágio de desenvolvimento bio-psicossocial dos mesmos (Goldim, 2000).

A maioria dos códigos legais transfere para a família o poder de decisão sobre a participação ou não de seus filhos menores de idade em projetos de pesquisa (Goldim, 2000). Contudo, ninguém pode exercer plenamente o direito de consentir/decidir por outra pessoa, pois este é um ato individual, indelegável. O representante legal poderia permitir, isto é, ter uma delegação de autoridade para decidir no melhor interesse desta pessoa, mas não substitui o assentimento da mesma (Goldim, 2000). Em vista destas colocações, reafirma-se que, além do consentimento dos pais, é importante ter o assentimento da criança em participar do estudo, embora seja argumentado por profissionais que, às vezes, as crianças não possuem todas as habilidades cognitivas desenvolvidas para entender as possíveis consequências e implicações desta participação (Hutz, 1999). Todas as explicações sobre o estudo devem ser contextualizadas, considerando a fase de desenvolvimento da criança e a cultura da qual esta faz parte (Bronfenbrenner, 1996; CNS, 1996). Na medida em que os adultos entendem e se aproximam da perspectiva da criança, tornam-se mais capazes de perceber o quanto esta criança está atenta e é ator fundamental no seu processo de comunicação.

Compreende-se que ao abordar a necessidade de obtenção do Termo de Consentimento Livre e Esclarecido em pesquisas com crianças e adolescentes, está presente a busca pelo respeito ao princípio da autonomia. Tal princípio constitui-se na capacidade de uma pessoa para decidir fazer ou buscar aquilo que ela julgue ser o melhor para si mesma (Loch *et al.*, 2004). Para atingir esta condição de autodeterminação e autogerenciamento, são necessários dois pressupostos: (a) a presença de uma capacidade intelectual suficiente para compreender e analisar, de forma lógica, uma determinada situação e ter a habilidade para deliberar e escolher entre as várias opções disponíveis, com o objetivo de eleger, intencionalmente, uma das alternativas apresentadas; e (b) a capacidade de poder escolher voluntariamente, sem a influência ou controle por parte de terceiros, para que a decisão possa ser considerada como o resultado autêntico de sua autodeterminação (Loch *et al.*, 2004).

Em geral, parte-se do princípio de que a criança não pode decidir autonomamente sobre sua participação em pesquisa, pressupondo-se que faltam às crianças os componentes essenciais da competência, ou seja, compreensão adequada da situação e, consequentemente, voluntariedade. Por essa razão, usualmente utiliza-se solicitar o consentimento aos pais ou responsáveis, acreditando-se que estes tenham melhores condições de analisar o que é adequado para a criança que está sob sua responsabilidade.

Por outro lado, existem situações em que a família não cumpre efetivamente com a sua função de cuidadora, deixando de oferecer proteção às crianças e aos adolescentes sob sua guarda. São os casos, por exemplo, de crianças e adolescentes que vivem em situação de rua, que são vítimas da exploração do trabalho infantil ou da exploração sexual comercial.

Nas pesquisas com crianças e adolescentes em situação de rua, em geral, existe a impossibilidade de se obter dos familiares o Termo de Consentimento Livre e Esclarecido (Hutz & Koller, 1999). Observa-se que dentre os fatores que tornam inviável a obtenção do referido termo, estão o reduzido contato que as crianças possuem com suas famílias e a dificuldade que os pesquisadores ou a própria criança têm em encontrá-las. Considera-se ainda que, em geral, tais famílias têm consciência de que são negligentes em permitir que seus filhos permaneçam nas ruas ou em estimular que seus filhos trabalhem, o que as fazem temerem a participação nas pesquisas. Os pais são frequentemente informados que a exploração sexual infantil ou a exploração do trabalho infantil poderiam justificar legalmente a destituição do poder familiar. Tais constatações seriam suficientes para que os familiares das crianças em situação de rua não autorizassem a participação de seus filhos em pesquisas, com medo da revelação da negligência ou exploração e de suas consequências legais. É nesta situação que os pesquisadores encontram-se diante de um dilema ético, ao se depararem com a exigência da obtenção do Termo de Consentimento Livre e Esclarecido junto aos pais, tidos legalmente como responsáveis pelas crianças, ou deixarem de realizar a pesquisa em virtude da não autorização dos pais.

Diante dessas situações em que os familiares estão associados a situações de abandono, negligência ou exploração do trabalho infantil, não se pode partir do princípio de que os mesmos tenham condições de responder pelo bem-estar das crianças e adolescentes sob sua guarda. Será necessário confrontar e discordar da posição dos pais como parte do processo de garantir um adequado cuidado à saúde da criança (Loch et al., 2004). Segundo o princípio da beneficência e da não maleficência, os pesquisadores partem do pressuposto de que acatar o "não consentimento" dos pais da criança em pesquisas sobre estas temáticas é ser cúmplice dos abusos e negligências cometidos. Agindo desta forma, os pesquisadores estariam omitindo-se de pesquisar e intervir em áreas carentes de políticas públicas e soluções emergenciais.

Entende-se que a realização de pesquisas com crianças em situação de rua é antes de tudo um mecanismo para dar voz a estes indivíduos, para falarem do sofrimento vivido no processo de ida para a rua e/ou do distanciamento gradual da família. Deixar de realizar pesquisas com esta população pelo fato de não se ter o consentimento formal dos familiares seria mais uma vez calar estes indivíduos quase sem voz. A Resolução n. 16/00 (CFP, 2000), afirma que os pesquisadores não aceitarão o consentimento informado de pais que não tenham contato como os filhos ou guardiões legais que, efetivamente, não interajam sistematicamente e nem conheçam bem a criança ou adolescente (art. 7, item 2). Complementa-se afirmando que não será aceito o consentimento de pais ou guardiões legais que efetivamente abusaram ou negligenciaram as crianças/adolescentes, ou foram coniventes com tais comportamentos (art. 7, item 3). Diante da situação de não solicitar autorização a essas famílias "não protetivas", os pesquisadores devem solicitar autorização para realização da pesquisa juntamente com a assinatura do Termo de Consentimento Livre e Esclarecido a instâncias superiores responsáveis pela proteção dos direitos e bem-estar de crianças e adolescentes, como instituições que prestem assistência ou que trabalhem no sentido de proteger e zelar pela saúde destas crianças, como escolas, abrigos, centros de saúde, Conselhos Tutelares, Conselhos Municipais ou Estaduais dos Direitos da Criança e Adolescente, Promotorias e Varas da Infância e Juventude. Entende-se que na ausência de uma família protetiva, tais instituições agem continuamente no sentido de proteger e buscar o bem-estar destas crianças e adolescentes. Ressalta-se ainda que tal ato não exclui a necessidade da obtenção do assentimento por parte da criança ou adolescente para sua participação na pesquisa.

É fundamental que no primeiro contato se estabeleça vínculo e confiança entre os pesquisadores e a criança/adolescente, o que só acontecerá se os objetivos do trabalho estiverem claros e se os pesquisadores demonstrarem interesse em escutar a criança, compreendê-la e ajudá-la, garantindo o seu bem-estar e proteção. É necessário que o "consentimento livre e esclarecido" deixe de ser apenas o registro concreto de uma autorização para evitar problemas legais posteriores. É preciso concebê-lo como um "processo comunicativo que precede uma decisão autônoma em se submeter a tratamento de saúde ou pesquisa" (Pithan, 2005). Com esta postura, certamente poderão ser assegurados os princípios da autonomia e da beneficência em quaisquer pesquisas, incluindo aquelas realizadas com crianças e adolescentes em situação de rua.

SIGILO E CONFIDENCIALIDADE NAS PESQUISAS COM CRIANÇAS E ADOLESCENTES EM SITUAÇÃO DE RUA

Outro dilema ético enfrentado pelos pesquisadores que trabalham com crianças e adolescentes em situação de rua diz respeito à confidencialidade sobre as informações obtidas do participante durante a pesquisa. A garantia da preservação do segredo das informações, além de uma obrigação legal, é um dever de todos os profissionais e instituições (Francisconi & Goldim, 1998). Quando se obtém o Consentimento Livre e Esclarecido dos responsáveis e também da criança/adolescente, é explicitado que será mantido sigilo sobre as informações fornecidas e que o participante não será identificado, preservando-se a privacidade dos sujeitos (CNS, 1996). Contudo, é possível que, a partir das informações obtidas na pesquisa, seja identificado um alto nível de risco ou sofrimento vivenciado pela criança/adolescente. Sobre este aspecto, não se questiona o risco gerado pela pesquisa, mas o risco descoberto em função da pesquisa. Durante a fase de coleta de dados, é possível que se descubra que a criança/adolescente esteja sendo ameaçada ou sendo vítima de violência, de exploração sexual, de exploração do trabalho infantil, esteja doente ou até mesmo esteja pensando em suicidar-se. Estas situações podem ocorrer tanto no contexto familiar, uma vez que a criança pode estar frequentando a rua e ainda manter-se vinculada à sua família, ou no contexto institucional, como nos casos de a criança frequentar um abrigo, escola ou qualquer outro tipo de instituição que preste assistência a esta população.

Diante dessas situações, os pesquisadores deparam-se com o dilema entre manter o sigilo acordado no início do processo de pesquisa ou denunciarem os riscos aos quais os participantes estão expostos. Tal conflito pode provocar apreensão nos pesquisadores, que antecipam as consequências que poderão ocorrer após a denúncia. Imaginando, por exemplo, uma criança que ainda esteja vinculada à sua família, a denúncia da violência pode aumentar, ainda mais, estes atos agressivos contra a criança como forma de punição, podendo levar também à separação da criança de seus pais, à institucionalização, ao envolvimento dos familiares com a polícia, a prisão e, consequentemente, um sofrimento significativo para a criança ou adolescente. Estas possíveis consequências podem ocorrer também no caso da denúncia de exploração do trabalho infantil ou de exploração sexual, dentre outras situações.

Em pesquisa, a quebra da confidencialidade é admitida eticamente em três circunstâncias (Junkeman & Schiedermayer, 1993): (a) quando existir alta probabilidade de ocorrer um dano grave – físico ou psicológico – a uma pessoa específica e identificável (baseado no princípio da não maleficência); (b) quando um benefício real resultar desta quebra de confidencialidade (segundo o princípio da beneficência); e (c) quando for o último recurso, após ter sido utilizada a persuasão ou outras abordagens (de acordo com o princípio da autonomia). Com base nestes princípios, os pesquisadores devem analisar cuidadosamente se a situação em que se encontra enquadra-se em alguma destas três circunstâncias em que seria admitida a quebra da confidencialidade sobre dados obtidos. Se for identificada alguma destas três situações, os pesquisadores devem admitir seriamente a possibilidade de quebra do sigilo e da confidencialidade, adotando a possibilidade de denúncia da situação.

De acordo com o Estatuto da Criança e do Adolescente ([ECA], 1990), "os casos de *suspeita*[3] ou confirmação de maus-tratos contra a criança ou adolescente *devem* ser, obrigatoriamente, comunicados ao Conselho Tutelar" (Art. 13). Neste artigo 13, destacam-se duas palavras: suspeita e dever. Muitas pessoas argumentam que não podem fazer a denúncia, pois

---

[3]   Grifo dos autores do capítulo.

não têm certeza absoluta de que o abuso ou a exploração esteja ocorrendo. Segundo o próprio ECA, é preciso apenas que haja a suspeita para que qualquer cidadão faça a denúncia. Caberá às autoridades competentes e especialmente treinadas para tal a investigação da ocorrência e, em se confirmando, a adoção das medidas legais cabíveis. A palavra "dever" indica que esta denúncia não é facultativa, mas sim uma obrigação no exercício da cidadania. Na tentativa de justificar a ausência de ações afirmativas diante da suspeita ou confirmação de maus-tratos ou exploração, existe ainda o argumento que de nada adianta haver a denúncia se as autoridades não vão tomar as devidas providências. É preciso haver a conscientização de que existem diferentes papéis e incumbências para diferentes pessoas ou grupos. Cabe ao cidadão comum fazer a denúncia da violação dos direitos das crianças e adolescentes. E, de maneira complementar, cabe a outras pessoas e/ou instituições específicas, presentes em outras instâncias, a adoção de medidas, sejam elas investigativas, protetivas ou punitivas, no sentido de fazer cumprir a lei que protege as crianças e adolescentes. Caso tais medidas não sejam tomadas, caberá a estas instituições responder pela omissão e não os cidadãos comuns (ou no caso os pesquisadores) que cumpriram seu papel ético e legal ao realizar a denúncia.

Ao identificar, durante a coleta de dados, uma situação que coloque em risco a saúde ou o bem-estar da criança ou adolescente que participa da pesquisa, os pesquisadores devem primeiramente receber de maneira adequada a informação transmitida, evitando expressões exageradas de espanto ou comentários desnecessários. Ao mesmo tempo, deve-se evitar uma postura demasiadamente distante que possa ser interpretada como desinteresse ou descaso pela situação compartilhada. Devem-se obter apenas as informações necessárias que traduzam a dimensão da situação que põe em risco a criança/adolescente, identificando as pessoas direta e/ou indiretamente envolvidas nas ocorrências de risco/abuso/exploração, sem que surjam perguntas cujo foco seja voltado unicamente para a satisfação da curiosidade dos pesquisadores. A informação deve ser registrada da maneira mais precisa possível, escrevendo o que foi relatado ou identificando e separando a gravação do que foi informado, citando dia, horário e local do relato. Sugere-se procurar uma ou algumas pessoas da equipe de pesquisa com maior experiência em pesquisa ou em situações semelhantes para compartilhar o ocorrido e com quem se possa analisar a situação de maneira mais aprofundada. Por outro lado, sugere-se evitar o compartilhamento da informação com um número grande de pessoas, pois, na maioria dos casos, a discrição é um dos elementos importantes para a melhor resolução do caso.

Ao compartilhar uma situação passível de denúncia, existe a possibilidade de que a criança ou adolescente reitere que seja mantido sigilo sobre as informações transmitidas, justificando que ela/ele não quer causar transtorno ou expor ninguém. São comuns situações em que a criança/adolescente precise ser "convencida" da necessidade da denúncia, com argumentos que embasem a impossibilidade da situação de risco continuar existindo sem que nada seja feito. Tal situação pode exigir do entrevistador ou pesquisador a renegociação do contrato inicial, informando que não seria adequado manter o segredo sobre a informação enquanto a criança/adolescente continua em situação de risco, exploração, violência etc. Esta renegociação do contrato deve ser feita com especial sensibilidade, para que a criança/adolescente não se sinta traída ou em situação de maior risco. Nestes casos, costuma-se dizer que a denúncia deve ser "negociada", "combinada" ou "coconstruída" junto com o próprio participante, analisando-se a melhor forma de realizá-la, enquanto se busca uma situação de maior proteção para que nenhum prejuízo ocorra à criança/adolescente.

Dependendo do caso, é preciso que os pesquisadores estejam preparados para tomar medidas interventivas de maior impacto, como procurar familiares ou diretores de instituições para esclarecer ou denunciar a situação de risco/abuso/exploração. De acordo com a gravidade da situação, pode ser necessário buscar outras instâncias, como o Conselho Tutelar ou autoridades policiais. Pode-se considerar que um pesquisador ou profissional que se omite em denunciar, estará abandonando o princípio da beneficência e, consequentemente, assumindo a postura de cúmplice (Hoagwood *et al.*, 1996).

Pode haver situações em que a quebra de sigilo/confidencialidade coloque em risco o bom andamento da pesquisa e exponha os pesquisadores/entrevistadores, além dos próprios participantes. Para ilustrar tal situação, pode-se tomar o caso de uma pesquisa sendo desenvolvida dentro de uma instituição que presta assistência a crianças e adolescentes em situação de rua, como um abrigo. Durante uma entrevista sobre comportamentos sexuais e gravidez, por exemplo, uma adolescente confidencia que está namorando um dos funcionários e que mantém relações sexuais com ele dentro das instalações da instituição. A adolescente apresenta registros na agenda e cartas escritas pelo próprio funcionário descrevendo o suposto romance e pedindo segredo em relação ao mesmo. É imprescindível que esta informação seja compartilhada com a direção da instituição. Por outro lado, caso isto seja feito pelos pesquisadores, corre-se o risco de ser disseminada a informação entre os demais adolescentes de que os pesquisadores não são confiáveis, pois "contam tudo para a direção". Uma possível saída seria os pesquisadores encorajarem a adolescente a compartilhar isto com uma amiga mais próxima e, posteriormente, estimular a amiga a relatar a situação a algum outro funcionário ou coordenador. Agindo desta maneira a equipe de pesquisa não violaria o contrato de sigilo e confidencialidade estabelecido com a participante e, ao mesmo tempo, agiria afirmativamente para que a instituição tomasse providências no sentido de solucionar a questão do abuso. Em casos como este, os pesquisadores devem se assegurar de que algum encaminhamento foi efetivamente realizado no sentido de minimizar ou extinguir a situação de risco e promover melhoria de bem-estar para a criança/adolescente. No entanto, os pesquisadores devem estar preparados e dispostos para (eles próprios) tomarem a iniciativa de desvelar essa situação, caso implique risco e não tenha vindo à tona de outra maneira. Nesse caso, recomenda-se, mais uma vez, toda discrição e cautela possíveis no sentido de se proteger a criança/adolescente envolvida. Um caminho possível é contatar um profissional de referência na instituição, de forma que a denúncia seja feita e que alguns encaminhamentos para o caso sejam discutidos e efetivamente realizados. É importante, ainda, que os pesquisadores possam informar e trabalhar junto à criança/adolescente envolvida a atitude de "denúncia" que pretendem fazer, dada a situação de violação de direitos que a mesma implica.

Existem situações em que os pesquisadores têm o dever ético de intervir de forma imediata como, por exemplo, diante do relato de ideação suicida ou de tentativa de suicídio recente. Para proteger a criança e os adolescentes, é importante que os pesquisadores tomem alguma medida imediata no sentido de minimizar as chances de que tal situação venha a se concretizar de maneira efetiva. Novamente, existe a necessidade de haver a renegociação do contrato inicial de sigilo das informações obtidas durante a pesquisa. Nestes casos, em geral, os pesquisadores estimulam a criança/adolescente a relatar o fato a algum funcionário da instituição onde realiza atividades. No caso de pesquisas realizadas diretamente na rua em que não há nenhum adulto responsável pela criança/adolescente, os pesquisadores tornam-se imediatamente responsáveis pela manutenção do bem-estar dos participantes. Em se constatando o risco iminente de nova tentativa de suicídio, os pesquisadores devem interromper a coleta de dados e imediatamente proceder com o encaminhamento a uma instituição de saúde ou Conselho Tutelar, por exemplo, estimulando o participante a aceitar um atendimento especializado. Nestes casos, suge-re-se que alguém da equipe acompanhe a criança/adolescente até o local específico onde poderá haver a passagem dos cuidados dos participantes a outro profissional.

Por outro lado, em outras situações avaliadas como de risco, os pesquisadores têm que ter conhecimento adequado da legislação para que o sigilo e a confidencialidade sejam preservados, sendo respeitado o princípio da autonomia. É o caso, por exemplo, dos pesquisadores ouvirem "em segredo", durante a entrevista, a informação de que o(a) adolescente recentemente recebeu o diagnóstico de soropositividade para o HIV e, apesar dos encaminhamentos indicados, este(a) não iniciou nenhum tratamento. Existiria a tendência de não ser respeitado o desejo de sigilo do(a) adolescente sobre o seu resultado soropositivo e buscar os familiares ou pessoas responsáveis para compartilhar a informação, partindo do pressuposto de que agir desta forma seria buscar o melhor para a saúde do participante. Entretanto, o manual com as Diretrizes dos Centros de Testagem e Aconselhamento em HIV/AIDS (Ministério da Saúde [MS], 1999), orienta que, diferentemente da criança, quando o paciente for adolescente (12 a 18 anos), após uma avaliação de suas condições de discernimento, fica restrita à vontade do adolescente a realização do exame, bem como a participação do resultado a outras pessoas. Neste sentido, é preservado o princípio da autonomia e resguardada a confidencialidade sobre a informação obtida. A Resolução n. 41/95 (Conselho Nacional dos Direitos da Criança e do Adolescente, 1995, itens 16, 18), ao tratar dos direitos da criança e do adolescente hospitalizados, assevera que estes têm o direito à preservação de sua imagem, identidade, autonomia de valores, e têm ainda o direito à confidencialidade dos seus dados clínicos e de tomar conhecimento dos mesmos. Sugere-se que em casos como esse, os pesquisadores/profissionais busquem construir com o(a) adolescente a consciência sobre a dimensão do problema, analisando-se os prós e os contras em relação à manutenção do segredo. Sobre a possibilidade de compartilhar a informação sobre sua soropositividade, sugere-se discutir com o adolescente os possíveis benefícios de se ter pessoas na família que saibam e, por outro lado, os possíveis riscos desta informação ser conhecida amplamente em um contexto escolar. Independente do caso, reitera-se a necessidade de ser respeitado o princípio da autonomia, em que o participante tem o direito de manter resguardada sua vontade, bem como suas informações pessoais.

Compreende-se que o sigilo e a confidencialidade das informações obtidas em pesquisa é um direito inalienável do participante. Por outro lado, como foi possível observar, muitas são as situações nas pesquisas com crianças e adolescentes em situação de rua em que a confidencialidade deve ser flexibilizada no sentido de manter preservados a saúde e o bem-estar dos participantes, respeitando-se o princípio da beneficência e da não maleficência.

Além das principais questões já tratadas (análise do risco da pesquisa, Termo de Consentimento Livre e Esclarecido e sigilo/confidencialidade), outras situações se colocam na prática dos pesquisadores que trabalham com crianças e adolescentes em situação de rua. Muitas dessas questões surgem no cotidiano da prática de pesquisa e serão aqui discutidas com base nos princípios e regulamentações expostos anteriormente, os quais têm embasado a escrita desse capítulo e a nossa atuação. A consideração desse aspectos é bastante esclarecedora do quanto a "ética" em pesquisa não é uma ação restrita unicamente à aprovação do Projeto pelos respectivos Comitês de Ética ou assinatura dos Termos de Consentimento Livre e Esclarecido. Trata-se, ao contrário, de questões associadas a aspectos também metodológicos que acompanham todo o processo de pesquisa, desde a sua elaboração e planejamento, treinamento de equipe, inserção nos locais de coleta, interação com os participantes, análise dos dados e divulgação dos resultados.

TREINAMENTO ÉTICO, TEÓRICO E METODOLÓGICO DA EQUIPE DE PESQUISA

Compreende-se que é de fundamental importância que a equipe de pesquisa esteja devidamente preparada para a ida a campo. Esse treinamento deve envolver tanto fatores relacionados à temática de pesquisa e instrumentos que estão sendo utilizados, como o conhecimento do contexto onde a coleta de dados está acontecendo. Além disso, é imprescindível que a equipe de pesquisa tenha conhecimento de todas as questões éticas, tanto aquelas referentes à parte formal (termo de consentimento livre e esclarecido, termo de concordância das instituições, sigilo etc.), como à dimensão "menos formal" da ética cotidiana, que consiste no respeito à dignidade das pessoas envolvidas, fato geralmente expresso na forma de acolhida dos participantes e de suas histórias de vida.

Limites dos entrevistadores (pesquisa versus intervenção)

No cotidiano das coletas de dados com crianças e adolescentes em situação de rua, são bastante frequentes situações em que os participantes se emocionam diante do relato de situações da sua história de vida que são mobilizadoras. Diante desta ocorrência, os pesquisadores precisam ter sensibilidade para poder acolher o sofrimento expresso, ainda que isto implique a suspensão temporária da coleta de dados, em vez de estarem apenas preocupados em concluir a entrevista ou completar o preenchimento dos instrumentos. Nesse sentido, são indispensáveis a preparação técnica dos entrevistadores, incluindo a capacitação e formação dos mesmos, bem como a sensibilidade humana e clínica para acolhida do conteúdo trazido por cada participante. Além disso, pelo princípio da beneficência e não maleficência, os pesquisadores precisam ter a garantia de que os participantes sairão da situação de pesquisa pelo menos igual ou melhor do que entraram. Para isso, o pesquisador tem que conhecer os limites da sua proposta de pesquisa e da capacitação técnica ou profissional da equipe de coleta de dados, não propondo investigar temas que, antecipadamente, sabe-se não ser possível aprofundar, ou que não seja possível acolher ou encaminhar a criança/adolescente, para que este saia sempre melhor ou igual a quando chegou.

Ressarcimento a crianças e adolescentes pela participação na pesquisa

Esse é um aspecto frequentemente discutido com as equipes de pesquisa, uma vez que se questiona até que ponto seria ético fornecer algum tipo de ressarcimento à criança ou ao adolescente sua pela participação na pesquisa. De acordo com a Resolução n. 196/96 (CNS, 1996), no item II.13, *ressarcimento* é a cobertura, em compensação, exclusiva de despesas decorrentes da participação dos sujeitos na pesquisa. Tal documento exige ainda que sejam explicitadas no Termo de Consentimento Livre e Esclarecido as formas de ressarcimento das despesas decorrentes da participação na pesquisa, reiterando no item VI.3 que a importância referente não poderá ser de tal monta que possa interferir na autonomia da decisão do indivíduo ou responsável em participar ou não da pesquisa. Nesse sentido, seria possível ressarcir alguém quando do a sua participação na pesquisa envolvesse alguma despesa ou quando a participação interferiria no ganho habitual dos participantes. Nesse sentido, o ressarcimento poderia ser utilizado quando alguém deixasse de trabalhar, e consequentemente de ter o ganho relativo para participar da pesquisa. Por exemplo, já houve situações em que, ao ser abordado, um adolescente de 16 anos que engraxava sapatos nas ruas, disse não poder parar e participar da pesquisa, pois neste período ele poderia perder algum possível cliente. Ou em outro caso, quando o adolescente relata não poder ir até determinado local para participar da pesquisa, pois não tem como pagar as despesas relativas ao transporte de ida e volta. É com base nestes princípios que alguns métodos de amostragem mais recentes como o *Respondent-Driven Sampling* (RDS)[4] oferecem ressarcimento aos participantes da pesquisa, para evitar que pessoas deixem de participar por falta de condições financeiras ou por ter perdas com a participação na pesquisa. Por outro lado, é preciso reconhecer que no caso de pesquisas com crianças e adolescentes em situação de rua, há o risco de que o ressarcimento apresentado na forma de dinheiro venha a ser utilizado na compra de drogas, por exemplo. Assim, na tentativa de minimizar as chances desta compra direta, sugere-se que o mesmo seja apresentado na forma de vale-alimentação (que só pode ser trocado em estabelecimentos comerciais) ou em vale-transporte (no caso de ressarcir o participante pelos gastos com transporte).

Apesar de não ter sido encontrado, nas legislações e resoluções sobre ética em pesquisa vigentes, algo que proíba o ressarcimento das despesas de qualquer pessoa pela sua participação em pesquisa, no Brasil, esta alternativa não tem sido utilizada frequentemente. Há, em geral, um pressuposto de que tal participação seja voluntária e desinteressada, de forma que não seja atrelada a qualquer benefício. Na prática de pesquisa com as crianças e adolescentes em situação de rua há evidências de que participam desinteressadamente e quase nunca abordam os pesquisadores em busca de dinheiro, vale-transporte ou algum outro recurso material. Não é preciso muito tempo para que eles entendam que, mais que dinheiro ou benefícios materiais, a equipe de pesquisa está no campo para escutar as suas histórias de vida, suas percepções e experiências de alegria e sofrimento. Entende-se que estas entrevistas podem chegar a ter um caráter terapêutico, na medida em que, em boa parte dos casos, é

---

[4] Ver neste livro o capítulo de Neiva-Silva *et al.* sobre aspectos metodológicos

a primeira vez que alguém para e ouve atentamente o que a criança ou o adolescente tem a dizer, sem juízo de valor ou preconceitos.

Recebimento de presentes pelos pesquisadores durante a fase de pesquisa

A vinculação desenvolvida entre as crianças/adolescentes em situação de rua e a equipe de pesquisa cria importantes laços de afeto de forma processual. Como forma de manifestação desse afeto, pode acontecer de algumas presentearem os pesquisadores, seja com uma bolacha, uma bala ou alguma peça de artesanato que eles tenham produzido. Nada impede que tais presentes sejam acolhidos pelos pesquisadores, a não ser quando sabem que os mesmos foram adquiridos de maneira ilícita. Mas em princípio, geralmente, os presentes representam um sinal positivo da vinculação entre as partes.

Com a proximidade e o vínculo estabelecidos entre pesquisadores e participantes, não é raro que alguns adolescentes – especialmente do sexo masculino – sintam-se atraídos ou até apaixonados por uma integrante da equipe de pesquisa. O cumprimento mais próximo ou o abraço, que até então ocorriam principalmente na chegada e/ou no momento da despedida, pode começar a ocorrer com mais frequência, enquanto os pesquisadores estiverem no campo. Nestes casos, sugere-se que o(a) integrante da equipe de pesquisa que sentir uma tentativa de aproximação diferenciada por parte da criança/adolescente tente deixar claro a relação que deve ser estabelecida e respeitada. Há, ainda, situações mais extremas em que o(a) pesquisador(a) necessita solicitar explicitamente ao(à) participante que evite abraços ou contatos mais próximos. Nestes casos, o fato do(a) pesquisador(a) aceitar um presente pode ser interpretado pelo(a) participante como um possível sinal de recíproco interesse, sendo, portanto, desaconselhado.

Devolução dos achados de pesquisa: um compromisso ético

Ao contrário do que alguns pesquisadores pensam, um processo de pesquisa não se conclui com a análise dos dados ou a elaboração de um relatório. Na verdade, uma etapa indispensável deste processo corresponde a um importante compromisso ético, ou seja, o processo de devolução dos achados da pesquisa aos participantes, aos profissionais que trabalham com o público-alvo ou às instituições nas quais a mesma foi realizada. Essa devolução pode envolver momentos formais de reunião com a equipe e/ou conversa com as crianças e adolescentes, nos quais o relatório deve ser apresentado e os resultados discutidos. Não é necessária uma devolução caso a caso, mas encaminhamentos devem ser feitos quando houver julgamento de necessidade. Momentos de devolução não devem se restringir somente à conclusão da pesquisa, mas precisam ocorrer ao longo de todo o processo. Além da devolução nos espaços institucionais e para as pessoas envolvidas na coleta, há aquela devolução que é feita sob a forma de publicações em artigos de revistas e capítulos de livros. Esse último tipo de devolução também precisa ser levado em conta, uma vez que consiste na divulgação dos resultados de pesquisa para um número maior de pessoas, sejam estudantes, professores ou trabalhadores da área em questão. Prezando-se pela devolução dos resultados dos estudos, contribuir-se-á para o avanço do conhecimento naquela determinada área de conhecimento, ao mesmo tempo em que se contribui para a aproximação do conhecimento acadêmico e da prática, pela retroalimentação entre estes campos (indissociáveis e igualmente importantes).

Embora se tenha tentado discutir as principais questões éticas referentes à prática de pesquisa com crianças e adolescentes em situação de rua, considera-se que esta é uma realidade por demais dinâmica, a qual impõe dilemas éticos cotidianos para os pesquisadores da área. Considera-se que somente por meio do intercâmbio de experiências é que se pode caminhar no sentido de práticas de pesquisa que prezem tanto pela qualidade metodológica quanto ética na sua realização. Há de se caminhar no sentido de que o respeito pelos princípios éticos em pesquisa seja critério de sua qualidade tanto quanto a qualidade do instrumento utilizado, os tipos de análises feitas ou as interpretações realizadas dos achados do estudo. Certamente, para a criança e adolescente envolvido na coleta de dados, mais do que a lembrança do instrumento em si, ficará a lembrança da relação e do vínculo estabelecido com os pesquisadores.

Debates sobre ética em pesquisa têm sido cada vez mais frequentes no Brasil. A mídia salienta e denuncia a banalização da violência, da sexualidade e de outros valores morais e éticos ligados a famílias e vínculos interpessoais (Lisboa, Habigzang, & Koller, 2008). Nesse mesmo contexto, psicólogos e pesquisadores perguntam-se sobre causas individuais, políticas e sociais para esta chamada "crise de ética", emergindo muitas hipóteses e poucas soluções. Em estudos com populações em condição de vulnerabilidade, é preciso que profissionais se coloquem em situação permanente de vigilância e necessidade de ação. A omissão é cúmplice, enquanto a reação e a iniciativa são atos de políticas de proteção. Este capítulo tem este sentido: dar diretrizes, discutir a realização de pesquisas no cotidiano, subsidiar políticas públicas e profissionais na direção de uma melhor prática.

REFERÊNCIAS

Baú, M.K. (2005). Direito e Bioética: O princípio do respeito à autonomia da vontade da pessoa como fundamento do Consentimento Informado. In J. Clotet, A.G.S. Feijó & M.G. Oliveira (Eds.), *Bioética: Uma visão panorâmica* (pp. 175-183). Porto Alegre, RS: Editora da Pontifícia Universidade Católica do Rio Grande do Sul.

Bronfenbrenner, U. (1996). *A ecologia do desenvolvimento humano: Experimentos naturais e planejados*. Porto Alegre, RS: Artes Médicas.

Clotet, J. (1993). Por que Bioética? *Bioética, 1*(1), 13-19.

Conselho Federal de Psicologia. (2000). *Resolução 16/00 – Realização de pesquisa em Psicologia com seres humanos*. Brasília, DF: Autor.

Conselho Nacional de Saúde. (1988). *Resolução 01/88*. Brasília, DF: Autor.

Conselho Nacional de Saúde. (1996). *Resolução 196/96 – Diretrizes e normas regulamentadoras de pesquisas envolvendo seres humanos*. Brasília, DF: Autor.

Conselho Nacional de Saúde. (1997). *Resolução 251/97 – Normas de pesquisa com novos fármacos, medicamentos, vacinas e testes diagnósticos envolvendo seres humanos*. Brasília, DF: Autor.

Conselho Nacional dos Direitos da Criança e do Adolescente. (1995). *Resolução 41/95 – Direitos da criança e do adolescente hospitalizado*. Brasília, DF: Autor.

Declaração Universal de Princípios Éticos para Psicólogos e Psicólogas. (2008). In Asamblea de la Unión Internacional de Ciencia Psicológica. Berlin, Alemanha: IUPsyS. Recuperado em 29 novembro, 2008, disponível em http://www.sipsych.org/in

Estatuto da Criança e do Adolescente. (1990). *Lei n. 8.069, de 13 de julho de 1990*. Brasília, DF: Ministério da Justiça.

Ferreira, A.B.H. (2004). *Novo dicionário eletrônico Aurélio da língua portuguesa* (3. ed. rev. atual.) [CD-ROM versão 5.0]. Curitiba, PR: Positvo.

Francisconi, C.F., & Goldim, J.R. (1998). Aspectos bioéticos da confidencialidade e privacidade. In S.I.F. Costa, G. Oselka & V. Garrafa (Eds.), *Iniciação à Bioética* (pp. 269-284). Brasília, DF: Conselho Federal de Medicina.

Freitas, C.B.D., & Hossne, W.S. (2002). O papel dos Comitês de Ética em Pesquisa na proteção do ser humano. *Bioética, 10*(2), 129-146.

Goldim, J.R. (1998). *Regulamentação de experimentos científicos em seres humanos.* Recuperado em 28 agosto, 2005, de http://www.bioetica.ufrgs.br/wash1900.htm

Goldim, J.R. (2000). *Consentimento informado em crianças e adolescentes.* Recuperado em 28 agosto, 2005, de http://www.ufrgs.br/bioetica/conscria.htm

Goldim, J.R., & Francesconi, C.F. (2005). Ética aplicada à pesquisa em Saúde. In J. Clotet, A.G.S. Feijó & M.G. Oliveira (Eds.), *Bioética: Uma visão panorâmica* (pp. 119-127). Porto Alegre, RS: Editora da Pontifícia Universidade Católica do Rio Grande do Sul.

Hoagwood, K., Jensen, P., & Fischer, C. (1996). *Ethical issues in mental health research with children and adolescents.* Mahwah, NJ: Lawrence Erlbaum.

Hutz, C. (1999). *Problemas éticos na produção do conhecimento.* Trabalho apresentado no I Congresso Norte-Nordeste de Psicologia, Salvador, Brasil.

Hutz, C.S., & Koller, S.H. (1999). Methodological and ethical issues in research with street children [Special issue]. In W. Damon (Series Ed.), M. Raffaelli & R. Larson (Vol. Eds.), Homeless and working youth around the world: Exploring developmental issues. *New Directions for Child and Adolescent Development, 85,* 59-70.

Junkeman, C., & Schiedermayer, D. (1993). *Practical ethics for resident physicians: A short reference manual.* Madison, MI: MCW.

Kipper, D.J., & Clotet, J. (1998). Princípios da beneficência e não-maleficência. In S.I.F. Costa, G. Oselka, & V. Garrafa (Eds.), *Iniciação à Bioética* (pp. 37-51). Brasília, DF: Conselho Federal de Medicina.

Lisboa, C., Habigzang, L.F., & Koller, S.H. (2008). Ética na pesquisa com temas delicados: Estudos em psicologia com crianças e adolescentes e violência doméstica. In I.C.Z. Guerriero, M.L.S. Schmidt & F. Zicker (Eds.), *Ética nas pesquisas em Ciências Humanas e Sociais na saúde* (pp. 176-192). São Paulo, SP: Aderaldo & Rothschild.

Loch, J.A., Clotet, J., & Kipper, D.J. (2004). A autonomia na infância e na juventude. *Scientia Medica, 14*(1), 3-11.

Ministério da Saúde. (1999). *Diretrizes dos Centros de Testagem e Aconselhamento: Manual.* Brasília, DF: Autor.

Neiva-Silva, L., Lisboa, C., & Koller, S.H. (2005). Bioética na pesquisa com crianças e adolescentes em situação de risco: Dilemas sobre o consentimento e a confidencialidade. *Jornal Brasileiro de Doenças Sexualmente Transmissíveis, 17*(3), 201-206.

Pithan, L.H. (2005). O Consentimento Informado como exigência ética e jurídica. In J. Clotet, A. G.S. Feijó & M.G. Oliveira (Eds.), *Bioética: Uma visão panorâmica* (pp. 135-152). Porto Alegre, RS: Editora da Pontifícia Universidade Católica do Rio Grande do Sul.

Reich, W.T. (1978). *Encyclopedia of bioethics*. New York: The Free Press.

PARTE II

Aspectos desenvolvimentais

6

FAMÍLIAS DE CRIANÇAS E ADOLESCENTES EM SITUAÇÃO DE RUA

Normanda Araujo de Morais
Simone Paludo
Sílvia Koller

Este capítulo tem como objetivo apresentar uma caracterização de como se configura a família de crianças e adolescentes em situação de rua. Além disso, serão descritas a relação estabelecida com a sua família durante a sua permanência na rua e a relação da criança/adolescente com a sua família antes da ida para a rua. Por fim, será enfatizada a necessidade de programas sociais mais abrangentes que tenham como foco as famílias em situação de vulnerabilidade social, tanto com o objetivo de prevenir a saída de crianças e adolescentes para as ruas, como de melhor atender aquelas que já estão neste contexto.

Tratar do tema família não é uma questão simples, uma vez que a família faz parte do universo de experiências (real e/ou simbólica) de todos os seres humanos, sendo por isso um tema pleno de diferentes significados. Nessa direção, Gomes e Pereira (2005) reiteram que a temática família remete a significados únicos para cada indivíduo, desde lembranças, emoções, sentimentos, identidade até amor e ódio. Por esse motivo sugerem que a sua compreensão seja feita de modo contextualizado, considerando a subjetividade de cada indivíduo.

Assim como Gomes e Pereira (2005), compreende-se que é fundamental entender a percepção das próprias crianças e dos adolescentes em situação de rua sobre "quais pessoas" eles estão considerando como de suas famílias, assim como quais as razões utilizadas para tal eleição. Isso tem implicações tanto para a realização de pesquisas, uma vez que permite avaliar a validade desses dados (em que medida a interpretação da realidade pelos pesquisadores correspondem à percepção dos participantes) quanto para os programas de intervenção com essa população. Sobre estes últimos, verifica-se que os profissionais estão a todo tempo tentando reconstruir a história de vida das crianças e adolescentes em situação de rua e tentando (re)estabelecer e fortalecer possíveis elos de contato com a família de origem, como uma alternativa para a sua saída das ruas. Quando se trabalha com uma visão contextualizada de família, parte-se não mais das crenças pessoais do profissional sobre o que seja família, mas da própria percepção da criança/adolescente atendidos. Assim, o olhar e agir dos profissionais podem ser mais (eficazmente) dirigidos.

Historicamente, a definição de família esteve pautada nas relações de parentesco, as quais envolviam apenas os laços consanguíneos, a filiação e o casamento, definindo assim o modelo nuclear como o hegemônico perante a sociedade. No entanto, mudanças econômicas e sociais mobilizaram novas configurações e formas de organizações familiares (Gomes & Pereira, 2003). Famílias monoparentais chefiadas por um único adulto responsável, famílias reconstituídas ou recasadas compostas por padrastos e madrastas e novos irmãos, além das chamadas famílias estendidas, que incluem parentes e outras pessoas da rede de apoio (tios, avós, amigos, vizinhos etc) são exemplos das novas configurações familiares que emergiram. Nessas novas formas de configuração, tão ou mais importante que os laços de consanguinidade são as relações afetivas estabelecidas entre as pessoas que se reconhecem mutuamente como fazendo parte da mesma família. Sendo assim, a família pode ser vista como totalidade, sistema ou grupo formado por pessoas que se relacionam entre si, por parentesco e/ou por se considerarem pertencentes àquele contexto (De Antoni & Koller, 2000).

Embora nas últimas décadas coexistam diferentes configurações familiares, permanece no imaginário social uma dicotomia entre a família que é pensada/idealizada e a família que é vivida (Szymanski, 1997). A dicotomia entre a família pensada e a vivida permeia o imaginário social, inclusive daqueles que vivenciam situações de risco como, por exemplo, violência intrafamiliar e sexual (De Antoni & Koller, 2000; Narvaz & Koller, 2006) e/ou que estão institucionalizadas (Martins & Szymanski, 2004). No caso da população infantojuvenil em situação de vulnerabilidade social, esses estudos mostram a distância entre o que as crianças e adolescentes colocam como "ideal" (família nuclear, pais e filhos reunidos numa mesma casa) e o que de fato vivenciam no seu cotidiano (situação de abandono, separação dos pais, conflitos familiares, violência etc.).

CRIANÇAS E ADOLESCENTES EM SITUAÇÃO DE RUA TÊM FAMÍLIA!

Vários estudos (Abdelgalil, Gurgel, Theobald, & Cuevas, 2004; Furtado, Gehlen, & Silva, 2004; Hutz & Koller, 1997; Morais, 2005; Neiva-Silva, 2008; Noto *et al.*, 2004; Paludo, 2004; Paludo & Koller, 2008; Ribeiro, 2001) têm mostrado que a crença social de que toda criança em situação de rua é órfã ou "filha de ninguém", na realidade é um mito. Elas têm família sim e, quase sempre, mesmo estando na rua, mantêm algum tipo de contato com a sua família. O estudo de Morais (2005), por exemplo, realizado com 12 crianças em situação de rua na cidade de Porto Alegre, mostrou que apenas uma criança afirmou não ter família, uma vez que não conheceu seus pais, falecidos logo que ele nasceu. Além disso, oito dentre os participantes afirmaram manter algum tipo de contato com a sua família, mesmo estando na rua. Outro estudo de Morais (2008), realizado com 22 adolescentes em situação de Porto Alegre, mostrou que a maioria dos participantes ($n = 12$; 54.5%) mencionou manter algum tipo de contato com a sua família. Na maioria dos casos, o contato com algum membro da família era semanal. Mas ficou claro que, quanto mais tempo de rua esses adolescentes tivessem (anos na rua), menor era o contato com a família de origem.

Paludo (2004) reafirmou essa realidade ao apontar que, dentre os 17 adolescentes em situação de rua entrevistados no centro de Porto Alegre, 94% indicaram a presença de familiares em seu cotidiano, mesmo que esporadicamente. Estudos quantitativos têm confirmado os resultados encontrados qualitativamente. Furtado *et al.* (2004) investigaram 825 adolescentes em situação de rua que viviam no sul do país e revelaram que 91,1% dos participantes mantinham contato com suas famílias. Realidade semelhante foi encontrada no norte do país. Abdelgalil *et al.* (2004) verificaram que 58 crianças e adolescentes em situação de rua mencionavam suas famílias, sendo que 88% tinham tido contato com a mesma na semana anterior à realização da pesquisa.

Um levantamento epidemiológico em 27 capitais brasileiras com 2807 crianças e adolescentes em situação de rua verificou divergências nas relações estabelecidas com as suas famílias de acordo com a região do país (Noto *et al.*, 2004). Um alto percentual (80%) nas principais capitais do norte e nordeste relataram morar com suas famílias, sendo diferente apenas em Maceió. As regiões do sudeste e centro-oeste revelaram índices inferiores, cerca de 20% a 50%, sendo São Paulo a capital com percentual mais baixo do país (7,1%). Esses dados destacam a heterogeneidade daqueles que utilizam o contexto da rua para sobrevivência, moradia, educação e lazer. Da mesma forma, os aspectos culturais, econômicos e sociais parecem influenciar nessa relação.

Reiteradamente, os estudos realizados na região sul, especialmente em Porto Alegre, têm detectado que a maioria das crianças e dos adolescentes em situação de rua mantém contato com suas famílias. Recentemente, Neiva-Silva (2008) revelou que 71,3%, das 216 crianças e adolescentes em situação de rua participantes de seu estudo, moravam com suas famílias e 91,6% mantinham contato quase todos os dias. Tal resultado reforça a ideia de que a maioria dos jovens que vive "em situação de rua" possui adultos responsáveis e estabelece contato, efetivo ou esporádico, com essas pessoas que consideram parte de sua família. Paludo e Koller (2008) discutiram a dinâmica dos vínculos familiares estabelecidos por essa população a fim de desmistificar a crença de que aqueles que vivem nas ruas são abandonados ou órfãos, revelando assim que eles têm famílias e convivem com elas.

A quem chamam de família?

No estudo de Morais (2008), quando perguntados sobre "quem faz parte da sua família", a maioria das respostas dadas pelos adolescentes em situação de rua referiu-se à família estendida, formada não só pelo pai/mãe e irmãos biológicos, como também por avós, tios, primos e, ainda, os amigos da rua e funcionários das instituições (n = 14; 51.8%). As demais respostas (n = 13; 48.1%) mencionaram a família nuclear (pai, mãe e irmãos). Em algumas falas ficou claro o rechaço a algumas figuras da família, fato que os adolescentes fizeram questão de destacar: "mãe, irmãos, tia, avó... todos os parentes, menos o meu pai" (Luiz[1], 13 anos) e "meu padrasto e a filha dele, minha mãe... Menos minha avó que não gosto dela" (Henrique, 13 anos).

Outra característica marcante nas famílias desses adolescentes Morais (2008) diz respeito ao alto percentual de separações e divórcios entre o pai e a mãe biológica (91.3% dos participantes afirmaram que o pai e a mãe biológicos não viviam mais juntos no momento da entrevista). No que se refere à relação estabelecida com a figura paterna e materna, verifica-se que mais adolescentes afirmaram não conhecer ou não manter contato com a figura paterna, se comparado com a figura materna. Paludo e Koller (2008) também encontraram um alto percentual (58%) de adolescentes que desconheciam o pai biológico: "Eu não conheço o meu pai, nunca falei com ele... Minha mãe disse que não sabe quem é meu pai, imagina se eu vou saber" (Felipe, 14 anos).

A figura materna tem sido destacada como principal elemento dentro dessas famílias, em contraponto à ausência da figura masculina. Noto *et al.* (2004) salientaram que a mãe e os irmãos foram citados por cerca de 80% dos jovens em situação de rua entrevistados. O modelo monoparental e matriarcal tem sido apontado como dominante nas camadas de baixa renda (Silveira, Falcke, & Wagner, 2000). Nessa configuração, a mãe assume a responsabilidade pelo cuidado e pelo sustento de todos os

---

[1] Todos os nomes de crianças, adolescentes e profissionais citados nesse capítulo são fictícios, de forma a garantir o sigilo de identidade dos participantes.

filhos. Em geral, as famílias são numerosas, trazendo uma sobrecarga de atribuições para um único adulto responsável. Morais (2008) identificou uma média de cinco irmãos ($M = 5,88$; $SD = 3,9$) entre os adolescentes entrevistados. Paludo e Koller (2008) também encontraram uma média de cinco irmãos por família, sendo que esse dado variou entre um e 12. O relato a seguir ilustra o aspecto do grande número de integrantes nas famílias de crianças e adolescentes em situação de rua.

> Lá em casa tamos em nove, mais minha mãe 10. Meu pai já morou com a gente, mas faz tempo. Eu sou do meio, tenho irmãos mais velhos e mais novos por parte de mãe. Minha mãe teve três casamentos, eu sou do meio... (Lucas, 14 anos)

Com base no relato, questionam-se as dificuldades que a condição de pobreza material pode implicar para a garantia de adequadas condições de vida e desenvolvimento dessas famílias (crianças, adolescentes e adultos). Quase sempre o que se verifica é que a necessidade real para a manutenção econômica e emocional da família pode levar à busca de estratégias de sobrevivência, que envolvem desde a saída dos filhos para o contexto da rua para atividades de trabalho até a busca de novos parceiros.

Nesse sentido, embora a monoparentalidade explicite a chefia feminina, não implica a ausência de outras figuras de autoridade, especialmente quando essas mulheres buscam novas uniões, denominadas por Bilac (1995) como "monogamia seriada". A busca por novos parceiros configura desde uma alternativa para um reforço na renda familiar até uma tentativa para a reconstituição da família nuclear. Essa tentativa parece condizer com o esforço para concretização do modelo de família pensada/idealizada. A busca incessante por esse modelo pode aumentar a vulnerabilidade do grupo familiar, uma vez que todos ficam expostos aos cuidados e aos desejos de outrem. Nesses casos, para não romper a família idealizada, a família vivida cede espaço para a violência familiar e o sofrimento, o qual parece fazer parte do preço cobrado para manter a família reunida, como:

Minha mãe arranja cada homem! Eu sei que muitas vezes ela acha que eles vão nos ajudar, mas às vezes é pior... O meu último padrasto tentou me estuprar... minha mãe foi trabalhar e ele tentou passar a mão em mim. A minha mãe sabia disso desde o começou, ela não largou dele porque ela não quis... (Angélica, 15 anos)

Percebe-se que à medida que esses conflitos se instalam no interior das famílias provocam uma série de consequências, dentre elas, a saída desse contexto para a rua.

Uma família em crise e... a ida para a rua!

Ao mesmo tempo em que os estudos atestam a existência da família na vida das crianças e adolescentes em situação de rua, parece haver ainda mais consenso sobre o fato de que essa família é uma "família em crise", conforme definiu Ribeiro (2001). Tal crise fica bastante clara, sobretudo porque a violência vivida no ambiente familiar tem sido enfatizada como o principal determinante para a ida da criança/adolescente para a rua. Certamente, todo e qualquer profissional que trabalha com essa população já ouviu o relato de histórias de abuso e violência vividas no ambiente familiar. Algumas, inclusive, inimagináveis, dada a crueldade e severidade dos danos físicos e emocionais causados na criança ou adolescente. O relato a seguir ilustra a violência vivida:

[E o que te fez sair de casa?] O meu padrasto e a minha mãe. Porque eles usam drogas, são viciados na pedra, no crack. E mais a humilhação, eu não aceito o que a minha mãe faz com as minhas irmãs. Faz elas saírem pra pedir dinheiro e coisa pra depois usar drogas, e então... E depois que meu pai morreu minha vida virou totalmente... [E o seu padrasto lhe batia? Sua mãe te batia?] Não, meu padrasto nunca me bateu porque eu nunca dei essa chance pra ele. Só que, né? Ele não me bate, mas ele me ofende com palavras, sabe? Fica largando piadinha pra ti: "ah, vai trabalhar, vagabunda", "ah, só come às custas da gente", "ah, tá grávida, o que tu vai fazer pra sustentar teu filho? Não tem condições nem pra ti, não sei o quê..." Sabe? Com piadas, daí eu me sentia mal. (Adriana, 16 anos)

Outro aspecto comum à relação estabelecida com a família diz respeito às constantes rupturas e descontinuidades que ocorrem com essas famílias, seja por causa da entrada ou saída de novos membros (companheiros, companheiras do pai e da mãe, por exemplo), seja pela mudança sucessiva de casa ou de cidade (casa de madrinha, avó, tios ou amigos), internamento em abrigo ou clínica de recuperação de dependência química, ou adoção, por exemplo. No estudo de Morais (2005), essa "descontinuidade" fica bastante evidente nos relatos de algumas histórias de vida:

> Dois adolescentes citaram que, antes de vir para a rua, moravam com outra família (casa da madrinha e casa dos tios), pois já teriam saído da casa dos seus pais, por dificuldades de relacionamento com estes. No entanto, na família substituta também encontraram dificuldades e fugiram para a rua. Outra adolescente (Marina, 12 anos) fugiu do abrigo, onde estava desde os quatro anos, pois fugia seguidamente da casa da tia que a criou depois da morte de seus pais. Além destes, destaca-se a história de vida de Ricardo (17 anos), que já morou na rua com sua mãe e irmãos quando era bem pequeno (4-7 anos), morou com três famílias diferentes (não biológicas) e passou por instituições (abrigos e clínicas de recuperação para dependentes químicos). (p. 62)

Uma questão importante, portanto, parece estar na qualidade das relações afetivas ali estabelecidas, e não no fato de que as crianças e adolescentes em situação de rua não tenham família, uma vez que elas a têm. Gomes e Pereira (2003) relatam que a casa para as crianças e adolescentes em situação de rua é um espaço de privação, instabilidade e esgarçamento dos laços afetivos e de solidariedade entre seus membros. De acordo com Ribeiro (2001), essas relações afetivas tendem a ser marcadas por um tratamento austero, negligente e agressivo dos genitores e responsáveis para com as crianças e adolescentes, fato que contribui para a fragilidade dos vínculos afetivos entre estes e seus familiares (responsáveis), assim como para a busca da rua como uma alternativa de se livrarem desse ambiente e dessas relações violentas.

O histórico de violência e abandono/negligência familiar vividos por crianças e adolescentes em situação de rua é citado em importantes estudos realizados no contexto brasileiro sobre essa população (Hutz & Koller, 1997; Koller & Hutz, 1996; Raffaelli *et al.*, 2000). O estudo comparativo desenvolvido por Santos (2002), acerca do fenômeno de crianças em situação de rua de São Paulo e Nova York, mostrou que apesar das diferenças de configuração do fenômeno (idade da ida para as ruas, forma de se vestir etc.) em dois países de características econômicas e culturais tão distintas, uma importante semelhança era percebida quanto ao motivo de saída de casa para as ruas pelas crianças e adolescentes. Em ambos os locais, destaca o pesquisador, a razão estava na violência vivida no contexto familiar.

O fato de a violência vivida no ambiente familiar precipitar a ida para a rua é questionado por Ferreira (2001), ao afirmar que os filhos das classes abastadas ou média não encontram na rua o seu destino, por mais conflitos familiares que possam vivenciar. E é fato que eles os vivem! Sendo assim, Ribeiro (2003) afirma que a rua só pode ser vista como uma "escolha" se entendido que essas crianças e adolescentes estão sujeitas a possibilidades bastante restritas de vida. A rua é, assim, uma alternativa em função de uma situação circunstancial e de suas péssimas condições de vida. Elas só "preferem" viver na rua, porque revelam sofrer maior privação no convívio com a família ou nos abrigos. Mas as privações vividas na rua são igualmente reais. As crianças e adolescentes em situação de rua têm, assim, uma história de vida marcada pela negação de direitos (antes da vinda para a rua e durante a sua vida na rua).

A nova família constituída na rua

Nas ruas, novas conexões vão sendo estabelecidas e, aos poucos, de acordo com Gregori (2001) a rua vai substituindo o espaço doméstico e a relação com outras pessoas, até então desconhecidas, vai ocupando o lugar da família. Nesse sentido, é bastante frequente que os amigos e educadores das instituições sejam definidos como fazendo parte da sua família, assim como esses adolescentes destacaram, quando foram perguntados sobre quem faz parte da sua família: *"os guris do abrigo, da escola, os monitores, vocês! A mãe, mas em primeiro lugar o meu irmão, a minha irmã e meu vô"* (Ivan, 15 anos) ou *"amigos do abrigo, guardinha do abrigo, o gerente daqui, a diretora da escola, o professor Antônio, a professora Cláudia, Pedro* [monitor]" (Mateus, 15 anos).

O interessante é que esse vínculo com amigos e educadores parece ser tanto mais forte quanto maior o tempo de rua e distância da família de origem. De acordo com Morais (2005), as relações de amizade e "parceria" estão quase sempre relacionadas à proteção, à sobrevivência e ao desenvolvimento de atividades prazerosas. Muitas vezes, inclusive, criam-se entre alguns adolescentes relações de filiação, quando um determinado adolescente vira "pai" ou uma adolescente vira "mãe" de um outro (quase sempre menor e mais indefeso). O mesmo acontece entre aqueles que se julgam "irmãos" e fazem entre si um pacto (silencioso, mas real) de cumplicidade, sobretudo no que se refere à busca de meios de sobrevivência, proteção e partilha dos momentos prazerosos e de ludicidade.

É interessante perceber que muitos adolescentes citam nominalmente alguns educadores das instituições como fazendo parte da sua família. No cotidiano das instituições é fácil ver essas demonstrações recíprocas de carinho e afeto entre eles. Alguns educadores são, ao mesmo tempo, aqueles que acolhem com carinho, mas também aqueles que repreendem quando necessário. Papel muito semelhante ao que é esperado de uma relação pai/mãe-filho, mas da qual eles estão distantes. Certamente, ao reconhecerem alguns educadores como sendo da sua família, esses adolescentes estão dizendo que reconhecem e apreciam o trabalho que os primeiros desenvolvem, assim como dizendo que há entre eles uma relação positiva de afeto, ou seja, um vínculo positivo estabelecido.

Da parte de alguns educadores também se verifica a consciência da importância do seu papel como uma fonte de apoio técnico e afetivo diferenciada. No estudo de Morais (2005), por exemplo, realizado com nove profissionais de saúde e educadores da rede de assistência às crianças e adolescentes em situação de rua de Porto Alegre, esse aspecto ficou evidente. A relação estabelecida com os adolescentes foi descrita por todas as participantes como sendo bastante positiva. As expressões "irmã mais velha" e "mãezona" foram comumente usadas para ilustrar o tipo de relação "familiar" estabelecida entre eles e para ressaltar o grau de intimidade e de vinculação estabelecido. É interessante perceber que somente expressões relacionadas ao contexto familiar foram usadas para dar conta do grau de intimidade ao qual se queria fazer referência, que não era pouco. Essa relação foi descrita como sendo marcada pela intimidade, muita expressão de afeto positivo, mas também pela colocação de limites. O estabelecimento de vínculos de confiança e respeito foi visto como fundamental ao desenvolvimento do trabalho, uma vez que essas profissionais pretendem ser uma referência diferenciada de cuidadora para esses adolescentes. Isso se faz tanto mais necessário, uma vez que eles "têm uma história de adultos traidores da confiança deles" (Psicóloga). Outras profissionais definiram a relação que estabelecem com as crianças/adolescentes atendidos da seguinte forma: "a gente funciona como irmão mais velho deles, apoiar eles quando precisa e puxa a orelha quando precisa" (Técnica de enfermagem) e "sou superafetiva... sabe assim, tipo mãe, sabe, porque eles precisam de controle, assim, sabe, controle não, é de limite com afeto sempre" (Assistente Social).

A relação na rua com a família antiga

Mesmo na rua, conforme já foi dito anteriormente, os adolescentes continuam a manter algum tipo de contato, mesmo que esporádico, com a família de origem. Geralmente, esse contato tende a ser diário para aquelas crianças que mantêm uma relação de sobrevivência com a rua. Essas crianças vão para a rua trabalhar, mas voltam diariamente para suas casas, também porque precisam prestar contas do trabalho realizado e dos ganhos obtidos. Quanto maior o tempo passado na rua e quanto mais tempo de rua essa criança ou adolescente tiver, no entanto, mais escassas são as idas para casa.

Por muito tempo, usou-se a vinculação familiar como um critério para se definir crianças "de" rua e crianças "na" rua. Para os pesquisadores, a relação estabelecida com a família era ponto de partida para delimitar o grupo ao qual as crianças e os adolescentes pertenciam (Alves, 1998; Aptekar, 1996; Forster, Barros, Tannhauser, & Tannhauser, 1992; Hutz & Koller, 1999; Martins, 1996). Essa discussão foi nutrida nos anos 1990, sendo superada recentemente. Hoje, porém, sabe-se que essa vinculação é muito mais dinâmica do que se pensa. Nesse sentido, um(a) adolescente pode passar meses sem ir para casa, mas, de repente, provavelmente porque alguma mudança no ambiente familiar aconteceu, ele(a) decide voltar. Nos registros de diário de campo de Morais (2008), por exemplo, há um relato de um adolescente de 15 anos de idade que estava há três meses direto na rua, mas que decidiu voltar pra casa quando a sua mãe, usuária de droga, parou de fazer uso e conseguiu minimamente reestruturar a sua vida para acolher o seu filho de volta. Quando perguntado sobre a razão da ida para a rua, citou o uso de droga e a violência da sua mãe.

Outras vezes, eventos "menores" são motivos para uma visita e para alguns dias passados em casa. O frio, por exemplo, costuma levar alguns adolescentes para suas casas, pelo menos por alguns dias. Em outros casos, os adolescentes relatam situações como a doença da mãe ou o aniversário de um irmão menor como razão para a "visita". Inclusive, visita foi o termo utilizado por um adolescente para se referir ao dia em que foi ver a sua mãe, a qual estava se recuperando de uma cirurgia. Conforme se pode ler no diário de campo de Morais (2008): *"Hoje, quando eu fui visitar a minha mãe..."* (Paulo, 14 anos). O interessante é que a monitora repetiu a frase para ele se dar conta e ele riu depois disso. Esse adolescente estava claramente naquele momento da pesquisa fazendo uma transição para períodos mais estendidos na rua que em casa, fato que o autorizava a dizer que teria ido fazer "apenas" uma visita em sua casa.

Em conjunto esses exemplos permitem afirmar que muitos adolescentes que vivem em situação de rua conseguem circular entre diferentes espaços (instituições de assistência, casa de parentes, casa de amigos e, obviamente, diferentes pontos da cidade) de acordo com os seus interesses e dinâmica de cada espaço. Conforme mostrou o exemplo, se há uma atmosfera familiar mais acolhedora ou algum interesse que o atraia, é possível que ele passe alguns dias, meses e até anos em casa. Mas, se algo nessa dinâmica entra em conflito, ele pode facilmente voltar para a rua. Na rua, por sua vez, se ele está mais envolvido com o uso de drogas, é provável que o acesso às instituições de assistência diminua e que ele passe dias e até meses sem acessar qualquer espaço da rede de atendimento disponível. Mas, se outro dia, ele sentir necessidade de dormir mais tranquilamente, suprir necessidades de sobrevivência (alimentação e banho, por exemplo) ou, até mesmo, lembrar de alguns educadores e amigos que frequentam aquele espaço, é possível que ele volte a frequentá-los. Há, portanto, na vida dessas crianças e adolescentes, uma dinamicidade e uma transitoriedade entre espaços frequentados que precisa ser considerada e analisada em suas particularidades, caso a caso. Certamente essa "circularidade" dirá respeito à relação e à qualidade da relação estabelecida com membros da família, assim como à maior ou menor capacidade destes últimos de permanecerem com essas crianças e adolescentes em seu convívio.

ENTENDENDO MELHOR A "CRISE" VIVENCIADA PELAS FAMÍLIAS DE CRIANÇAS E ADOLESCENTES EM SITUAÇÃO DE RUA

Sobre a "capacidade" de permanecer com as crianças e adolescentes em seu convívio, esse tópico busca contribuir para uma melhor compreensão das origens da "crise" vivida pelas famílias em situação de vulnerabilidade social. Dessa forma, busca-se contribuir para desnaturalização dessa crise, assim como para a desculpabilização destas famílias, vistas como as responsáveis pela existência de crianças e adolescentes que trabalham e vivem nas ruas.

Em linhas gerais, essa desnaturalização e desculpabilização estão assentadas no fato de que se entende que "por detrás da criança excluída da escola, nas favelas, no trabalho precoce urbano e rural e em situação de risco, está a família desassistida ou inatingida pela política oficial" (Ka-loustian & Ferrari *apud* Gomes & Pereira, 2005, p. 360). Sendo assim, é impossível compreender o fenômeno de crianças e adolescentes em situa-ção de rua sem que se volte o olhar e a ação para os inúmeros adultos e famílias abandonadas, tal como descreve J. S. Martins (1993).

Embora a violência familiar seja a principal motivação para a saída de casa para as ruas, compreende-se que essa violência não nasce do nada ou que é simplesmente fruto de mentes e corações perversos dos pais e mães dessas crianças. Antes, e ao contrário dessa visão naturalizada da violência, salienta-se que a mesma é fruto de uma produção social. De acordo com essa visão, as famílias alijadas das mínimas condições de vida sofrem um processo de exclusão social que, por sua vez, favorece o desequilíbrio das relações e o esgarçamento dos laços familiares, conforme já descrito aqui (Gomes & Pereira, 2003). A exclusão de políticas sociais básicas também é citada por Oliveira e Ribeiro (2006) como fazendo parte da família de crianças e adolescentes em situação de rua. Nesse sentido e, ao contrário do que apregoa o Artigo 4º. do Estatuto da Criança e do Adolescente, que prevê a proteção integral, a família pobre, desassistida pelas políticas públicas, se vê impossibilitada de responder às necessidades básicas de seus membros.

Diante da ausência de políticas de proteção social à população pauperizada, a família é chamada a responder a algumas situações (alco-olismo, evasão escolar, gravidez adolescente, trabalho infantil, crianças nas ruas) sem que receba condições para tanto. Tal sobrecarga é, mui-tas vezes, colocada pelos próprios técnicos que a assistem no cotidiano, assim como por alguns pesquisadores e profissionais da área. Exige-se, as-sim, que a família faça a criança parar de trabalhar, que ela saia da rua e volte para casa, mas ao mesmo tempo não se entendem todos os fatores subjacentes à manutenção desses ciclos, reprodutores de pobreza e sofri-mento psíquico. Sofrimento que permeia não só a vida da criança e do adolescente que está na rua, mas também daquela mãe desempregada e so-brecarregada que ficou em casa, do seu companheiro alcoólatra que não consegue tratamento, dos filhos adolescentes que têm que cuidar dos me-nores, etc.

É preciso ter em vista, portanto, que a vida familiar, para ser efetiva e eficaz, depende de condições para sua sustentação e manutenção de seus vínculos. Nesse sentido, é que se advoga que os programas sociais e políticas públicas devem visualizar a família como alvo.

PROGRAMAS COM FOCO DE INTERVENÇÃO NA FAMÍLIA

De acordo com Serapioni (2005), a retomada da família como referência das políticas públicas é justificada como a estratégia mais adequada – ao lado das intervenções sociais tradicionais (saúde, educação, habitação, renda etc.) – para o desenvolvimento de programas sociais efetivos de enfrentamento da pobreza e de suas consequências (violência, situação de rua etc.). Além disso, o foco na família está relacionado com a visão de que programas e políticas públicas com foco no indivíduo tendem ao fracasso, assim como as intervenções pontuais, compensatórias e assistencialistas (Carvalho & Almeida, 2003; Serapioni, 2005).

No discurso oficial, as iniciativas de proteção à família têm recebido espaço cada vez maior. Nesse sentido, Carvalho e Almeida (2003) citam como exemplo os programas direcionados à infância e à juventude pauperizadas, como o Programa de Erradicação do Trabalho Infantil – Peti, o Projeto Agente Jovem de Desenvolvimento Social e Humano e o Programa Bolsa Escola do Governo Federal. As autoras citam, ainda, o Programa *Brasil em Família*. Criado em 2000, ele propõe parceria entre o governo federal, os governos estaduais e municipais para a instalação e manutenção de Núcleos de Apoio à Família (NAF). Esses núcleos incluir-se-iam entre as ações integradas no combate à pobreza, tendo como objetivo impulsionar a inclusão social de famílias de baixa renda, com atividades de atendimento, orientação, encaminhamento, suporte social e visitas domiciliares. No entender das autoras (Carvalho & Almeida, 2003), as limitações desses programas referem-se ao fato de que atingem apenas uma reduzida parcela de seu público-alvo, deixando, portanto, de fora um amplo contingente de jovens e famílias empobrecidos e vulnerabilizados, os quais mesmo não sendo considerados como em uma situação extremada de pobreza, encontram-se excluídos do acesso aos suportes sociais. A escassez de acesso a uma rede de suporte social, por sua vez, faz com que a família perca gradativamente sua capacidade de funcionar como amortecedor da crise e como mecanismo de proteção de seus componentes, o que leva não apenas à deterioração das suas condições de vida, como também afeta e ameaça a própria unidade e coesão familiar.

Em dezembro de 2006 foi lançado pelo Governo Federal o Plano Nacional de Promoção, Proteção e Defesa do Direito de Crianças e Adolescentes à Convivência Familiar e Comunitária. O objetivo do plano é fazer valer o direito fundamental de crianças e adolescentes crescerem e serem educados em uma família e em uma comunidade. O Plano, após longo processo de discussão entre governo e sociedade civil, foi aprovado durante assembleia conjunta pelos Conselhos Nacionais dos Direitos da Criança e do Adolescente (Conanda) e de Assistência Social (CNAS). Em vez de retirar as crianças do convívio familiar e encaminhá-las para adoção ou instituições como abrigos, o Plano prioriza a recuperação do ambiente familiar (Plano Nacional de Promoção, Proteção e Defesa do Direito de Crianças e Adolescentes à Convivência Familiar e Comunitária, 2006). Esse plano talvez seja a primeira tentativa de investimento na família real. Reconhecer que as famílias vivenciam conflitos e dificuldades, mas que também podem ser potencializadas como cuidadoras por meio da sua orientação e valoração é um desafio que precisa ser enfrentado. É necessário romper uma cultura já estabelecida e cristalizada sobre as famílias empobrecidas, especialmente sobre as famílias das crianças e dos adolescentes em situação de rua. Durante muitos anos essas famílias foram culpabilizadas pela saída de seus filhos, que buscavam nas ruas a garantia da sua sobrevivência e ficavam expostas ao risco. Gomes e Pereira (2005) constataram que a miserabilidade econômica tem sido o fator que mais contribui para a fragilidade dos vínculos familiares. No entanto, isso não significa que o problema será resolvido quando as famílias receberem apenas o apoio financeiro necessário. Ao contrário, as propostas assistencialistas vigentes até então apenas reforçaram a percepção dessas famílias como incapazes e desqualificadas para o cuidado de seus filhos.

Nesse contexto, urge o investimento em medidas protetivas que buscam prevenir e evitar a saída para as ruas e, sem dúvida, a forma mais eficaz é o fortalecimento das famílias. Gomes e Pereira (2005) elencaram algumas diretrizes para as políticas de atendimento à família que reforçam a necessidade de avaliação desse núcleo como um sistema aberto em transformação, heterogêneo e complexo. Sugerem, ainda, ultrapassar o foco diante das vulnerabilidades e fragilidades da família a fim de reconhecê-las como agentes potenciais para efetivação das ações previstas. Essa perspectiva resgata a família como espaço protetivo e essencial para o desenvolvimento humano.

O Plano Nacional (2006) contempla a promoção da família a partir de ações que buscam a superação das dificuldades vivenciadas por essa instituição e a restauração de direitos ameaçados ou violados, sem a necessidade de afastar a criança ou o adolescente do seu núcleo familiar de origem. A separação da criança da sua família é a alternativa mais extrema e que pode ser contornada com ações e políticas voltadas ao apoio à família de origem ou à busca de alternativas como famílias acolhedoras.

No entanto, a realidade mostra um cenário bastante diferente. Embora o último levantamento nacional realizado pelo Instituto de Pesquisas Econômicas Aplicadas (IPEA) tenha sido publicado em 2004, data anterior ao Plano Nacional (2006), os dados revelam cerca de 20 mil crianças e adolescentes vivendo afastados de suas famílias nas 589 instituições de abrigo existentes no país. Certamente esse número aumentaria significativamente se somados àqueles afastados de suas famílias e que vivem nas ruas do país. Silva (2004) mostrou que dentre os principais motivos para a aplicação dessa medida protetiva estão a carência de recursos materiais (24,1%), o abandono (18,8%), a violência doméstica (11,6%), a dependência química dos pais (11,3%), a vivência na rua (7,0%), entre outros. Esse dado mostra que na maioria das vezes a retirada da criança ocorre motivada pela inexistência de cuidados básicos, evidenciando-se a falha do Estado. É inaceitável que uma criança, pelo fato de ser pobre, precise sair do seu lar para receber atenção e cuidado, ainda mais quando 80% dos abrigados têm família.

O Estatuto da Criança e do Adolescente – ECA (1990) destaca que o afastamento é uma medida protetiva aplicada nos casos excepcionais, pois essa traz implicações para toda a família, especialmente para aqueles que são retirados do único ambiente que conhecem como lar. Em nenhum momento se oferece a possibilidade de investimento nessa família, seus filhos são arrancados de casa porque os pais não conseguem suprir as necessidades básicas deles, reforçando assim a percepção de penalização ou de uma saída para a situação de pobreza vivenciada. Essa mesma medida excepcional também é temporária, ou seja, essas crianças deverão voltar para sua família de origem ou caso esgotada essa possibilidade, para uma família substituta ou famílias acolhedoras. Como poderão retornar para suas casas se suas famílias continuam tendo, pelo menos, os mesmos problemas?

Para aquelas crianças e adolescentes em situação de rua a realidade é semelhante. Embora o afastamento não seja uma medida imposta pelos órgãos responsáveis pela proteção da infância e juventude, mas uma escolha que visa o rompimento com a pobreza, a violência e a vulnerabilidade social, existe o desejo de retorno para o convivívio familiar. No entanto, para que esse retorno seja viável essas famílias precisariam se reorganizar e se fortalecer para evitar a revitimização.

Investir na família é dispor e assegurar à criança e ao adolescente o seu direito fundamental à convivência familiar. Direito garantido também pela legislação estatutária, uma vez que o Estatuto da Criança e do Adolescente (1990) reforça o papel da família como elemento imprescindível ao desenvolvimento pleno e saudável. No entanto, para a efetiva promoção e proteção das famílias das crianças e dos adolescentes em situação de risco, especialmente para aqueles que vivem em situação de rua, é necessário uma mudança cultural e um esforço da sociedade para descontruir a crença de que essas famílias são incapazes e desqualificadas para o cuidado de seus filhos. Para isso, é preciso que os programas de atendimento às famílias sejam eficazes a fim de reconstruir a autoestima e potencializar a família como um sistema social capaz de promover bem-estar entre seus membros.

REFERÊNCIAS

Abdelgalil, S., Gurgel, R., Theobald, S., & Cuevas, L. (2004). Household and family characteristics of street children in Aracaju, Brazil. *Archives Disabilities of Children, 89,* 817-820.

Alves, P.B. (1998). *O brinquedo e as atividades cotidianas de crianças em situação de rua.* Dissertação de mestrado não publicada, Universidade Federal do Rio Grande do Sul, Porto Alegre, Brasil.

Aptekar, L. (1996). Crianças de rua nos países em desenvolvimento: Uma revisão de suas condições. *Psicologia: Reflexão e Crítica, 9,*153-184.

Bilac, E. (1995). Sobre as transformações nas estruturas familiares no Brasil: Notas muito preliminares. In I. Ribeiro & A.C. Ribeiro (Eds.), *Famílias em processos contemporâneos: Inovações culturais na sociedade brasileira* (pp. 43-61). São Paulo, SP: Loyola.

Carvalho, I.M.M., & Almeida, P.H. (2003). Família e proteção social. *São Paulo em Perspectiva, 17,* 109-122.

De Antoni, C., & Koller, S. (2000). A visão sobre famílias entre as adolescentes que sofreram violência intrafamiliar. *Estudos de Psicologia, 5,* 347-381.

Estatuto da Criança e do Adolescente. (1990). *Lei n. 8.069, de 13 de julho de 1990.* Brasília, DF: Ministério da Justiça.

Ferreira, T. (2001). *Os meninos e a rua: Uma interpelação à Psicanálise.* Belo Horizonte, MG: Autêntica.

Forster, L.M.K., Barros, H.M.T., Tannhauser, S.L., & Tannhauser, M. (1992). Meninos na rua: Relação entre abuso de drogas e atividades ilícitas. *Revista da ABP-APAL, 14,* 115-120.

Furtado, A., Gehlen, I., & Silva, M. (2004). *A realidade das crianças e adolescentes em situação de risco social na Grande Porto Alegre: Perfis e índices de vulnerabilidade.* Porto Alegre, RS: CMDCA.

Gomes, M.A., & Pereira, M.L.D. (2003). O adolescente e a rua: Encantos e desencantos. *Revista Mal-estar e Subjetividade, 3,* 106-120.

Gomes, M.A., & Pereira, M.L.D. (2005). Família em situação de vulnerabilidade social: Uma questão de políticas públicas. *Ciência e Saúde Coletiva, 10,* 257-363.

Gregori, M.F. (2001). Os meninos de rua e a circulação. *Cadernos Adenauer, 2*(6), 51-63.

Hutz, C.S., & Koller, S.H. (1997). Questões sobre o desenvolvimento de crianças em situação de rua. *Estudos de Psicologia, 2*(1), 157-197.

Hutz, C.S., & Koller, S.H. (1999). Methodological and ethical issues in research with street children [Special issue]. In W. Damon (Series Ed.), M. Raffaelli & R. Larson (Vol. Eds.), Homeless and working youth around the world: Exploring developmental issues. *New Directions for Child and Adolescent Development, 85,* 59-70.

Koller, S.H., & Hutz, C.S. (1996). Meninos e meninas em situação de rua: Dinâmica, diversidade e definição. *Coletâneas da ANPEPP – Associação Nacional de Pesquisa e Pós-Graduação em Psicologia, 1*(12), 11-34.

Martins, J.S. (1993). *O massacre dos inocentes: A criança sem infância no Brasil* (2. ed.). São Paulo, SP: Hucitec.

Martins, R.A. (1996). Censo de crianças e adolescentes em situação de rua em São José do Rio Preto. *Psicologia: Reflexão e Crítica, 9,* 101-122.

Martins, E., & Szymanski, H. (2004). Brincando de casinha: Significado de família para crianças que estão institucionalizadas. *Estudos de Psicologia* (Natal), *9,* 177-187.

Morais, N.A. (2005). *Um estudo sobre a saúde de adolescentes em situação de rua: O ponto de vista dos adolescentes, profissionais de saúde e educadores.* Dissertação de mestrado não publicada, Universidade Federal do Rio Grande do Sul, Porto Alegre, Brasil.

Morais, N.A. (2008). *Resiliência de adolescentes em situação de vulnerabilidade social.* Tese de doutoramento não publicada, Universidade Federal do Rio Grande do Sul, Porto Alegre, Brasil. Manuscrito em preparação.

Narvaz, M.G., & Koller, S. (2006). A concepção de família de uma mulher-mãe de vítimas de incesto. *Psicologia: Reflexão e Crítica, 19,* 395-406.

Neiva-Silva, L. (2008). *Uso de drogas entre crianças e adolescentes em situação de rua: Um estudo longitudinal.* Tese de doutoramento não publicada, Universidade Federal do Rio Grande do Sul, Porto Alegre, Brasil.

Noto, A.R., Galduróz, J.C.F., Nappo, S.A., Carlini, C.M.A., Moura, Y.G., & Carlini, E.A. (2004). *Levantamento nacional sobre o uso de drogas entre crianças e adolescentes em situação de rua nas 27 capitais brasileiras (2003).* São Paulo, SP: Centro Brasileiro de Informações sobre Drogas Psicotrópicas.

Oliveira, A., & Ribeiro, M. (2006). O cuidar da criança de/na rua na perspectiva dos graduandos de enfermagem. *Texto e Contexto Enfermagem, 15,* 246-253.

Paludo, S. (2004). *Expressão das emoções morais de crianças em situação de rua*. Dissertação de mestrado não publicada, Universidade Federal do Rio Grande do Sul, Porto Alegre, Brasil.

Paludo, S., & Koller, S.H. (2008). Toda criança tem família: Criança em situação de rua também. *Psicologia & Sociedade, 20*, 42-52.

Plano Nacional de Promoção, Proteção e Defesa do Direito de Crianças e Adolescentes à Convivência Familiar e Comunitária (2006). Recuperado em 08 setembro, 2008, de http://www.mds.gov.br/arquivos/plano-nacional-defende-a-convivencia-familiar-de-criancas-e-adolescentes/.

Raffaelli, M., Koller, S.H., Reppold, C., Kuschick, M., Krum, F.M.B., & Bandeira, D.R. (2000). Gender differences in Brazilian street youth's family circumstances and experiences on the street. *Child Abuse and Neglect, 24*(11), 1431-1441.

Ribeiro, M.O. (2001). A criança de rua tem família: Uma família em crise. *Revista Brasileira de Crescimento e Desenvolvimento Humano, 11*(1), 35-47.

Ribeiro, M.O. (2003). A rua: Um acolhimento falaz às crianças que nela vivem. *Revista Latino-Americana de Enfermagem, 11*, 622-629.

Santos, B. (2002). *Ungovernable children: Runaways, homeless youths, and street children in New York and São Paulo*. Tese de doutoramento não publicada, Pontifícia Universidade Católica de São Paulo, São Paulo, Brasil.

Serapioni, M. (2005). O papel da família e das redes primárias na reestruturação das políticas sociais. *Ciência e Saúde Coletiva, 10*, 243-253.

Silva, E. (2004). O perfil da criança e do adolescente nos abrigos pesquisados. In E.R. Silva (Ed.), *O direito à convivência familiar e comunitária: Os abrigos para crianças e adolescentes no Brasil* (pp. 41-70). Brasília, DF: IPEA.

Silveira, S., Falcke, D., & Wagner, A. (2000). A representação gráfica de meninos institucionalizados. In *Anais do II Congresso da Sociedade Brasileira de Rorschach e outros Métodos Projetivos* (pp. 232-240). Porto Alegre.

Szymanski, H. (1997). Teorias e "teorias" de famílias. In M. C. B. Carvalho (Ed.), *A família contemporânea em debate* (pp. 23-27). São Paulo, SP: EDUC.

7

Além do saber ler e escrever: a escola na vida das crianças em situação de rua

Elder Cerqueira-Santos

INTRODUÇÃO

Eu tenho vergonha quando as pessoas vê que eu não sei lê, sabe? Assim, ás veze tem que pegar um ônibus e tem que perguntá o nome. Mais isso é fácil, dá pra ver as placa. Tipo, rodoviária é uma palavra só, né? Tem uma placa preta de letra grande que é rodoviária. Ruim é quando a gente precisa mesmo de lê!.... Assim, se tu escreve uma coisa escrita no papel eu não leio[1]. (Renato, 11 anos)

Parece contradição propor uma discussão sobre a relação entre a escola e a criança em situação de rua, uma vez que a primeira ideia sobre o assunto remete ao extremo do afastamento desta população das instituições oficiais. No entanto, esta relação vai para além do que podemos imaginar, principalmente quando visualizamos a escola como parte fundamental dos sistemas ecológicos da criança em situação de rua, estando

---

[1] Todas as transcrições deste texto foram extraídas do estudo de Cerqueira-Santos (2004). As falas foram mantidas com expressões coloquais e os nomes dos participantes foram alterados por questões éticas.

direta ou indiretamente inserida nas suas vidas. Como vem sendo destacado neste livro, a condição de rua não implica num afastamento dos outros sistemas no desenvolvimento infantil, como a família, a escola etc. Dessa forma, faz-se necessário analisar as peculiaridades desta relação.

No caso das crianças e adolescentes em situação de rua, a relação com a escola pode passar desde por um afastamento, total ou parcial, até a utilização da instituição escolar como mecanismo de suporte para a sobrevivência na rua (Santana, 2003). Desta forma, as tentativas de vinculação desta população à instituição escolar passam a ser emblemáticas, no sentido de que é caracterizada como um elo de manutenção com o desenvolvimento típico da infância. Assim, ir à escola significa mais do que parece, simboliza uma relação social forte e valorizada nos discursos individual e coletivo. Mais do que instituição catalisadora do desenvolvimento cognitivo, a escola é uma instituição de socialização, apoio sócio-emocional e reconhecimento da identidade cultural. "Educar uma criança é uma forma de aplicar novos conhecimentos e reelaborar valores de uma cultura" (Koller, 2001, p. 167).

Se entendemos os motivos pelos quais uma criança se afasta (ou é levada ao afastamento) de suas famílias, não parece ser difícil pensar como esta relação se dá com a escola. Basta refletir sobre o que a instituição escolar representa para a vida de uma criança pobre das periferias das grandes cidades do Brasil. Muito provavelmente um local com poucos atrativos e pouca utilidade imediata e futura (salvo raras exceções).

Koller (2001) destaca a falta de motivação e a autopercepção de falta de capacidade para aprender como dois dos vários motivos pelos quais a escola não exerce atração para as crianças em situação de rua. O imediatismo da vida na rua parece dificultar o entendimento do papel da escola nas suas vidas. Por outro lado, não se pode restringir a compreensão das causas do afastamento escolar apenas em um dos aspectos das vidas destas crianças. Trata-se de analisar os componentes de uma equação que vem dando errado, e suas consequências. O discurso normativo referente à relação escola-famílias populares tende a culpabilizar a família e outros condicionantes sociais, aos quais se chamam de *deficits* educacionais (Thin, 2006).

Frequentar a escola gera e mantém um sentimento de inclusão, ou seja, de perceber um sentimento de estar num mundo que também é seu (Koller, 2001). Dessa forma, devemos pensar no que representa não se sentir na escola. Entre as crianças em situação de rua, a consciência de tal circunstância expressa-se na forma de vergonha, como num reconhecimento de que não está no curso esperado. O desconhecimento da leitura, por exemplo, revela a frustração destas crianças na falta de uma habilidade essencial para atividades básicas, como pegar um ônibus ou comprar certos produtos.

Usualmente e cada vez mais, a escola vem sendo encarada como um espaço de socialização complementar à família. Crianças de classe média passam mais tempo nas escolas do que na companhia dos pais. Atribui-se à escola responsabilidades que outrora eram quase que exclusivas da educação familiar. Para famílias de classes populares, a relação com a escola não parece ser menos importante, uma vez que esta, frequentemente, é a mais próxima vinculação daquele núcleo com os serviços públicos oficiais.

No entanto, tal mudança na concepção e atribuição de responsabilidades da instituição escolar gerou uma sobrecarga de tarefas e a impossibilidade de desempenho esperado. Além de ensinar, a escola socializa, media relações familiares, previne questões de saúde, aponta episódios de violência, entre outros. Para Sarmento (2002), assiste-se uma tendência à falência da escola no cumprimento destas tarefas, gerando-se o que o autor denomina de crise da escola pública mundial.

Além disso, há uma manifesta insuficiência do conhecimento adquirido acerca do modo como os meninos ou as meninas das classes populares se articulam com os saberes escolares, incorporam-nos, investem-nos no seu discurso, e realizam todo o processo de codificação do conhecimento (Charlot, Bautier, & Rochex, 1999). Agrava-se assim a crise entre a escola e seu público, que, muitas vezes, não se vê atendido em nenhuma das suas demandas (aprendizagem de saberes formais e socialização). Para Caliman (2006), apesar de as pesquisas apontarem para a situação de desvantagens sociais e vulnerabilização vividas por muitos estudantes de escolas públicas, tais situações tendem a se deflagrarem dentro da escola, mesmo que não encontram somente nela a sua explicação.

A situação de desvantagem social condiciona as diversas situações de ordem interna e externa nas quais o estudante está envolvido no seu quotidiano: situações de ordem interna provocadas por dificuldades psíquicas, físicas, relacionais; de ordem externa pela falta de recursos familiares, comunitários e pela própria escola na qual coexistem situações específicas ligadas à pobreza, ao abuso de drogas, à discriminação racial e étnica, etc. (Waxman, De Felix, Anderson & Baptiste, 1992)

Analisando-se a partir de uma visão ecológica contextual, fica evidente a situação de fragilização dos vínculos mantenedores da instituição escolar como parte saudável do microssistema das crianças em situação de risco, em especial, em situação de rua. Como salienta Caliman (2006), as condições precárias de vida nos bairros, juntamente com um clima sobrecarregado na escola, tendem a condicionar motivações, atitudes, valores, comportamentos e aprendizagem. Que expectativas então podemos ter desta relação? Mais uma vez, o que a criança em situação de rua pode esperar desta escola para a sua vida?

Neiva-Silva (2003) relata que a relação entre a criança de rua e a escola acontece de maneira diferenciada, uma vez que as expectativas de futuro para esta população, muitas vezes, não passam pela necessidade de uma escolarização formal, com a obtenção de diplomas, por exemplo. Günther e Günther (1998) destacam que grupos de crianças com diferentes vinculações escolares têm expectativas diferenciadas sobre seu próprio futuro educacional e profissional. Segundo os autores, crianças provindas de instituições públicas de atendimento para população carente têm projetos mais modestos, conforme destacam as falas abaixo:

Eu queria era ser jogador de futebol! (João, 12 anos)

Eu tenho que arrumar uma coisa pra fazer que não precisa de diploma. Sei lá... (Marcelo, 13 anos)

Estudo não é garantia de dinheiro. Tem tanta gente rica aí que não tem diploma, cantor, artista, traficante... (Marcelo, 13 anos)

Neiva-Silva (2003) investigou 14 adolescentes em situação de rua com idades entre 12 e 16 anos. Neste estudo, o papel da escola foi analisado no desenvolvimento de expectativas de futuro destes adolescentes. Fica claro que a escola é vista como um pré-requisito para o mundo do trabalho, porém, não está relacionada com o desenvolvimento de habilidades, tomado um caráter puramente compulsório. O autor relaciona o fato de que grande parte das aspirações dos adolescentes do estudo não estão relacionadas ao sucesso escolar, como atividades esportivas e artísticas.

Santana (2003) ressalta o discurso hegemônico sobre a relação criança-escola, o qual cria a ideia da escola como instrumento de ascensão social. No entanto, a mesma autora atenta para o fato de que a máxima "Lugar de criança é na escola" destaca a condição de exclusão pela qual passa a criança em situação de rua. De 13 adolescentes entrevistados em seu estudo, onze frequentavam a escola. No entanto, o vínculo formal não era garantia de assiduidade. Santana aponta para o fato de que o questionamento sobre a vida escolar do adolescente requer uma resposta socialmente aceita, que, em geral, é dada por este jovem. Além disso, não se trata de uma "mentira" contada pelo adolescente, uma vez que a maioria está, de fato, matriculada numa instituição de ensino. Ressalta-se que, apesar de alguns adolescentes frequentarem a escola, não reconhecem os objetivos da mesma.

Contraditoriamente, os estudos empíricos até aqui citados ressaltam que no discurso dos seus participantes, a escola ainda encontra certo local de valor. Como aponta Machado (2003), meninos e meninas de rua mantêm em seus discursos uma visão idealizada da escola. No entanto, esta visão mostra-se exagerada e distante da realidade, sendo muito mais próxima ao discurso da desejabilidade social, como propõe Santana (2003), para a qual a relação com a escola garantiria no futuro a possibilidade de ascensão social. O discurso de que a garantia de um futuro melhor passa pela escola ainda é válido para esta população. No entanto, este se apresenta com uma conotação dupla e divergente que transita entre a possibilidade e a impossibilidade de acesso e sucesso, ou seja, passa pelo convencimento de que a escola não é garantia de futuro, mas também pelo reconhecimento do papel social desta. A dissonância

Endereço Desconhecido: crianças e adolescentes em situação de rua

formada por este discurso parece encontrar uma tentativa de resolução nas ideias de obtenção de dinheiro com atividades esportivas e artísticas, como já foi destacado por Neiva-Silva (2003).

Ainda analisando os discursos de crianças e adolescentes em diversos estudos, percebe-se uma ênfase no conteúdo formalizado como sendo o objetivo primeiro e, muitas vezes único, da instituição escolar. Por exemplo, a ênfase no aprendizado da leitura e as relações entre este com a vida diária (saber o que acontece, pegar ônibus etc.). Neste sentido, o objetivo utilitarista (dos saberes práticos) da criança e adolescente não corresponde ao objetivo pedagógico, distante e desvinculado das suas realidades.

Ao mesmo tempo, o não aprendizado da leitura provoca um sentimento de vergonha e reafirmação do seu lugar "marginal" e excluído na sociedade. Tal acontecimento, por vezes, gera a necessidade de explicação e entendimento dos motivos do fracasso, entendido como "pessoal" pela criança e pelo adolescente. Como mostra o estudo de Cerqueira-Santos (2004 e também Cerqueira-Santos & Koller, 2003), crianças referem-se à dificuldade de "concentração para aprender" e "falta de memória" como motivos do insucesso escolar.

> Acho que eu não tenho cabeça pra isso. A professora fala como faz e eu esqueço logo. Não sei fazer as contas por isso. Não consigo decorar! (Renato, 11 anos)

Aliado ao desvencilhamento das aspirações futuras à escolarização, o histórico de insucessos destas crianças, ou melhor, destas escolas quanto aos objetivos pedagógicos, gera uma introjeção de fracasso nesta relação, muitas vezes, com o complexo de culpa sobre as crianças. Neiva-Silva (2003) destaca a enorme distorção série/idade para os participantes do seu estudo. Numa amostra com média de idade de 13 anos, a média de escolarização foi a terceira série do ensino fundamental. Além disso, a relação é inconstante, com uma baixa frequência e constantes abandonos.

Em estudo de Cerqueira-Santos e Koller (2003) com 12 crianças em situação de rua, ao serem questionadas sobre suas relações com a escola, apenas duas crianças relataram não estar na escola. Das que estavam matriculadas, cinco apresentavam defasagem série/idade de mais de dois anos, ou seja, encontravam-se em séries não correspondentes para suas idades.

Westphal (2001) destaca que na mudança de valores sociais, com o agravamento da pobreza urbana, percebe-se a fragilização da escolaridade como um valor para as populações mais pobres. Aliado a isso, está a falta de possibilidade de concretização de um ideal quase que mitológico da obtenção de um diploma e consequente mudança de status social a partir de então. Westphal ainda ressalta a contradição entre o que pensam da escola ("escola é a chave da viabilidade social") e a forma como se relacionam efetivamente com a escola ("ir para a escola é penoso", "faltas", etc.). Além disso, de elemento que poderia contribuir para a inclusão social, a escola vira mais um fator a reforçar a exclusão e o estigma social na vida dessas crianças e adolescentes, tal como destaca a autora na frase abaixo:

"Escola é chata e segregadora e não um espaço de tornar pleno o processo de socialização e inserção social... A escola ao invés de oportunizar mudanças, reproduz as condições de desigualdade existentes na sociedade" (Westphal, 2001, pp. 72, 73). Como nos aponta a autora, percebemos a reprodução das desigualdades a partir da carência da própria escola pública que não consegue oferecer acesso a serviços de qualidade por má administração orcamentária e falta de vontade política.

O rompimento do vínculo escolar, assim como o rompimento com o vínculo familiar, parece ser um processo gradativo. O afastamento da criança, muitas vezes começa a acontecer antes mesmo da saída para a rua, sendo catalisado por alguns acontecimentos de vida. Entre estes, são mais frequentemente destacados: a falta de estímulo ou incentivo para ficar na escola; a mudança da família sem transferência escolar; distância entre a escola e a residência; brigas dentro do ambiente escolar; violência familiar; rompimento com a família; necessidade de trabalhar (Neiva-Silva, 2003; Santana, 2003). Percebe-se que tais motivações formam duas esferas de explicações: acontecimentos externos (em geral ligados à dinâmica familiar), e dinâmica da própria escola.

> Parei porque minha madrasta se mudou e aí ficou muito longe da escola. (Ricardo, 10 anos)

> A diretora da escola mandava bilhete pro meu pai... Que pai? (Paula, 11 anos)

> Quando meu pai morreu, eu parei de ir. O filho do homem que matou meu pai estudava na mesma sala. (João, 12 anos)

Ao longo deste texto tem-se tentado destacar os motivos pelos quais a relação entre a escola e a criança em situação de rua tem se tornado tão frágil. Percebe-se, a partir da revisão da literatura e das falas de algumas crianças de rua, que a escola tem sido descrita na sua concepção tradicional, como local de formalização de conteúdos a partir de objetivos pedagógicos estreitamente definidos e utilizando-se de métodos muitas vezes ultrapassados e distantes das realidades das populações atendidas. No entanto, acredita-se que a escola pode ser um local interessante e atrativo. Para além dos objetivos pedagógicos, a escola também deve ser um lugar de acolhimento sócio-emocional propiciador de momentos de prazer.

Cerqueira-Santos e Koller (2003), investigando as relações entre o brincar e a escola, ressalta que para a maior parte das crianças, principalmente as mais velhas, a escola não exerce atração lúdica, sendo relatada apenas como local de estudo, ou onde se brinca de maneira desinteressante. Histórica e oficialmente, a escola não foi constituída como um espaço para brincar. Segundo Foucault (2002), a escola é uma preparação para o trabalho, onde os processos disciplinares implicam o controle minucioso do corpo para que aconteça um bom funcionamento da instituição. Ou seja, não há espaço para brincadeira, pois a livre iniciativa das crianças é "proibida". A escola oferece como motivação ao trabalho escolar um sistema de notas (Freitas, 1998), e a brincadeira, muitas vezes, é oferecida às crianças como um horário de folga do professor e não porque é vista como uma ação pertencente à infância ou ao desenvolvimento da mesma. Implícita nessa concepção está o pressuposto errôneo de que brincar é apenas diversão e que esta ação não traz nenhum benefício para a criança.

Segundo Fortuna (2003), a escola está tradicionalmente organizada centrando-se no adulto. Nesta organização, a interação criança/criança fica em segundo plano e o brincar, de forma prazerosa, torna-se distante dos objetivos pedagógicos da escola. Para a autora, o educador deve reconhecer que o seu desejo não é o mesmo da criança e saber permitir que estas sejam elas mesmas, tais como são na realidade. A ideia proposta por Fortuna relaciona-se ao que foi ouvido das crianças do estudo de Cerqueira-Santos (2004) sobre a escola que frequentam. As crianças em situação de rua entrevistadas queixaram-se de uma escola que não as entende e que trabalha distante da sua vida cotidiana. Para estas crianças a escola parece ensinar-lhes o que *"não é útil"*, ou o que *"não dá para aprender"*. Várias crianças disseram que na escola se aprende a *"desenhar umas letras"* mas que elas não sabem o que significam. As crianças em situação de rua também relataram que as brincadeiras da escola *"não têm graça"*, pois são realizadas "como a professora quer".

As falas das crianças fornecem ideias de alguns motivos pelos quais estas não vão para a escola, porém, deve-se apontar possíveis razões para o afastamento entre a escola e as crianças em situação de rua. As crianças reconhecem a escola como um ambiente que disponibiliza espaço e material para brincar, porém, queixaram-se da falta de oportunidade de realizarem tal atividade de maneira livre e prazerosa.

Em pesquisa realizada em escolas públicas da cidade de São Paulo, Kishimoto (2001) constatou que os brinquedos mais utilizados para as crianças de seis a oito anos tinham um caráter pedagógico e objetivavam a aprendizagem de escrita e cálculo. Por outro lado, os jogos de socialização e as brincadeiras simbólicas livres foram pouco observados e citados pelos professores das escolas como atividades realizadas. A autora alertou para a rotina de atividades dirigidas que lhe pareceu expulsar o brincar do cotidiano infantil, revelando uma dificuldade por parte dos professores em valorizar as atividades livres e, assim, incluí-las no projeto pedagógico. Para estes, a dicotomia entre o sério e o não sério ainda é clara, como diz Kishimoto (2001). Para estes professores, o parque serve para brincar e descansar, enquanto a sala serve para estudar e trabalhar. Salvo raras exceções é este panorama que é encontrado nas escolas do Brasil.

As crianças em situação de rua que participaram do trabalho de Cerqueira-Santos (2004) relataram estar matriculadas em diferentes escolas de rede pública de Porto Alegre, que provavelmente vivem a realidade relatada por Kishimoto (2001). Apenas três crianças disseram frequentar a Escola Aberta Porto Alegre[2], que é um centro de referência na educação de crianças em situação de rua. Estas crianças também relataram insatisfação quanto à escola e, como mencionado em outros estudos (Santana, 2003), sentiam-se como se não estivessem em uma "escola de verdade", pois não sabiam exatamente em que série estavam e não se sentiam aprendendo nada, conforme se pode verificar na fala abaixo:

> Quando a minha mãe foi embora eu fiquei sendo criado por uma vizinha. Aí nois mudou de vila e ficou longe da escola. Minha mãe, a mãe nova, nem viu nada de escola, os documento. Acabou um ano, veio outro e eu nunca mais fui na escola. Depois o pessoal aqui me disse da escola aberta. Comecei a ir mas não sei nada ainda não. Tem aula no computador e tudo, é tri, mas só que eu ainda não sei ler. (João, 12 anos)

Neste sentido, percebe-se como as crianças introjetaram o conceito de escola formalizado pela sociedade repetindo um discusso que parece contraditório com as suas próprias reclamações sobre a escola tradicional. A Escola Aberta realmente não pode ser comparada às escolas tradicionais porque se propõe a atenuar uma situação que não foi gerada por ela. No entanto, a proposta de inclusão com reconhecimento de diferenças e singularidades provoca nas crianças um sentimento de exclusão, justamente pelo fato de ser diferente. Como salienta Santana (2003), a dinâmica da Escola Aberta coloca parte do sucesso da iniciativa na própria criança, uma vez que requer participação ativa, envolvimento, frequência etc. De fato, a autora percebe as reclamações das crianças sobre esta instituição como parte da proposta inovadora e não tradicional.

---

[2] Uma descrição e discussão sobre a Escola Aberta Porto Alegre encontra-se no capítulo 18 desta publicação.

As crianças entrevistadas e observadas em Cerqueira-Santos (2004) relataram a atração de eventos da rua que contribuem para o afastamento das crianças em situação de rua da escola, corroborando os achados de outros estudos do CEP-Rua (Alves, 1998; Neiva-Silva, 2003; Paludo, 2004; Santana, 2003). O fácil acesso às drogas, a possibilidade de ganhar dinheiro, a "liberdade" e a falta de uma rotina temporal, além de um histórico de insucessos na relação entre a criança e as instituições de atendimento colaboram para a falta de incentivos na ida à escola. Além do fato de a rua ser atrativa como um local para brincar.

Esta relação também foi observada por Burgos, Krebs e Hoehler (2001), que destacam a falta de interlocução das crianças com a professora para a aprendizagem de jogos. Seus dados mostraram a mínima influência da professora na assimilação do aporte lúdico de crianças em contextos livres. Por outro lado, o mesmo estudo constatou que a escola foi citada como um contexto onde se pode brincar, porém, não foi feita relação entre esta e a professora, o que leva a crer que a escola se destaca apenas como um espaço físico propício às brincadeiras, o que foi relatado pelas crianças em situação de rua entrevistadas neste estudo.

Tais fatores alertam para o fato de que as questões relacionadas às crianças em situação de rua devem ser tratadas de maneira sistêmica, sem privilegiar ou tentar estabelecer relações simplistas de causa e efeito. Neste sentido, a Abordagem Ecológica do Desenvolvimento Humano vem contribuindo sobremaneira no estudo de populações em situação de risco, como as crianças em situação de rua (Paludo & Koller, 2006).

Não gostar da escola não é privilégio das crianças em situação de rua. O que não minimiza sua falta de atratividade, mas, ao contrário, leva a crer que existe algum problema. Não se pode generalizar o que acontece nas escolas, mas o mais importante, no momento, é analisar como a criança em situação de rua é vista pela escola. Acredita-se que essas crianças e adolescentes, assim como outras crianças que não experienciam a situação de rua, precisam ser vistas na sua complexidade de vida, nas suas formas particulares de ser e estar no mundo, assim como de aprender. O que se tem visto é que, apesar de ter uma dinâmica de vida diferenciada, as crianças em situação de rua passam por tentativas de "catequização" escolar fracassadas.

REFERÊNCIAS

Alves, P. B. (1998). *O brinquedo e as atividades cotidianas de crianças em situação de rua*. Dissertação de mestrado não publicada, Universidade Federal do Rio Grande do Sul, Porto Alegre, Brasil.

Burgos, M.S., Krebs, R.J., & Hoehler, J. (2001). O jogo espontâneo em contextos informais interpretado pela teoria dos sistemas ecológicos. *Cinergis, 2*(2), 75-109.

Caliman, G. (2006). Estudantes em situação de risco e prevenção. *Ensaio. Avaliação e Políticas Públicas em Educação, 14*(52), 383-396.

Cerqueira-Santos, E.C. (2004). *Um estudo sobre a brincadeira de crianças em situação de rua*. Dissertação de mestrado não publicada, Universidade Federal do Rio Grande do Sul, Porto Alegre, Brasil.

Cerqueira-Santos, E.C., & Koller, S.H. (2003). Brincando na rua. In A.M.A. Carvalho, C.M.C. Magalhães, F.A.R. Pontes & I.D. Bichara (Eds.), *Brincadeira e cultura: Viajando pelo Brasil que brinca* (Vol. 1, pp. 187-206). São Paulo, SP: Casa do Psicólogo.

Charlot, B., Bautier, E., & Rochex, J. (1999). *Ecole et savoir dans les Banlieux... et Ailleurs*. Paris: Armand Collin.

Fortuna, T.R. (2003). O Jogo. In Futuro Congressos e Eventos (Ed.), *Temas em Educação: Vol. II. Livro das Jornadas 2003* (pp. 397-406). São Paulo, SP: Futuro Congressos e Eventos.

Foucault, M. (2002). *Vigiar e punir: História da violência nas prisões*. São Paulo, SP: Vozes.

Freitas, L.B.L. (1998). *A produção de ignorância na escola: Uma análise crítica do ensino da língua escrita na sala de aula*. São Paulo, SP: Cortez.

Günther, I.A., & Günther, H. (1998). Brasílias pobres, Brasílias ricas: Perspectivas de futuro entre adolescentes. *Psicologia: Reflexão e Crítica, 11*, 191-207.

Kishimoto, T.M. (2001). Brinquedos e materiais pedagógicos nas escolas infantis. *Educação e Pesquisa, 27*(2), 229-245.

Koller, S.H. (2001). A escola, a rua e a criança em desenvolvimento. In Z.A.P. Del Prette (Ed.), *Psicologia escolar e educacional: Saúde e qualidade de vida* (pp. 159-176). Campinas, SP: Alínea.

Machado, R.H.B. (2003). *Vozes e silêncios de meninos de rua*. São Paulo, SP: Martins Fontes.

Neiva-Silva, L. (2003). *Expectativas futuras de adolescentes em situação de rua: Um estudo autofotográfico*. Dissertação de mestrado não publicada, Universidade Federal do Rio Grande do Sul, Porto Alegre, Brasil.

Paludo, S. (2004). *Expressão das emoções morais de crianças em situação de rua*. Dissertação de mestrado não publicada, Universidade Federal do Rio Grande do Sul, Porto Alegre, Brasil.

Paludo, S.S., & Koller, S.H. (2006). Psicologia positiva, emoções e resiliência. In D. Dell'Aglio, S.H. Koller & M. Yunes (Eds.), *Resiliência e psicologia positiva: Interfaces do risco a proteção* (pp. 69-86). São Paulo, SP: Casa do Psicólogo.

Santana, J.P. (2003). *Instituições de atendimento a crianças e adolescentes em situação de rua: Objetivos atribuídos por seus dirigentes e pelos jovens atendidos*. Dissertação de mestrado não publicada, Universidade Federal do Rio Grande do Sul, Porto Alegre, Brasil.

Sarmento, M.J. (2002). Infância, exclusão social e educação como utopia realizável. *Educação & Sociedade, 78*, 265-283.

Thin, D. (2006). Para uma análise das relações entre famílias populares e escola: Confrontação entre lógicas socializadoras. *Revista Brasileira de Educação, 11*(32), 211-225.

Waxman, H.C., De Felix, J.W., Anderson, J.E., & Baptiste, H.P. (Eds.). (1992). *Students at risk in at-risk schools: Improving environments for learning*. Newbury Park, CA: Corwin Press.

Westphal, R.B. (2001). *Meninos de rua: Investigando o estigma da insanidade. Dez histórias de respostas positivas a uma socialização de risco*. Tese de doutoramento não publicada, Instituto de Psiquiatria, Universidade Federal do Rio de Janeiro, Rio de Janeiro, Brasil.

8

EMOÇÕES MORAIS: DESVELANDO A MORALIDADE DAS CRIANÇAS E ADOLESCENTES EM SITUAÇÃO DE RUA

Simone Paludo

João, 12 anos, e Marcos, 13 anos, perambulam nas ruas da cidade pedindo esmolas e se divertindo um com o outro. Eles conversam, gritam e riem. De repente, Marcos se aproxima de uma senhora e arranca a bolsa que ela carregava nos braços. Os dois amigos saem correndo e desaparecem. (Diário de Campo, junho de 2003)

Esse episódio é um acontecimento recorrente nas cidades brasileiras. Os assaltos, os furtos, os crimes, a mendicância já fazem parte do cotidiano das pessoas. A presença de crianças e jovens nas ruas torna visível a condição de miséria em que vivem. Crianças dormindo nas calçadas, pedindo esmola nos sinais, oferecendo serviços são eventos cotidianos da sociedade, tão rotineiros que, muitas vezes, tornam esses jovens invisíveis ao complementarem a paisagem das ruas. Tal fato implica uma aparente aceitação da miserabilidade como parte integrante do mundo atual. A única indignação presente na sociedade é a referência aos comportamentos delituosos e inadequados de seus habitantes. É contraditório perceber que a atenção das pessoas está dirigida com maior frequência para a punição dos atos de vandalismo quando o desrespeito aos direitos da criança e do adolescente saltam aos olhos.

Endereço Desconhecido: crianças e adolescentes em situação de rua

A história das ruas conduz a um importante questionamento sobre a expressão e a construção da moralidade nesse contexto. A rua assume um espaço oportuno para o comportamento considerado amoral devido à sua dimensão lúdica de ausência de limites e regras. A simples vivência nesse contexto parece legitimar a marginalidade dos meninos e meninas, no entanto, é necessário refletir a linha tênue que separa o comportamento moral e amoral expresso por esses jovens que vivem em situação adversa. Por esses motivos, o presente capítulo visa a discutir a controversa relação entre a vida na rua e a moralidade por meio dos resultados obtidos em duas investigações realizadas por Paludo (2004, 2008). A primeira trata da dissertação de mestrado da autora, que teve como objetivo avaliar as emoções morais apresentadas por 17 crianças e adolescentes em situação de rua, com idades entre onze e dezesseis anos, de ambos os sexos (29% de meninas e 71% de meninos). Para essa avaliação foi utilizada uma *entrevista semiestruturada* e um instrumento psicológico *Scan bullying* (Almeida & Del Barrio, 2002), que contou com quinze cartões que envolvem situações neutras e situações de transgressão de regras. Os cartões foram apresentados em uma sequência fixa e ordenada, de forma individual, aos participantes do estudo. Os participantes retomaram e traduziram situações do cotidiano, apontando os valores positivos ou negativos e as emoções morais envolvidas no contexto no qual estavam inseridas. Já a segunda investigação trata da tese de doutorado de Paludo (2008), a qual avaliou os temas morais e emocionais relatados em histórias de vida. Um recorte dos resultados relacionados às entrevistas de 33 adolescentes em situação de rua, com idades entre 11 e 16 anos, de ambos os sexos, encontra-se mencionado ao longo do texto.

A VIDA NA RUA TORNA AS CRIANÇAS E OS ADOLESCENTES SERES AMORAIS?

Parece ser consenso entre a sociedade que aqueles que utilizam o espaço da rua para o lazer, a educação e a sobrevivência são seres amorais, ou seja, são pessoas que não possuem nenhuma regulação moral.

Essa afirmação é justificada pelas ações e transgressões cometidas diariamente por essa população. No entanto, essa avaliação não tem sido confirmada na comunidade acadêmica.

A partir da década de 1990, os pesquisadores na área de psicologia despertaram para o estudo do desenvolvimento de jovens em situação de risco pessoal e social (Aptekar, 1996; Bandeira, Koller, Hutz, & Forster, 1996; Campos, Del Prette, & Del Prette, 2000; Forster, Barros, Tannhauser, & Tannhauser, 1992; Noto *et al.*, 2004; Ribeiro, 2003). Essa tendência evidenciou o estudo dos fatores de risco e dos eventos estressores e permitiu a avaliação da gravidade e da amplitude das consequências sociais desse fenômeno. O uso de drogas, a participação em grupos violentos, a migração para o ambiente da rua, o envolvimento em crimes foram alguns eventos de risco identificados no dia a dia desses meninos e meninas (Alves, 2002; De Antoni & Koller, 2002; Morais, 2005; Neiva-Silva, 2008; Santana, Doninelli, Frosi, & Koller, 2005a). A fragilidade da rede de apoio social afetiva, a ausência da supervisão parental diária e de cuidadores também foram indicadas como particularidades do desenvolvimento no contexto da rua. Paludo e Koller (2005) verificaram ainda que os adolescentes em situação de rua assumem diferentes papéis no dia a dia, ora vítimas, ora agressores, ora testemunhas de vitimizações e violência, buscando a sobrevivência diária ou a ação marginal.

Tais dados reiteraram que uma criança em situação de rua está constantemente vulnerável ao risco ficando, muitas vezes, à mercê das "tentações" que a vida na rua oferece. Dentre essas tentações, o uso de drogas para diminuir a fome e a tristeza, o roubo para satisfazer necessidades, o trabalho infantil para a obtenção de ganho financeiro são alguns exemplos de quanto a rua pode atuar com perversidade no desenvolvimento desses jovens. É notável o rol de possibilidades oferecidas para a transgressão de regras e leis. Nesse sentido, para manter-se na rua, as crianças e adolescentes ou desenvolvem estratégias para lidar com essas situações ou tornam-se ainda mais vulneráveis. Isso significa que nem todas as crianças e adolescentes acabam por envolver-se em comportamentos delituosos, ao contrário, podem enfrentar situações difíceis de maneira saudável.

No cotidiano, por exemplo, as crianças e os adolescentes em situação de rua precisam desenvolver estratégias de adaptação e de sobrevivência, as quais se destinam à obtenção de abrigo, alimentação e ao atendimento das demais necessidades vitais. Para resolver os seus problemas as crianças e os adolescentes podem recorrer às possibilidades de assistência existentes no contexto da rua, as quais ficam restritas, na maioria das vezes, à busca dos serviços de atendimento destinados a essa população. Em um estudo qualitativo, Santana *et al.* (2005a) mostraram que 12 entre 13 meninos em situação de rua procuram as instituições de atendimento para alimentação, higiene, descanso e entretenimento, pois para eles esses locais funcionam como referência de proteção e cuidados básicos. Isso significa que a maioria deles opta por frequentar uma instituição que proverá alimento que tanto desejam, em vez de se envolver em atividades ilícitas para conseguir comida. Embora essa seja uma alternativa saudável para o enfrentamento da fome, revela a utilidade da instituição de atendimento para esses jovens. Diante dessa questão uma importante discussão acerca desse serviço pode ser levantada, uma vez que os jovens parecem não estabelecer um vínculo necessário com a principal proposta do trabalho institucional – a reinserção social. Para responder essa problemática, a mesma equipe de pesquisa buscou avaliar a percepção dos coordenadores dessas instituições sobre o alcance dos objetivos propostos nesse atendimento (Santana *et al.*, 2005b). As autoras destacaram que os coordenadores percebem a dificuldade para alcançar a reinserção, especialmente, pelo fato de que a maioria dos adolescentes busca nesse local a proteção e a garantia de sobrevivência e na rua o contexto de desenvolvimento. No entanto, é preciso atentar para essa relação, pois quando a instituição de atendimento fica reduzida a esse objetivo a rua pode mostrar ainda mais força e aumentar a exposição desse jovem ao risco. Santana *et al.* (2005b) já salientavam que a rua pode disputar espaço com as instituições quando os adolescentes descobrem que não só podem obter ganhos rápidos e fáceis que irão garantir o provimento das suas necessidades básicas, como podem usufruir dos benefícios vinculados diretamente desse ganho. Isso significa que, como qualquer outro adolescente, aqueles que estão em situação de rua também têm expectativas, desejos de consumo e sonham em ter autonomia para decidir onde será gasto o dinheiro adquirido na rua, seja esse utilizado para a diversão e lazer ou para a compra de substâncias psicoativas.

Esse talvez seja um dos momentos mais evidentes para avaliar o comportamento moral desses jovens. Em geral, a expressão do comportamento moral revela os modelos de certo e errado que foram adquiridos ao longo da vida da pessoa e como ela lida com esses. Por exemplo, existem regras e normas para a convivência em sociedade e é correto obedecê-las para manter a harmonia, ao passo que a transgressão dessas regras é vista como um ato moralmente errado. Cumprir ou não as regras, obedecer às leis, manter a ordem não são tarefas tão simples como parecem, muitas vezes vão além do respeito àquilo que é correto. A vida na rua oferece diariamente dilemas morais que desafiam essas regras e normas. A atratividade do ganho fácil pelas atividades ilícitas e os benefícios gerados por esse comportamento quando comparados às normas que a instituição impõe para obtenção do alimento e do descanso desequilibram a equação e aumentam a probabilidade desse adolescente se envolver com o ato delituoso no contexto da rua. No estudo de Paludo (2004), um jovem de 13 anos relatou:

> Teve uma vez que eu roubei uma velhinha lá no centro. Eu vi ela entrando no banco e fiquei só esperando. Foi tri fácil, tinha uns 300 pila na carteira dela, eu até fiquei com pena dela, mas daí eu vi uma carrocinha de cachorro quente e passou. Tava com fome, comi uns 15 eu acho. Depois passei a tarde toda no fliper jogando. Gastei toda grana em uma tarde, mas foi um dos melhores dias que tive.

Esse depoimento evidencia o julgamento moral que o adolescente faz do seu próprio ato. É importante definir que o julgamento moral revela a avaliação de uma atitude: certo ou errado. Nesse relato percebe-se que, ao mesmo tempo que o adolescente julga o ato de roubar como errado, afirma a alegria gerada pela consequência desse roubo demonstrando que atitudes desse tipo permitiram os ganhos secundários, como a compra de comida e de atividades lúdicas. Uma atitude de transgressão como esta expressa o antagonismo dos valores coerentes sobre o que é certo ou errado na vida destas crianças e adolescentes. Certamente elas sabem "do ponto de vista teórico" que roubar é considerada uma atitude errada, mas é vivenciada com alegria, evidenciando respostas afetivas desprendidas da avaliação moral. Paludo (2004) ao investigar as emoções morais, ou seja, as respostas afetivas oferecidas diante do julgamento moral, expressas por 17 adolescentes em situação de rua, evidenciou que algumas versões de vida podem revelar um conflito entre a realidade e a moralidade:

> Sabe, já me senti culpado por roubar, sei que é errado... uma vez tive que fazer isso, eu entrei ali naquele bar da esquina que vendem frango assado e pedi um pedaço de comida para o dono. Ele só me xingou e me mandou embora, disse que eu era um delinquente e que eu ia espantar as pessoas. Bah, fiquei tri chateado, eu nunca fiz nada para ninguém, nunca roubei e esse homem vem me dizer que sou delinquente. Tava morrendo de fome, fazia uns dois dias que não comia quase nada, e aquele homem nem me deu nada. Tinha um monte comida ali e já era tarde, as pessoas já tinham comprado o almoço. O que ele tinha ia sobrar, um cheirinho... Na hora que ele disse que não ia me dar nada fiquei triste, mas depois eu só consegui meter a mão naquele negócio e pegar um frango e sai correndo...

O julgamento moral nem sempre está pronto para enfrentar a dura realidade da fome, pois mesmo ao avaliar o roubo como um ato moralmente errado e ao experenciar a culpa, uma emoção que tem como objetivo controlar o comportamento moral, o adolescente rompeu a regra diante da evidência visceral da fome. Diante da fome, não há julgamento moral que resista à atitude de roubar. Uma criança faminta é uma criança vítima de violência social. Esse fato implica a necessidade de estudar a moralidade a partir de uma abordagem que contemple o contexto social da rua e o dinamismo desse espaço.

A PSICOLOGIA MORAL DIANTE DO CONTEXTO DA RUA

Avaliar a moralidade daqueles que vivenciam o contexto da rua requer um modelo explicativo que ultrapasse os conceitos de certo e errado e as avaliações das violações morais. Diversas teorias psicológicas apresentaram modelos explicativos sobre o desenvolvimento moral a partir da ênfase em três componentes básicos da moralidade: os componentes afetivos, cognitivos e comportamentais.

As teorias psicanalíticas enfatizaram os aspectos emocionais do desenvolvimento moral, à medida que assumiram que o tipo de relação emocional da criança com seus pais determina a sua disposição para internalizar os padrões parentais de certo e errado. Freud (1953) sugeriu que o senso moral desenvolve-se como resultado de uma forte identificação parental, ou seja, a partir da resolução do Complexo de Édipo. Então, por essa identificação, a criança internaliza alguns dos complexos padrões de comportamento, traços pessoais e características, motivações, normas morais, valores e proibições que regem as atitudes dos pais. Esses códigos de conduta internalizados formam o superego da criança. Em contraste, a teoria da aprendizagem social propõe uma doutrina da especificidade, ou seja, acreditam que o raciocínio moral e o comportamento moral dependem mais da situação do que da internalização de princípios morais. De acordo com a teoria sociocognitiva, as crianças adquirem regras e padrões internos por meio da imitação de modelos e pela compreensão das explicações dos agentes socializadores sobre a moralidade e seu significado social. Bandura (1997) definiu o comportamento moral como uma classe de respostas socialmente aceita, que são autorreforçadas ou instrumentadas para evitar culpa, ansiedade ou punição. Argumentou que respostas morais específicas ou hábitos são adquiridos da mesma forma que qualquer outro tipo de comportamento social – pela aprendizagem. Reconheceu, mais tarde, que as crianças devem alcançar um certo nível de cognição antes de compreenderem certos tipos de raciocínio moral, como admite Piaget. Assim, à medida que as crianças crescem, tornam-se mais hábeis e competentes.

A teoria cognitiva enfatiza os aspectos intelectuais da moralidade, ou seja, o raciocínio moral, focalizando as mudanças que ocorrem a partir do desenvolvimento do pensamento da criança. Piaget (1977) foi o primeiro a investigar a moralidade sob uma perspectiva cognitiva e do desenvolvimento. Dedicou-se à análise do desenvolvimento das regras em jogos infantis, buscando compreender o comportamento das crianças diante de um sistema de regras. Segundo ele, "toda moral consiste num sistema de regras e a essência de toda moralidade deve ser procurada no respeito que o indivíduo adquire por essas regras" (Piaget, 1977, p. 11). Acreditava que o entendimento das regras morais e convencionais pelas crianças teria que corresponder ao seu nível geral de desenvolvimento cognitivo. Piaget propôs dois estágios evolutivos no desenvolvimento do raciocínio moral da criança: heteronomia e autonomia. O estágio de heteronomia caracteriza-se pelo predomínio do respeito unilateral, do realismo moral e da responsabilidade objetiva. Nesta fase, a criança possui uma concepção de regra como algo exterior à consciência e imposta pelo adulto. As ações são julgadas em função da responsabilidade sobre a gravidade ou o prejuízo causado, desconsiderando as intenções e motivos. A partir dos oito anos de idade, inicia a fase autônoma, na qual as crianças começam a intensificar os julgamentos de acordo com as intenções e não somente pelas consequências. Nesta fase, emerge a cooperação, possibilitadora do surgimento do respeito mútuo e da responsabilidade subjetiva.

O psicólogo americano Kohlberg estendeu o trabalho de Piaget sobre o julgamento moral, para incluir a adolescência e a idade adulta e, também, como Piaget, atribuiu um papel fundamental à evolução do raciocínio. Kohlberg (1969, 1976) propôs que o crescimento moral progride em uma sequência hierárquica invariante de três níveis morais, cada qual composto por dois estágios distintos. De acordo com o pesquisador, a ordem desses estágios é invariante, porque depende do desenvolvimento de habilidades cognitivas. Neste sentido, a evolução do pensamento lógico e a consolidação das operações formais são condições necessárias para a emergência do desenvolvimento moral. Assim, procurou determinar os estágios universais no desenvolvimento dos julgamentos morais, propondo aos participantes dilemas morais na forma de histórias. As respostas são analisadas com base nos motivos apresentados para a decisão tomada diante dos dilemas, e não baseados em se a ação é julgada como certa ou errada.

Esses tradicionais modelos têm dominado as pesquisas psicológicas. Para esses autores o conhecimento moral, as crenças e os valores são adquiridos e aprendidos durante a infância através de fases do desenvolvimento que ocorrem com todas as crianças, independente da cultura e, portanto, são consideradas universais. Compreendem que o julgamento moral (avaliação do que é certo e errado) deriva do processo de raciocínio moral, ou seja, parte das justificativas verbais dadas como fundamentos para dilemas. Sem dúvida, muitas contribuições foram oferecidas por esses importantes autores, no entanto, o enfoque aos aspectos cognitivos, desenvolvimentais e universais contrastam com a realidade encontrada no contexto da rua. Os aspectos contextuais da rua podem não prejudicam o raciocínio cognitivo desses jovens, mas refletem respostas afetivas condizentes com as regras da rua. A entrevista realizada por Paludo (2004) com um adolescente de 15 anos revela essa contradição:

> Eu participo de uma gangue, a gente marca sempre um dia no mês para se encontrar, daí quando a gente se encontra, a gente dá uma banda, agitamos um pouco aí... uma vez fomos lá no bairro comprar umas drogas e daí os caras nos respeitam porque a gente tem arma e pode atirar, o cara se sente o máximo... Essa vez a nossa ida lá saiu até na rádio, falaram da nossa gangue, a gente tá grandão. Mas eu tenho medo de acontecer uma coisa grave, sei que é errado isso, sei que maconha destrói tudo e que a gente não pode andar de arma e atirar nas pessoas, aprendi com o nego serra lá do centro, o cara colocou na minha cabeça que isso daí vai me prejudicar bem mais do que tá me prejudicando agora e vai fazer muita gente se ralar.

Esse relato demonstra quanto o contexto e a cultura precisam ser considerados para avaliar o julgamento moral e a emoção moral expressa no contexto da rua. Nesse sentido, é necessário dispor de uma proposta teórica que permita essa avaliação. A partir dos anos 1980, houve um aumento no interesse pela base emocional/afetiva do desenvolvimento moral, especialmente pelas emoções morais. Surgiram, então, muitos estudos relevantes demonstrando que as emoções são mediadoras na construção da moralidade e preditoras de julgamentos morais (Haidt, 2001; Haidt, Koller, & Dias, 1993; Kagan, 1987; Keltner & Haidt, 2001; Shweder, Mahapatra, & Miller, 1987).

No ano de 2001, Haidt reforçou essa revolução afetiva ao propor o Modelo Intuicionista Social (*Social Intuitionist Model – SIM*), o qual considera as emoções, as intuições e o raciocínio processos importantes no julgamento moral. Para o autor, os julgamentos morais são produtos das intuições, que em geral são respostas diretas, rápidas, automáticas e espontâneas e expressam emoções de aprovação e desaprovação. Por exemplo, ao escutar o seguinte relato de uma menina em situação de rua, com 13 anos de idade, uma intuição inicial será gerada:

> Me sinto assim, estranha, porque eu queria estar em casa, sabe... rejeitada. É tinha vezes que tinham que me segurar porque eu me cortava com caco de vidro, me cortava toda com caco de vidro, me machucava aqui olha! [mostra as marcas pelo corpo]. Eu quero mas as tias não deixam, já tomei uns vidrinhos assim, sabe uns remédios, veneno já tomei já. Eu penso porque que eu não morri, só nisso que eu penso. Eu fico pensando, queria ser como as outras pessoas, assim não ter passado por nada disso, não estar na rua, estar em casa, ter onde dormir, ter onde fica.

Se a intuição inicial estiver relacionada com a indignação, tristeza ou ainda pena, provavelmente provocará um julgamento negativo dessa situação, ou seja, o fato dessa menina estar sofrendo será considerado errado. A partir desse julgamento serão apresentadas justificativas chamadas de raciocínio *post-hoc* para sustentar a emoção inicial e essas construções serão pautadas em aspectos contextuais e culturais. No entanto, Haidt (2001) sugeriu que o raciocínio moral nem sempre estará em concordância com o primeiro julgamento expresso pelo indivíduo, pois certos julgamentos morais são fortemente afetados por fatores intuitivos.

Sugeriu alguns exemplos considerados "embaraçosos" (*dumbfounding*), ou seja, instâncias nas quais os indivíduos são incapazes de gerar razões adequadas para o seu julgamento moral inicial como, por exemplo: "*eu não sei, eu não consigo explicar, eu somente sei que é errado*". Essa falta de explicação racional reforça a proposta do SIM, uma vez que as pessoas sabem intuitivamente que algo está errado, mas não encontram um raciocínio lógico para explicar. Esse modelo afirma que as emoções têm, portanto, uma ação importante na moralidade (Haidt & Bjorklund, 2005) e captura a interação das intuições, julgamentos e raciocínio. Diante dessa perspectiva, modelos explicativos focalizados nas emoções e na cultura foram selecionados para dar suporte aos resultados dos estudos de Paludo apresentados nesse capítulo.

EMOÇÕES MORAIS: DESVELANDO A MORALIDADE DAS CRIANÇAS E ADOLESCENTES EM SITUAÇÃO DE RUA

A investigação da moralidade através das emoções emerge como uma importante estratégia para acessar essa população no contexto da rua, uma vez que as expressões emocionais são conhecidas e não exigem um conhecimento específico e formal. As limitações cognitivas devem ser consideradas para a realização de pesquisas no contexto da rua, especialmente pela baixa escolaridade daqueles que frequentam esse contexto. Escalas, questionários fechados e com um vocabulário formal, tarefas que demandem atenção e compreensão verbal dificultam e podem até impedir a coleta de dados. Dessa forma, é imprescíndivel o uso instrumentos lúdicos ou ferramentas que estejam mais próximas da realidade diária desses jovens e que permitam uma interação recíproca e significativa. O planejamento, a execução e a efetivação de pesquisas no espaço da rua exigem vários passos necessários para a validade ecológica dos dados obtidos e têm sido discutida amplamente por pesquisadores da área (Hutz & Koller, 1999; Neiva-Silva & Koller, 2002; Paludo & Koller, 2004).

A escolha pelo estudo das emoções morais expressas por crianças e adolescentes em situação de rua possibilitaram o acesso à realidade social e aos códigos morais e sociais presentes nesse contexto (Shweder & Haidt, 1993). As emoções denominadas morais são aquelas que respondem a violações morais, motivam o comportamento moral, revelam a preocupação consigo mesmo e com os outros (Eisenberg, 2000; Haidt, 2003; Tangney, Stuewig, & Mashek, 2007). Dentre as emoções morais podem ser citadas a vergonha (Ferguson, Stegge, Miller, & Olsen, 1999; Leith & Baumeister, 1998), a culpa (Kugler & Jones, 1992; Tangney, Miller, Flicker, & Barlow, 1996), a raiva (Ekman, 1992; Rozin, Lowery, Imada, & Haidt, 1999), o nojo (Haidt, 2003), o desprezo (Rozin *et al.*, 1999), entre outras.

O estudo de Paludo (2004) investigou quatro emoções: culpa, vergonha, indiferença e orgulho por meio do instrumento *Scan bullying* (Almeida & Del Barrio, 2002). Após a narração da história criada a partir dos cartões apresentados, os participantes foram questionados sobre o estado emocional dos personagens (agressores, vítimas e testemunhas) e foram estimulados a relatar o que poderia ele(a) próprio(a) sentir se estivesse no papel desses diferentes personagens. Os resultados obtidos para culpa revelaram que 38% dos adolescentes em situação de rua esperavam que o agressor se sentisse culpado após um episódio de vitimização, ou seja, reconheceram que a culpa está associada à violação moral e oferece prejuízos a outros. No entanto, 24% dos participantes atribuíram culpa à vítima, pois acreditavam que a vítima seria culpada, pois havia promovido os episódios de transgressão contra sua própria pessoa. Tais atribuições indicaram características da realidade social que estão inseridos. O sentimento de culpa esteve presente na maioria dos discursos desses jovens, muitos acreditavam ter provocado, de alguma forma, a situação que se encontram hoje. Isso significa que, independente dos motivos que tenham contribuído para a saída deles para a rua, acreditam ser merecedores dessa violência.

Assim como a culpa, a vergonha é uma emoção moral que surge de discrepâncias entre o comportamento, as características da própria pessoa e de seus modelos morais (Ferguson *et al.*, 1999; Leith & Baumeister, 1998; Tangney *et al.*, 2007). A atribuição de vergonha esteve vinculada com maior frequência à vítima (50%) e representou a sensação de humilhação e sentimentos de incompetência, pois os relatos focaram na pessoa e nas consequências sociais negativas que essa emoção traz à vítima:

> Ela [vítima] se sente envergonhada em toda história, de repente por causa da roupa dela, do sapato dela. Aqui, por causa que ela caiu e eles começaram a rir da cara dela. Aqui, porque ela ficou com vergonha de não jogar sapata. Aqui, porque ela ficou com vergonha de sentar nessa mesa aqui por causa dessa menina. Aqui, aqui se ela não quer usar a droga à força, eles não podem apressar ela usar.

Por outro lado, 25% atribuíram vergonha ao agressor e 26% disseram que sentiriam vergonha se cometessem algum ato semelhante ao do agressor, indicando uma preocupação moral focalizada na avaliação do ato: "Sentiria vergonha se tivesse batido nos outros que nem ele, por causa que tá errado..."

A indiferença permitiu avaliar o descomprometimento moral. Dentre os participantes, 71% atribuíram indiferença ao agressor devido ao fato de que o agressor continuaria provocando a vítima sem se preocupar com o que esta estava sentindo:

> Esse aqui ó. Porque ó primeiro aqui ele que ri da cara dele melhor, ele que faz a cara tapada [risos]. Aqui também ó, aqui também e aqui de novo... E depois viu o safado ó depois veio oferecer bebidinha...

Em relação à tomada de perspectiva empática, 78% disseram que não se sentiriam indiferentes em nenhum momento da história se fizessem parte dela, afirmando que não estariam indiferentes aos atos de transgressão. Afirmaram que se fossem os personagens da história se "preocupariam" com os acontecimentos, indicando uma preocupação moral por parte dos entrevistados.

O orgulho evidenciou resultados intrigantes, uma vez que 65% dos participantes atribuíram orgulho ao agressor. De acordo com as teorias cognitivistas, esse resultado contraria aquilo que é esperado para as crianças mais velhas e adolescentes. Nessa perspectiva, a partir de oito anos, as crianças devem atribuir emoções negativas ao vitimizador, já que possuem capacidade para compreender a prática da transgressão e a intenção dessa ação (Arsenio & Kramer, 1992; Nunner-Winkler & Sodian, 1988). Quando adolescentes e adultos ainda atribuem emoções positivas aos transgressores revelam o padrão do vitimizador feliz (Keller, Lourenço, Malti, & Saalbach, 2003). No entanto, como a proposta teórica escolhida refere-se ao relativismo moral, o contexto e a cultura devem ser compreendidos como parte da aquisição moral. Por isso, algumas hipóteses explicativas nessa direção podem ser levantadas. A maioria dos jovens imigraram de favelas ou bairros muito pobres, onde existe uma rede de serviços ilegais que oferecem *status* aos chefes dessas organizações, chefes que ocupam o papel de agressor, pois possuem o poder de controlar quem entra e quem sai do bairro e quem vive ou quem morre nesse contexto. Avaliando essa realidade, atribuir uma emoção moral positiva como orgulho faz sentido, pois são percebidos pelos jovens como grandes líderes:

Ô, meu, se eu te falar que eu tive em 15 gangues, é muito!!!! Ah, levava cada faquinha deste tamanho. A gente ia pro som, bah, fazia um monte de coisa. A gente brigava dentro do baile, aí dava aquele fuzuê, ai meu Deus, todo mundo respeitava. Era só chegar mandando... Uma vez dei uma facada, na perna, o guri tá aleijado até hoje. Eu era o mais ralado, mau, era o que incomodava mais, queria mandar mais, sabe, as mina gostavam dele, mas daí eu cheguei chegando... daí eles me convidavam pra entrar... pra conversar, pra beber, daí depois que já meio, aí a cobra fumava. Uma vez a gente pegou o auto, assim, o nosso amigo Grandão, ele tinha um carro, a gente encheu de arma e fomos dar uma volta!! Numa vila lá na Restinga, atirava de dentro do carro... achava muito tri, que nem nos filmes, me sentia o Stallone!

Esses discursos são impregnados pela cultura que vivem e pelo fascínio que o poder e o *status* do crime e do criminoso exercem na vida deles. O sentimento de exclusão é presente no dia a dia e para adquirir novamente o respeito e a sensação de fazer parte de algo maior é necessário obter o respeito das pessoas. Respeito esse que pode ser obtido através do medo produzido nos outros.

Esses resultados vão ao encontro das reflexões iniciadas por outros pesquisadores. Haidt, Koller, Santos, Frohlich e Pacheco (1996) avaliaram relatos de emoções, como alegria, tristeza, raiva, desprezo, vergonha, culpa, pena e nojo que revelaram alta frequência de eventos de risco nas trajetórias de vida desses adolescentes. Os autores afirmaram que a expressão da sensibilidade, das emoções e dos valores morais apareceu preservada. Campos *et al.* (2000) investigaram valores, crenças e habilidades interpessoais de crianças em situação de rua e identificaram um repertório de estratégias voltadas para a sobrevivência, salientando que as habilidades desenvolvidas nesse ambiente são bastante peculiares ao próprio contexto e expressas por condutas pautadas em uma ética própria e desejo de superação da situação em que se encontram. Raffaelli *et al.* (2000) investigaram as experiências positivas e negativas que a rua propicia aos seus moradores, evidenciando que o contexto da rua não detém ou impede a expressão de emoções.

No ano de 2008, Paludo reafirmou que as crianças e os adolescentes em situação de rua expressam emoções positivas, negativas e morais. Foram realizadas 33 entrevistas que revelaram 345 episódios emocionais relacionados à alegria (17,7%), à pena (16,5%), ao nojo (16,5%), à raiva (13,6%), à vergonha (12,8%), ao desprezo (11,6%) e à culpa (11,3%). Todos os relatos foram submetidos à análise de conteúdo, a fim de identificar os contextos onde aconteceram os episódios, os temas centrais tratados e o conteúdo moral presente no depoimento. Os resultados indicaram que as peculiaridades dos principais contextos de desenvolvimento, especialmente a rua e a família, imprimiram significados diferentes para cada emoção moral, confirmando a proposta relativista e o modelo intuicionista. A alegria foi propiciada pelo uso de drogas e a saída de casa, a culpa surgiu quando vivenciaram as situações de perda e rompimento familiar, o desprezo quando foram vítimas de violência, a pena quando testemunharam situações de violência contra outras pessoas, a raiva foi motivada pela violência contra si e contra outros, a vergonha quando sentiram-se humilhados e o nojo quando foram vítimas de violência sexual.

Tais dados demonstraram como a condição de vida pode produzir efeitos diretos sobre as emoções morais. Além disso, as avaliações demonstraram que esses adolescentes conhecem os padrões, regras morais e convenções sociais construídas pela sociedade, revelando que suas trajetórias de risco não produziram distorções e deficiências no desenvolvimento moral.

SUPERANDO A DICOTOMIA: MORAL E AMORAL

Integrando os resultados encontrados pode-se afirmar que as crianças e os adolescentes em situação de rua possuem e expressam emoções morais que refletem suas vivências cotidianas. Ou seja, o viver na rua não impede o desenvolvimento moral e emocional, mas as vivências nesse contexto oferecem interesses morais e afetivos condizentes com esse espaço. As peculiaridades sobre a expressão das emoções são evidentes, especialmente sobre as emoções morais sentidas pelas crianças e adolescentes em situação de rua. As pessoas adquirem a moralidade por meio da família, da sociedade e da cultura. Se o espaço onde vivem e as relações estabelecidas são pautadas na violência, na "lei do mais forte" e na transgressão de regras, como podem apresentar respostas diferentes das aprendidas e construídas nessa realidade? Certamente, não pode ser afirmada uma correlação entre esses fatores devido às potencialidades dos seres humanos de superação e resiliência (Masten, 2001; Masten & Garmezy, 1985; Werner & Smith, 1992). É imprescindível atentar para a real situação de vida dessa população. O cotidiano colide com as normas morais impostas pela sociedade e para sobreviver na rua esses meninos e meninas estabelecem novos códigos morais e afetivos de sobrevivência. Nesse sentido, a avaliação moral passa necessariamente pela compreensão do contexto e da cultura onde estão inseridos e as emoções indicadas apenas retratam essas vivências.

O estudo realizado pretende aprofundar algumas reflexões sobre as relações existentes entre moralidade, emoções e contexto. Avaliar essas questões no contexto da rua é um desafio na medida em que esse espaço é representado socialmente como ligado ao ócio, ao comportamento amoral e marginal. Ao mesmo tempo, apreender os significados de certo e errado e as emoções que traduzem esses julgamentos na perspectiva de crianças e adolescentes em situação de rua é denunciar uma realidade cruel que merece atenção da sociedade e das políticas públicas. Os relatos dramáticos vividos por essa população são amenizados pela ludicidade do instrumento utilizado e da entrevista proposta. Certas respostas trazem à tona uma antiga discussão a respeito da "distorção" de valores que apresentam, afinal, é errado uma criança valorizar aquele que transgride as leis? Paludo e Koller (2005) já discutiam que crenças, estereótipos e preconceitos como esses comprometem a percepção e o reconhecimento dessas crianças e adolescentes como pessoas em desenvolvimento e cristalizam a imagem dúbia de coitadinhos ou delinquentes, perpetuando situações marginais. Por isso, antes de questionar como a rua pode interferir ou distorcer a moralidade das crianças que vivem nesse contexto, deve-se questionar como as famílias podem abandonar e expulsar seus filhos, como a sociedade pode fechar os olhos para esse fenômeno, como o Estado pode culpabilizar os pais desassistidos?

Investigar as emoções morais daqueles que vivenciam situações de extrema adversidade implica desnudar as avaliações emocionais construídas nas suas experiências sociais, morais e cotidianas, incluindo as de maltrato, violência e vitimização. É de extrema importância compreender a criança e o adolescente em situação de rua na totalidade. Repensar esse espaço como produtor de seres amorais e marginais implica apenas em julgamentos que restringem ações promotoras de saúde, ao mesmo tempo, compreender e aceitar essas construções morais como simples estratégia de sobrevivência não permite uma discussão adequada do tema. Trazer à tona essas reflexões é apenas um primeiro passo, de forma que se espera que o presente capítulo possa contribuir para futuras discussões dos temas analisados.

Endereço Desconhecido: crianças e adolescentes em situação de rua

REFERÊNCIAS

Almeida, A., & del Barrio, C. (2002). A vitimização entre companheiros em contextos escolares. Um instrumento narrativo para estudo das representações dos maus-tratos na pré-adolescência: O Scan bullying. In C. Machado & R. Abrunhosa (Eds.), *Violência e vítimas de crimes: Vol. II. Crianças* (pp. 169-197). Coimbra, Portugal: Quarteto.

Alves, P.B. (2002). *Infância, tempo e atividades cotidianas das crianças em situação de rua: As contribuições da teoria dos sistemas ecológicos.* Tese de doutoramento não publicada, Universidade Federal do Rio Grande do Sul, Porto Alegre, Brasil.

Aptekar, L. (1996). Crianças de rua nos países em desenvolvimento: Uma revisão de suas condições. *Psicologia: Reflexão e Crítica, 9,* 153-184.

Arsenio, W., & Kramer, K. (1992). Victimizers and their victims: Children's conceptions of the mixed emotional consequences of victmization. *Child Development, 63,* 915-927.

Bandeira, D., Koller, S.H., Hutz, C., & Forster, L. (1996). O cotidiano dos meninos de rua de Porto Alegre. In *Anais do XVII Internacional School Psychology Congress: Vol. II* (pp. 133-134). Campinas.

Bandura, A. (1997). *Social learning theory.* Englewood Cliffs, NJ: Prentice Hall.

Campos, T., Del Prette, Z., & Del Prette, A. (2000). (Sobre)vivendo nas ruas: Habilidades sociais e valores de crianças e adolescentes. *Psicologia: Reflexão e Crítica, 13,* 517-527.

De Antoni, C., & Koller, S.H. (2002). Violência doméstica e comunitária. In M.L.J. Contini, S.H. Koller & M.N.S. Barros (Eds.), *Adolescência e psicologia: Concepções, práticas e reflexões críticas* (pp. 85-91). Brasília, DF: Conselho Federal de Psicologia.

Eisenberg, N. (2000). Emotion, regulation, and moral development. *Annual Review Psychology, 51,* 665-697.

Ekman, P. (1992). Are there basic emotions? *Psychological Review, 99,* 550-553.

Ferguson, T.J., Stegge, H., Miller, E.R., & Olsen, M.E. (1999). Guilt, shame, and symptoms in children. *Developmental Psychology, 35,* 347-357.

Forster, L.M.K., Barros, H.M.T., Tannhauser, S.L., & Tannhauser, M. (1992). Meninos na rua: Relação entre abuso de drogas e atividades ilícitas. *Revista da ABP-APAL, 14,* 115-120.

Freud, S. (1953). Civilization and its discontents. In J. Strachey (Ed. and Trans.), *The standard edition of the complete psychological works of Sigmund Freud* (Vol. 21, pp. 59-145). London: Hogarth Press.

Haidt, J. (2001). The emotional dog and its rational tail: A social intuicionist approach to moral judgement. *Psychological Rewiew, 4,* 814-834.

Haidt, J. (2003). The moral emotions. In R.J. Davidson, K.R. Scherer & H.H. Goldsmith (Eds.), *Handbook of affective sciences* (pp. 852-870). Oxford, UK: Oxford University Press.

Haidt, J., & Bjorklund, F. (2005). Social intuitionists answer six questions about moral Psychology. Unpublished manuscript, University of Virginia, Charlottesville, VA.

Haidt, J., Koller, S.H., & Dias, M. (1993). Affect, culture and morality, or is it wrong to eat your dog? *Journal of Personality and Social Psychology, 4,* 613-628.

Haidt, J., Koller, S.H., Santos, R., Frohlich, C., & Pacheco, P. (1996). *Episódios morais e temas emocionais de crianças de rua.* Trabalho apresentado no Salão de Iniciação Científica da Universidade Federal do Rio Grande do Sul, Porto Alegre, RS.

Hutz, C., & Koller, S. (1999). Methodological and ethical issues in research with street children [Special issue]. In W. Damon (Series Ed.), M. Raffaelli & R. Larson (Vol. Eds.), Homeless and working youth around the world: Exploring developmental issues. *New Directions for Child and Adolescent Development, 85,* 59-70.

Kagan, J. (1987). *The nature of child.* New York: Basic Books.

Keller, M., Lourenço, O., Malti, T., & Saalbach, H. (2003). The multifaceted phenomenon of "happy victimizers": A cross-cultural comparasion of moral emotions. *British Journal of Developmental Psychology, 21,* 1-18.

Keltner, D., & Haidt, J. (2001). Social functions of emotions. In T. Mayne & G.A. Bonanno (Eds.), *Emotions: Current issues and future directions* (pp. 192-213). New York: Guilford Press.

Kohlberg, L. (1969). Stage and sequence: The cognitive developmental approach to socialization. In D. Goslin (Ed.), *Handbook of socialization theory and research* (pp. 325-480). Chicago: Rand McNally.

Kohlberg, L. (1976). Moral stages and moralization: The cognitive-developmental approach. In T. Lickona (Ed.), Moral development and behavior: Theory, research, and social issues (pp. 31-53). New York: Holt, Rinehart and Winston.

Kugler, K., & Jones, W.H. (1992). On conceptualizing and assessing guilt. *Journal of Personality and Social Psychology, 62*, 318-327.

Leith, K., & Baumeister, R.F. (1998). Empathy, shame, guilt and narratives of interpersonal conflicts: Guilt-prone people are better at perspective taking. *Journal of Personality, 66*, 2-37.

Masten, A. (2001). Ordinary magic: Resilience process in development. *American Psychologist, 56*, 227-238.

Masten, A., & Garmezy, N. (1985). Risk, vulnerability and protective factors in developmental psychopathology. In B.B. Lahey & A.E. Kazdin (Eds.), *Advances in Clinical Child Psychology* (pp. 1-52). New York: Plenum.

Morais, N.A. (2005). *Um estudo sobre a saúde de adolescentes em situação de rua: O ponto de vista dos adolescentes, profissionais de saúde e educadores*. Dissertação de mestrado não publicada, Universidade Federal do Rio Grande do Sul, Porto Alegre, Brasil.

Neiva-Silva, L. (2008). *Uso de drogas entre crianças e adolescentes em situação de rua: Um estudo longitudinal*. Tese de doutoramento não publicada, Universidade Federal do Rio Grande do Sul, Porto Alegre, Brasil.

Neiva-Silva, L., & Koller, S.H. (2002). A rua como contexto de desenvolvimento. In E.R. Lordelo, A.M.A. Carvalho & S.H. Koller (Eds.), *Infância brasileira e contextos de desenvolvimento* (pp. 202-230). São Paulo, SP: Casa do Psicólogo.

Noto, A.R., Galduróz, J.C.F., Nappo, S.A., Carlini, C.M.A., Moura, Y.G., & Carlini, E.A. (2004). *Levantamento nacional sobre o uso de drogas entre crianças e adolescentes em situação de rua nas 27 capitais brasileiras (2003)*. São Paulo, SP: Centro Brasileiro de Informações sobre Drogas Psicotrópicas.

Nunner-Winkler, G., & Sodian, B. (1988). Children's understanding of moral emotions. *Child Development, 59*, 1323-1338.

Paludo, S. (2004). *Expressão das emoções morais de crianças em situação de rua*. Dissertação de mestrado não publicada, Universidade Federal do Rio Grande do Sul, Porto Alegre, Brasil.

Paludo, S. (2008). *Emoções morais e gratidão: Uma nova perspectiva sobre o desenvolvimento de jovens em situação de risco pessoal e social*. Tese de doutoramento não publicada, Universidade Federal do Rio Grande do Sul, Porto Alegre, Brasil.

Paludo, S., & Koller, S. (2004). Inserção ecológica no contexto da rua. In S.H. Koller (Ed.), *Ecologia do desenvolvimento humano: Pesquisa e intervenção no Brasil* (2. ed., pp. 219-244). Porto Alegre, RS: Casa do Psicólogo.

Paludo, S., & Koller, S. (2005). Quem são as crianças que estão nas ruas: Vítimas ou vitimizadoras? *Interação em Psicologia, 9*, 65-76.

Piaget, J. (1977). *The moral judgment of the child* (M. Gabain, Trad.). New York: Free Press.

Raffaelli, M., Koller, S.H., Reppold, C.T., Kuschick, M.B., Krum, F.M.B., & Bandeira, D.R. (2000). How do Brazilian street youth experience "the street"? Analysis of a sentence completion task. *Childhood, 8*, 396-415.

Ribeiro, M. (2003). A rua: Um acolhimento falaz às crianças que nela vivem. *Revista Latino-Americana de Enfermagem, 11*, 622-629.

Rozin, P., Lowery, L., Imada, S., & Haidt, J. (1999). The CAD triad hypothesis: A mapping between three moral emotions (contempt, anger, disgust) and three moral codes (community, autonomy, divinity). *Journal of Personality and Social Psychology, 76*, 574-586.

Santana, J., Doninelli, T., Frosi, R., & Koller, S. (2005a). Os adolescentes em situação de rua e as instituições de atendimento: Utilizações e reconheci-mento de objetivos. *Psicologia: Reflexão e Crítica, 18*(1), 134-142.

Santana, J., Doninelli, T., Frosi, R., & Koller, S. (2005b). É fácil tirar a criança da rua. O difícil é tirar a rua da criança. *Psicologia em Estudo* (Maringá), *10*(2), 165-174.

Shweder, R.A., & Haidt, J. (1993). The future of Moral Psychology: Truth, intuition, and the pluralist way. *Psychological Science, 4*, 360-356.

Shweder, R.A., Mahapatra, M., & Miller, J. (1987). Culture and moral develo-pment. In J. Kagan & S. Lamb (Eds.), *The emergency of morality in young children* (pp. 1-83). Chicago: University of Chicago Press.

Tangney, J.P., Miller, R.S., Flicker, L., & Barlow, D.H. (1996). Are shame, guilt and embarrassment distinct emotions? *Journal of Personality and Social Psychology, 70*, 1256-1269.

Tangney, J.P., Stuewig, C.S., & Mashek, D.J. (2007). Moral emotions and moral behavior. *Annual Review of Psychology, 58*, 345–372.

Werner, E., & Smith, R. (1992). *Overcoming the odds: High risk children form birth to adulthood*. London: Cornell University.

9

SAÚDE DE CRIANÇAS E ADOLESCENTES EM SITUAÇÃO DE RUA

Normanda Araujo de Morais
Sílvia Helena Koller

A existência de crianças e adolescentes em situação de rua deve ser vista como um assunto de direitos humanos, o qual tem suas raízes na situação de pobreza e nas múltiplas formas de vitimização às quais estão sujeitas, seja no ambiente familiar ou na rua. Exploração, vitimização e exposição à violência são graves violações aos seus direitos humanos e contribuem para uma situação de vulnerabilização a outros riscos à sua saúde (Farrow, Deisher, Brown, Kulig, & Kipke, 1992).

A realidade de vida na rua, incluindo uso de drogas, sexo de sobrevivência, perda de apoio, abrigo seguro e necessidades básicas de higiene colocam as crianças e adolescentes em situação de risco para muitas consequências negativas de saúde, dentre as quais: dependência química, DSTs, infecção pelo HIV, má nutrição, *deficits* de crescimento, lesões por acidentes, gravidez indesejada e morte prematura resultante de suicídio e homicídio (Ensign & Bell, 2004; Farrow *et al.*, 1992; Mejía-Soto, Castañeda, González, Ramirez, & Avendaño, 1998; Panter-Brick, 2001, 2002; Raffaelli, 1999).

No entanto, a inexistência de estatísticas acerca das principais causas de morbidade e mesmo das principais doenças que acometem crianças e adolescentes em situação de rua torna difícil a análise das reais implicações da vida na rua sobre a saúde física e, principalmente,

Endereço Desconhecido: crianças e adolescentes em situação de rua

psicológica dos que nela vivem. Sendo assim, Panter-Brick (2001) faz uma ressalva de que seria a situação de pobreza e não a vida na rua que contribuiria para a situação de vulnerabilidade física e psicológica. De acordo com essa antropóloga, a rua não seria por si só um fator de risco para a saúde, pois "a vida de rua é um evento ao longo do *continuum* da experiência de pobreza da criança" (p. 92). Ela acrescenta que o foco das análises dos estudos deveria estar sobre os fatores de risco e a resiliência que mediam a influência da pobreza sobre a saúde e o desenvolvimento, e não apenas sobre o estudo da "situação de rua" vivida pela criança ou adolescente.

Na direção da sugestão feita por Panter-Brinck (2001), alguns estudos têm enfatizado a rua como uma estratégia de saúde e busca de qualidade de vida das crianças e adolescentes em situação de rua. É o caso, por exemplo, dos estudos de Leite (1991, 1999, 2005), Morais (2005) e Westphal (2001). Nesses estudos, a saída para a rua é entendida como uma estratégia e opção de saúde dessas crianças e adolescentes, diante do espaço familiar violento, o qual é também marcado por condições de moradia precária, insalubridade, fome etc. Por isso, uma análise das condições de saúde de crianças e adolescentes em situação de rua deve considerar tanto os riscos vividos no próprio contexto da rua quanto a sua história de vida passada, assim como as possibilidades e limitações que lhe são colocados no momento presente. O presente capítulo parte desse pressuposto e busca apresentar uma visão geral acerca dos principais estudos realizados sobre a condição de saúde de crianças e adolescentes em situação de rua.

CONCEPÇÕES DE SAÚDE E DOENÇA

Dada a natureza sociocultural do fenômeno saúde-doença e a diversidade de significados que os diferentes indivíduos atribuem a esse processo, é particularmente importante compreender como a população infantojuvenil em situação de rua percebe e vivencia os assuntos relacionados à saúde e doença. Tal fato, de acordo com Ensign e Bell (2004) constitui-se como de fundamental importância para o planejamento e a avaliação do impacto de intervenções em saúde direcionadas a esse grupo social, tradicionalmente negligenciado nas suas demandas de saúde.

Santana (1998) investigou a concepção de saúde-doença de 25 crianças e adolescentes em situação de rua na cidade de Feira de Santana, no nordeste do país, usando para isso *entrevista semiestruturada*, observação participante e dinâmicas de grupo. As crianças e adolescentes entrevistados relacionaram a saúde e a doença tanto à ausência ou à presença de patologia quanto com as necessidades biopsicossócioafetivas. No primeiro caso, saúde e doença são vistas de forma imbricada e uma representa o contrário da outra. No entanto, a definição de doença enquanto presença de patologia, "doença é dor de cabeça, dor de dente, ferida, dor de ouvido, dor de barriga" (p. 174) apresentou-se com mais ênfase do que a da saúde como ausência de doença "saúde é estar com o corpo sadio, não ter nenhum problema, nenhum tipo de doença" (p. 180). Já a segunda concepção (saúde-doença relacionada às necessidades bio-psico-sócio-afetivas) representa uma visão mais abrangente do processo saúde-doença, uma vez que considera tanto as necessidades humanas biológicas "saúde é comer todo dia feijão com farinha, carne e arroz" (p. 184) quanto à presença de aspectos psíquicos, afetivos, existenciais, políticos e espirituais da vida humana: "Saúde é não ter problema, é tá na paz de Deus", "saúde é ter cabeça boa", "é ter uma família" (p. 186). Nas duas situações, porém, as definições usadas pelos participantes revelavam as condições de vida do grupo.

No estudo de Morais (2005), realizado com 12 adolescentes em situação de rua da cidade de Porto Alegre, a saúde foi descrita em termos de "ausência de doença" e da necessidade de ter "cuidados", como, por exemplo, ir ao médico, fazer tratamentos, não usar drogas, não andar de pé descalço e não andar na chuva. Os aspectos de "disposição para atividades" e a relação da saúde com "sentimentos positivos", que é bom ou que traz alegria, também foram citados, mas em menor proporção. Já a doença, tendeu a ser descrita a partir de "sintomas e patologias", como "febre, gripe, tosse, AIDS, tuberculose e bronquite", por exemplo. Uma outra categoria citada fez referência à doença com "sentimentos negativos", algo que é "ruim, prejudica a vida e traz tristeza", ao contrário da saúde que foi associada a aspectos positivos.

Tanto no estudo de Morais (2005) quanto no de Santana (1998), os participantes tenderam a relacionar os conceitos de saúde e a doença, respectivamente, à ausência e à presença de sintomas ou patologia. Dessa forma, pode-se concluir que a saúde e a doença foram vistas de forma inter-relacionada, mas contrárias/opostas. Enquanto no estudo de Santana (1998), os participantes fizeram mais referências à saúde como a presença de "necessidades biopsicossocioafetivas", relacionadas aos aspectos psíquicos, afetivos, existenciais, políticos e espirituais da vida humana ("saúde é ter paz, é ter uma família", por exemplo), os adolescentes de Porto Alegre mencionaram mais frequentemente algumas práticas de cuidado para definir saúde: "não usar drogas, não andar de pés descalços, não andar na chuva" (Marina, 12 anos). Em ambos os estudos, porém, os participantes usaram a descrição de sintomas ou patologias para definirem doença: "Doença é quando a pessoa tá com furúnculo... Dor de ouvido, bicho de pé" (Alexandre, 15 anos).

AVALIAÇÃO DA SAÚDE

No estudo de Morais (2005), dos 12 participantes entrevistados, nove (75%) consideraram-se *"saudáveis"* no momento da pesquisa, enquanto que dois (16,7%) afirmaram estar com a sua saúde *"mais ou menos"* e apenas um (8,3%) julgou-se *"doente"*. Os adolescentes que afirmaram estar *"saudáveis"* alegaram, principalmente, que não tinham nenhuma doença ou sintoma, que estavam se cuidando (indo ao médico, fazendo exames, alimentando-se) e que estavam contentes – categorias relacionadas às suas definições de saúde. O desânimo, o cansaço e o uso de drogas foram os argumentos usados para se considerar *"mais ou menos"* saudáveis, enquanto que uma infecção na garganta justificou a definição de uma adolescente como *"doente"*. O predomínio de adolescentes que se julgam saudáveis é confirmado no estudo de Brito (1999) sobre o uso de drogas por crianças e adolescentes em situação de rua de Porto Alegre,

RS. Nesse estudo, a pesquisadora mostrou que, dentre os 83 meninos e meninas (entre dez e dezoito anos) que vivem em situação de rua na cidade de Porto Alegre, 66,3% afirmaram não enfrentar qualquer problema de saúde, enquanto que apenas 27,7% apontaram ter conhecimento de dificuldades com a sua saúde.

Verifica-se, portanto, certa tendência das crianças e adolescentes em situação de rua a julgarem-se saudáveis. No entanto, conforme mostra o estudo de Morais (2005), quando compararam o seu estado atual de saúde com o que apresentavam em casa, o quadro mudou de configuração. Nas suas respostas, os adolescentes ($n = 12$) acreditam que se estivessem em casa teriam uma saúde melhor (90,9%), que a sua saúde piorou depois que foram para a rua (50%), que na rua não têm mais saúde do que tinham em casa (58,3%), pois o modo de vida na rua tende a influenciar negativamente a sua saúde (58,3%). Embora se julguem saudáveis, os participantes consideram que o seu estado de saúde piorou depois que estão nas ruas. Para compreender essa aparente contradição, faz-se necessário recordar que eles tenderam a definir saúde e doença em termos de ausência e presença de doença. Portanto, eles se consideram saudáveis, porque acreditam que não têm doenças (ou, pelo menos, não tanto como imaginariam que deveriam ter). Ao mesmo tempo, afirmam que na rua ficaram mais vezes doentes do que ficariam se estivessem em suas casas, sobretudo porque a sua concepção de doença está relacionada à falta de condições adequadas de vida nas ruas, bem como ao consumo de drogas, característica marcante nas suas vidas (Morais, 2005).

PRINCIPAIS PROBLEMAS ENFRENTADOS

Em uma pesquisa realizada em Salvador, Di Villarosa e Bunchaft (1993) analisaram o acesso das crianças e adolescentes em situação de rua aos serviços de saúde, considerando dois aspectos: a demanda de serviços por parte das crianças e adolescentes e a oferta por parte dos serviços. Os dados foram recolhidos por meio da análise de fichas individuais dos adolescentes atendidos pelo Projeto Axé, de entrevistas não estruturadas com os educadores de rua que trabalham nas áreas selecionadas para a pesquisa. Além de entrevistas não estruturadas com operadores (médicos, enfermeiros, auxiliares de enfermagem, assistentes sociais e funcionários) dos serviços de saúde localizados em tais áreas.

Os resultados da pesquisa (Di Villarosa & Bunchaft, 1993) mostraram que os problemas de saúde mais frequentemente detectados, através dos sintomas expressos pelos meninos e meninas, foram os de caráter odontológico (29%), dermatológico (19%), traumatológico (5,5%) e oftalmológico (4,5%). As infecções gastrointestinais, respiratórias e as parasitoses, consideradas "doenças da pobreza", não apresentaram uma incidência relevante para esse grupo.

Na pesquisa de Santana (1998), o diagnóstico de saúde dos participantes foi alcançado através de exames de saúde realizados pela enfermagem e pelo pediatra e por avaliações clínicas, odontológicas e dermatológicas. Os problemas de saúde diagnosticados com mais frequência nessa população foram parasitoses (aproximadamente 100%), acidentes (45%), cicatrizes (45%), infecções respiratórias (40%), infecções urinárias, ginecológicas e dermatológicas (ambas com 30%), além de anemia e DSTs (ambas com 20%).

Em duas cidades (Salvador e Feira de Santana) de um mesmo estado (Bahia) pode ser verificada uma diferença quanto ao percentual identificado das parasitoses na população em situação de rua. Dada essa discrepância, pontuam-se aspectos contextuais relacionados com a presença/ausência de parasitoses nesses dois contextos. Uma análise aprofundada mostra que em Salvador, segundo Di Villarosa e Bunchaft (1993), uma renda mínima garantiria às crianças em situação de rua uma vantagem sobre aquelas crianças pobres, mas que não estão nas ruas.

Já o estudo de Brito (1999) realizado em Porto Alegre, mostrou que as principais doenças citadas pelas crianças e adolescentes que vivem em situação de rua foram: respiratórias (65,2%), anemia (8,7%), AIDS, meningite, problemas cardíacos e ginecológicos (todos com 4,3%). No estudo de Pinto et al. (1994) com adolescentes em situação de rua da cidade de Belo Horizonte, os sintomas físicos mais citados foram gastrenterites e problemas respiratórios.

Enquanto na pesquisa de Santana (1998), as parasitoses destacam-se como a doença mais frequentemente encontrada, aproximadamente 100% das crianças e adolescentes a apresentavam, no estudo de Brito (1999) sobressaíram-se as doenças respiratórias (65,2%). Essa variação parece estar relacionada às diferenças climáticas verificadas entre essas duas regiões do país (Nordeste, Sul). Mas, em ambas as situações, as doenças podem ser resultado das más condições de vida às quais as crianças e adolescentes em situação de rua estão submetidos. A exposição constante às intempéries do clima, por ausência de moradia, associada ao uso de inalantes e à alimentação inadequada, contribui para gerar uma situação de vulnerabilidade física, que é refletida por essa diversidade de patologias.

Menke e Wagner (1997) investigaram a saúde mental e física de um grupo de 134 crianças americanas (8-12 anos) que viviam em situação de rua, as quais foram divididas em três grupos: crianças em situação de rua, crianças com história passada de vida na rua e crianças pobres, mas que nunca tiveram qualquer experiência de vida na rua. As crianças participaram de uma avaliação de saúde e responderam a dois testes, um de depressão (*Children's Depression Inventory* – CDI) e um de ansiedade (*Revised Children's Manifest Anxiety Scale* – RCMAS). As mães completaram um *checklist* de problemas comportamentais (*Child Behavior Problem Checklist* – CBCL) e participaram de uma entrevista.

Os três grupos foram semelhantes nos achados de avaliação de saúde, nos problemas de saúde relatados, práticas de cuidado à saúde e escores do CBCL. Embora os problemas de saúde físicos entre os grupos tenham sido semelhantes, o percentual para as crianças de rua foram maiores. Os problemas mais comuns foram infecções respiratórias, problemas de pele e desordens intestinais. As crianças com experiência de rua no presente ou no passado mostraram escores mais altos no CDI que o grupo de crianças pobres sem qualquer experiência de rua. E as crianças em situação de rua apresentaram os maiores escores de ansiedade, quando comparado aos dois outros grupos (com experiência prévia de rua e sem experiência de rua). Todos os três grupos de crianças foram de risco para problemas de saúde física e mental. No entanto, o grupo em situação de rua obteve maior risco para depressão e ansiedade, quando comparado aos outros dois grupos. Por fim, a existência de maior semelhança que diferenças entre os grupos apoiou a hipótese de que a situação de rua é parte de um *continuum* de pobreza e não uma entidade monolítica.

Mais recentemente, Raffaelli, Koller e Morais (2007) examinaram o ajustamento físico, comportamental e psicológico de 25 adolescentes do sexo masculino, com idades entre 13 e 19 anos, que frequentavam duas instituições da rede de assistência a crianças e adolescentes em situação de rua na cidade de Porto Alegre. O ajustamento físico foi avaliado pela soma de todas as respostas "sim" a um *checklist* de 11 sintomas físicos (por exemplo, tosse, dor de cabeça etc.), em que o(a) adolescente era perguntado(a) se havia tido algum dos sintomas no último mês. O ajustamento comportamental foi avaliado por meio de uma medida do envolvimento do(a) adolescente no último mês em estratégias "desviantes" de sobrevivência, como, por exemplo, roubar, vender drogas etc. Nesse caso, as respostas variaram de 1 (nunca) a 5 (sempre). Já o ajustamento psicológico foi avaliado pela Escala de Afeto Positivo e Negativo. Nessa escala, os adolescentes tiveram que indicar quão frequentemente eles experienciaram 40 emoções (feliz, calmo, triste, nervoso etc.), usando valores que variam de 1 – nenhum pouco a 5 – muitíssimo. Apesar do pequeno número de participantes e da não inclusão de meninas no estudo, considera-se que esse estudo é um avanço no sentido de incluir outras dimensões relacionadas à saúde, quais sejam: a dimensão comportamental e a dimensão psíquica. Dessa forma, não se ficou limitado à avaliação da dimensão física.

A maioria dos adolescentes (80%) do estudo de Raffaelli *et al.* (2007) relatou pelo menos um sintoma físico durante o último mês, sendo os sintomas mais comuns: a tosse, os cortes e arranhões de pele, dor de cabeça, dor que impedia realização de atividade diária ou o sono e as gastrenterites. A maioria (80%) também admitiu o envolvimento em pelo menos uma estratégia "desviante" de sobrevivência. As estratégias mais citadas foram: mendigar/esmolar (64%), vender drogas (40%), catar lixo (28%), roubar alguém ou algo (ambos com 28%), ter sexo com um conhecido em troca de dinheiro e ter sexo com um desconhecido em troca de dinheiro (ambos com 20% das respostas). Comparando os resultados com o estudo de Whitbeck e Hoyt (1999), realizado com adolescentes americanos que vivem em situação de rua, os percentuais de mendigar, catar lixo e fazer sexo em troca de dinheiro foram inferiores aos percentuais encontrados por Raffaelli *et al.* (2007). Já os percentuais de venda de droga e roubo foram semelhantes nos dois contextos.

Em termos de saúde psicológica, os escores de afeto positivo encontrado por Raffaelli *et al.* (2007) foram semelhantes aos encontrados por Giacomoni (2002), que estudou mais de 300 alunos de escolas públicas e privadas de Porto Alegre ($M = 4,04$; *range* = 1-5). No entanto, os escores de afeto negativo foram consideravelmente mais baixos entre os adolescentes em situação de rua ($M = 2,73$ vs. 4.03 no estudo de Giacomoni). As autoras (Raffaelli, Koller, & Morais, 2007) afirmam que mais estudos são necessários para entender esse achado, o qual pode indicar *coping* positivo ou uma tendência dos jovens em situação de rua negarem emoções negativas.

Raffaelli *et al.* (2007) também avaliaram a correlação entre os indicadores de ajustamento (físico, comportamental e psicológico) com as seguintes variáveis: (a) índice de adversidade na infância, a qual estava dividida em quatro domínios: individual, socioeconômico, familiar e abuso; (b) sabedoria de rua (avaliada como a capacidade da criança de conseguir comida, lugar para dormir, roupas/sapatos, proteção e lugar para lavar as roupas e tomar banho); e (c) eventos recentes negativos de vida (lista de 20 eventos, as quais o respondente teria que dizer se aconteceu ou não no último mês com ele, assim como avaliar como positivo ou negativo). Os resultados mostraram uma correlação positiva entre as adversidades vividas na dimensão familiar com o número de sintomas físicos, assim como uma correlação positiva entre as adversidades relacionadas à dimensão de abuso com o número de estratégias desviantes. Também foi encontrada uma correlação positiva entre eventos recentes negativos de vida e o número de sintomas físicos. Foram encontradas, ainda, correlações negativas em dois momentos: entre o nível de adversidade relativo à dimensão familiar e o afeto positivo e entre o grau de sabedoria de rua e o número de sintomas físicos.

QUESTÕES GERAIS RELACIONADAS À SAÚDE

Alimentação, sono e higiene

No estudo de Morais (2005), as instituições foram destacadas pelos adolescentes em situação de rua de Porto Alegre como desempenhando um papel decisivo nas questões de higiene pessoal, pois seriam o local onde costumam tomar banho, escovar os dentes e trocar as suas roupas sujas por outras limpas e/ou novas. A rua, apesar de ser um espaço bastante citado pelos adolescentes para dormir e buscar alimentação, não tem a mesma força no que se refere à higiene pessoal. A inclusão do banho, da higiene bucal e da troca de roupas na rotina das instituições contribui para a garantia da higiene desses adolescentes. Esse fato é ainda mais visível quando os adolescentes passam alguns dias sem ir às instituições e a sua aparência fica visivelmente mais suja e malcuidada do que quando eles frequentavam regularmente esses espaços. De acordo com Ricardo (17 anos), a ajuda das instituições faz a sua vida ser *"um pouco melhor"* que a de outros adolescentes que não frequentam as instituições e passam todo o seu tempo nas ruas. Para ele, sua vida na *"parte material"* é melhor, já que tem comida, roupa nova, roupa limpa e *"eles botam pra lavanderia e tudo"*.

Acidentes

O envolvimento de adolescentes em situação de rua com acidentes é frequentemente descrito na literatura como um fator de risco para essa população (Mejía-Soto *et al.*, 1998; Raffaelli, 1999; Santana, 1998) e como uma das principais causas que levam à sua internação em hospitais. Os dados encontrados por Morais (2005) corroboram os resultados de pesquisas anteriores, mas alertam para o fato de que o envolvimento dos adolescentes em situações de acidentes que colocam em risco a sua vida já acontecia antes da sua vinda para a rua.

Violência

Inicialmente, desperta atenção a frequência com que os adolescentes entrevistados por Morais (2005) afirmam ter vivenciado situações violentas no seu ambiente familiar. Neste espaço, a principal violência cometida é a do tipo psicológica, expressa, sobretudo, em gritos e ameaças de soco, tapa, empurrão e castigo sofridos. É a essa violência, característica de ambientes não protetivos e adequados ao desenvolvimento humano, que os próprios adolescentes atribuíram, conforme já foi mencionado, a sua ida para a rua. Neste espaço, por sua vez, embora haja uma tendência dos adolescentes receberem menos gritos, agressões com objetos e castigos, aumenta a probabilidade de serem ameaçados com armas ou de sofrerem tentativas de abuso sexual. Mais uma vez, confirma-se a "contradição" destacada por Noto *et al.* (2004) acerca da "rua" na vida dos adolescentes, bem como o lugar de destaque que a violência parece ter nas relações estabelecidas nos diferentes espaços que frequentam. Se, por um lado, eles informam buscar a rua como uma alternativa para se "libertarem" dos constantes castigos, ameaças físicas e agressões verbais vivenciados na sua casa, na rua, continuam a sofrer com estes. Embora em menor proporção, a esta violência se somam outros tipos de ameaças, como a de armas e a violência sexual. Acerca da violência vivenciada pelos adolescentes em situação de rua, Ribeiro e Ciampone (2001) afirmam que "durante as suas trajetórias de vida eles viveram em muitas situações diferentes, mas em todas a violência parece ter sido a protagonista" (p. 47).

Whitbeck e Simons (1990) propuseram um modelo teórico que trata do duplo risco de vitimização das crianças e adolescentes em situação de rua: em casa e nas ruas. Os autores testaram esse modelo com 84 adolescentes americanos (entre 14 e 18 anos de idade) e comprovaram a sua hipótese de que, quanto maior a vitimização em casa por abuso físico e sexual, maior a probabilidade de serem vitimizados também na rua. Diferenças de gênero foram encontradas na análise da vitimização. Enquanto as meninas são mais vítimas de abuso sexual, os meninos são mais envolvidos em incidentes relacionados ao uso de armas. Além disso, o risco de vitimização das meninas aumenta com as vezes que fogem de casa e o tempo que ficam nas ruas; enquanto os meninos têm o risco de vitimização aumentado quanto maior é o seu envolvimento com pares desviantes. Os autores salientam que não se trata de assumir o abuso em casa como preditor direto à vitimização nas ruas. Esse efeito é mediado pelas consequências comportamentais do abuso parental. Adolescentes em situação de rua que foram abusados tinham maior probabilidade de fugir de casa mais vezes, estar mais associado com pares desviantes e de engajar-se em comportamentos socialmente desviantes. São esses comportamentos (consequências de práticas parentais agressivas e coercitivas) que contribuem para o aumento da vulnerabilidade dos jovens à vitimização nas ruas.

Drogas

O uso e abuso de substâncias psicoativas têm sido um problema comum entre crianças e adolescentes em situação de rua, tanto por causa dos efeitos das drogas quanto do estilo de vida perigoso associado com as atividades de uso. Embora aspectos mais específicos, como droga mais utilizada e frequencia do uso, variem de local para local, o uso e abuso de substâncias faz parte da sobrevivência de muitos adolescentes em situação de rua (Farrow *et al.*, 1992).

O uso de droga desempenha um papel de sobrevivência funcional por negar a dor emocional e ajudar crianças e adolescentes a enfrentar a incerteza e instabilidade de suas vidas. No entanto, também serve para desestabilizá-los, tornando mais difícil a utilização dos serviços de saúde e a volta para casa ou sua transição para circunstâncias de vida mais estáveis (Farrow *et al.*, 1992).

De uma forma geral, tem havido um consenso na literatura de que quanto maior o tempo de rua e menor a vinculação familiar, maior o envolvimento em abuso de substância (Farrow *et al.*, 1992; Neiva-Silva, 2008). Além disso, o uso de drogas aumenta os riscos de problemas de saúde, particularmente traumas decorrentes de acidentes, infecções agudas e DSTs. Para uma melhor caracterização do uso de drogas, assim como dos fatores de risco e proteção relacionados ao uso entre crianças e adolescentes em situação de rua, ver Neiva-Silva nesse livro.

Sexualidade

Jovens em situação de rua apresentam maior risco para infecção com o HIV, quando comparados aos que não são de rua. Os principais fatores de risco são: início precoce da vida sexual, atividade homossexual e bissexual, não uso de preservativo, uso de drogas intravenosas, uso de crack, e envolvimento em situações de exploração sexual (Farrow *et al.*, 1992).

Assim como no caso das drogas, a maior vinculação familiar, com o consequente menor número de horas despendido na rua, tende a ser visto como responsável pelo menor envolvimento das crianças/adolescentes em situações de risco à sua sexualidade (Carvalho *et al.*, 2006; Hutz & Forster, 1996; Pinto *et al.*, 1994). Para uma melhor compreensão da vulnerabilização dessa população às doenças sexualmente transmissíveis e ao HIV, ver Carvalho e colaboradores nesse livro.

O QUE FAZEM AS CRIANÇAS E ADOLESCENTES EM SITUAÇÃO DE RUA QUANDO ESTÃO DOENTES

Diante das situações de doença, Morais (2005) mostrou que a principal atitude tomada pelos adolescentes para melhorar foi buscar ajuda do médico (50%; $n=6$) e tomar o remédio recomendado (33,4%; $n=4$). Apenas um adolescente afirmou ter tomado alguma atitude sozinho para melhorar (colocar algodão no ouvido) e um outro disse *"quando eu cheiro pra mim é um remédio"* (Fabiano, 15 anos).

A automedicação não foi citada como uma prática comum entre os adolescentes. Quase sempre o uso esteve restrito à indicação médica, sendo que dois adolescentes afirmaram ter usado alguma medicação para *"diminuir a fissura da droga"* (menino, 15 anos), enquanto que uma adolescente (12 anos) afirmou ter feito uso no passado, enquanto estava no abrigo, de uma medicação para se *"acalmar"*. Segunda ela, ainda deveria estar tomando essa medicação, mas como fugiu do abrigo, não usa mais.

A busca de médicos pelos adolescentes talvez esteja relacionada à existência de uma cultura que valoriza o saber e a técnica médica para solucionar os problemas de saúde. Esses médicos podem ter sido acessados pelo serviço de atendimento à saúde de crianças e adolescentes em situação de rua, no qual a pesquisa de Morais (2005) foi realizada, ou, diretamente em hospitais e postos de saúde da comunidade. As outras formas de auxílio citadas foram a busca de ajuda na família (citada por cinco dos doze participantes) e a busca direta de algum hospital ou posto de saúde da comunidade (quatro dos doze participantes afirmaram usar esse recurso). Três adolescentes destacaram, ainda, a busca de ajuda nos abrigos (diurnos ou noturnos) como uma alternativa para solucionar os seus problemas de saúde. Mais uma vez fica clara a diversidade de estratégias usadas para cuidar da saúde pelos adolescentes em situação de rua. Dessa forma, ainda que exista um serviço especializado para atender as demandas dessa clientela, estes adolescentes parecem usar de outros artifícios, como buscar ajuda da família, ir direto a hospitais e postos de saúde ou buscar ajuda de alguém nos abrigos, para ver o seu problema solucionado (Morais, 2005).

Já as crianças/adolescentes estudados por Santana (1998) em Feira de Santana, destacaram duas práticas populares: a fitoterapia, que consiste no uso das folhas das ervas para os tratamentos em forma de chás, banhos e xaropes, e a trofoterapia, ou seja, atribuição de poder de cura aos alimentos. Essas práticas estavam também associadas ao uso dos medicamentos alopáticos, ingeridos por meio da automedicação ou, no máximo, pela indicação de conhecidos ou por funcionários de farmácias. De acordo com Santana (1998), os meninos(as) do estudo faziam uso dessas práticas não só porque aprenderam com seus pares, mas, principalmente, porque não tiveram acesso às políticas de saúde em seu município, estando excluídos da situação de usuário da rede de serviços.

O acesso aos serviços de saúde

O serviço de atendimento à saúde para crianças e adolescentes que existia em Porto Alegre à época (2005) foi citado por metade dos doze participantes como um local no qual costumavam buscar ajuda quando doentes (Morais, 2005). O interessante, porém, é que entre esses seis adolescentes, apenas uma não fazia nenhum tipo de tratamento nesse referido serviço no momento da pesquisa, mas havia usado no passado. Os demais participantes da pesquisa, frequentadores de um abrigo diurno, não fizeram nenhuma referência ao serviço de atendimento à saúde de crianças e adolescentes em situação de rua. Esse fato pode estar relacionado com a menor "severidade" da doença que tiveram, assim como ao fato de terem encontrado solução para o seu problema de outra forma. Os cinco adolescentes que frequentavam regularmente essa instituição tinham em comum uma história de dependência química e o fato de estarem recebendo acompanhamento psiquiátrico e psicológico. Embora a maioria dos adolescentes do abrigo diurno fosse também usuária de drogas, percebeu-se que esse uso era menos acentuado que o dos adolescentes em tratamento intensivo no serviço de atendimento à saúde.

Portanto, a busca de ajuda e solução pelos adolescentes não pode ser entendida sem que seja considerada a severidade da patologia que apresentam, assim como o grau de vinculação que possuem com os serviços de atendimento e os objetivos destes. De acordo com Di Villarosa e Bunchaft (1993), de Salvador (BA), essa população tende a utilizar os serviços de saúde apenas nos casos de emergência, sendo o seu comportamento marcado pelo "imediatismo". Morais (2005) confirma essa tendência também entre os adolescentes gaúchos em situação de rua. Estes pretendiam que o atendimento fosse fornecido o mais rápido possível e o problema resolvido no exato momento que buscavam o serviço, sem necessidade de outras consultas ou exames. No entanto, não parece que essa seja uma tendência unicamente desse grupo social, mas, ao contrário, este grupo parece expressar uma tendência hegemônica na sociedade.

Os(as) meninos(as) em situação de rua costumam usar predominantemente os serviços de urgência, ao passo que os de caráter preventivo são subutilizados. Embora se reconheça que a cultura preventiva e de cuidado com a saúde não seja hegemônica, a pesquisa de Di Villarosa e Bunchaft (1993) destaca que, ainda que existam serviços com uma proposta de prevenção à saúde naquele contexto, a procura por este tipo de atendimento é praticamente inexistente para crianças e adolescentes em situação de rua. Por um lado, os serviços de emergência, que são os mais procurados, ao privilegiarem a rapidez do atendimento e não oferecerem um serviço preventivo ou um suporte psicológico e social, reforçam a atitude imediatista dos meninos(as). Por outro lado, existe a dificuldade da demanda em exprimirem-se e identificarem-se adequadamente, somado ao que Di Villarosa e Bunchaft (1993) nomearam como uma "repulsa geral das crianças e adolescentes em procurar os serviços de saúde" (p. 21). Esse fato estaria relacionado às formas dessa população perceber a relação saúde-doença, assim como da sua experiência pessoal dos serviços de atendimento, os quais podem ter reforçado (ou não) a tendência imediatista das crianças e adolescentes. Além disso, o fato de as crianças e adolescentes terem sentido-se bem ou mal acolhidos e atendidos pode contribuir para que eles retornem ou não ao serviço.

Outras barreiras aos cuidados de saúde referem-se à necessidade de um endereço permanente, à autorização dos pais para tratamento e aos assuntos relacionados à confidencialidade (Ensign & Bell, 2004; Farrow *et al.*, 1992). Muitos jovens foram explorados e vitimizados por adultos e são relutantes em confiar nos profissionais de saúde e no sistema de cuidado à saúde tradicional. Problemas legais podem levar ao medo da polícia ou da notificação do serviço social. No entanto, de acordo com Ensign e Bell (2004), esses problemas tendem a ser maior nos locais onde não há serviços de saúde específicos para crianças e adolescentes em situação de rua ou, ainda, quando esses serviços não estão devidamente capacitados para se ajustarem às necessidades específicas da população que atendem.

Avaliação do atendimento recebido

A maioria dos adolescentes afirmou ter sido bem tratada em postos e hospitais quando precisaram (Morais, 2005). Apenas duas reclamações foram feitas, uma sobre a demora no atendimento e a outra sobre o preconceito sofrido pelos moradores de rua para serem atendidos:

> Tem hospital que é difícil, muito difícil mesmo. Pra morador de rua, uma vaga em um hospital, um planejamento, se tu não tens documento e coisa, é difícil . . . Morador de rua é muito discriminado nessa parte de hospital (Adriana, 16 anos)

A fim de evitar dificuldades desse tipo é que o serviço de atendimento à saúde destinado às crianças e aos adolescentes se propunha a ser uma "porta de entrada" (via de acesso) aos serviços de toda a rede de assistência pública de saúde.

Durante o período de coleta de dados do estudo de Morais (2005), por exemplo, a equipe de pesquisa pôde acompanhar alguns adolescentes a postos e hospitais para exame de sangue e realização de Raio-X, por exemplo. Em uma dessas oportunidades, Adriana (16 anos), adolescente grávida, já citada por reclamar do preconceito sofrido por moradores de rua nos hospitais, foi acompanhada até o atendimento médico para a sua primeira ultrassonografia. O exame foi realizado numa clínica particular que tem convênio com a Prefeitura. O contato com a clínica, a marcação da consulta e o acompanhamento de Adriana foram feitos por uma auxiliar de enfermagem do serviço. Adriana fez questão de se *"arrumar, passar batom e molhar os cabelos para ir ao médico"*. Sempre de poucas palavras, não manifestou agitação ou expectativa em saber sobre seu filho(a). Estava bastante preocupada e inquieta com a situação do seu namorado que tinha sido preso no dia anterior. Não soube dizer ao médico quantos meses tinha de gravidez, nem exatamente quando tinha sido a sua última menstruação. Seu semblante ficou tomado de surpresa e vergonha quando o médico baixou um pouco a sua calça pra deixar livre a barriga para a realização do exame. Ao ver as imagens da criança no visor, sorria. Ao terminar a consulta, disse que tinha gostado do médico, pois este tinha sido atencioso. De fato, o médico foi muito atencioso e fez brincadeiras com o sexo do bebê, o time de preferência da mãe e, indignado porque a mãe fumava, mas ainda usando de humor, perguntou: "Você gosta do seu filho?" À pergunta, ela respondeu rindo e meio surpresa, dizendo que gostava.

Esse relato é trazido aqui a fim de ressaltar a importância do serviço de saúde na vida de Adriana (16 anos), uma vez que a ausência dele poderia implicar a falta ou diminuição de cuidado com a sua saúde e a do seu bebê. Além disso, o relato exemplifica o importante fator de proteção exercido pelo médico e a educadora que acompanhou Adriana até a consulta, sobretudo quando se considera a visão negativa que a adolescente tinha por ter sofrido anteriormente com preconceito nos hospitais. Nesse caso, felizmente, por meio da relação de confiança, do diálogo e respeito estabelecida entre educadora, médico e por que não incluir a pesquisadora, também, com Adriana, foi criado um espaço de expressão de afeto, equilíbrio de poder e reciprocidade, favoráveis e necessários ao desenvolvimento das potencialidades de Adriana e de todos os seres humanos (Bronfenbrenner, 1979/1996, 2005). De acordo com Traverso-Yépez e Morais (2004) trata-se de reconhecer a relação profissional-paciente/cliente como um importante espaço educativo e de transformação social, que resulta de um processo de valorização do outro e do estabelecimento de uma relação empática e participativa.

Outras dificuldades citadas estavam relacionadas às dificuldades enfrentadas durante as internações (Morais, 2005). Entre os doze participantes, três possuíam histórico de internação em hospital psiquiátrico e em clínicas de recuperação (um deles por duas vezes) para tratamento da dependência química. Entre estes três, todos afirmaram que fugiram dessas instituições porque "ninguém ia visitá-los" e eles se "sentiam muito sozinhos".

Na realidade de Salvador, Di Villarosa e Bunchaft (1993) também mencionaram a existência de preconceito e a necessidade do acompanhamento dos adolescentes por educadores na ida ao serviço de saúde. A presença dos educadores era vista como maior garantia de que os adolescentes seriam bem atendidos e não sofreriam discriminação. No entanto, as maiores dificuldades ao acesso e ao uso dos serviços (busca de ajuda apenas em situações muito graves e imediatismo, por exemplo) estão relacionadas:

> a aspectos subjetivos vinculados à percepção que os meninos de rua têm da relação saúde-doença. Na rua, a sobrevivência mais que a saúde é prioridade absoluta, o serviço é procurado, logo, somente quando a própria sobrevivência parece encontrar-se em risco. (Di Villarosa & Bunchaft, 1993, p. 18)

Percepção de profissionais de saúde acerca da saúde de crianças e adolescentes em situação de rua

O estudo de Morais e Koller (no prelo) realizado com profissionais de saúde e educadores da rede de assistência a crianças e adolescentes em situação de rua de Porto Alegre é bastante elucidativo da dinâmica existente entre fatores de risco e proteção na vida e saúde dessas crianças e adolescentes. Foram entrevistadas nove profissionais, sendo que cinco delas fazem parte do serviço de atendimento à saúde e quatro são do abrigo diurno. Sete das participantes têm curso superior (medicina, enfermagem, psicologia e serviço social), uma possui o magistério e está concluindo o curso de educação física e uma outra participante é técnica de enfermagem. No serviço de atendimento à saúde entrevistou-se: uma médica clínica, uma psiquiatra, uma psicóloga, uma enfermeira e uma técnica de enfermagem. No abrigo diurno foram entrevistadas uma monitora e três assistentes sociais, sendo que uma delas exerce o cargo de coordenação.

Todas as participantes afirmaram que a vida na rua influencia a saúde (física e psicológica) das crianças e adolescentes que nela vivem, sobretudo, pela sua maior exposição aos fatores de risco, concordando com o que é apontado na literatura (Brito, 1999; Di Villarosa & Bunchaft, 1993; Hutz & Forster, 1996; Mejía-Soto *et al.*, 1998; Panter-Brick, 2001,

2002; Pinto *et al.*, 1994; Raffaelli, 1999; Raffaelli, Koller, Reppold, *et al.*, 2000; Santana, 1998). Entre os riscos mais citados destacam-se as drogas, a falta de condições adequadas de vida e de higiene, e o sexo sem proteção, conforme mencionado nas frases abaixo:

> Na rua eles estão expostos a agressores, né, como a droga, o cigarro, o frio, a exposição à violência da própria população, à violência dos seus pares, né. Eles têm doenças pulmonares, eles têm doenças gastrintestinais porque eles se alimentam de imundícies, né. Então a parte física tá totalmente comprometida. São crianças sem nenhuma proteção vacinal e sem a própria proteção de ter um local onde pode parar, né, a questão de estarem expostos a todo tipo de violência, que a violência sexual é brutal, e tudo isso anda junto, não dá pra separar. (Psiquiatra)

> Eles podem transar a hora que querem, podem se drogar a hora que querem, aonde, em qualquer buraco que tiverem. O fato também de eles tarem... não dormirem em abrigos, albergues, eles dormirem em qualquer canto. Eu já vivenciei em mais de dez mocós, uma podridão. (Monitora)

Embora todas as profissionais participantes tenham feito referência aos fatores de risco vivenciados na rua e os tenham relacionado à causa das principais doenças que acometem as crianças e os adolescentes em situação de rua, também chamaram a atenção para três importantes fatores: (a) a escolha da rua como sinal de saúde; (b) a existência de uma rede de apoio social e afetiva nas ruas; e, (c) a resistência biológica criada diante das condições de precariedade vividas, sua relação com a transmissão de doenças e o processo de tratamento. Em conjunto, esses três aspectos representam importantes particularidades das condições de vida e saúde nas ruas que parecem estar intrinsecamente ligadas à promoção de resiliência de crianças e adolescentes que vivem nesse contexto (Hutz, Koller, & Bandeira, 1996; Junqueira & Deslandes, 2003).

A escolha da rua como sinal de saúde

O relato de algumas profissionais sobre "escolha" da rua como um sinal de "saúde" por parte dos adolescentes que saíram de suas casas desperta atenção. Essa alternativa representava, segundo várias delas, uma alternativa às condições de vida que tinham anteriormente. Conforme afirma uma profissional:

> tem algumas crianças que relatam por que foram pra rua e tu acha que essas crianças tomaram uma atitude de vida em ir pra rua . . . . Muitas dessas crianças saíram de casa porque a situação de casa era insustentável. Então assim, por mais que a rua seja terrível, a casa deles era mais terrível. Algumas pessoas dizem assim, alguns meninos que tu ouves o relato que, "Bom, saiu de casa porque tinha saúde até pra sair" . . . (Psiquiatra)

A existência da rede de apoio social e afetiva nas ruas

De acordo com as profissionais de saúde e educadoras entrevistadas (Morais & Koller, no prelo), a descoberta de uma "rede de apoio" nas ruas, através da ajuda das instituições, assim como a proteção e o senso de pertencimento ao grupo também são fatores importantes para a melhor condição de saúde desses adolescentes:

> E aí descobrem que na rua eles têm toda uma estrutura que eles conseguem sobreviver. E bem, muitas vezes, melhor do que em casa. Ele tem comida, se ele souber ir nos lugares certos na hora certa, ele vive muito bem, obrigado. Ele consegue roupa, consegue lugar para tomar banho, consegue lugar pra dormir com roupa limpa, ele consegue comer, consegue fazer as refeições todas que ele precisa, então ele sobrevive bem. E além de tudo tem a grande galera, né, que é superdivertido e é melhor do que estar em casa cuidando do irmão . . . (Assistente Social).

A "resistência biológica" criada frente às condições de precariedade vividas e sua relação com a transmissão de doenças e o processo de tratamento

As profissionais e educadoras participantes salientaram como uma importante condição para a sobrevivência na rua a maior resistência que os jovens apresentavam ao contágio de certas doenças, principalmente se consideradas as condições de precariedade em que vivem. Muitas vezes, compararam as situações de vida de seus próprios filhos ou delas mesmas com a dos adolescentes que atendiam, para atribuir a estes uma condição de boa saúde. No entender dessas profissionais, "ter boa saúde" significa menor incidência de doenças do que seria esperado, dada à realidade e a vulnerabilização oferecida pela situação em que vivem:

> Eu acho que pelas privações pelas quais eles passam, pela total falta de higiene dos mocós, nesses cantos que eles arranjam pra ficar e tal, pelos efeitos todos das drogas, eu acho que eles têm uma saúde excelente. Eu acho que os meus filhos se resfriam mais, dá tosse, do que eles. Eles tomam chuva, andam de pé descalço, eles, tu raramente vê algum deles doente. Claro que acontece, mas pela proporção de descuido e problemas de saúde, raramente. (Assistente Social)

> Eu acho que eles ficam mais resistentes em determinados aspectos, sabe, pra algumas patologias, assim. (Enfermeira)

A resistência criada pelos jovens influencia tanto no processo de transmissão de doenças (ficam menos doentes do que é suposto que deveriam), como também no processo de tratamento e de uso da medicação. De acordo com a médica que os atende, por exemplo, o paradoxo está no fato de que "eles tomam a medicação, não tomam da maneira exata porque fica na mão deles, mas o tratamento, no final, dá certo, eles ficam bons..." Para ela, aprender que "dois mais dois nem sempre é quatro, às vezes é cinco", foi o "grande aprendizado que teve trabalhando com essa população, uma vez que a sua ideia anterior era a de que se não tomasse os remédios na hora certa, no dia certo, não funcionava, mas pra essa população aqui funciona". O que acontece, portanto, na sua opinião, é que o sistema imunológico das crianças e adolescentes em situação de rua age adaptando-se às características de precariedade do contexto e tornando esses indivíduos mais capazes e aptos para sobreviverem na rua:

> É a lei da sobrevivência . . . A gente vê as crianças de rua, criança de rua de pé descalço, mal agasalhada fica menos doente que aquela que é cuidadinha dentro de casa, cheio de coisa. Porque eles adquirem, eles pegam mais vermes, pegam mais bactérias, então o sistema imunológico deles já tá de acordo com essa realidade da sujeira que eles vivem, mão suja, a unha suja. Na área de saúde eles são melhores assim pras doenças, pra tratamento, foi uma lição que eu tive. (Médica)

A prescrição de medicação, nesse contexto, também sofre algumas alterações em virtude das características das crianças e adolescentes em situação de rua e, especialmente, das crenças destes últimos a respeito de questões relacionadas à sua saúde. O não cumprimento dos horários e o abandono da medicação, logo que creem que estão bons, são as principais características identificadas quanto ao uso de medicação pelas participantes. A fim de lidar com essas características, a médica afirmou que costuma:

> adequar os horários à rotina dos adolescentes, enviar a medicação para os abrigos para que os monitores lembrem o adolescente de que têm remédio a tomar, assim como diminuir a quantidade de comprimidos prescrita, uma vez que o desperdício era grande.

Ela reitera:

> Eu dou, aqui eu dou no máximo sete dias de antibiótico. Dez dias é impossível. E eles tomam em média três dias e ficam curados. Aí tu olha, tem uma amidalite que mal eles conseguem falar, a garganta totalmente fechada. Aí eles se sentiram melhor, param o tratamento, perdem o remédio, jogam fora e tão prontos. E se eu for fazer a mesma coisa,

ah, tu pode saber que vai vir uma pior ainda e eu vou ter que tomar um remédio mais forte e eles não . . . (Médica)

Embora a resistência ao contágio de algumas doenças, assim como aos danos causados por esta, sejam uma realidade entre a população em situação de rua que os profissionais destacam, a problemática parece ser maior quando as crianças e adolescentes ficam doentes, já que "eles caem e ficam debilitados mais rápido" (Médica).

CONSIDERAÇÕES FINAIS

De acordo com Ribeiro (2003), as consequências de viver na rua não tardam a aparecer e é na saúde que esse custo se faz sentir de várias formas e graus. Diante das condições de vida das crianças e adolescentes em situação de rua, assim como das suas formas particulares de conceber e acessar os serviços de saúde, é necessário que ações de saúde específicas sejam planejadas e colocadas em prática tendo em vista a melhoria do acesso desse grupo social.

Alguns autores ajudam a propor importantes sugestões para o delineamento dos serviços de atenção à saúde de crianças e adolescentes em situação de rua (Ensign & Bell, 2004; Farrow *et al.*, 1992; Oliveira & Ribeiro, 2006). Dentre os pontos comuns mencionados estão: a defesa do espaço da rua como um espaço de assistência (profissionais de saúde e educadores sociais precisam ir onde as crianças e adolescentes estão); a valorização das capacidades e potencialidades das crianças/adolescentes em situação de rua (preservação do potencial saudável); e o atrelamento das intervenções em saúde ao contexto familiar e social da criança, assim como a outros programas que trabalham com essa população e sua família (educação, moradia, assistência social etc.).

Diante da constatação das sérias limitações impostas pelo modelo médico tradicional ao atendimento da população de crianças e adolescentes em situação de rua, reconhece-se que é preciso desenvolver diferentes modelos de serviços de cuidado à saúde dessa população. Farrow *et al.*

Saúde de crianças e adolescentes em situação de rua

(1992) citam, por exemplo, as vans de cuidado móveis que andariam nas ruas trazendo informação e cuidado para os adolescentes, assim como os serviços clínicos regulares, o desenvolvimento de material educativo específico, sistema de abrigamento e moradias.

REFERÊNCIAS

Brito, R.C. (1999). *Uso de drogas entre meninos e meninas em situação de rua: Subsídios para uma intervenção comunitária.* Dissertação de mestrado não publicada, Universidade Federal do Rio Grande do Sul, Porto Alegre, Brasil.

Bronfenbrenner, U. (1996). *The ecology of human development.* Cambridge, MA: Harvard University Press. (Original work published 1979)

Bronfenbrenner, U. (2005). The bioecological theory of human development. In U. Bronfenbrenner (Ed.), *Making human beings human: Bioecological perspectives on human development* (pp. 3-15). Thousand Oaks, CA: Sage.

Carvalho, F., Neiva-Silva, L., Ramos, M., Evans, J., Koller, S., Piccinini, C., *et al.* (2006). Sexual and drug use risk behaviors among children and youth in street circumstances in Porto Alegre, Brazil. *Aids and Behavior, 10*(Suppl. 1), S57-S66.

Di Villarosa, F.N., & Bunchaft, A. (1993). Meninos de rua e acesso aos serviços de saúde em Salvador-Bahia. *Revista Baiana de Saúde Pública, 20,* 13-22.

Ensign, J., & Bell, M. (2004). Illness experiences of homeless youth. *Qualitative Health Research, 9,* 1239-1254.

Farrow, J.A., Deisher, R.W., Brown, R., Kulig, J.W., & Kipke, M.D. (1992). Health and health needs of homeless and runaway youth. *Journal of Adolescent Health, 13,* 717-726.

Giacomoni, C. (2002). *Bem-estar subjetivo infantil: Conceito de felicidade e construção de instrumentos para avaliação.* Tese de doutoramento não publicada, Universidade Federal do Rio Grande do Sul, Porto Alegre, Brasil.

Hutz, C.S., & Forster, L.M.K. (1996). Comportamentos e atitudes sexuais de crianças de rua. *Psicologia: Reflexão e Crítica, 9,* 209-229.

Hutz, C.S., Koller, S.H., & Bandeira, D.R., (1996). Resiliência e vulnerabilidade em crianças em situação de risco. In S.H. Koller (Ed.), *Aplicações da psicologia na melhoria da qualidade de vida: Vol. 12. Coletâneas da ANPEPP* (pp. 79-86). Porto Alegre, RS: ANPEPP.

Junqueira, M.F.P.S., & Deslandes, S.F. (2003). Resiliência e maus-tratos à criança. *Cadernos de Saúde Pública, 19*(1), 227-235.

Leite, L.C. (1991). *A magia dos invencíveis: Os meninos de rua na escola Tia Ciata.* Petrópolis, RJ: Vozes.

Leite, L.C. (1999). *A razão dos invencíveis: meninos de rua – O rompimento da ordem (1554-1994).* Rio de Janeiro, RJ: Editora da Universidade Federal do Rio de Janeiro.

Leite, L.C. (2005). *Meninos de rua: A infância excluída no Brasil* (4. ed.). São Paulo, SP: Saraiva.

Mejía-Soto, G., Castañeda, R.R., González, M.A., Ramirez, A.G., & Avendaño, E.S. (1998). Índices de morbidade dos meninos de rua. *Adolescência Latinoamericana, 1*(3), 175-182.

Menke, E.M., & Wagner, J.D. (1997). A comparative study of homeless, previously homeless and never homeless school-aged children's health. *Issues in Comprehensive Pediatric Nursing, 20*, 153-173.

Morais, N.A. (2005). *Um estudo sobre a saúde de adolescentes em situação de rua: O ponto de vista dos adolescentes, profissionais de saúde e educadores.* Dissertação de mestrado não publicada, Universidade Federal do Rio Grande do Sul, Porto Alegre, Brasil.

Morais, N.A., & Koller, S.H. (no prelo). Aspectos biopsicossociais da saúde de crianças e adolescentes em situação de rua. In F.J. Penna & V.G. Haase (Eds.), *Aspectos biopsicossociais da saúde na infância e adolescência.* Belo Horizonte, MG: Coopemed.

Neiva-Silva, L. (2008). *Uso de drogas entre crianças e adolescentes em situação de rua: Um estudo longitudinal.* Tese de doutoramento não publicada, Universidade Federal do Rio Grande do Sul, Porto Alegre, Brasil.

Noto, A.R., Galduróz, J.C.F., Nappo, S.A., Carlini, C.M.A., Moura, Y.G., & Carlini, E.A. (2004). *Levantamento nacional sobre o uso de drogas entre crianças e adolescentes em situação de rua nas 27 capitais brasileiras (2003).* São Paulo, SP: Centro Brasileiro de Informações sobre Drogas Psicotrópicas.

Oliveira, A., & Ribeiro, M. (2006). O cuidar da criança de/na rua na perspectiva dos graduandos de enfermagem. *Texto e Contexto Enfermagem, 15*, 246-253.

Panter-Brick, C. (2001). Street children and their peers: Perspectives on homelessness, poverty and health. In H. Schwartzman (Ed.), *Children and anthropology: Perspectives for the 21st Century* (pp. 83-97). Westport, CT: Greenwood Press.

Panter-Brick, C. (2002). Street children, human rights and public health: A critique and future directions. *Annual Reviews of Anthropology, 31*, 147-171.

Pinto, J.A., Ruff, A.V., Paiva, J.V., Antunes, C.M., Adams, I.K., Halsey, N.A., *et al.* (1994). HIV risk behavior and medical status of underprivileged youths in Belo Horizonte, Brazil. *Journal of Adolescent Health, 15*, 179-185.

Raffaelli, M. (1999). Homeless and working street youth in Latin America: A developmental review. *Interamerican Journal of Psychology, 33*(2), 7-28.

Raffaelli, M., Koller, S.H., & Morais, N.A. (2007). Assessing the development of Brazilian street youth. *Vulnerable Children and Youth Studies, 2,* 154-164.

Raffaelli, M., Koller, S., Reppold, C.T., Kuschick, M.B, Krum, F.M.B., & Bandeira, D.R. (2000). Gender differences in Brazilian street youth's family circumstances and experiences on the street. *Child Abuse and Neglect, 24*(11), 1431-1441.

Ribeiro, M.O. (2003). A rua: Um acolhimento falaz às crianças que nela vivem. *Revista Latino-Americana de Enfermagem, 11,* 622-629.

Ribeiro, M. O., & Ciampone, M. H. T. (2001). Homeless children: The lives of a group of Brazilian street children. *Journal of Advanced Nursing, 35*(1), 42-49.

Santana, J. S. S. (1998). *Saúde-doença no cotidiano de meninos e meninas e rua: ampliando o agir da enfermagem.* Tese de Doutorado não publicada, Escola de Enfermagem Anna Nery, Universidade Federal do Rio de Janeiro, Rio de Janeiro, RJ, Brasil.

Traverso-Yépez, M., & Morais, N.A. (2004). Reivindicando a subjetividade dos usuários de saúde pública: Para uma humanização do atendimento. *Cadernos de Saúde Pública, 20,* 109-118.

Westphal, R.B. (2001). *Meninos de rua: Investigando o estigma da insanidade. Dez histórias de respostas positivas a uma socialização de risco.* Tese de doutoramento não publicada, Universidade Federal do Rio de Janeiro, Rio de Janeiro, Brasil.

Whitbeck, L.B., & Hoyt, D.R. (1999). *Nowhere to grow: Homeless and runaway adolescents and their families.* New York: Aldine de Gruyter.

Whitbeck, L.B., & Simons, R.L. (1990). Life on the streets: The victimization of runaway and homeless adolescents. *Youth and Society, 22,* 108-125.

10

CRIANÇAS EM SITUAÇÃO DE RUA: TRABALHO E PROCESSOS DE SOCIALIZAÇÃO

Hugo Juliano Duarte Matias
Rosângela Francischini

INTRODUÇÃO

Quem mora em uma cidade grande já testemunhou a presença de crianças perambulando pelas ruas. Acerca delas, Elena Poniatowska nos diz: "Todas as pessoas que passam veem essas crianças, mas elas são invisíveis. Elas não existem" (Fundo das Nações Unidas para a Infância [UNICEF], 2006, p. 52). De fato, todos os dias vemos crianças envolvidas em diversas atividades e em diversas situações: umas indo à escola, outras, para casa, outras em inúmeros outros caminhos, e outras, ainda, a caminho de lugar nenhum. Todos sabemos, mais ou menos, onde elas se encontram, o que fazem, porque o fazem etc. Por isso é fácil entender e concordar com a primeira afirmação de Poniatowska, mas a segunda nos causa estranheza.

Ora, elas não parecem invisíveis se nós as vemos! Mas se as vemos, por que nada muda? Embora as enxerguemos, saibamos de sua existência, as instituições que criamos para acolher a infância que desejamos não as veem, não dão notícia de sua existência: a escola não lhes educa como deveria, do mesmo modo que a justiça não lhes atende, as políticas sociais não lhes tocam e o direito não lhes assiste. Assim, elas se tornam invisíveis. Em uma das variações sobre o tema, no filme *Crianças invisíveis*[1], foi contada a história de João e Bilú, duas crianças que saem de seu bairro em busca de ganhar um trocado, vivem uma aventura urbana de um dia e uma noite em São Paulo, atravessam diversos lugares, dormem na rua, negociam coisas e valores com várias pessoas. Não obstante essas crianças não estivessem onde deveriam e estivessem onde não deveriam, fazendo o que não deveriam, em nenhum momento do filme se nota de qualquer pessoa um susto com a sua ausência de um lugar ou com sua presença em outro, isto é, nenhum dos personagens mostra estranhamento relativo à situação das crianças apresentadas pelo filme. Por isso elas não existem, não são significadas com os signos da infância socialmente valorizada. Isso está relacionado com o fato de que a infância se define para nós como aquilo que as crianças fazem e onde o fazem. Se não as vemos no lugar certo, fazendo o que deveriam fazer, simplesmente não as vemos.

A INSTITUCIONALIZAÇÃO DA INFÂNCIA, EM CASA E NA ESCOLA

Desde o começo da modernidade, a infância passou a ser pensada num sentido muito específico, ela foi institucionalizada (Ariès, 1981). Passou a existir um melhor lugar e ofício para ela. O ambiente simbólico instituído para a infância é decorrência de transformações ocorridas nos espaços público e privado, que configuraram novos papéis para o Estado (Ariès, 1991). O Estado passou a ser mais presente na vida cotidiana, através dos seus mecanismos de manutenção de uma nova ordem. Isso liberou o indivíduo do tipo de vínculo que mantivera com a comunidade, para a garantia, por exemplo, da posse de suas riquezas. Grupos familiares, antes aglutinados em torno da ideia de "linhagem", foram reduzindo-se a uma formação nuclear, cujo sentido era a transmissão

---

[1] "Crianças invisíveis", cujo título original é *All the invisible children*, é uma coletânea de sete curtas-metragens, entre os quais um deles é dirigido por Kátia Lund, "João e Bilú", o curta ao qual nos referimos. Todos os curtas retratam contextos diversificados de desenvolvimento sob risco, contextos de socialização.

dos seus bens aos herdeiros do par conjugal. Assim, a criança começou a ocupar um lugar de maior relevância na sociedade, por sua centralidade na emergente instituição familiar.

Convergiram para esta configuração também as reformas religiosas e morais empreendidas nos séculos XVI e XVII. Os reformadores, no exercício de uma inteligência pericial, conferiram à infância dois sentidos tornados contíguos: a puerilidade – por causa de sua falta de domínio dos instrumentos da razão adulta – e a inocência – por causa de sua falta de discernimento dos signos do pecado. Impelidas pela ineficácia das tradições em sustentar a coesão da sociedade, instituíram a escola e também a família nuclear como fundamentos de uma nova sociabilidade, a qual deveria transmitir e assegurar as exigências comportamentais e afetivas da nova ordem social, e um novo regime de subjetivação. O exterior da rua, antes o espaço privilegiado da convivialidade, foi substituído pelo interior da casa, dentre outras razões, com o objetivo de guardar a criança da exposição às influências que não poderiam ser controladas. Assim, a criança passou a ser privada de qualquer outra atividade senão aquela de caráter educativo, sob os moldes da educação escolar. Temos assim os elementos que preponderaram e deram motivo à *instituição doméstica da infância* e de seu *ofício de aluno*.

Antes da modernidade, as crianças, não identificadas à infância[2], compartilhavam a rua com diversos outros grupos de pessoas, onde brincavam, participavam de jogos adultos, sua linguagem, afazeres, e, no ambiente pré-industrial, a sua participação no trabalho como aprendizes tinha importância formativa para elas. Mas em todos esses ambientes, as crianças eram expostas à desordem dos espaços e à influência viciosa de seus personagens. Sob os auspícios da sensibilidade humanista e da razão iluminista:

1. O interior da casa se transformou para guardar mais eficazmente a criança e a intimidade da família nuclear. Os cômodos ganharam independência e diversidade de funções, e a casa se

---

[2] A palavra infância vem do latim, *"infāns"*, que significava algo como aquele que não fala, que não tem voz.

esvaziou dos agregados, abrigando somente uma família. O discurso esclarecido e a lei associaram a rua ao caos, enquanto o Estado fez da família patriarcal a mediadora entre si e o indivíduo.

2. A escola foi tornada o principal instrumento educativo, onde o aluno[3] tinha um lugar ideal para ser esclarecido sobre os benefícios do uso da razão, conhecer os signos da sociabilidade civilizada e dos padrões aceitáveis de interação (Ariès, 1981; Chartier, 1991a, 1991b; Matias & Francischini, 2007; Revel, 1991).

O surgimento de um discurso jurídico do direito das crianças em âmbito internacional, assim como os seus efeitos sobre as práticas de justiça e as políticas públicas em cada país, coincidem e são contemporâneas da valorização da escola e do ofício de aluno e da valorização da família e do espaço doméstico, em detrimento do espaço da rua e da atividade laboral (Matias, Sousa & Bezerra, 2007; Sarmento & Soares, 2004).

Com a criação da Organização Internacional do Trabalho, em 1919, foi dado o passo inicial do movimento contra o trabalho infantil, tema retomado na I Conferência Internacional de Genebra, em que se aprovou uma convenção que proibia o trabalho para menores de 14 anos em estabelecimentos industriais. Dentre os documentos internacionais, elaborados em favor da defesa dos direitos das crianças, são três os mais importantes: a Declaração de Genebra ([DG], de 1924), que se posiciona vagamente contra o trabalho infantil, pois prescreve que a criança deve ser colocada, em tempo oportuno, sob condições de ganhar a própria vida, mas que, ao mesmo tempo, deve ser protegida contra todo tipo de exploração, embora não se possa precisar quais seriam as condições de exploração. A Declaração Universal dos Direitos da Criança ([DDC], 1959), que se posiciona de modo ambíguo com relação à proposta de que o melhor ofício da criança é o de aluno, atribui, no entanto, muita importância à educação e à escola. Além disso, prescreve que a educação seja gratuita e obrigatória, ao menos em nível básico, e condena a

---

[3] A palavra aluno também vem do latim, "*alumnus*", que designa alguém sem luz.

participação precoce de crianças em atividades laborais que lhe prejudiquem seu desenvolvimento. Essa Declaração apresenta, pela primeira vez, o princípio do "melhor interesse da criança" como orientador para tomadas de decisão em questões que dizem respeito às crianças em diversos níveis, inclusive com relação à produção de políticas públicas. Por fim, a Convenção sobre os Direitos da Criança (CDC, de 1989) apresenta a criança, pela primeira vez, como sujeito de direitos e com dignidade própria, recomenda a obrigatoriedade do ensino fundamental (portanto, reconhece, definitivamente, o ofício de aluno como o melhor para a criança), prescreve a proteção da criança especificamente contra qualquer forma de exploração econômica e contra qualquer forma de trabalho que lhe prejudique o desenvolvimento, a saúde e as oportunidades de educação e lazer.

Não obstante a progressiva decisão pelo papel de aluno como o melhor ofício para a criança, conforme consta em todos esses documentos, com eles também surgiu uma discussão sobre o nível em que o trabalho infantil é condenável. Há duas correntes em discussão, uma, a *abolicionista*, que requer a total erradicação de qualquer forma de trabalho infantil – essa corrente é mais antiga e difundida entre os sistemas jurídicos internacionais e nas políticas públicas direcionadas a essa questão. A outra corrente é a *regulamentista*, que sugere a análise contextual das muito diversas situações de trabalho de crianças e reconhece a algumas seu caráter não de todo nocivo. Essa discussão se sustenta em alguns fatos que se constituem em evidência na argumentação de um e outro grupo: (a) a imagem da criança em situação de trabalho é oposta à imagem da infância idealizada pela civilização ocidental; (b) o trabalho geralmente está vinculado à pobreza; (c) frequentemente essas crianças estão descobertas pelo sistema de proteção e bem-estar; (d) nem sempre o trabalho é associado à exploração ou é a única escolha possível da criança ou de sua família; (e) em muitas culturas, o trabalho de crianças ainda é visto como importante fator formativo na educação e no caráter (Sarmento & Soares, 2004).

A todos esses fatores acrescente-se que os últimos documentos internacionais que tocam à questão apresentam outros elementos para a

Endereço Desconhecido: crianças e adolescentes em situação de rua

discussão: (a) a CDC cita a identidade cultural como princípio e valor a ser respeitado pelas instituições jurídicas, e isso cria um paradoxo no que diz respeito ao combate do trabalho de crianças em países em que esse tem um lugar importante na cultura; (b) a Convenção nº 182 da OIT apresenta as "piores formas de trabalho infantil"[4] como objeto de urgente e imediato combate e erradicação, e essa distinção aponta na direção sugerida pelos regulamentistas.

Algo que é unânime em meio a toda esta discussão é o reconhecimento amplo de que há formas vis de trabalho infantil, pelos prejuízos físicos, sociais e psicológicos que acarretam, e que a situação de exploração em que ocorrem somente pode ser entendida com referência a um contexto mundial de transformações sociais e econômicas (Sarmento, 2004), como a descolonização dos países africanos, a crise de subsistência dos Estados, previdência, a mundialização dos mercados, a deslocalização de empresas, a precarização das relações de trabalho, o pauperismo. Todos esses fatores compõem um sistema de produção que sustenta e induz à exploração de que são vítimas crianças e suas famílias. E são essas, também, as condições que favorecem o surgimento de crianças trabalhadoras em situação de rua em países capitalistas, subdesenvolvidos, sob regimes não ditatorias, urbanizados e industrializados tardiamente – como sugerem Aptekar (1996) e Lusk (1992).

HISTÓRIA E DISCUSSÕES ACERCA DO TRABALHO INFANTIL NA RUA, NO BRASIL

Essas condições (capitalismo, subdesenvolvimento, urbanização e industrialização tardia) são semelhantes, senão idênticas, àquelas em que se constituiu a atual sociedade brasileira. Somente no Brasil do início do século XX começava o processo de industrialização, principalmente nos arredores das grandes cidades, o que intensificou o processo de

---

[4] Essas "piores formas de trabalho infantil" serão descritas em mais detalhes ao final da sessão seguinte.

urbanização no país. Neste momento de modernização, ocorriam nas cidades outros tipos de transformações: agravava-se o pauperismo, o qual passou a ser tratado diferentemente pelo poder público. Grandes contingentes de operários sem emprego, migrantes e novos personagens urbanos e suas famílias começaram a perambular pelas ruas das cidades. Isso veio a ameaçar uma ordem pública nascente. O Estado passou a criminalizar a simples presença na rua de pessoas que não conseguissem comprovar o seu vínculo a alguma atividade laboral, e essa criminalização foi incorporada ao primeiro Código de Menores (de 1927), sob a "Doutrina da Situação Irregular".

Essa nova instituição jurídica e a prática repressiva realizada pelo Estado tiveram forte impacto sobre a construção de uma ideologia do trabalho. A atividade laboral se tornou o único aspecto formador do caráter para as classes populares e o componente central do modo como a cidadania era concebida na época, com efeitos visíveis sobre todos os tipos de políticas públicas voltadas para as pessoas vinculadas à atividade produtiva. A força simbólica dessa valorização do trabalho era de tal modo abrangente, inclusive em seu efeito sobre a concepção de infância, que veio a se constituir como elemento central da moralidade do início do século XX, tornando-se, com toda a propriedade do termo, uma espécie de "pedagogia do trabalho".

As atividades produtivas eram constantemente exaltadas em suas virtudes educativas, disciplinadoras, no modo como favoreciam o pleno desenvolvimento físico, mental e moral dos pequenos, e pela virtude de protegê-los e afastá-los dos males do ócio, da vida fácil na rua e do dinheiro fácil, a ponto de ser visto como aquilo que faltava às pessoas consideradas como de índole viciosa. Por isso, abundou em institutos correcionais e aparelhos do tipo, essa pedagogia do trabalho, primeiramente vinculada à atividade agrícola, aos benefícios do campo e, em seguida, ao trabalho operário (Santos, 2000).

Apesar da valorização social do trabalho, a permanência de crianças nas ruas das cidades, mesmo em atividades laborais – embora marginais –, ainda se constituía em situação irregular, por ser associada ao abandono moral. Nessa situação, a criança era tratada como menor, sujeito

Endereço Desconhecido: crianças e adolescentes em situação de rua

jurídico constituído sob a vigência do Código de Menores, e, por isso, objeto das políticas sociais como as realizadas pela Fundação Nacional do Bem-Estar do Menor (FUNABEM), na década de 1960. Segundo Vogel (1995), as condições sociopolíticas de criação da FUNABEM foram bem peculiares: no Brasil da década de 1960 havia uma consciência cada vez mais difundida do efeito da "questão social" sobre as características sociais e econômicas da população brasileira, e dentro desse contexto assumia uma nova forma a "questão do menor". O agravo dos processos de industrialização e urbanização tornava-os, reconhecidamente, fatores componentes do processo de marginalização de uma grande parcela da população brasileira, constituída majoritariamente por jovens. Fora do alcance dos dispositivos públicos para a promoção de bem-estar, ficavam também à margem do processo produtivo, e mesmo assim significavam gastos para o Estado e um potencial produtivo totalmente inaproveitado. O novo enquadre para a "questão do menor", então, era o conjunto de suas características políticas e econômicas.

Durante as décadas que se seguiram, principalmente a de 1970, observou-se uma intensificação da incorporação da força de trabalho infantojuvenil aos mercados das áreas urbanas do Brasil. Nesse período, em que houve um incremento da indústria, um agravamento da crise econômica e uma aceleração da urbanização, houve também oscilação nos índices de distribuição de renda no país. Essa oscilação pode ser explicada pela perda de renda das famílias e a sua compensação pela incorporação da renda produzida pelo trabalho de outros membros da família, como mulheres, crianças e adolescentes (Cervini & Burger, 1996).

Como apontado por Alberto (2004), no Brasil, durante um longo período do século XX, prevalecia a crença em que, para as crianças oriundas de famílias pobres, o aprendizado de uma profissão o mais cedo possível era a solução tanto para a redução de pobreza dessas famílias, uma vez que a criança passaria a contribuir para o orçamento da casa, quanto para se evitar o ingresso desses sujeitos na marginalidade. Assim, somente a partir da década de 1980, o tema Trabalho Infantil passou a fazer parte da agenda de mobilização da sociedade civil e incluído nas políticas sociais. O Plano e o Programa Nacional de Erradicação do Trabalho Infantil são resultados dessa mobilização, tanto da sociedade quanto do Estado, os quais entendem trabalho infantil como

> atividades econômicas e/ou atividades de sobrevivência, com ou sem finalidade de lucro, remuneradas ou não, realizadas por crianças ou adolescentes em idade inferior a 16 anos, ressalvada a condição de aprendiz a partir dos 14 anos, independentemente da sua condição ocupacional. (Brasil, 2004, p. 9)

Esse entendimento é herança de um outro contexto de discussão, em âmbito internacional ou nacional, acerca da condição de crianças que se enquadram nas condições acima, de que faz parte o Fórum Nacional de Prevenção e Erradicação do Trabalho Infantil, instalado no Brasil em 1994, que agrega esforços governamentais, civis e militares, e organismos não governamentais, e ainda conta com o apoio técnico e financeiro da Organização Internacional do Trabalho (OIT). Esse fórum gerou, em 1996, o Programa Nacional de Erradicação do Trabalho Infantil (PETI), criado pelo governo federal como medida de proteção social para crianças e adolescentes em situação de trabalho, cujo objetivo é erradicar do país as formas de trabalho infantil tidas como perigosas, penosas, insalubres e/ou degradantes, ou seja, as piores formas de trabalho infantil. São exemplos as atividades de crianças em carvoarias, olarias, em canaviais, no corte de cana-de-açúcar, nas plantações de fumo, nos lixões e na exploração sexual comercial. Esse programa procura atender, com uma bolsa que substitui a renda que seria gerada pelo trabalho infanto-juvenil, famílias de crianças e adolescentes entre 7 e 15 anos. A gestão do Programa é da responsabilidade dos Estados e Municípios, através das secretarias de Assistência Social, com a definição, pelo Ministério do Desenvolvimento Social e Combate à Fome, de etapas a serem cumpridas para sua implantação. Uma última ferramenta incorporada pelo Governo Federal aos seus Programas Sociais é a inserção das famílias num cadastro único, a inserção ou reinserção dos sujeitos no sistema de ensino e a criação de espaços e atividades para realização da jornada ampliada. No entanto, cabe observar que boa parte das iniciativas governamentais tem a sua atuação localizada no ambiente urbano, e esse é um índice de sua ineficiência, já que grande parte das crianças vítimas de exploração econômica está no campo. Certamente isso tem que ver com o modo como o fenômeno da presença de crianças nas ruas, em situação de risco, foi exagerado pela propaganda nestas últimas décadas (Rosemberg, 1993).

Em todo caso, considerando o escopo deste trabalho, destacamos a condição de trabalho nas ruas dentre as principais formas de inserção de crianças em atividades de trabalho. Se a mobilização da sociedade e do governo é recente, o mesmo não se pode afirmar em relação à inserção precoce de crianças em situações de trabalho, nas ruas ou em outros contextos.

CARACTERÍSTICAS DAS CRIANÇAS E DO SEU TRABALHO NA RUA

O trabalho é a atividade mais comum em que são encontradas as crianças em situação de rua e, até certo ponto, definidora de sua condição. Por isso, a imagem de crianças trabalhando na rua, ao longo de um bom tempo foi, de fato, a janela pela qual os países desenvolvidos enxergavam a pobreza e o subdesenvolvimento de países como o Brasil, algo que não mudou tanto – mais uma vez é possível evocar as cenas do filme *Crianças Invisíveis*, em que a situação que as crianças brasileiras são chamadas a representar é justamente a de trabalho nas ruas. Além disso, diversos estudos sobre crianças e adolescentes em situação de rua citam o trabalho como a principal atividade realizada por esses grupos (Carrizosa & Poertner, 1992; Gehlen, Furtado & Silva, 2004; Lusk, 1992; Martins, 2002; Rizzini & Lusk, 1995; Rosa, Borba & Ebrahim, 1992). De modo que todos esses fatos são índices da importância da atividade laboral para o entendimento da situação de rua.

E como é possível entender esse fenômeno em sua forma concreta e contemporânea? Mais uma vez, deve-se ter em mente que se trata de uma situação em que a infância, pelos parâmetros construídos no ocidente contemporâneo, é duplamente aviltada: pelo trabalho e pela situação de rua. Neste estudo, a ênfase recai sobre o trabalho[5]. Com esse propósito, faz-se necessário acrescentar às reflexões acima uma discussão sobre os fatores precipitadores da situação de trabalho, suas características e suas consequências.

Quais os motivos da existência do trabalho infantil de rua?

Começaram na década de 1980 os estudos sobre as causas do trabalho infantil na rua. A principal razão, aduzida por muito pesquisadores, é econômica (Aptekar, 1996). Abdelgalil, Gurgel, Theobald e Cuevas (2004), Barros e Mendonça (1996), Juárez (1996), Lusk (1992) e Rosa *et al.* (1992) ressaltam a pobreza como o fator explicativo mais importante da presença de crianças nas ruas, embora não seja o único. Em todo o mundo, os jovens têm relatado estarem em ambientes de rua para conseguir dinheiro, a fim de sustentarem a si mesmos ou às suas famílias (Rizzini & Lusk, 1995). Segundo Martins (1996), 30,5% das crianças e adolescentes de São José do Rio Preto, entrevistadas em seu estudo, diz estar na rua para ajudar a família (obviamente, por intermédio do trabalho) e, mais recentemente, num outro estudo com jovens em situação de rua, um grupo do Laboratório de Observação Social/UFRGS (Gehlen *et al.*, 2004) constatou, em Porto Alegre, que a principal atividade apontada pela maioria desses jovens é o trabalho (54,2%), uma prática comum a todas as faixas etárias.

---

[5] Nos últimos anos, por causa dos esforços de combate ao trabalho infantil, foram criadas formas de entendimento e classificação desse fenômeno, tipologias do trabalho ou das atividades infantis, por exemplo, as tipologias de Rogers e Standing (1981), Bouhdiba (1982) e Morrow (1994), citadas por Sarmento e Soares (2004). No entanto, todas essas formas de classificação são insuficientes para sustentar a irrevogável variedade de modos de inserção de crianças em atividades que podem ser qualificadas como trabalho, porque deixam uma ou outra modalidade de fora das possibilidades de classificação, ou são excessivamente superficiais no esforço de abranger todas as formas, ou mesmo tornam confusa a classificação, sobrepondo categorias, como afirmam ainda Sarmento e Soares. Mesmo assim, em todas essas tipologias, muito embora sejam extremamente parciais e imprecisas, é possível localizar o trabalho de crianças em situação de rua em todas elas.

Foram levantadas evidências empíricas de que a maior incidência de trabalho infantil ocorre justamente nas famílias em que imperam a miséria e a pobreza. Assim, em famílias cuja renda é de até 0,5 s.m./pessoa a taxa de trabalho infantil é o dobro em relação às famílias cuja renda é de meio até um s.m./pessoa (Rizzini, 2000). O estudo de Abdelgalil *et al.* (2004) mostra que, muito cedo, os parentes mais próximos das crianças pobres as pressionam a procurarem atividades remuneradas para o auxílio da família e, segundo Rosa *et al.* (1992), essa pressão é maior quando o pai biológico está ausente. Nas famílias chefiadas por mulheres há uma maior probabilidade de saída das crianças para o trabalho, o que pode ser explicado por elas serem mais malremuneradas, mais vulneráveis a crises econômicas e ainda estarem sob a incumbência do cuidado da família (Cervini & Burger, 1996).

A literatura sugere que essa prática é entendida pelas famílias como uma estratégia de enfrentamento da pobreza e estímulo à independência. Para Vogel e Mello (1996), esses são os elementos de uma "retórica dos motivos", de que fazem parte a necessidade e a virtude (um fator de proteção oferecido pelo trabalho), não obstante o risco que a estada na rua impõe. Ora, a eficácia desses motivos em produzir a situação de trabalho na rua depende de sua inserção na cultura das famílias pobres do Brasil, que se caracteriza pela valorização de uma reciprocidade entre adultos cuidadores e crianças cuidadas, em que estas são convocadas a participar da manutenção da casa desde muito cedo, realizando "pequenos trabalhos", e isto faz parte do projeto familiar para as crianças nessa cultura (Sarti, 1995). Porque o trabalho infantil é pacificamente assimilado à cultura dessas pessoas, o trabalho nas ruas acaba não gerando tanto impacto quanto causa em outros meios sob o efeito da matriz burguesa de mentalidade.

Há, ainda, uma grande variedade de fatores que contribui para a produção da situação de trabalho na rua, entre os quais alguns disputam a força explicativa com os motivos financeiros. Esses fatores podem ser categorizados da seguinte forma: (a) os fatores sociais – nível educacional dos pais, baixa capacidade de retenção do sistema educacional e a intensa migração do campo para a cidade – que atestam o fracasso das políticas públicas em atender essas crianças e preservá-las de escolhas muitas vezes inviabilizantes (Alves-Mazzotti, 1996, 2002; Cervini & Burger, 1996); (b) fatores econômicos – demanda por trabalho infantil no mercado informal e a atratividade desse mercado de trabalho –, que qualificam os jovens como vítimas de exploração econômica (Barros & Mendonça, 1996; Bonamigo, 1996; Campos & Francischini, 2003; Rizzini, 2000); (c) psicossociais – o desejo de se tornar independente financeiramente, as possibilidades de referência identitária oferecidas pelo trabalho e os sentidos morais relacionados a ele, de independência, autonomia, liberdade, e, ainda, as consequentes mudanças de posição do sujeito nas relações familiares –, que sugerem o enredamento das crianças por uma forma injusta de buscar sua sobrevivência (Bonamigo, 1996; Invernizzi, 2003; Lucchini, 2001).

Cervini e Burger (1996) apresentam um esquema conceitual bastante consistente e útil para analisar o efeito de dois fatores centrais e confluentes, a família e o mercado de trabalho, sobre a produção da situação de trabalho na rua (ver Figura 1). Esse esquema organiza e vetoriza as relações entre elementos macro e microssociais, materiais e simbólicos, de forma a tornar compreensível a ação da cultura, das instituições políticas e do sistema de produção na promoção do trabalho infantil na rua. Os fatores macrossociais econômicos criam a demanda por trabalho infantil e pressionam as famílias à escolha pela utilização da força de trabalho de seus filhos. Fatores microssociais ligados aos valores sociais favorecem o interesse pelo trabalho infantil por parte de empresas (aqui entendidas de uma maneira ampla, englobando trabalhadores autônomos que se beneficiam do trabalho infantil, e até mesmo as próprias famílias das crianças). Mais uma vez, o filme *Crianças invisíveis* ilustra a situação, mostrando uma "empresa" de reciclagem que se utilizava do trabalho de João e Bilú, assim como na feira livre, em que aquele espaço de comércio favorecia e dispunha as oportunidades de trabalho como carregador, etc. Esses mesmos fatores microssociais também favorecem as escolhas das famílias pelo trabalho infantil apresentando-as como possibilidade e legitimando-as pela significação virtuosa do trabalho para a criança. Por fim, o lugar que as políticas sociais ocupam é o de gerar condições políticas e jurídicas que favoreçam ou não o trabalho infantil. Infelizmente, a omissão do Estado em fiscalizar as relações de trabalho e zelar pela proteção da criança contra a exploração, muito embora as recém-empreendidas políticas de combate ao trabalho infantil, acabam favorecendo o desfecho pelo trabalho infantil.

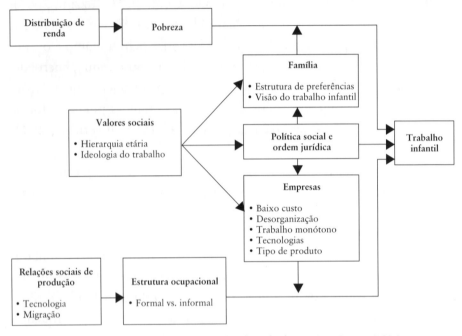

Figura 1 – Trabalho infantil: esquema conceitual. Adaptado de Cervini e Burger (1996)

Quais são as atividades de trabalho infantil na rua?

Uma vez inseridas na situação de trabalho, o mundo de possibilidades que a rua oferece se amplia e torna a experiência da criança extremamente variada e complexa, a começar pela variedade de características que as atividades laborais podem assumir.

Se assumirmos a definição de trabalho acima aludida, poderemos visualizar toda a gama de formas de trabalho na rua realizado por essas crianças: engraxar sapatos; limpar ou guardar carros; carregar compras; catar coisas para reciclagem; vender frutas, doces, jornais, etc. Mas se acrescentarmos à ideia que fazemos de atividade laboral, outras características, como o dispêndio de energia necessário, a frequência ao ambiente onde é realizada etc., fica mais fácil aceitarmos outras atividades como, por exemplo, pedir. Além dessas formas de trabalho informal, elas também podem estar envolvidas em modalidades de trabalho (de um certo ponto de vista), cujos vínculos contratuais são estabelecidos verbalmente, mas que definem horários e carga horária, valor e periodicidade do pagamento, como sugerem Neiva-Silva e Koller (2002). Por exemplo, podem estar envolvidas no trabalho realizado por empresas comerciais ou prestadoras de serviços, em que desempenham atividades secundárias ou complementares. Este tipo de atividade é frequentemente ignorado nas pesquisas sobre trabalho de crianças em situação de rua.

Ainda outros tipos de atividades realizadas por essas crianças podem resultar em rendimentos para elas. São as atividades ilegais, como roubo, furto, serviços prestados ao tráfico de drogas e seu envolvimento em sistema de exploração sexual comercial[6]. No entanto, não dizem respeito aos propósitos deste texto[7].

Quem são essas crianças?

Outro fator determinante para o entendimento da situação de trabalho na rua diz respeito às suas características. Três delas são centrais: a idade, a cor e o gênero. As crianças podem chegar bem cedo às ruas e a sua idade varia juntamente com o modo como se inserem no trabalho infantil, isto é, quanto maior a idade, maior a taxa de participação no trabalho infantil e mais intenso é esse trabalho (Cervini & Burger, 1996; Rizzini & Rizzini, 1996).

---

[6] Sobre exploração sexual comercial, ver Alberto (2004), indicado nas referências bibliográficas.

[7] A qualificação de qualquer uma dessas atividades como trabalho é extremamente polêmica, pelas consequências simbólicas e imaginárias que isso poderia acarretar. Um exemplo disto é a discussão sobre a qualificação ou não da situação de exploração sexual comercial infantil como trabalho, a qual mobiliza um grande número de pesquisadores e gestores de políticas públicas para essa população. Tal discussão extrapola, portanto, o escopo deste estudo.

Endereço Desconhecido: crianças e adolescentes em situação de rua

A maior parte dessas crianças é de negros e pardos (Barros & Santos, 1996; Koller & Hutz, 1996; Rizzini, 1996; Rizzini & Lusk, 1995), e isso é índice da segregação regional dos sujeitos, favorável àqueles de cor branca por estarem majoritariamente no Sul e Sudeste, onde estão também as melhores condições de inserção no mercado de trabalho. Essa segregação não se expressa apenas como efeito de fatores geográficos, já que a taxa de participação de negros e pardos no trabalho infantil também é superior em comparações intrarregionais, suas jornadas de trabalho são mais extensas e seus rendimentos são cerca de 30% inferiores (Barros & Santos, 1996).

Os estudos mostram que existem mais meninos que meninas em situação de trabalho nas ruas (Aptekar, 1996; Martins, 1996; Rizzini, 1996; Rizzini & Lusk, 1995). As explicações propostas para esse dado são muito diferentes: a pertença das meninas ao trabalho doméstico, assim como a precaução contra o risco de enredamento pela exploração sexual comercial (Rizzini & Rizzini, 1996). Outro tipo de explicação se orienta em uma direção oposta, a de que não se percebe a sua presença nas ruas justamente por causa de seu vínculo à exploração sexual comercial, uma hipótese bastante criticada como superficial e preconceituosa (Aptekar, 1996). Em todo caso, a rua é frequentemente significada como ambiente masculino, que oferece maior risco a meninas. Isso também tem consequências sobre o modo como as meninas que vão para a rua saem de sua casa, geralmente sob alguma espécie de conflito familiar (Rizzini & Rizzini, 1996) relacionado à sua condição de menina em uma cultura sob o efeito do patriarcalismo. Contudo, o grau de predominância da presença de meninos nas ruas tem caído ao longo dos anos, como sugere Rizzini (1996), em um levantamento bibliográfico de estudos descritivos da população de crianças em situação de rua realizados na América Latina. Esse levantamento mostra, por exemplo, que em três cidades brasileiras – Belém, Salvador e Recife – o número relativo de meninos em situação de rua caiu do patamar de 90-95% para 85-90% ao longo da década de 1980 e até meados de 1990.

Como são as atividades que as crianças realizam?

Mesmo tendo em conta toda a variedade de características dessa população até aqui exposta, os aspectos mais gerais de suas atividades são bastante semelhantes. A maior parte de suas atividades envolve uma jornada completa, porém não de todo associada a atividades laborais, as quais são frequentemente atividades simples e não qualificadas, mal remuneradas, sem preparação e sem segurança, intermitentes e ocasionais, isto é, sem intervalos, e dependem do contexto que lhes torne oportunas. São extremamente móveis e algo diversificadas. As atividades propriamente laborais, todavia, são pouco diversas se comparadas a outros tipos de atividades também realizadas por crianças e adolescentes em situação de rua, como o são as suas brincadeiras. No estudo de Alves *et al.* (2002), em um universo de 2.724 atividades diferentes observadas, apenas 3,37% delas podem ser categorizadas como "trabalho". Contudo, isto não implica pouca importância das atividades laborais, senão que um conjunto restrito de possibilidades de atividade laboral define o trabalho para as crianças em situação de rua.

Quais são as consequências dessas atividades?

Algo que tem chamado atenção dos pesquisadores, nos últimos anos, tem sido as possíveis consequências físicas, sociais e psicológicas do trabalho na rua sobre as crianças. As consequências físicas são as mais facilmente observáveis: o consumo exacerbado de uma energia escassa, a exposição às intempéries, chuva, poeira, sol e a acidentes.

Uma possível consequência social bastante discutida é a transmissão intergeracional da pobreza. Essa ideia se assenta sobre duas suposições interdependentes: (a) a de que a pobreza gera o trabalho precoce; e (b) a de que o trabalho precoce produz a pobreza. Evidências empíricas sustentam a primeira suposição, como aquelas descritas até aqui: o determinante mais claramente discernível da situação de trabalho na rua é o econômico. Apenas evidências indiretas podem ser evocadas para sustentar a segunda suposição, como o fato de o trabalho precoce ser determinante de uma baixa escolaridade, o que, por sua vez, afeta a renda dessas pessoas. Mas uma ressalva deve ser feita: embora o trabalho precoce seja incompatível com a escolaridade numa análise sincrônica – uma vez que não pode ser realizado em simultaneidade à frequência escolar –, numa análise diacrônica, essa compatibilidade poderia ser observada, por exemplo, no caso em que uma criança trabalhar para sustentar-se e contribuir para o sustento da família, mas com a melhora de suas condições de vida, consegue inserir-se no sistema educacional, com efeito positivo sobre a sua renda. Em todo caso, o estudo empírico, apresentado por Barros e Santos (1996), confirma a primeira suposição (pobreza – trabalho precoce), mas *não* confirma a segunda suposição (trabalho precoce – pobreza), concluindo que o trabalho precoce não é o vetor da transmissão intergeracional da pobreza.

Uma terceira possível e já aludida consequência do trabalho precoce sobre as crianças é o fato de que compete com o tempo da educação (causando fadiga, reduzindo a frequência e o interesse pela escola etc.). Isso se atesta pela verificação de que a participação de crianças no mundo do trabalho aumenta com a idade, menor quando se trata de meninas, nas regiões Sul e Sudeste é maior que no Nordeste, tanto menor quanto maiores são os recursos de que dispõe a unidade familiar a que pertencem (Barros & Mendonça, 1996). Assim, o trabalho precoce exerce três tipos de efeito sobre a educação das crianças: sobre sua incorporação, permanência e êxito, isto é, causam entrada tardia, abandonos temporários, repetência, atraso etário em relação à série, exclusão/expulsão (Cervini & Burger, 1996). Para uma maior discussão da relação entre escola e crianças em situação de rua, ver Cerqueira-Santos neste livro.

Outras consequências sociais podem ser a sua exposição às drogas e à violência das ruas (Lusk, 1992), praticada contra elas pelos mais diversos atores das ruas, desde policiais até outras crianças mais velhas, mais fortes, mais experientes ou em maior número.

A infância parece mesmo uma questão de tempo. O tempo dispensado com o trabalho precoce é aquele que falta também à brincadeira, e isto com o prejuízo para seu desenvolvimento, em muitos de seus aspectos, cognitivo, afetivo e social (Campos & Francischini, 2003). O tempo do trabalho compete com o tempo investido no estabelecimento de vínculos familiares, com o tempo a ser investido na própria infância (Bonamigo, 1996; Vogel & Mello, 1996). E o mais importante, o mais danoso, é o fato de que esse tempo do trabalho compete com o tempo a ser investido em expectativas de futuro, sob a forma de investimento na educação ou investimento afetivo. (Campos & Francischini, 2003; Sarmento & Soares, 2004). A simples presença dessas crianças em situação de trabalho na rua as coloca fora do alcance dos sistemas de garantia de seus direitos e de sua cidadania, como os sistemas de saúde, educação etc. (Koller & Hutz, 1996; Sarmento & Soares, 2004), e as expõe aos piores tipos de exploração.

Finalmente, o mundo do trabalho realiza forte influência sobre os processos de socialização (Bey, 2003), já que é nesse processo que as crianças constroem um sentido para a sua vida futura, no qual o trabalho pode realizar um papel central, com impacto sobre a construção de sua identidade e de grupo, pela ação dos papéis sociais aí desempenhados, e também da oportunidade de autovalorização, via mundo do trabalho (Bonamigo, 1996; Invernizzi, 2003; Lucchini, 2001). Um efeito comum sobre elas é a adultização de seu semblante e de suas ações, como decorrência do aspecto adulto de muitas atividades desempenhadas, o que justifica uma frase de um menino em situação de trabalho na rua, citado por Lucchini (2001, p. 76): "se aprende a ser maduro sendo ainda uma criança". Essa maturidade é sentida pelas crianças com base na autopercepção de novas competências cognitivas e da capacidade de empatia atribuída ao adulto, com que elas se identificam.

Contudo, nem todas as consequências do trabalho na rua são negativas ou nocivas, como afirmam estudos sobre os aspectos saudáveis do desenvolvimento no contexto da rua (Hutz & Koller, 1996; Koller, 1999). Assim se pode falar em aquisições instrumentais e competências cognitivas dessas crianças como o cálculo matemático para operações financeiras, competências relacionadas à atenção, memória, e competências afetivas e sociais para o desenvolvimento de vínculos com outras pessoas nas ruas, reciprocidade, autonomia, empatia etc. Além de habilidades específicas relativas à compreensão das formas de interação social na esfera econômica, seus limites e suas regras, também as habilidades relacionadas às interações ocorridas dentro dessa esfera econômica, como estimativa de valor de bens e/ou serviços. Observe-se, no entanto, que essas aquisições não são exclusividade da inserção e do trabalho nas ruas.

Como apreender todas essa multiplicidade e complexidade?

Mesmo que seja possível mapear as diversas possibilidades de explicação para o fenômeno da criança em situação de trabalho na rua, essa exposição não esgota nem resolve os problemas de seu *porquê* e *como*. E isso por várias razões. Uma delas é que os métodos de medição do trabalho infantil são extremamente imprecisos (Cervini & Burger, 1996). Além do fato de que o contato direto com situações reais, a partilha de experiência concreta com crianças trabalhadoras nas ruas das cidades é mais complexa que os esquemas conceituais pelos quais tentamos apreender a sua vivência do mundo do trabalho. Somos forçados a analisar cada caso como *um caso*. Para Bonamigo (1996), o trabalho nas ruas traz às crianças "prejuízos e vantagens, exigências e atribuições, sofrimento e satisfação" (p. 149), e não lhes subtrai a infância, mas a torna diferente. Essa diferença se conta no um a um, e diz respeito à forma muito particular pela qual cada uma delas, sob suas próprias condições culturais, sociais, materiais e psíquicas, atribui significado à experiência.

Contudo, é preciso também uma ressalva à "intratável diversidade da experiência", como propõem Vogel e Mello (1996, p. 143). Qualquer possibilidade de compreensão e ação sobre a realidade dessas crianças depende de que se sustente o esforço em tornar essa multiplicidade da experiência acessível ao pensamento teórico e à intervenção planejada. É imprescindível o recurso a um instrumento conceitual que permita conjugar e relacionar toda a diversidade dessa experiência sem lhe reduzir à homogeneidade de uns poucos descritores. Um instrumento teórico que preserve a dinamicidade do fenômeno, e oriente uma prática que equacione o melhor interesse da criança – na qualidade de categoria social, com a qual a sociedade e o Estado têm um compromisso político – e o melhor interesse do sujeito – na qualidade de categoria relacional, com a qual todos os atores que se relacionam com elas, sejam educadores, pesquisadores, gestores etc., têm um compromisso ético.

O conceito de socialização, como vem sendo proposto pela Sociologia da Infância, pode ser esse instrumento teórico capaz de fazer mediação entre a experiência real das crianças e a sua apreensão teórica, como um elemento que conserva todas as tensões sociais e psicológicas que fazem parte das trocas e negociações em que essas crianças inventam para si um lugar no mundo.

A situação de trabalho na rua e os processos de socialização

Uma nova forma de entender a socialização é justamente aquilo que tem caracterizado a Sociologia da Infância[8], que vem fazendo oposição à ideia tradicional (durkheimiana) de que esse processo consiste na inculcação de regras, normas e valores impostos pelo outro. Inspirada nos paradigmas teóricos das abordagens interacionistas e construtivistas, a Sociologia da Infância considera a criança como *ator social* e a infância, uma *construção social* (Corsaro, 2005; Qvortrup, 1995/1999). Essas inflexões teóricas são responsáveis por produzir a historicização das práticas sociais em que a experiência infantil é produzida: passam a ter maior importância as interações sociais em que a existência infantil ganha significados. Assim, as características do trabalho infantil realizado na rua, como um agente de socialização, variam, por exemplo, com o grupo social de que faz parte a criança e o valor que é atribuído ao seu trabalho (Invernizzi, 2003). E o processo de socialização, em sua

---

[8] Não é possível nos limites deste trabalho fazer um percurso de reconstituição da Sociologia da Infância e os diversos recortes teórico-metodológicos que compuseram esse percurso. Para aprofundamento desse percurso sugerimos Sirota (2001) e Montandon (2001).

realização concreta, envolve rotinas de interação entre diversos atores que participam de um determinado cenário, as quais desempenham papel central nesse processo (Corsaro, 1992; Corsaro & Fingerson, 2003).

Dois construtos teóricos intimamente relacionados que servem ao estudo da socialização tornam bastante prático o entendimento desse processo: *geração* e *alteridade* (Sarmento, 2005). Com o auxílio da ideia de geração é possível mapear e situar os grupos sociais que compõem as situações de interação de que fazem parte as crianças em situação de trabalho nas ruas. As crianças, em interação com grupos de sua mesma classe etária, constroem a sua participação em um mesmo contexto de referência, reunida pela pertença a um tempo histórico concreto e um espaço compartilhado, e, em interação com grupos das outras classes etárias, realizam trocas e negociações de sentidos e são reinvestidos em seus papéis sociais, assim como os reinventam (Matias, 2007; Sarmento, 2005). Esses são os elementos conceituais com os quais se pode entender o processo de reinvestimento das famílias dessas crianças em uma "hierarquia etária", que influencia o *como* e o *porquê* as crianças são chamadas a contribuir nos seus rendimentos. Também tornam inteligíveis os mecanismos de acolhida e participação dessas mesmas crianças em uma "cultura de rua", de que participam outras crianças já em situação de trabalho na rua, pelo que aquelas crianças serão instruídas sobre uma série de fatores que determinam o êxito de sua busca por rendimento, como, por exemplo, a escolha de lugares e tempos para as suas atividades, o tipo de ação e o manejo eficaz da autoimagem na interação com as pessoas na rua.

A inteligibilidade desses mesmos processos também depende do entendimento de como todos os grupos envolvidos significam a alteridade, ou seja, do modo com realizam a partilha de identidades, em que, imaginariamente, uns são reunidos e outros separados, e que também determina as formas de interação das pessoas e dos grupos assim formados (Matias, 2007; Sarmento, 2005). Com isso, ganha evidência não somente a assimetria que caracteriza a interação dos diversos grupos que acabam participando da situação que envolve essas crianças, mas também a forma como essa assimetria produz seus efeitos sobre as identidades sociais e pessoais e a sua dinâmica. Por exemplo, pode-se entender como os sentidos que permeiam as relações entre crianças e as pessoas com quem interagem na realização de suas atividades podem mudar com o tempo, serem subvertidos.

Todos os elementos concretos do trabalho enquanto agente de socialização já podem ser relembrados e reavaliados sob o enfoque do processo de socialização. A sua dissecação deve, no entanto, ser orientada pela ideia de que o trabalho é uma atividade (Invernizzi, 2003), e, portanto, assume todas as suas características. De fato, a situação de trabalho infantil na rua implica uma série de condições diferenciadas para a socialização dessas crianças, mediadas pela semântica e pela *práxis* da economia e do trabalho: (a) um conjunto de atividades muito particular, que envolve a oferta e a procura de serviços ou produtos, a sua negociação e realização; (b) contato com um conjunto de personagens, como seus pares em situação de trabalho, motoristas, feirantes, fregueses de um comércio local, policiais, transeuntes etc.; (c) um conjunto de relações particulares, com os pares, com clientes, empregadores; (d) um *setting* diferente para as atividades e para as relações; (e) uma duração diferente da duração que têm as atividades normalmente realizadas por outras crianças. Todas essas condições exercem impactos como elementos da socialização dessas crianças.

Servindo-se do caso hipotético de Mara[9], é possível avaliar a utilidade dos instrumentos conceituais acima destacados para analisar o papel que a socialização ocupa na construção de seu cotidiano e de sua experiência. Mara é uma criança de nove anos, com três irmãos menores, que passa dois expedientes em um cruzamento muito movimentado, ora limpando para-brisas, ora vendendo frutas, juntamente com outras cinco crianças, todas sob a coordenação de um adulto, sem laço de parentesco com nenhuma delas.

Essa criança acorda às seis horas da manhã, como muitas outras crianças, mas não para ir à escola, e sim para chegar cedo ao lugar onde

---

[9] Este relato de caso é totalmente fictício, incluindo os seus personagens. É, no entanto, baseado na experiência de observação de jovens em situação de rua realizada durante pesquisas do autor com essa população.

ela trabalha todos os dias. Estar fora da escola, além de lhe impossibilitar de conhecer os signos com que a maioria das pessoas constrói a sua cidadania, faz-lhe lembrar a dura realidade de ter de conquistar a sua sobrevivência todos os dias e de não dispor de tempo para outra coisa. O fato de que seu irmão menor lhe segue todos os dias, lembra-lhe também de que não parece estar perto de mudar sua situação. Mas esse seu irmão lhe oferece uma companhia e lhe obriga a uma responsabilidade, instituída por sua mãe, uma de muitas outras que carrega em sua cabeça. Ao mesmo tempo, ela se sente bem por identificar, sob influência de sua mãe e de seus próximos, solidariedade ao ato de trabalhar e contribuir no sustento de seus irmãos. O fato de ter sido encarregada por sua mãe de parte da responsabilidade pela renda da família lhe pesa nos ombros ao mesmo tempo em que lhe situa de um modo distinto no interior de sua família, arranja-lhe um lugar entre a infância, significada pela sua dependência à mãe, e a adultez, significada pela dependência dela aos rendimentos que consegue. Ela apreende essa situação em toda a sua ambiguidade pela ação de marcas simbólicas facilmente discerníveis, como as surras que leva quando age mal (signo de sua dependência), pelos conselhos que é chamada a dar e pela parcela de dinheiro que retém de seu ganho, como galardão (signo de sua autonomia).

Ela e seu irmão chegam ao lugar de trabalho, um lugar aberto, de estimulação intensa, de tráfego rápido e denso, portanto, perigoso. Seu irmão ainda não desenvolveu a capacidade de leitura do perigo. Por isso, Mara exige dele que permaneça somente nas bordas do asfalto. Ela mesma teve de entender essa regra e outras, pela simples experiência do espaço, com o que também lhe ajudaram os seus colegas mais experientes. Com esses colegas, ela se reveza entre os locais de sombra e sol do cruzamento. Esse comportamento solidário já era praticado antes dela e, provavelmente, foi instituído pela força de dois fatores: (a) nenhum deles aguenta durante muito tempo o sol forte e; (b) nenhum deles é forte o bastante para, sozinho, manter a posse dos melhores territórios. A solidariedade, portanto, teve de ser negociada entre os pares e foi assim, institucionalizada entre eles.

Com relação a esse grupo, ela observa muitas diferenças entre os seus componentes. Há os que chegaram há tempos, que têm traquejo, que diversificaram bastante as suas atividades. Há um, de 16 anos, que aconselha os outros e lhes ensina, que gritou com ela por ter trazido o irmão. Também existem crianças como o seu irmão que acham tudo muito divertido, que às vezes se perdem do grupo para estar numa praça próxima, onde ficam brincando ou pedindo dinheiro. A contemplação de diversos modos de estar em situação de trabalho na rua, a depender do tempo de estada na rua, sugere a pertinência da noção de "carreira", proposta por Lucchini (1997, 2001). A noção de carreira guarda a evolução da percepção da criança acerca de seu próprio mundo e de seu *self*, no processo de socialização pelo trabalho (Invernizzi, 2003), e as etapas dessa carreira são determinadas pelo laço que a criança mantém com a rua como espaço de vida (Lucchini, 2001). Essas etapas frequentemente envolvem momentos de apreensão lúdica da rua, um progressivo endurecimento da ligação da criança com o trabalho, até que ele se torna um componente importante de sua identidade; e por fim, a saída da rua, conseguida por alguns.

Mara tem deixado afetar-se cada vez mais pelos signos da experiência de trabalho na rua, desenvolvendo competências em vender frutas, negociar vantagens com o "fornecedor" e, com isso, se reconhece cada vez mais madura, inteligente e independente, com o pleno controle de suas ações aos nove anos. Educadores de rua já insistiram com ela para que aceitasse ir para uma instituição. Ela sempre recusa. Seus amigos, experientes, relatam que na instituição tentaram lhes tolher a liberdade e lhes ofereceram a infância que supõem nunca terem desejado, de alguém que come, dorme, brinca, mas não ganha dinheiro. Para eles, trabalhar já era parte de sua vida e lhes permitia alguma dignidade que de outra forma não obteriam. Mara mantém-se em contato com esses educadores porque já testemunhou situações em que eles podem proteger as crianças contra a violência.

Conclusões, ressalvas e reticências

Embora essa seja uma situação hipotética, a sua imaginação não é muito distante da realidade. O fracasso de algumas tentativas de intervenção com essas crianças não tem sido raro, e, embora se deva a um conjunto amplo de fatores concorrentes, às vezes parece ser devido a uma suposição oculta de que uma "alma infantil" dentro de todas as crianças (significada com os signos da infância ideal) pode ser movida se tocada de forma certa. Suposições como essa devem ser abandonadas e com elas a intenção de homogeneizar a realização de diversas infâncias, e não fazê-lo é correr o risco de tornar invisíveis todas as formas em que a infância não nos parece aquele sonho que sonhamos, mas o pesadelo que temos de enfrentar, um que outros enfrentam antes de nós, e o fazem com dignidade. É preciso lembrar que

> mesmo tendo atribuições inteiramente alheias ao universo de crianças de classe média-alta, a criança pobre não deixa de ter um modo de se situar no mundo que lhe é próprio, a partir do qual ela traduz sua experiência precoce de trabalho, que não pode ser reduzida à mera "exploração da força de trabalho infantil". (Sarti, 1995, p. 42)

A análise da situação de trabalho na rua, vivenciada por essas crianças, pelo recurso à ideia de processos de socialização revela, de forma definitiva, a complexidade desse fenômeno e a impossibilidade de eficácia de soluções simples e de grande abrangência. Interpretar essa situação pela socialização não impõe a oposição ao pensamento segundo o qual ela se manifesta sob a hedionda etiqueta da exploração econômica, mas abre um leque com diversas outras possibilidades e dimensões a serem consideradas na busca pelo melhor interesse da criança e do sujeito. Mesmo que tenhamos a nossa opinião sobre o que nos parece ser o melhor (e essa é a forma de nosso comprometimento político com a criança, ou a infância), o melhor mesmo guarda, necessariamente, uma relação muito íntima com as possibilidades concretas e temporais de uma narrativa construída com muito esforço pelas pessoas cujo bem desejamos. E é por isso que é preciso olhar e ouvir, para poder enxergar como convém.

REFERÊNCIAS

Abdelgalil, S., Gurgel, R.G., Theobald, S., & Cuevas, L.E. (2004). Household and family characteristics of street children in Aracaju, Brazil. *Archives of Disease in Childhood, 89*, 817-820.

Alberto, M.F.P. (Ed.). (2004). *Trabalho Infanto-juvenil e direitos humanos.* João Pessoa, PB: Editora Universitária.

Alves-Mazzotti, A.J. (1996). Meninos de rua e meninos na rua: Estrutura e dinâmica familiar. In A. Fausto & R. Cervini (Eds.), *O trabalho e a rua: Crianças e adolescentes no Brasil urbano dos anos 80* (2. ed., pp. 117-132). São Paulo, SP: Cortez.

Alves-Mazzotti, A.J. (2002). Repensando algumas questões sobre o trabalho infantil-juvenil. *Revista Brasileira de Educação, 19*, 87-98.

Alves, P.B., Koller, S. H., Silva, A.S., Santos, C.L., Silva, M.R., Reppold, C.T., *et al.* (2002). Atividades cotidianas de crianças em situação de rua. *Psicologia: Teoria e Pesquisa, 18*(3), 305-313.

Aptekar, L. (1996). Crianças de rua em países em desenvolvimento: Uma revisão de suas condições. *Psicologia: Reflexão e Crítica, 9*(1), 153-184.

Ariès, P. (1981). *História social da criança e da família* (2. ed., D. Flaksman, Trad.). Rio de Janeiro, RJ: LTC.

Ariès, P. (1991). Por uma história da vida privada. In R. Chartier (Ed.), *História da vida privada: Da Renascença ao Século das Luzes* (Vol. 3, pp. 7-20). São Paulo, SP: Companhia das Letras.

Barros, R.P., & Mendonça, R.S.P. (1996). As consequências da pobreza sobre a infância e a adolescência. In A. Fausto & R. Cervini (Eds.), *O trabalho e a rua: Crianças e adolescentes no Brasil urbano nos anos 80* (2. ed., pp. 48-55). São Paulo, SP: Cortez.

Barros, R.P., & Santos, E.C. (1996). Consequências a longo prazo do trabalho precoce. In A. Fausto & R. Cervini (Eds.), *O trabalho e a rua: Crianças e adolescentes no Brasil urbano nos anos 80* (2. ed., pp. 56-61). São Paulo, SP: Cortez.

Bey, M. (2003). The Mexican Child: From work with the family to paid employment. *Childhood, 10*(3), 287-199.

Bonamigo, L. (1996). O trabalho e a construção da identidade: Um estudo sobre meninos trabalhadores na rua. *Psicologia: Reflexão e Crítica, 9*(1), 129-152.

Brasil. (2004). *Plano nacional de prevenção e erradicação do trabalho infantil e proteção ao trabalhador adolescente.* Brasília, DF: Autor.

Campos, H.R., & Francischini, R. (2003). Trabalho infantil produtivo e desenvolvimento humano. *Psicologia em Estudo, 8*(1), 119-129.

Carrizosa, S.O., & Poertner, J. (1992). Latin American street children: Problem, programmes and critique. *International Social Work, 35*, 405-413.

Cervini, R., & Burger, F. (1996). O menino trabalhador no Brasil urbano dos anos 80. In A. Fausto & R. Cervini (Eds.), *O trabalho e a rua: Crianças e adolescentes no Brasil urbano dos anos 80* (pp. 11-43). São Paulo, SP: Cortez.

Chartier, R. (1991a). Figuras da modernidade: Introdução. In R. Chartier (Ed.), *História da vida privada: Do Renascimento ao Século das Luzes* (Vol. 3, pp. 7-20). São Paulo, SP: Companhia das Letras.

Chartier, R. (1991b). A comunidade, o Estado e a família. Trajetórias e tensões: Introdução. In R. Chartier (Ed.), *História da vida privada: Do Renascimento ao Século das Luzes* (Vol. 3, pp. 409-412). São Paulo, SP: Companhia das Letras.

Corsaro, W.A. (1992). Interpretive reproduction in children's peer cultures. *Social Psychology Quarterly, 55*(2), 160-177.

Corsaro, W.A. (2005). *The sociology of childhood.* Thousand Oaks, CA: Pine Forge Press.

Corsaro, W.A., & Fingerson, L. (2003). Development and socialization in childhood. In J. Delamater (Ed.), *Handbook of social psychology* (pp. 125-155). New York: Kluwer.

Fundo das Nações Unidas para a Infância. (2006). *Situação mundial da infância 2006, excluídas e invisíveis.* Nova York: Autor.

Gehlen, I., Furtado, A., & Silva, M. B. (Eds.). (2004). *A realidade das crianças e adolescentes em situação de risco social na Grande Porto Alegre: Perfis e índice de vulnerabilidade.* Porto Alegre, RS: Fundação de Assistência Social e Cidadania.

Hutz, C.S., & Koller, S.H. (1996). Questões sobre o desenvolvimento de crianças em situação de rua. *Estudos de Psicologia, 2*(1), 175-197.

Invernizzi, A. (2003). Street-working children and adolescents in Lima: Work as an agent of socialization. *Childhood, 10*(3), 319-341.

Juárez, E. (1996). Crianças de rua: Um estudo de suas características demográficas. In A. Fausto & R. Cervini (Eds.), *O trabalho e a rua: Crianças e adolescentes no Brasil urbano dos anos 80* (2. ed., pp. 91-115). São Paulo, SP: Cortez.

Koller, S.H. (1999). Resiliência e vulnerabilidade em crianças que trabalham e vivem na rua. *Educar em Revista, 15*. Recuperado em 27 julho, 2007, de http://calvados.c3sl.ufpr.br/ojs2/index.php/educar/article/view/2052/1704.

Koller, S.H., & Hutz, C.S. (1996). Meninos e meninas em situação de rua: Dinâmica, diversidade e definição. *Coletâneas da ANPEPP, 1*(12), 11-34.

Lucchini, R. (1997). *Entre fugue et expulsion: le départ de l'enfant dans la rue.* Fribourg, Switzerland: Université de Fribourg.

Lucchini, R. (2001). Carrière, identité et sortie de la rue: la cas de l'enfant de la rue. *Déviance et Société, 25*(1), 75-97.

Lusk, M.W. (1992). Street children of Rio de Janeiro. *International Social Work, 35,* 293-305.

Martins, R.A. (1996). Censo de crianças e adolescentes em situação de rua em São José do Rio Preto. *Psicologia: Reflexão e Crítica, 9*(1), 101-122.

Martins, R.A. (2002). Uma tipologia de crianças e adolescentes em situação de rua baseada na Análise de Aglomerados (Cluster Analysis). *Psicologia: Reflexão e Crítica, 15*(2), 251-260.

Matias, H.J.D. (2007). Alguns comentários acerca da necessidade, características e desafios da pesquisa etnográfica com crianças [Resumo]. In V Congresso Norte-Nordeste de Psicologia (Ed.), *Anais do V Congresso Norte-Nordeste de Psicologia.* Recuperado em 27 julho 27, 2007, de http://www.conpsi5. ufba.br/.

Matias, H.J.D., & Francischini, R. (2007). A infância e a rua: Imagens cruzadas no Brasil do século XX. In Associação Brasileira de Psicologia Social (Ed.), *Anais do XIV Encontro Nacional da ABRAPSO: Diálogos em Psicologia Social.* Rio de Janeiro, RJ: ABRAPSO.

Matias, H.J.D., Sousa, D.M.F., & Bezerra, C.C. (2007). Um lugar entre a casa e a rua: A infância na contemporaneidade [Resumo]. In V Congresso Norte-Nordeste de Psicologia (Ed.), *Anais do V Congresso Norte-Nordeste de Psicologia.* Recuperado em 27 julho, 2007, de http://www.conpsi5.ufba.br/.

Montandon, C. (2001). Sociologia da infância: Balanço dos trabalhos em língua inglesa. *Cadernos de Pesquisa* (112), 33-60.

Neiva-Silva, L., & Koller, S.H. (2002). A rua como contexto de desenvolvimento. In E.R. Lordelo, A.M.A. Carvalho & S.H. Koller (Eds.), *Infância brasileira e contextos de desenvolvimento* (pp. 202-230). São Paulo, SP: Casa do Psicólogo.

Qvortrup, J. (1999). A infância na Europa: Novo campo de pesquisa social. *Textos de Trabalho, 1.* (Original publicado em 1995). Recuperado em 27 julho, 2007, de http://cedic.iec.uminho.pt/Textos_de_Trabalho/textos/jensqvortrup. pdf.

Revel, J. (1991). Os usos da civilidade. In R. Chartier (Ed.), *História da vida privada: Da Renascença ao Século das Luzes* (Vol. 3, pp. 169-210). São Paulo, SP: Companhia das Letras.

Rizzini, I. (1996). Street children: An excluded generation in Latin America. *Childhood, 3,* 215-233.

Rizzini, I. (2000). Os pequenos trabalhadores do Brasil. In M. Priore (Ed.), *História das crianças no Brasil* (2. ed., pp. 376-406). São Paulo, SP: Contexto.

Rizzini, I., & Lusk, M.W. (1995). Children in the streets: Latin America's lost generation. *Children and Youth Services Review, 17*(3), 391-400.

Rizzini, I., & Rizzini, I. (1996). "Menores" institucionalizados e meninos de rua: Os grandes temas de pesquisa da década de 80. In A. Fausto & R. Cervini (Eds.), *O trabalho e a rua: Crianças e adolescentes no Brasil urbano dos anos 80* (2. ed., pp. 69-90). São Paulo, SP: Cortez.

Rosa, C.S.A., Borba, R.E.S.R., & Ebrahim, G. J. (1992). The street children of Recife: A study of their background. *Journal of Tropical Pedriatics, 38,* 34-40.

Rosemberg, F. (1993). O discurso sobre a criança de rua na década de 80. *Cadernos de Pesquisa* (87), 71-81.

Santos, M.A.C. (2000). Criança e criminalidade no início do século. In M. Priore (Ed.), *História das crianças no Brasil* (2. ed., pp. 210-230). São Paulo, SP: Contexto.

Sarmento, M.J. (2004). As culturas da infância nas encruzilhadas da 2ª modernidade. In M.J. Sarmento & A.B. Cerisara (Eds.), *Crianças e miúdos. Perspectivas sociopedagógicas sobre infância e educação* (pp. 9-34). Porto, Portugal: Asa.

Sarmento, M.J. (2005). Gerações e alteridade: Interrogações a partir da sociologia da infância. *Educação & Sociedade, 26*(91), 361-378.

Sarmento, M.J., & Soares, N.F. (2004). Os múltiplos trabalhos da infância. In I. Oliveira-Formosenho (Ed.), *A criança na sociedade contemporânea* (pp. 65-96). Lisboa, Portugal: Universidade Aberta.

Sarti, C.A. (1995). A continuidade entre casa e rua no mundo da criança pobre. *Revista Brasileira de Crescimento e Desenvolvimento Humano, 5*(1/2), 39-47.

Sirota, R. (2001). Emergência de uma sociologia da infância: Evolução do objeto e do olhar. *Cadernos de Pesquisa* (112), 7-31.

Vogel, A. (1995). Do Estado ao Estatuto: Propostas e vicissitudes da política de atendimento à infância e adolescência no Brasil contemporâneo. In F. Pilotti & I. Rizzini (Eds.), *A arte de governar crianças: A história das políticas sociais, da legislação e da assistência à infância no Brasil* (pp. 299-346). Rio de Janeiro, RJ: Instituto Interamericano Del Niño.

Vogel, A., & Mello, M.A.S. (1996). Da casa à rua: A cidade como fascínio e descaminho. In A. Fausto & R. Cervini (Eds.), *O trabalho e a rua: Crianças e adolescentes no Brasil urbano dos anos 80* (2. ed., pp. 133-150). São Paulo, SP: Cortez.

11

A EXPLORAÇÃO SEXUAL COMERCIAL DE CRIANÇAS E ADOLESCENTES EM CONDIÇÃO DE RUA: UMA DAS PIORES FORMAS DE TRABALHO INFANTIL

Maria de Fátima Pereira Alberto

INTRODUÇÃO

O objetivo deste capítulo é apresentar dados de uma pesquisa feita no contexto de uma tese de doutorado sobre a exploração sexual comercial de crianças e adolescentes em condição de rua, concebida como uma das piores formas de trabalho infantil.

A pesquisa original versava sobre as vivências subjetivas de sofrimento dos meninos e meninas trabalhadores em condição de rua, na cidade de João Pessoa, capital do Estado da Paraíba. Os dados mostraram, entre outros aspectos, que as condições de trabalho estavam diretamente ligadas às condições de vida dessas pessoas. A inserção precoce nas ruas, nas atividades informais, não é algo homogêneo. Ela ocorre segundo uma construção social que hierarquiza os trabalhos entre meninos e meninas, caracterizando a existência de relações sociais de sexo e divisão sexual do trabalho (Kergoat, 1992; Macedo, 1993). O sofrimento dos meninos e das meninas é devido aos seguintes aspectos: dores no corpo; olhar, expressão e tratamento do *outro*; medo decorrente dos riscos, devido às exigências de esforço físico; desgaste provocados pelas tarefas e postura do corpo, entre outros. Há vivências subjetivas de sofrimento, na inter-relação com o *outro*, devido ao não reconhecimento da utilidade das atividades que desempenham e do local onde trabalham: nas ruas.

Logo, o trabalho precoce em condição de rua gera vivências subjetivas de sofrimento. Para enfrentar o sofrimento, os trabalhadores e as trabalhadoras constroem procedimentos defensivos específicos. Os dados empíricos fornecem elementos que possibilitam a compreensão de que a inserção precoce é nefasta. As implicações psicossociais aparecerão nos seguintes aspectos: imagem negativa de si e baixa autoestima, adultização precoce, prejuízo para a escolaridade, socialização desviante e expectativas de futuro.

O trabalho precoce nas ruas caracteriza-se por uma amplitude que abrange várias atividades informais. Sem a pretensão de esgotar a discussão, havia a preocupação de captar essa amplitude, o que significou a necessidade de se trabalhar com as seguintes atividades: *vendedores no sinal de trânsito, vendedores nas noites, vendedoras de quentinha (marmita), olheiros e meninas em situação de exploração sexual comercial (ESC).*

Neste capítulo, retratar-se-ão exclusivamente os aspectos pertinentes à modalidade ESC. Ou seja, a exploração sexual comercial de crianças e adolescentes é frequente no Brasil, sendo um dos tipos mais degradantes de trabalho infantil. Para tal, o capítulo foi estruturado nos moldes como foi apreendido a partir do campo empírico, ou seja, como uma atividade de trabalho precoce, informal, em condição de rua.

Definiram-se meninas em condição de rua como crianças e adolescentes do sexo feminino que passam a maior parte dos dias nas ruas, desacompanhadas, retirando mediante o trabalho informal ou por atos ilícitos, o seu sustento ou o de suas famílias. Optou-se pela expressão "em condição de rua" porque a experiência de pesquisa nesta área tem mostrado que os meninos e meninas expressam, nas suas representações, que:

1. A permanência na rua tem uma variabilidade. Mais especificamente: a representação que o menino e a menina fazem de si baseia-se no que fazem nas ruas ou no que está ligada a isso, o que relativiza a sua condição de sujeito em processo

de desenvolvimento, em relação ao período de transição da infância. Portanto, a menina não é de rua, mas está, naquele momento de sua vida, em condição de rua.

2. Nos discursos de meninos e meninas, a categoria menino e menina de rua violenta a sua condição de ser criança, pois, ao se pretender definir, operacionalmente, os sujeitos envolvidos em tal situação, estigmatiza-os e lhes cria uma representação que os define pejorativamente dentro do grupo de pares, na interação com os educadores e na relação da sociedade com elas.

No que diz respeito à relação com a família como elemento de definição, Alberto (2002) não constata (em João Pessoa) o conceito não ter família como elemento definitório, uma vez que todos a têm. O que varia é a qualidade e a quantidade do contato com a família, com a qual, uns têm contatos mais esporádicos e outros, mais espaçados.

A justificativa para se tomar a ESC como uma atividade de trabalho precoce e como foco dessa pesquisa decorreu de três aspectos: (a) da identificação de que a menina faz a descoberta do uso do corpo como única estratégia de sobrevivência possível na rua; (b) da ESC caracterizarse como uma das piores formas de trabalho infantil; (c) da divisão sexual do trabalho existente nas atividades informais de rua, uma vez que, com raras exceções, as meninas desenvolvem, no lócus da pesquisa[1], outras atividades de trabalho.

Esclareça-se que, ao fazer referência a *trabalho precoce* considerase as atividades de trabalho desempenhadas por *crianças ou adolescentes até os quatorze anos* – a idade mínima limite para ingresso no trabalho (na condição de aprendiz) e a máxima obrigatória para a escolaridade, conforme determinam, respectivamente, a Convenção 138 da Organização Internacional do Trabalho (OIT), de 1973/1993, a Constituição Federal do Brasil, de 1988 (Art. 227, parágrafo 3º, inciso I), e o Estatuto da

---

[1] Na cidade objeto da pesquisa, as meninas trabalhadoras em condição de rua não desenvolvem as mesmas atividades que os meninos. Há uma divisão social e sexual do trabalho que diferencia as atividades de meninas e meninos trabalhadores precoces em condição de rua.

Criança e do Adolescente, Art. 60, modificado pelo Decreto de 20 de dezembro de 1998.

Por trabalho precoce, adota-se a definição proposta por Costa (1990): o exercício da atividade socialmente útil ou esquemas de profissionalização divergentes – ESC e tráfico. Em outros termos: o que as trabalhadoras precoces fazem são atividades variadas, a cuja ação objetiva está inerente a intenção de obter pagamento, que pode ser em espécie ou em gênero.

A OIT (1999), na Convenção 182, situou a ESC como atividade de trabalho ao considerar a "utilização, procura e oferta de crianças para fins de prostituição ou de produção de material ou espetáculos pornográficos" como uma das piores formas de exploração do trabalho infantil. Considerou-se uma atividade de trabalho, uma vez que se refere ao processo de tirar proveito do trabalho sexual de outros forjando um mercado do sexo. Um comércio que gira em torno da venda da própria relação sexual (prostituição) ou da imagem do corpo e de relações sexuais ao vivo ou fotografada/filmada (pornografia).

A exploração sexual é dividida em quatro modalidades (End Child Prostituition, Pornography And Trafficking For Sexual Purpose [ECPAT], 2005; Leal, 1999; Libório, 2003; Teixeira, 2003), a saber: a prostituição infantil, o tráfico e venda de pessoas para propósitos sexuais, a pornografia infantil e o turismo sexual. *Prostituição infantil* é definida como atividade na qual atos sexuais com crianças ou adolescentes são negociados em troca de pagamento. *Tráfico e venda de pessoas para propósitos sexuais* consiste em todos os atos que envolvem o recrutamento ou transporte de pessoas entre ou através de fronteiras e implicam engano, coerção, alojamento ou fraude com o propósito de colocar as pessoas em situação de exploração, como prostituição forçada e práticas similares à escravização. *Pornografia infantil* é qualquer representação, através de quaisquer meios, de criança ou adolescente implicado em atividades sexuais explícitas, reais ou simuladas, ou através de qualquer exibição impudica de seus genitais com a finalidade de oferecer gratificação sexual ao usuário. Envolve a produção, distribuição ou o uso de tal material. *Turismo sexual* é a exploração sexual comercial de crianças e adolescentes por pessoas que saem de suas regiões e, até mesmo, de seus países, e viajam para outros países ou regiões, com o objetivo de praticar atos sexuais com crianças ou adolescentes.

Para efeito deste artigo, utilizar-se-á o termo ESC para se referir à modalidade prostituição, mas não se usará esta última terminologia por se compreender que a adoção da mesma constituir-se-ia na ocultação da dimensão abusiva e na responsabilização e vitimização da criança e do adolescente. Portanto, a ESC aqui tratada refere-se àquela atividade em que as meninas em condição de rua, participantes dessa pesquisa, definiram como "fazer programas", "fazer ponto nas ruas", ou seja, uma atividade na qual atos sexuais com crianças e adolescentes são negociados em troca de pagamento, seja em gênero ou em espécie.

Assim, compreende-se a ESC como uma violência, um fato decorrente da ação de um adulto no sentido de engajar ou oferecer os serviços de uma criança ou de um adolescente para executar atos sexuais por dinheiro ou outras compensações.

O ESTADO DA ARTE

A literatura científica sobre essa temática variou da categoria prostituição infantil à ESC. Na década de 1970, começaram a tomar corpo, no cenário brasileiro, graças às ações políticas dos movimentos feministas, pesquisas e políticas sociais relacionadas ao abuso sexual de crianças quando, após uma série de ações dos movimentos sociais internacionais, aconteceu o 1º Congresso Mundial contra a Exploração Sexual Comercial de Crianças, na cidade de Estocolmo, no ano de 1996. A partir daí, passou-se, então, a adotar esta terminologia.

Vários autores versaram sobre a prostituição infantil e a ESC, quer abordando-a como uma violência sexual, quer abordando-a como trabalho infantil (Alberto, 2002; Araújo, 1997; Azevedo & Guerra, 1993; Dimenstein, 1992; ECPAT, 2005; Faleiros & Campos, 2003; Gomes, 1994, 1996; Leal, 1999; Libório, 2003; Méis, 1999; Roberts, 1998; Saffioti, 1989; Texeira, 2003). Do final dos anos 1980 até a década de

1990, a tônica das pesquisas centrava-se no uso de crianças ou adolescentes na indústria do sexo. Era comum a utilização do termo "prostituição infantojuvenil". Nesse período, não se tinha clareza da dimensão real e assustadora da indústria do sexo, como a produção e divulgação de pornografia infantil e o turismo sexual (Faleiros & Campos, 2003).

No ano de 1993, a realização da Comissão Parlamentar de Inquérito (CPI) da Prostituição Infantojuvenil deu maior visibilidade a esse fenômeno e produziu avanços conceituais. O fenômeno passou a ser conhecido como "exploração sexual infantojuvenil" e a ser tratado com base nas diretrizes do Estatuto da Criança e do Adolescente ([ECA], Lei Federal Lei 8.069/90) (Leal, 1999).

Várias são as concepções sobre a prostituição: forma de trabalho, doença, delinquência, vitimação social e religiosa (forma de pecado), práticas sexuais. São concepções construídas socialmente e que refletem os contextos históricos em que foram gestadas.

Roberts (1998) defende a tese de que a prostituição tem suas raízes no desenvolvimento histórico do patriarcado, nos fatores de ordem econômica e na independência pessoal – o que, para ela, não deixa de ser, em alguns momentos, uma opção de amor pelo prazer, embora não se lhe descarte a pobreza como uma das causas. Mas o mérito do seu trabalho é a história que traça acerca da prostituição desde a Pré-História até a contemporaneidade.

Roberts (1998) destaca na sociedade grega o estabelecimento da institucionalização dos papéis das mulheres, ao qual Sólon procedeu, colocando-as na condição de dependentes dos homens, cabendo unicamente à esposa proporcionar os herdeiros legítimos, restando a outras a prostituição como forma de sobrevivência. Todavia, este lugar dará às prostitutas conhecimento intelectual e riqueza, privilégio de que não dispunham as esposas. Já em Roma, a prostituição também era uma forma de autonomia financeira. Esta, embora fosse uma profissão natural, aceita sem recato, com a ascensão do cristianismo, passa a ser moralmente repreensível.

No Feudalismo, o crescimento dos centros comerciais urbanos leva mais uma vez as mulheres a comercializarem o sexo para sustentar as famílias. Ressalta-se o destaque dado por Roberts (1998) acerca da exploração sexual de crianças e adolescentes ocorrida nos séculos XVI, XVII e XIX. No que tange aos séculos XVI e XVII, ela chama a atenção para as primeiras menções aos bordéis infantis, na Inglaterra, que forneciam aos ricos, meninas entre os sete e os quatorze anos. As filhas dos pobres eram vendidas ou raptadas com esse propósito. Os pais, no meio nobre, encaravam tal fato como um favor real – essas meninas eram instruídas com educação esmerada no comportamento: música, dança, pintura, história e literatura.

No século XIX, a exploração sexual das crianças e adolescentes virgens, do sexo feminino, era o aspecto mais notório do comércio sexual vitoriano. Aliás, as crianças e adolescentes da classe trabalhadora eram vulneráveis a todos os tipos de abusos, devido à pobreza. Ainda no referido século, a mesma autora destaca a existência de meninas prostitutas de rua na França, como uma decorrência da pobreza (Roberts, 1998).

Roberts (1998) assinala, ainda, que, no século XX, a prostituição infantojuvenil aumentou de maneira alarmante nos guetos famintos. Este problema data de séculos passados, existindo onde houvesse pobreza em massa e desigualdade social. A autora situa-o como:

. . . um problema de abuso infantil, da pobreza que divide as famílias e arruína as vidas e as perspectivas dos jovens. Este é também um problema da indiferença da sociedade em geral e do Estado em particular, em relação a estas crianças disponíveis. (p. 373)

Sem destoar da visão acima, mas situando a prostituição no cenário das relações sociais, Saffioti (1989) distingue a prostituição do amor livre, uma vez que a primeira implica a manutenção do prazer mediante um pagamento. A essa visão, ela acrescenta que há, na vida de uma prostituta, diversos determinantes. Um deles é a violência que sempre se faz presente. Há, segundo a autora, uma vitimação social que se inicia, inexoravelmente, por uma violência (estupro, sedução etc.) que a exclui da sociedade. Também na perspectiva da vitimação social, mas no sentido econômico, estão os autores que analisam a prostituição como uma falta de perspectiva de outra ordem, que impele as mulheres a buscarem na venda do próprio corpo o único instrumento de que dispõem para tirar a sua subsistência e a da família (Castro, 1993).

Considera-se que, embora, para a mulher adulta, a prostituição possa ser concebida como uma profissão e uma opção que ela faz, "esta opção" é, na maior parte das vezes, desencadeada por um processo de vitimação social quando ela ainda é menina. Inexoravelmente, a situação de exploração sexual é antecedida por um processo de violência, na maioria de ordem sexual e cometido no contexto da própria família.

Uma das formas de sexo intergeracional, a violência sexual contra crianças e adolescentes praticada no lar, reflete, segundo Azevedo e Guerra (1993, p. 246):

> [...] de um lado, a evolução das concepções que as sociedades construíram acerca da sexualidade humana; de outro, a posição da criança e do adolescente nessas mesmas sociedades e, finalmente, o papel da família na estrutura das sociedades ao longo do tempo e do espaço.

No caso da ESC, as causas da inserção precoce residem na articulação da vitimação social com a violência. Aliás, esta é uma das formas de violência gerada pela estrutura social – a pobreza e ou a miséria, diga-se, para não se ter que incorrer em dilemas epistemológicos de definição conceitual (Dimenstein, 1992; Méis, 1999; Minayo, 1992; Saffioti, 1989).

As crianças e adolescentes em situação de exploração sexual comercial são aquelas contempladas nas estatísticas oficiais daqueles percentuais de famílias cujas rendas são baixas e que não têm acesso a políticas públicas, direitos dos cidadãos. Esses dados corroboram os de outros autores: Brasil (1999), Faleiros e Campos (2003), Gomes, Minayo e Fontoura (1999), Leal (1995) e Libório (2003), que identificam como uma das causas da ESC situações de extrema pobreza e exclusão.

Mas, se por um lado, as origens da Exploração Sexual Comercial de Crianças e Adolescentes (ESC) são oriundas de fatores econômicos, essas não são as únicas causas. Poder-se-ia dizer que ela resulta de um conjunto de fatores, tais como: *socioeconômicos*, como pobreza, desigualdades regionais, a existência de rede de relações que oportunizam, o contexto social de vulnerabilização, exclusão social, impunidade dos exploradores, violência familiar, (Alberto, 2002; Gomes, 1994; Gomes *et al.*, 1999; Leal, 1999; Libório, 2003; Roberts, 1998; Saffioti, 1989); *patológicos*, como psicopatia, pedófilia, (Azevedo & Guerra, 1993; Gomes, 1994); *culturais*, como androcentrismo, adultocentrismo, demandas atuais à juventude, erotização da sociedade brasileira, globalização, ruptura de limites e padrões culturais, dupla moral social que incentiva a ação dos exploradores e recrimina a menina vitimizada, (Addendum, 2003; Faleiros & Campos, 2003; Gomes, 1994; Leal, 1999; Libório, 2003; Saffioti, 1997).

Embora a ESC resulte de um conjunto de fatores, esse capítulo centra-se na análise do seu aspecto como uma atividade de trabalho infantil. Vários autores versaram sobre a ESC como uma atividade de trabalho, dentre eles destacam-se Andrade (2003); Centro de Referência, Estudos e Ações sobre Crianças e Adolescentes (CECRIA, 1997); Dimenstein (1992); Faleiros e Campos (2003); Gomes (1996); Gomes *et al.* (1999); Leal (1999); Libório (2003); Saffioti (1989). Aliás a OIT (1999), conforme Convenção 182, define-a como uma das piores formas de trabalho infantil. A ESC é considerada uma atividade de trabalho, uma vez que se refere ao processo de tirar proveito do trabalho sexual de outros, contribuindo, assim, para desencadear a formação e estruturação do mercado do sexo.

De acordo com Andrade (2003), esse mercado é caracterizado pela existência da oferta, da demanda, da mercadoria, da troca, da venda, do contrato e de um pagamento, o que torna mais plausível compreendê-la a partir do prisma do trabalho infantojuvenil.

Faleiros e Campos (2003) também analisam a exploração sexual comercial como uma atividade mercantil. É exploração porque as partes não são livres e iguais. A criança e o adolescente estão em situação desigual. Quem paga tem o direito de determinar como a criança e o adolescente cumprirão a sua parte. Então, não é troca, é subordinação. Entretanto, o mercado se caracteriza por uma negociação, pela qual o cliente ou explorador busca o serviço, e a menina ou explorada oferece o serviço em troca de pagamento. Pode haver ou não um intermediário, e a mercadoria é o sexo.

A ESC pode levar a graves consequências, inclusive à morte. Todavia optou-se, neste estudo, por analisar estas consequências como sendo implicações psicossociais pela dificuldade de se estabelecer um nexo causal e pelo fato de que vários fatores se articulam, como família, violência, situação de rua, falta de equipamentos sociais e ausência de direitos. Quanto ao psicossocial, refere-se às vivências subjetivas resultantes das interações entre o social (trabalho) e o psicológico, no sentido de constituição do sujeito. Entende-se, neste capítulo, que os processos subjetivos se constituem a partir de formas sociais concretas, construídas pelas ações dos indivíduos.

A ESC compromete o desenvolvimento físico-psicológico-espiritual-moral e social das crianças: favorece o aparecimento de gravidez precoce; mortalidade materna; destacam-se lesões físicas gerais; lesões genitais; lesões anais; gestação e aborto; doenças sexualmente transmissíveis (DSTs); disfunções sexuais; sangramento vaginal; relaxamento do esfíncter anal; morte. Dentre os aspectos psicológicos que podem surgir em decorrência da ESC, destacam-se: sentimento de culpa; sentimento de autodesvalorização e perda de dignidade humana; depressão; confusão de identidade e automutilação; recusa no estabelecimento de relações apenas transitórias com o sexo oposto; tendência a supersexualizar relações com o sexo oposto; negação de todo e qualquer relacionamento sexual; incapacidade de relações sexuais satisfatórias; drogadição; distúrbios na sexualidade e na alimentação; ideação e tentativas de suicídio; problemas de personalidade; distúrbios de conduta; fuga de casa; roubos; agressividade; falta frequente à escola; evasão escolar; hiperatividade; ansiedade (Alberto, 2002; CECRIA, 1997; Leal, 1995; Libório, 2003).

Se por um lado a ESC pode ser concebida como resultante da conjunção desses fatores, ou que tenha tais consequências, por outro lado, não há dados fidedignos que identifiquem o percentual de crianças e adolescentes envolvidos nessa prática, além do que, muitas vezes, os dados misturam ESC e outras formas de violência sexual, como o abuso sexual (não comercial). O Fundo das Nações Unidas para a Infância (UNICEF), em 1990, declarou que, no Brasil, existiam dois milhões de jovens e adultas em situação de exploração sexual comercial. Em 1993, a CPI da

Prostituição Infantil da Câmara Federal estimava em 500 mil o número de crianças e adolescentes prostituídas no país.

No que diz respeito à Paraíba, a CPI realizada pela Câmara de Vereadores da cidade de João Pessoa, em 1993, apontou como uma das grandes dificuldades para a condução dos trabalhos a carência de estudos que dimensionassem a questão da exploração sexual de crianças e adolescentes. A CPI, criada em 1992 e concluída em 1993, pela Câmara dos Deputados para investigar a violência sexual contra crianças e adolescentes em todo o país, colocou a Paraíba em terceiro lugar (em número de crianças e adolescentes exploradas sexualmente). A CPI da Prostituição na Paraíba, instaurada em agosto de 1997 e concluída em dezembro de 1998 pela Assembleia Legislativa do Estado, possibilitou a identificação e localização de 56 pontos de exploração sexual e comercial de crianças e adolescentes em 35 municípios paraibanos, a exemplo de bares, boates, bordéis, pousadas, cervejarias, churrascarias, casas de massagem, granjas e até residências. Em alguns desses locais, principalmente na cidade de João Pessoa, os aliciadores fazem uso do leilão da virgindade de crianças e adolescentes. A referida CPI apontou a existência de duas formas de exploração sexual comercial de crianças e adolescentes: a exploração em espaços públicos, nos pontos e através de redes de aliciadores. No caso das redes de aliciadores, há a exploração em casas ou locais privados para esse fim específico, ou em ramos de negócios (legais ou ilegais) voltados para outros fins, que se associam a ESC.

Se, por um lado, os dados quantitativos são escassos, por outro, pouco se conhece sobre a ESC como uma atividade de trabalho. Compreende-se o trabalho como forma de atividade humana, aquilo que é realmente feito pela menina, na situação de trabalho, abrangendo os ajustes, experiências, condições ambientais, tarefas, ações (movimento do corpo, exigências de postura, gestos, deslocamentos, tempo para realizar a atividade), acordos, negociações, inter-relações, regras, macetes (para fazer ou não a atividade). Considerando-se estes aspectos, realizou-se uma pesquisa que tinha como objetivo fazer uma análise da atividade de trabalho, analisar as vivências subjetivas das trabalhadoras precoces. Embora não permitam generalizações, os dados podem contribuir para se compreender como se caracteriza a ESC para as meninas trabalhadoras em condição de rua, compreendida como uma das piores formas de trabalho infantil. Os dados revelam a existência e a dinâmica de um mercado do sexo, a sua estruturação e as implicações no desenvolvimento psicossocial das meninas exploradas.

A TRAJETÓRIA DA CASA À RUA

O texto a seguir é resultado dos dados de uma pesquisa feita em João Pessoa, capital do estado da Paraíba, com crianças e adolescentes que se encontravam na exploração sexual comercial em condições de rua. Os trechos transcritos são das falas das meninas.

Os dados revelam todo o processo que compõe a atividade de trabalho desde a trajetória do abuso sexual até a ESC. Revelam também as condições de trabalho, a organização do trabalho, o conteúdo das tarefas, as exigências físicas e psíquicas, a divisão sexual do trabalho e as implicações para o desenvolvimento psicossocial dessas crianças e adolescentes.

As idades do grupo de meninas envolvidas na ESC variavam entre 12 e 14 anos. As meninas tinham entre um e quatro anos de trabalho nas ruas e todas tinham uma defasagem escolar que variava de um a sete anos. Embora todas as participantes já tivessem frequentado a escola ao longo da vida, na época da pesquisa, apenas duas ainda a estavam frequentando.

A maioria das famílias dessas meninas era originárias de outras cidades do interior do Estado. O deslocamento ocorreu pela necessidade da família ou da própria menina de buscar trabalho ou melhores possibilidades de trabalho na capital. Entretanto, há vários casos em que a migração por questões de trabalho tinha como elemento impulsionador o rompimento das relações conjugais dos pais, o que levou as mães a migrarem com os filhos ou um dos cônjuges a abandonar-los.

As meninas objetos desta pesquisa, que se encontram em situação de exploração sexual comercial, são crianças e adolescentes vitimizadas pela violência sexual, na maioria das vezes, ocorrida no próprio lar pelos familiares, pais e padrastos. Uma violência que, no início, diante do medo do agressor, leva a menina a calar-se e segredar, até o momento em que o episódio é descoberto ou ela própria o revela à mãe – que, nem sempre, apoia a filha, mas a culpabiliza.

A partir dessa violência, a menina passa a viver outras formas de violência, dentre as quais a exploração sexual comercial. Todo um processo de sofrimento é vivido pela menina que então resolve romper com aquela família. Inicialmente, vai para a casa de parentes que também a exploram sexualmente, obrigando-a a fazer programas. A menina torna-se para aquele parente uma fonte de renda.

Exploradas sexualmente, comercialmente por familiares, mães, tios e padrastos elas saem de casa para as ruas tentando fugir da violência. Mas, uma vez nas ruas, descobrem que o corpo é a única coisa de que dispõe para sobreviver. A venda do corpo como uma estratégia de sobrevivência torna-se a única fonte de recursos, e eis oporquê de se constituir em um trabalho infantil. Para as meninas que participaram dessa pesquisa não havia conforme depoimentos, outras fontes. Na perspectiva do olhar delas, só conseguiam visualizar esta forma.

A rua parece converter-se, para essas crianças e adolescentes dessa pesquisa, em um espaço vital que oferece um conjunto de possibilidades de sobrevivência, por mais paradoxal que isto seja, uma vez que, para uma parcela significativa de crianças e adolescentes, a *causa* da ida para as ruas está ligada à falta de oportunidades de sobrevivência no mundo da casa, da comunidade e da escola. A rua também promoverá às meninas que nela vivem e trabalham o confinamento e a segregação. Mas é, também, um espaço físico que propicia a vivência da intersubjetividade, ao possibilitar outras relações sociais.

CONDIÇÕES DE TRABALHO E VIDA PRECÁRIAS

Por condições de trabalho entenda-se a influência exercida pelo meio laboral e de vida sobre a menina trabalhadora informal em condição de rua, atingindo-lhe o corpo. As condições de trabalho estão diretamente ligadas às condições de vida desses sujeitos, de modo que a própria saída de casa para as ruas já é uma prática explicada pelas condições de vida.

As condições de trabalho expõem a vulnerabilidade das meninas a dois agentes agressivos: vida precária com alimentação e moradia inadequadas e situações de riscos sociais, físicos, químicos e biológicos. As condições de vida são precárias, uma vez que as famílias da maioria dos *sujeitos* enfrentam dificuldades – mães sozinhas criando as famílias ou pais ou padrastos desempregados, biscateiros, em situações que obrigam essas crianças e adolescentes e outros irmãos e irmãs a trabalharem precocemente.

As meninas dessa pesquisa, em situação de exploração sexual nas ruas *têm condições de vida precárias*, uma vez que vivem, dormem, se alimentam, tomam banho, fazem todas as suas necessidades nas ruas, como pode ser verificado no depoimento a seguir:

> . . . dormia lá no posto de gasolina, lá perto da rodoviária. Eu dormia ali, dentro de um carro. Aí eu só sei que toda noite eu ia pra lá, aí quando amanhecia o dia, eu tava esperando o homem da loja, que abrisse, pra mim tomar banho. Que eu estava muito fedendo de suor. Eu esperava ele, aí ele chegava, me dava um real. Aí eu ia comprar uma quentinha, lá na rodoviária. (14 anos)

Estão expostas a vários tipos de riscos, dentre os quais a violência, que se apresenta sob uma configuração multifacetada, riscos químicos e físicos (exposição ao sol, à chuva e à poluição da fuligem dos carros ou da poeira do asfalto) e biológicos (as doenças sexualmente transmissíveis).

No estudo, as meninas demonstraram saber da existência dos riscos de doenças sexualmente transmissíveis (DST's), conhecem a sua origem e a forma de se proteger, relacionam a doença com a atividade que desempenham, mas, segundo elas, nem sempre conseguem proteger-se: o cliente não aceita o uso de preservativos. Não podendo se impor, elas são obrigadas a correr o risco, conforme mostram os depoimentos a seguir:

Aí eu já sabia que era doença, assim que eu saía sem camisinha. (14 anos)

Eles num quer usar camisinha. (13 anos)

O que antes era apenas um risco iminente torna-se real, o corpo adoece:

Eu tenho assim, um escorrimento. Aí a irmã pegou, levou eu para o hospital; eu fiz exame de urina, aí o doutor disse que eu não tinha nada, mas ele passou uma pomada, uma pomada que eu boto aqui, assim. Só sei que eu melhorei, porque, quando eu cheguei pra cá, eu estava com umas ferida no braço, no corpo . . . Aí eu disse: "oxe, o que é isso?" A irmã disse: "é negócio que você saía com os homens sem camisinha." Aí eu disse: acho que sim, né? Eu tinha um negócio vermelho como uma espinha. Aí eu só sei que a irmã me levou pra o hospital. Aí a médica pegou e passou um sabonete. Sabonete de coceira. Toda vez que eu tomava banho eu passava. Aí quando eu cheguei pra cá eu era com uma dor aqui do lado das minha costa. Aí eu começava a gritar: Aí, ai que dor. Aí a irmã dizia: "o que é?" É um negócio doendo aqui debaixo das minhas perna . . . Que quando eu, assim, fazer relação, eu fazia toda de mau jeito . . . (14 anos)

Estão submetidas a vários tipos de violência. Destacam-se, entre outras, a violência da exploração sexual como única forma de sobrevivência, que agride a condição humana e os direitos humanos, a violência física, a violência familiar e a violência institucional.

As meninas são violentadas por uma sociedade que não lhes garante os direitos fundamentais inerentes à pessoa em condição de desenvolvimento: alimentação, moradia, saúde.

Elas também estão expostas aos riscos da vida em gueto, pois, segundo elas, a mulher que vive nas ruas é incondicionalmente associada pela sociedade a uma mulher vulgar, logo, prostituta. A vida em gueto é uma situação que leva as meninas a serem estigmatizadas pela sociedade como vagabundas ou marginais, ou ambas (Gomes, 1996; Madeira, 1997; Roberts, 1998). Por serem meninas, essa estigmatização é ainda maior. A constatação da existência da estigmatização se deu no aparecimento de formas de tratamento depreciativo e na introjeção desse sentimento pelas próprias meninas.

Compreende-se o estigma, conforme a referência do Goffman (1988), como ". . . um atributo profundamente depreciativo" (p. 13). Isto leva o estigmatizado, segundo o autor, a ter as mesmas crenças em relação ao seu estigma que o restante da sociedade, inclusive a concordar, em alguns momentos ". . . que, na verdade, ele ficou abaixo do que realmente deveria ser" (p. 17). Ou seja, o estigmatizado introjeta o que se lhe atribui.

As meninas fizeram referencias a que, uma vez nas ruas, elas e suas amigas eram vítimas de vários tipos de violências, entre as quais, agressões físicas, como espancamento, surras e estupros, cometidos por clientes, transeuntes, namorados, pares, cafetões e policiais. As causas da violência física são variadas, desde ciúmes, competições, negação de entregar os ganhos, acusações de infrações, recusa em manter relações. Os riscos de violência física podem, segundo elas, levar até mesmo à morte, o que efetivamente já aconteceu com algumas amigas, que foram assassinadas após um programa.

> Porque eu tinha medo . . . porque eu conheci uma menina que ela morava lá no Mutirão, ela foi pra festa das Neves, eu só sei que o cara chamou ela . . . num sei se a senhora viu, passou na televisão . . . Aí só sei que o cara chamou ela, aí quando chegou lá na mata do Mutirão matou ela e deixou ela toda nua, deixou uma perna lá e outra cá. O nome dela era . . . (14 anos)

Apesar dos vários tipos de violências de que são vítimas nas ruas, elas se ressentem mais ainda da violência no contexto da família: a violência do abandono e da negligência da família. Elas acusam e responsabilizam a família pelas condições de vida, assim como aqueles que deveriam ser os seus protetores:

> . . . agora eu boto culpa sabe em quem? Na minha mãe, porque ela fez isso comigo, me abandonou, com dez anos assim eu fui menina de programa. (14 anos)

A exploração sexual comercial de crianças e adolescentes em condição de rua

Um outro tipo de violência a que essas meninas estão expostas é a violência institucional, compreendida pela inexistência de políticas sociais e pela omissão do Estado na garantia dos direitosprescritos pelo ECA (1991) em seus artigos 4º, 5º, 7º, entre outros. Há um tipo de violência que é um misto da negligência familiar e da omissão do Estado. Verificou-se que uma parcela dessas meninas não existia enquanto cidadãs, já que não tinha documentos.

Outra forma de violência institucional decorre da Lei, que não é cumprida, e da folga que existe na legislação, na falta de controle. Nem os motéis nem as pousadas exigem os documentos a essas meninas, quando elas adentram estes lugares. Aliás, sobre isso, o ECA (1991) tem dupla capitulação. No Art. 82, previsto no título da Prevenção, dispõe sobre uma regra de proteção, e, no Art. 250, previsto no título dos Crimes e das Infrações Administrativas, determina as penalidades para quem a descumprir.

> Art. 82 - É proibida a hospedagem de criança ou adolescente em hotel, motel, pensão ou estabelecimento congênere, salvo se autorizado ou acompanhado pelos pais ou responsável . . . .
> Art. 250 - Hospedar criança ou adolescente, desacompanhado dos pais ou responsável ou sem autorização escrita destes, ou da autoridade judiciária, em hotel, pensão, motel ou congênere:
> Pena – multa de dez a cinquenta salários de referência; em caso de reincindência, a autoridade poderá determinar o fechamento do estabelecimento por até quinze anos.

A ORGANIZAÇÃO DO TRABALHO PRECOCE NAS RUAS

Estrutura da atividade

Por organização do trabalho, está sendo entendida a integração da menina a um espaço organizado, normalizado e regrado para exercer suas atividades. Na pesquisa com meninos e meninas em condição de rua, compreende-se que há, nas ruas, nas atividades de trabalho informais de rua, um sistema ao mesmo tempo composto de uma variabilidade e de uma estruturação dessas atividades. Meirelles (1998, p. 65), por exemplo, chama a atenção para a existência de uma estrutura organizada na atividade informal do tráfico no município do Rio de Janeiro:

> ... o tráfico ilícito de drogas é antes de tudo uma organização e como tal apresenta um conjunto de normas e procedimentos, essenciais para garantir o seu funcionamento .... o tráfico na favela apresenta uma estrutura organizacional semelhante à de uma empresa, porém como ela é de base popular há variações de acordo com os seus códigos sociais e culturais de convivência.

O material empírico dessa pesquisa encaminha-se no sentido de se reconhecer que a organização do trabalho precoce nas atividades informais em condição de rua estrutura-se sobre seis aspectos básicos, que se entrecruzam: a territorialização; a inserção e aprendizagem; as relações sociais de trabalho; as exigências e competências e as relações sociais de sexo com a divisão sexual do trabalho.

1. A territorialização – Chama-se territorialização a apropriação do espaço urbano por indivíduos ou grupos que traçam uma linha imaginária demarcatória da utilização do território. O ponto compreende uma subdivisão do território que pode ser ocupado por um subgrupo ou por uma pessoa cotidianamente.
2. As relações sociais de trabalho – No caso da ESC, encontra-se meninas que trabalham para si e outras que trabalham para um cafetão a quem chamam de protetor, que pode ser até mesmo um familiar ou um namorado, ou uma amiga.
3. Inserção e aprendizagem – A inserção consiste na forma como cada sujeito ocupou o território, no caso das meninas por apadrinhamento de outrem, substituição ou à força. A aprendizagem se dá mediante a transmissão oral que é feita por uma outra menina.

4. Exigências e competências – Estes fatores referem-se às prescrições, feitas pelos pares ou pessoas adultas que já ocupam anteriormente o território. As competências referem-se às aquisições de qualificação para desempenhar as atividades. As qualificações resultam da aprendizagem com outras meninas e das experiências adquiridas com o tempo.

5. Sexuação e hierarquia do trabalho precoce – Tudo o que na rua é hierarquicamente inferior é destinado à menina. O que requer força e "esperteza" é destinado aos meninos. Portanto, embora também se encontrem meninos na ESC, há nas ruas, predominantemente, meninas. Muitas vezes, embora o menino também seja explorado e outros pares o apontem, os meninos não costumam confirmar o seu envolvimento na ESC do mesmo modo que as meninas.

As relações de trabalho

Embora viver nas ruas se confunda com a situação de exploração sexual comercial, isto faz transparecer que as meninas são autônomas, livres e independentes porque vivem sozinhas nas ruas, quer dizer, sem terem uma pessoa ou instituições responsáveis por elas. Os dados demonstram que as meninas nem sempre são autônomas, uma vez que são exploradas por outra pessoa. Quando vão para as ruas, elas podem continuar a ser exploradas por alguém das suas relações familiares, que tece constantes ameaças, perseguindo-as nas ruas, forçando-as a dar continuidade à exploração. Pode ocorrer também que sejam exploradas por uma outra pessoa, do convívio nas ruas. Por exemplo: um protetor, ou namorado, à quem, por medo, elas também se submetem.

As meninas começam a desempenhar a atividade expondo os corpos para os clientes, nos locais denominados de pontos, onde são feitos os contatos. Em seguida é feita uma negociação entre menina e cliente e logo após seguem para motéis, pousadas ou até mesmo para um lugar escuro da cidade, dependendo da condição financeira do cliente.

O deslocamento pode ser a pé ou de carro. Já as pousadas são casas especializadas no aluguel de quartos para a prática do sexo e que estão localizadas no centro da cidade de João Pessoa ou na periferia.

Para as meninas, a jornada de trabalho é variável. Elas não contam por horas trabalhadas, mas pelo número de clientes que atendem. As "saídas" ou "programas", denominações usadas por elas, ocorrem normalmente à noite. Entretanto, como vivem nas ruas, podem, a qualquer momento, ser solicitadas por um cliente, no que elas atendem prontamente. Isto significa que pode ocorrer de "fazerem programas" também durante o dia. Este dado demonstra que a vida, o dia a dia e a situação de exploração sexual comercial misturam-se, ou melhor, contaminam o tempo de vida.

A condição social do cliente e o modo de ele aparecer à menina são os elementos definidores do preço. Segundo elas, os clientes são senhores, na maioria casados e de "meia-idade". Clientes mais jovens e de condição social mais alta são raros. Daí o porquê de as meninas os chamarem de "coroas".

A negociação é um dos primeiros requisitos para a concretização de um programa entre a menina e o cliente. Entretanto, as meninas não têm controle, podendo acontecer de não receberem o pagamento – o que as leva à frustração com a realização do trabalho. A menina envolvida em tal circunstância cria como estratégia de defesa uma situação constrangedora para o cliente, na tentativa de intimidá-lo e obrigá-lo a pagar, estratégia que nem sempre dá certo, implicando muitas vezes em a menina não receber o pagamento combinado, podendo, ainda, ser agredida fisicamente.

Os elementos usados por elas para demarcar a relação profissional são os seguintes: a ausência de envolvimento da parte de ambos (menina e cliente); o contrato firmado com o cliente para ter a relação sexual em troca de pagamento; o tempo de duração do programa.

CONTEÚDO DAS TAREFAS

O conteúdo das tarefas das meninas em situação de exploração, dessa pesquisa, compreende o posicionamento *no ponto de trabalho* e o programa propriamente dito. No primeiro caso, o posicionamento lembra, a quem observa, a encenação de um ritual feito por elas para expor e apresentar o corpo. Assim, elas permanecem em pé e, quando os clientes se aproximam, cada menina dá uma lenta volta sobre o corpo, ficando ligeiramente de costas, apresentando-se o máximo possível ao mesmo. O cliente, se estiver de carro, dá voltas em círculo, observando-as (lembra a metáfora das mariposas na luz). Após este ritual, o cliente escolhe a menina que deseja. Quer esteja a pé ou de carro, pelo olhar do cliente (ou às vezes por um sinal feito com a mão), a menina reconhece que foi a escolhida, aproxima-se do cliente, conversa e, conforme a negociação, encaminham-se para o local onde manterão a relação sexual. Após o programa, se estiver de carro, o cliente retorna e a deixa no mesmo local. Ela retoma a posição inicial e recomeça toda a encenação. Cada programa dura, em média, duas horas.

A exposição à espera de cliente pode levar horas ou segundos. Elas podem permanecer em pé várias horas seguidas. A variabilidade do tempo também está associada ao dia, pois há meninas que têm clientes certos, com dia e hora marcados. Mas há uma variabilidade da atividade, em função do modo como se deu a relação de trabalho anterior. Como, por exemplo, telefonar para o cliente que deixa o cartão com ela, para marcar novo programa.

Para algumas meninas, o preparo para exercer a atividade começa com cuidados e higiene pessoal. Mas nem todas têm acesso a isso. Às vezes, elas aproveitam exatamente os programas nos motéis e pousadas para tomar banho. A oferta da possibilidade de acesso a um banho ou outros cuidados pessoais pode ser uma moeda em troca de relações sexuais.

Tomava banho, quando eu ia assim pra pousada e às vezes eu tinha até um amigo que trabalha assim de ajeitar carro, aí lá tem um banheiro, tem chuveiro, tem tudo, eu ia pra lá, tomava banho, lavava minhas roupas e estendia minhas roupas lá. Porque lá tem um solzinho lá, eu estendia minhas roupas lá, ele deixava. E, às vezes, eu saia até com um rapaz que tinha lá . . . (C., Feminino, 14 anos)

Conforme se pode apreender, para quem vive nas ruas, um banho, uma lavagem de roupa nem sempre são de fácil oportunidade. Aliás, o banho e a dormida são por demais prezados por elas, conforme depoimentos.

A rua? É ruim demais, oxente! Chega de noite a pessoa não ter um lugar para tomar banho, ficar com medo, não ter um lugar para dormir. É diferente de uma casa [silêncio]. (14 anos)

EXIGÊNCIAS FÍSICAS E PSÍQUICAS

Para as meninas em situação de exploração sexual comercial, esta é uma atividade de trabalho infantil que, por essência, demanda exigências de esforço físico e psíquico. Os esforços físicos advêm das demandas feitas pelos clientes a crianças e adolescentes cujo corpo ainda está em processo de formação. As demandas, para as meninas dessas pesquisas, são expressas pelos tipos de sexo que elas denominam como sendo posições. As posições, ou tipos de sexos, mais solicitadas pelos clientes, segundo elas, são o sexo oral e anal, além de posições que requerem esforço físico e uso da força, tais como a menina deitada de dorso com as pernas dobradas e o cliente por cima delas. São posições que geralmente elas se recusam a atender. Isto é justificado pelo incômodo ou, até mesmo, pelo nojo e repugnância no atendimento da demanda solicitada pelo cliente, o que pode implicar agressão ou submissão pela força física.

As exigências psíquicas referem-se a todo o conjunto de elementos que compõem a atividade e a própria vida da menina, como violência desde o lar até a rua, estigmatização, vida em gueto, permanência na rua em constante estado de alerta, sempre às espreitas ou desconfiadas das inter-relações que estabelecem, submetidas às mais diversas humilhações ou situações vexatórias. E, sobretudo, à situação de exploração para sujeitos em processo de desenvolvimento, a quem os direitos humanos foram negados.

DIVISÃO SEXUAL DO TRABALHO PRECOCE: ATIVIDADES DE MENINOS E DE MENINAS

A presença de trabalhadores precoces nas ruas, no mercado informal, não é algo homogêneo. Há singularidades decorrentes de ser menino ou menina. São nuanças que caracterizam a existência de *relações sociais de sexo e divisão sexual do trabalho* (Kergoat, 1992; Macedo, 1993). As relações sociais de sexo e a divisão sexual do trabalho são aspectos que se destacam e que são incorporados aos conceitos de *trabalho precoce* e em *condição de rua*. Assim, acreditamos que a dimensão sexual é parte integrante do social e deve ser levada em conta no estudo e análise do trabalho precoce dos meninos e meninas em condição de rua, trabalhadores no mercado informal.

Como diz Kergoat (1992), as regras sociais dos homens e mulheres são decorrentes de uma construção social. Compreende-se que o trabalho precoce nas atividades informais de rua se dá segundo uma construção social que hierarquiza as atividades entre meninos e meninas. Hierarquiza dividindo-os em atividades socialmente consideradas como masculino ou feminino, porque lhes atribui maior ou menor valor. As práticas sociais fundadas nos estereótipos sexuais – masculinidade e feminilidade – definem a atribuição de tarefas para a realização das atividades informais nas ruas.

Compreende-se que, dentro do universo estudado, as meninas se inserem em atividades de trabalho não reconhecidas, social e moralmente, ou construídas historicamente como de mulher. A erotização do corpo feminino é um recurso amplamente explorado pela mídia e, aos poucos, também é incorporado nas atividades informais. O corpo feminino é usado como objeto de satisfação dos desejos sexuais.

Um outro aspecto a ser explorado é apontado pelas próprias meninas, que se ressentem da inadaptação da rua como local de trabalho, considerado um lugar de homem. Isto se dá pelas condições precárias, por exemplo, no uso de banheiros para satisfazerem as necessidades fisiológicas e de higiene quando estão menstruadas, principalmente, para as meninas em situação de exploração sexual comercial que não voltam para casa e dormem nas ruas.

Os trabalhadores e as trabalhadoras precoces nas ruas enfrentam um constante movimento de deslocamento. Entretanto, a mobilidade nas ruas é diferente segundo os sexos. Enquanto a mobilidade do menino está ligada à especificidade da sua atividade de trabalho, a da menina está ligada a uma intervenção do Estado. Em outras palavras: para os meninos, os fatores desencadeantes desse deslocamento são da ordem da própria atividade de trabalho – a saturação do ponto de venda, a concorrência, inclusive com adultos que os expulsam. Quanto às meninas em situação de exploração, esse deslocamento se dá por uma intervenção do Estado sobre elas, por meio do Sistema de Justiça (Ministério Público, Conselhos Tutelares e Polícia), que faz incursões nos locais de *ponto* de exploração, retirando ou recolhendo as meninas, enviando-as de volta para as suas famílias ou para casas-abrigo.

No que diz respeito aos riscos para a saúde, ambos os sexos estão submetidos a eles. Há alguns riscos em que não há diferenças de gênero, como a vulnerabilidade à violência das ruas, como agressões físicas e verbais. Mas os riscos agem diferentemente entre os sexos, porque as atividades de trabalho são diferentes para meninos e meninas. Os meninos estão mais expostos aos riscos provenientes de pegar peso e de postura, enquanto as meninas são mais suscetíveis ao assédio sexual.

O reconhecimento social e a dignidade de trabalhadora poderiam ser obtidos em um trabalho denominado por elas de "diferente", isto é, com um *status* formal, um emprego regular em local apropriado ao trabalho com carteira assinada. Dir-se-ia que, para elas, o que se denomina de adultização precoce ocorre devido à precariedade da vida e da atividade de trabalho. A precarização causa-lhes sofrimento e, muitas vezes, humilhações. Talvez, por isso, elas não se proponham deixar de trabalhar, mas desejem obter um trabalho qualificado por elas como melhor. Nas palavras delas: "um trabalho igual como qualquer outro".

CONSIDERAÇÕES FINAIS

Os dados possibilitaram vislumbrar a existência de uma atividade de trabalho precoce em condição de rua, a qual se pode observar a partir das condições, da organização, do conteúdo, das exigências físicas e psíquicas e da divisão sexual do trabalho. A inter-relação desses diversos elementos tem implicações para o desenvolvimento psicossocial dessas crianças e adolescentes. As implicações psicossociais podem aparecer nos seguintes aspectos: imagem negativa de si e baixa autoestima, adultização precoce, prejuízo para a escolaridade, socialização desviante e expectativas de futuro.

Os dados, a partir do exposto, ajudam a compreender por que essas meninas denominam o sexo comercial de *viver na batalha*. Para quem vive nesse contexto, enfrentando riscos, inclusive o de violência, sobreviver é travar, com a própria vida e com as infidelidades do meio (Canguilhem, 1990), uma constante batalha. É, assim, ser capaz de reagir, criando e instituindo novas normas biológicas e psicológicas, criando uma margem de tolerância ao meio e criando, a cada obstáculo, novas formas de enfrentamento. É fazer uso de uma inteligência ardilosa, que possibilite a vivência da saúde física e psíquica, mesmo neste contexto (Dejours, Abdoucheli, & Jayet, 1994).

Doutra parte, os vários tipos de violência de que são vítimas as meninas em situação de exploração sexual confirmam o que Azevedo e Guerra (1993) e Saffioti (1989) denominam violência intergeracional em uma sociedade androcêntrica e adultocêntrica, ou seja, dominada por homens e adultos. Estes partem do pressuposto de que podem e devem violentar as mulheres, principalmente as meninas em condição de rua, naturalizando tal percepção. As consequências dessa violência é outro aspecto do problema.

A violência pode gerar sequelas físicas e psíquicas (Azevedo & Guerra, 1993; Brasil, 1999). Deste modo, o trabalho informal destas crianças fragmenta-lhes não só a cidadania, mas também a subjetividade, uma vez que as submete aos riscos (das ruas) da fragmentação de suas vidas, com a negação da infância, a ausência da escolaridade, a não convivência familiar, a violação do seu corpo, do seu desenvolvimento e dos seus direitos humanos. As meninas sentem-se precocizadas, exploradas, marginalizadas, estigmatizadas e degradadas. Há raras situações de gratificação e por isso as meninas "acumulam" um sentimento de frustração, de quem *perdeu* algo (Seligmann-Silva, 1994), a própria infância.

O sofrimento do corpo decorrente das dores tem implicações para o desenvolvimento. Não são apenas físicas, mas também psicossociais. Isto porque, a tal sofrimento do corpo, pode corresponder um estado de insatisfação e ansiedade. Esta última, inclusive, é de difícil explicação por elas próprias – difícil de traduzir em palavras. Como elas mesmas dizem: "... eu sei, mas num sei as palavras pra dizer". Tanto a insatisfação quanto a ansiedade poderão constituir-se em aspectos somatizados que repercutirão no desenvolvimento, podendo aparecer sob a forma de irritabilidade, agressividade, dificuldades de relacionamento, principalmente na escola.

No caso das meninas participantes desta pesquisa, verifica-se a perda da infância, da capacidade de sonhar, das expectativas de futuro, inclusive da crença na possibilidade de um dia poder constituir uma família. Os dados permitem inferir que as meninas, desse estudo, *não têm expectativas do futuro*. Para elas, o trabalho precoce na ESC representa uma atividade destrutiva:"No futuro? Nada, nada. A morte somente. Porque... e doença, muita doença. Porque não tem futuro, a pessoa fazer programa [silêncio]" (14 anos).

Constata-se que há, entre elas, analfabetismo, baixa escolaridade e evasão escolar. Apresentam defasagens de dois a sete anos. O viver nas ruas, as condições de vida e trabalho com o tempo utilizado no desempenho da atividade impedem a frequência à escola.

O trabalho precoce pesa no processo de subjetivação da criança e do adolescente em condição de rua. Afeta a formação do universo simbólico da criança e do adolescente, porque a socialização, cujo conteúdo não é o capital cultural, em vez de se dar prioritariamente na escola, se dá apenas nas ruas, por outras vias. Isso as afetará porque estarão precarizadas *para o resto da vida*, para empregos futuros que requererem instrução, conhecimento, capital cultural.

Os aportes teóricos que vimos usando conduzem-nos à análise de que, no caso dessas meninas, ocorre a produção de um sujeito mediante a efetivação de sua atividade e, ao mesmo tempo, um esvaziamento desse sujeito que não consegue manter uma relação afirmativa com o que faz. Isto porque o trabalho precoce na ESC lhes afeta *para sempre* o desenvolvimento, o que lhe custa caro, *para a vida toda*. As defesas[2] que criam, embora representem movimentos criativos em busca de saúde, *não são suficientes para salvaguardar o desenvolvimento psicossocial*. Há implicações psicossociais para o desenvolvimento.

A constatação desses aspectos confirma a necessidade de ações de enfrentamento mais incisivas, como o fortalecimento de programas federais; diálogo entre as três esferas de governos para ações conjuntas; as formações universitárias dos profissionais de nível superior, principalmente das áreas de saúde e humanas, precisam contemplar esta questão; capacitação continuada; ações com famílias e abusadores; consolidação do Sistema de Garantias e fortalecimento das redes de enfrentamento.

---

[2] As defesas constituem-se em procedimentos específicos, elaborados pelos indivíduos ou construídos pelo grupo de trabalhadores, contra o sofrimento ou contra o medo resultante do trabalho. Estes sistemas defensivos explicariam o não desenvolvimento da doença mental e defenderiam a psique (Dejours, 1987). É exemplo desses comportamentos a minimização da percepção da realidade em que vivem.

Endereço Desconhecido: crianças e adolescentes em situação de rua

REFERÊNCIAS

Addendum, J.M.P. (2003). *Relatório realizado pelo Relator Especial da ONU sobre a venda de crianças, prostituição infantil e pornografia infantil – Missão ao Brasil.* Brasília, DF: Organização das Nações Unidas. Recuperado em 05 agosto, 2007, de http://www.mp.rs.gov.br/infancia/estudos/id435.htm.

Alberto, M.F.P. (2002). *Dimensões subjetivas do trabalho precoce de meninos em condição de rua em João Pessoa (PB).* Tese de doutoramento não publicada, Universidade Federal de Pernambuco, Recife, Brasil.

Andrade, I. (2003). *Exploração sexual infanto-juvenil.* Recuperado em 15 dezembro, 2003, de http://www.caminhos.ufms.br/reportagens/view.htm?a=42 .

Araújo, M.M.B. (1997). *A menina, a rua e a violência: Um estudo sobre as meninas de rua em João Pessoa (PB).* Dissertação de mestrado não publicada, Universidade Federal da Paraíba, João Pessoa, Brasil.

Azevedo, M., & Guerra, V. (Eds.). (1993). *Infância e violência doméstica: Fronteiras do conhecimento.* São Paulo, SP: Cortez.

Brasil. (1999). *Prevenção e tratamento dos agravos resultantes da violência sexual contra mulheres e adolescentes: Normas técnicas.* Brasília, DF: Ministério da Saúde.

Canguilhem, G. (1990). *O normal e o patológico.* Rio de Janeiro, RJ: Forense Universitária.

Castro, R. V. (1993). Representações sociais da prostituição na cidade do Rio de Janeiro. In M.J. Spink (Ed.), *O conhecimento no cotidiano: As representações sociais na perspectiva da psicologia social* (pp. 149-187). São Paulo, SP: Brasiliense.

Centro de Referência, Estudos e Ações sobre Crianças e Adolescentes. (1997). *Fundamentos e políticas contra a exploração e abuso sexual de crianças e adolescentes: Relatório de estudo.* Brasília, DF: Ministério da Justiça.

Constituição da República Federativa do Brasil. (1988). Brasília DF: Senado Federal.

Costa, A.C.G. (1990). *Participar é preciso.* Brasília, DF: Ministério da Ação Social.

Dejours, C. (1987). *A loucura no trabalho: Estudo de psicopatologia do trabalho.* São Paulo, SP: Cortez-Oborê.

Dejours, C., Abdoucheli, E., & Jayet, C. (1994). *Psicodinâmica do trabalho: Contribuições da Escola Dejouriana à análise da relação prazer, sofrimento e trabalho.* São Paulo, SP: Atlas.

A exploração sexual comercial de crianças e adolescentes em condição de rua

Dimenstein, G. (1992). *Meninas da noite: A prostituição de meninas-escravas no Brasil.* São Paulo, SP: Ática.

End Child Prostituition, Pornography and Trafficking for Sexual Purpose. (2005). *What are the impacts on children?* Recuperado em 05 maio, 2006, de http://www.ecpat.net/eng/CSEC/faq/faq10.asp.

Estatuto da Criança e do Adolescente. (1991). *Lei 8.069/90.* Brasília DF: Ministério da Justiça.

Faleiros, E.T.S., & Campos, J.O. (2003). *Repensando os conceitos de violência, abuso e exploração sexual de crianças e de adolescentes.* Brasília, DF: CECRIA.

Goffman, E. (1988). *Estigma: Notas sobre a manipulação da identidade deteriorada.* Rio de Janeiro, RJ: Guanabara.

Gomes, R. (1994). Prostituição infantil: Uma questão de saúde pública. *Cadernos de Saúde Pública, 10,* 58-66.

Gomes, R. (1996). *O corpo na rua e o corpo da rua: A prostituição infantil feminina em questão.* São Paulo, SP: Unimarco.

Gomes, R., Minayo, M.C.S., & Fontoura, H.A. (1999). A prostituição infantil sob a ótica da sociedade e da saúde. *Revista de Saúde Pública, 33,* 171-179.

Kergoat, D. (1992, avril-mai). A propos de rapports sociaux de sexes. *Revue M.* (Paris), (53-54), 16-19.

Leal, M.L.P. (1995). *Exploração sexual de meninas e adolescentes no Brasil.* In M.L.P. Leal, D. Bontempo, E. Bosetti & M.A. César (Eds.), *Exploração sexual de meninas e adolescentes no Brasil.* Brasília, DF: UNESCO.

Leal, M.L.P. (1999). *Exploração sexual e comercial de meninos, meninas e de adolescentes na América Latina e Caribe.* Brasília, DF: CECRIA.

Libório, R.M.C. (2003). *Desvendando vozes silenciadas: Adolescentes em situação de exploração sexual.* Tese de doutoramento não publicada, Universidade de São Paulo, São Paulo, Brasil.

Macedo, M.B.F. (1993). *En tissant voiles et linceuls – le rapport travail santé des ouvrières de Rio Tinto Nordeste du Brésil – une analyse des rapports sociaux de classe et de sexe.* Tese de doutoramento não publicada, Université Paris 7, Paris, França.

Madeira, F. (1997). A trajetória das meninas dos setores populares: Escola, trabalho ou reclusão. In F. Madeira (Ed.), *Quem mandou nascer mulher? Estudos sobre crianças e adolescentes pobres no Brasil* (pp. 45-133). Rio de Janeiro, RJ: Record.

Meirelles, Z. (1998). *Vida e trabalho de adolescentes no narcotráfico numa favela do Rio de Janeiro*. Dissertação de mestrado não publicada, Escola Nacional de Saúde Pública, Rio de Janeiro, Brasil.

Méis, C. (1999). Subjectivity, social suffering, limimality and suicide among prostitutes in Brazil. *Urban anthropology* (New York), *28*(1), 65-101.

Minayo, M.C.S. (1992). *O desafio do conhecimento: Pesquisa qualitativa em saúde*. São Paulo, SP: HUCITEC.

Organização Internacional do Trabalho. (1993). *Convenção 138 e Recomendação nº 146 sobre a idade mínima de admissão a emprego*. Brasília, DF: Positiva. (Original publicado em 1973)

Organização Internacional do Trabalho. (1999). *Convenção 182. Convenção sobre proibição das piores formas de trabalho infantil e ação imediata para sua eliminação*. Genebra, Suíça: Autor.

Roberts, N. (1998). *As prostitutas na História*. Rio de Janeiro, RJ: Record.

Saffioti, H. (1989). Exploração sexual de crianças. In M.A. Azevedo & N.V.N. Guerra (Eds.), *Crianças vitimizadas: A síndrome do pequeno poder* (pp. 49-95). São Paulo, SP: Iglu.

Saffioti, H. (1997). No fio da navalha: Violência contra crianças e adolescentes no Brasil atual. In F.R. Madeira (Ed.), *Quem mandou nascer mulher? Estudos sobre crianças e adolescentes pobres no Brasil*. Rio de Janeiro, RJ: Record.

Seligmann-Silva, E. (1994, set./dez.). Aspectos psicossociais da saúde do trabalhador. *Revista Travessia* (São Paulo), 17-21.

Texeira, L. C. (2003). Sentido subjetivo da exploração sexual para uma adolescente prostituída. In S. Ozella (Ed.), *Adolescências construídas: A visão da psicologia sócio-histórica*. São Paulo, SP: Cortez.

12

Uso de drogas por crianças e adolescentes em situação de rua e a busca de intervenções efetivas

Lucas Neiva-Silva
Joana Plentz Marquardt
Jorge López
Sílvia Helena Koller

Um dos problemas de maior impacto sobre o desenvolvimento de crianças e adolescentes em situação de rua é o uso de drogas. Partindo deste pressuposto, estudos descritivos vêm sendo realizados com o intuito de delinear o padrão de uso de substâncias psicoativas junto à referida população (Forster, Tannhauser, & Barros, 1996; Neiva-Silva, 2008; Noto *et al.*, 2004; Noto, Nappo, Galduróz, Mattei, & Carlini, 1998). Ao analisar esta problemática, parte-se do pressuposto de que existem fatores de risco e fatores de proteção agindo simultaneamente sobre o desenvolvimento dessas crianças e adolescentes, fazendo com que algumas se tornem mais vulneráveis e outras mais adaptadas. Este capítulo descreve o uso de drogas entre crianças e adolescentes em situação de rua, discutindo os padrões de uso em diferentes países, bem como os fatores de risco e os fatores de proteção associados. São apresentados estudos longitudinais, avaliando as alterações no padrão de uso de drogas ocorridas ao longo do tempo e os fatores associados às respectivas alterações. Na conclusão, são analisados alguns aspectos relacionados às intervenções voltadas ao uso de drogas entre a referida população.

CRIANÇAS E ADOLESCENTES EM SITUAÇÃO DE RUA E O USO DE DROGAS

Ao abordar o problema do uso de drogas junto a crianças e adolescentes em situação de rua, estudos recentes apontam uma situação preocupante. A Organização Mundial da Saúde (OMS) revelou em seu relatório anual de 1995 que, em todo o mundo, existem cerca de 100 milhões de crianças e adolescentes em situação de rua que são dependentes químicos, dentre os quais 40 milhões encontram-se na América Latina (OMS, 1995). Apesar de se discutir se estes dados estão superestimados, reconhece-se o problema como atingindo uma expressiva parcela das crianças e adolescentes em situação de rua.

O *uso* de drogas por crianças e adolescentes em situação de rua é um problema que existe em diferentes países, como Canadá (Adlaf & Zdanowicz, 1999; Roy, Haley, Leclerc, Cédras, & Boivin, 2002; Smart & Ogborne, 1994), Estados Unidos (Bailey, Camlin, & Ennett, 1998; Ginzler, Cochran, Domenech-Rodríguez, Cauce, & Whitbeck, 2003; Gleghorn, Marx, Vittinhghoff, & Katz, 1998), México (Dominguez, Romero, & Paul, 2000), Etiópia (Lalor, 1999), Nigéria (Morakinyo & Odejide, 2003), Brasil (Forster *et al.*, 1996; Noto *et al.*, 2004; Thiesen & Barros, 2004), entre outros.

Na última década, ocorreram dois grandes levantamentos sobre uso de drogas entre crianças e adolescentes em situação de rua no Brasil. O penúltimo foi realizado em 1997 em seis capitais brasileiras, sendo elas: São Paulo, Porto Alegre, Fortaleza, Rio de Janeiro, Recife e Brasília (Noto *et al.*, 1998). Em relação aos dados de 1997, os autores constataram que o percentual de crianças e adolescentes em situação de rua que relataram já ter consumido drogas pelo menos uma vez na vida chegou a 88%. Os resultados encontrados entre a população de rua foram significativamente superiores àqueles encontrados no mesmo ano entre estudantes de 1º e 2º graus da rede estadual de ensino, dentre os quais foi observado que 24,6% já haviam experimentado algum tipo de droga (Galduróz, Noto, & Carlini, 1997). Considerando o mesmo período, 71,7% dos adolescentes em situação de rua haviam feito uso de drogas nos 30 dias que antecederam a pesquisa (Noto *et al.*, 1998). Analisando a frequência de uso, cerca da metade dos entrevistados (48,3%) relataram usar drogas cinco ou mais vezes por semana durante o mês que antecedeu a pesquisa.

Os estudos têm mostrado que, geralmente, quando comparados com adolescentes em desenvolvimento típico, o uso de drogas é maior entre crianças e adolescentes em situação de rua. Em uma pesquisa realizada em Cuiabá com 2291 adolescentes (Souza & Silveira, 2007), a prevalência do uso recente de álcool, tabaco e outras drogas foi de 37,4%, 9,5% e 8,4%, respectivamente, sendo mais elevada entre os adolescentes trabalhadores do que entre os não trabalhadores. Em um estudo realizado nos Estados Unidos, comparando os resultados de algumas pesquisas nacionais, constatou-se que a prevalência de uso de quase todas as drogas foi maior entre os adolescentes em situação de rua ou de abrigagem, comparados com os adolescentes em desenvolvimento típico (Greene, Ennet, & Ringwalt, 1997).

O último levantamento, realizado em 2003, envolveu as 27 capitais brasileiras (Noto *et al.*, 2004). Apesar das diferenças dos resultados entre as capitais, o uso geral de drogas "na vida" (o uso pelo menos uma vez na vida), no "último ano" (o uso pelo menos uma vez nos últimos doze meses) e no "último mês" (o uso pelo menos uma vez nos últimos trinta dias) se manteve alto. Estes resultados indicam que, desde a década passada, o uso de drogas psicotrópicas entre a população de crianças e adolescentes em situação de rua não pode ser caracterizado apenas como eventual ou esporádico. Ao contrário, os dados descrevem o quão presente a droga está no cotidiano desta população, ressaltando os diferentes problemas em nível orgânico, social e psicológico potencialmente gerados por este uso.

Uma possível classificação sobre os tipos de drogas descreve-as como sendo lícitas ou ilícitas. As drogas ilícitas seriam aquelas usualmente tidas como de uso ilegal ou indevido como, por exemplo, maconha, cocaína, *crack*, merla e solventes ou inalantes, como a cola, lança-perfume e *loló* (mistura de vários solventes e/ou vernizes). Entretanto, destaca-se que, considerando a população de crianças e adolescentes, o uso de álcool e tabaco também é considerado ilícito, uma vez que, segundo o Estatuto da Criança e do Adolescente (Estatuto da Criança e do Adolescente, 1990, Art. 81), é proibida a venda à criança ou ao adolescente de bebidas alcoólicas ou produtos cujos componentes possam causar dependência física ou psíquica, ainda que por utilização indevida.

Apesar de ser ilícita a venda de álcool e tabaco – ou cigarro comum – para menores de 18 anos, estas vêm sendo duas das drogas mais usadas por crianças e adolescentes em situação de rua nas duas últimas décadas. Em relação ao álcool, no primeiro levantamento sobre uso de drogas entre crianças e adolescentes em situação de rua, realizado em São Paulo e Porto Alegre em 1987, o uso na vida variou de 71 a 83% (Silva-Filho, Carlini-Cotrim, & Carlini, 1990). Na pesquisa de 1989, quando foi incluída a cidade de Fortaleza, este índice variou de 50,5 a 86% (Silva-Filho *et al.*, 1990). Já em 1993, quando foram avaliados também Rio de Janeiro e Recife, o uso na vida variou entre as cinco capitais de 78,5 a 90,5% (Noto, Nappo, Galduróz, Mattei, & Carlini, 1994). Em 1997, incluindo a cidade de Brasília, o uso de álcool na vida variou de 46,4 a 79,2% (Noto *et al.*, 1998). Em 2003, o uso de álcool na vida alcançou o índice de 76%, considerando os participantes das 27 capitais brasileiras (Noto *et al.*, 2004). Segundo estes autores, o uso do álcool se inicia, em geral, antes da ida para a rua, sugerindo o quanto a ingestão do álcool por crianças e adolescentes é culturalmente aceita dentro das famílias e da sociedade.

Em relação ao tabaco, o uso foi marcadamente alto desde o primeiro levantamento entre crianças e adolescentes em situação de rua. Em 1987, o uso na vida variou de 84,5 a 91,5% (Silva-Filho *et al.*, 1990). Na pesquisa de 1989, este índice variou de 63,5 a 91,5% (Silva-Filho *et al.*, 1990). Em 1993, a experimentação de tabaco variou entre as diferentes capitais de 70,5 a 92% (Noto *et al.*, 1994). Em 1997, tal índice variou de 57,8 a 77,5% (Noto *et al.*, 1998). Em 2003, o uso de tabaco na vida alcançou o índice de 63,7% entre as 2807 crianças e adolescentes em situação de rua que participaram do estudo (Noto *et al.*, 2004). Em um estudo realizado em Porto Alegre com crianças e adolescentes em situação de rua (Neiva-Silva, 2008), a droga que atingiu a segunda maior frequência de uso (último mês) foi o tabaco. Dentre os participantes que haviam usado tabaco no último mês, 75,9% usavam-no todos ou quase todos os dias. O consumo médio foi de 12,7 cigarros por dia, sendo que dentre os que usavam todos os dias, a média de cigarros fumados diariamente foi de 13,9. O número máximo relatado foi de 80 cigarros por dia, correspondente a quatro carteiras de cigarro. Estes resultados mostram que, apesar de ser uma droga lícita e do uso entre adolescentes ser relativamente aceito socialmente, a quantidade e frequência de uso configura-se um fator de risco que deve ser considerado para a saúde destes adolescentes. No Levantamento Nacional, esse padrão também apareceu em São Paulo, com 84,2% de uso diário, dentre os que haviam usado recentemente (Noto *et al.*, 2004).

Noto *et al.* (1998) identificaram os solventes como a droga ilícita mais consumida na maioria das capitais pesquisadas, com índice de 53% de uso pelos participantes. Em 2003, os solventes se mantiveram como a droga ilícita mais usada (28,7% do uso no mês) na média das 27 capitais (Noto *et al.*, 2004). Segundo estes autores, em algumas capitais como São Paulo e Recife, o uso diário (20 ou mais dias no último mês) chegou a 60%. Neste estudo, das 27 capitais investigadas, apenas Porto Velho não constatou o uso desta substância. Forster *et al.* (1996), encontraram na cidade de Porto Alegre um índice de 58% de uso de solventes "no mês" no grupo de crianças e adolescentes em situação de rua que haviam rompido os vínculos familiares. Na mesma cidade, por meio de análise laboratorial, Thiesen e Barros (2004) encontraram alta concentração de ácido hipúrico (substância resultante do metabolismo do tolueno, presente nos solventes) na urina de adolescentes em situação de rua. Esta tendência de maior uso de solventes pela população infantojuvenil de rua foi verificada em outros estudos brasileiros (Brito, 1999; Bucher, Costa, & Oliveira, 1991; Carlini-Cotrim, Silva-Filho, Barbosa, & Carlini, 1989; Forster, Barros, Tannhauser, & Tannhauser, 1992; Noto *et al.*, 1994; Silva-Filho *et al.*, 1990).

Além dos solventes serem apontados como a droga ilícita mais usada por crianças e adolescentes em situação de rua, também vêm sendo apontados como a primeira droga ilícita a ser usada na trajetória destes

Endereço Desconhecido: crianças e adolescentes em situação de rua

jovens. Noto *et al.* (2004) observaram que 27,1% dos participantes haviam usado solventes como primeira droga ilícita. No Estudo de Neiva-Silva (2008), dentre os que haviam usado na vida alguma droga ilícita, 20,8% relataram ter usado solventes como a primeira droga ilícita. De certa forma, estes dados se contrapõem à "Teoria da Porta de Entrada" (*Gateway Theory*) ou "Teoria da Progressão do Uso de Substâncias" (Kandel, Yamaguchi, & Chen, 1992) em que haveria uma relação entre a droga de uso inicial e o posterior consumo de substâncias ilícitas. Segundo esta teoria, existiria uma tendência ao início pelo álcool, tabaco, seguido pela maconha e, posteriormente, pelas demais drogas ilícitas. Um estudo recente investigou a prevalência do consumo de drogas entre crianças e adolescentes institucionalizados na antiga Fundação Estadual do Bem-Estar do Menor (FEBEM), em Porto Alegre (Ferigolo *et al.*, 2004), em que muitos dos participantes foram crianças e adolescentes em situação de rua e poderiam retornar a esta situação quando saíssem da medida socioeducativa de internação. Os resultados desta pesquisa estão de acordo com os pressupostos da *Gateway Theory*, em que os adolescentes iniciaram se envolvendo com álcool ou tabaco, progrediriam para a maconha, e passaram a usar inalantes após a maconha e antes da cocaína. Um outro estudo (Ginzler *et al.*, 2003) investigou de que forma os padrões de uso inicial de drogas se relaciona com o uso corrente de drogas entre jovens em situação de rua nos Estados Unidos. Para estes autores, jovens em situação de rua teriam uma trajetória desenvolvimental não normativa em relação à droga de entrada. Os resultados mostraram que os jovens que progrediram para o uso de drogas "mais pesadas", segundo a *Gateway Theory*, iniciaram o uso de drogas quando eram mais novos. Entretanto, estes autores verificaram que na população de jovens em situação de rua, a ordem em que os indivíduos iniciam o uso de substâncias (se álcool, maconha ou outra droga ilícita) não prediz o padrão de uso corrente, mas que a variedade de uso inicial de drogas tem maior influência sobre o padrão de uso no presente. Como os autores destes trabalhos apontam, ainda são necessários mais estudos sobre o assunto para desenvolver a aplicabilidade da teoria junto a crianças e adolescentes em situação de rua.

Para se ter uma dimensão do índice expressivo de uso de solventes entre a população de crianças e adolescentes em situação de rua, pode-se comparar os padrões deste grupo com o de jovens que não estão em situação de rua. Em 2004 foi realizado o *V Levantamento Nacional sobre o Consumo de Drogas Psicotrópicas*, entre mais de 48.000 estudantes do Ensino Fundamental e Médio das 27 capitais brasileiras (Galduróz, Noto, Fonseca, & Carlini, 2004), no qual os inalantes ocuparam o primeiro lugar no *ranking* das drogas ilícitas mais usadas. Contudo, os índices de uso de inalantes alcançaram aproximadamente 15% de uso na vida, 14% de uso no último ano e 10% de uso no último mês, comparado com 44%, 37% e 29%, respectivamente entre crianças e adolescentes em situação de rua, encontrados no estudo de Noto *et al.* (2004).

Os solventes, quando usados em altas doses, bem como o seu uso crônico (uso persistindo por anos e em quantidade), podem trazer sérios riscos à saúde física. Quando alta quantidade de solvente é absorvida pelo organismo, ocorre a depressão profunda do sistema nervoso central, podendo gerar convulsões e inconsciência. O agravamento deste quadro pode progredir para o estado de coma, parada cardiorrespiratória e a morte (Linden, 1990). De maneira geral, o uso crônico e intencional de inalantes pode levar a epistaxes recorrentes (hemorragias nasais), rinite crônica, ulcerações nasais e bucais, além de conjuntivite e um aumento da expectoração brônquica (Flanagan & Ives, 1994; Galduróz & Noto, 2001). Em termos comportamentais, pode ocorrer ainda depressão, perda de concentração, irritabilidade, hostilidade, paranoia, fadiga, perda de peso e, em alguns casos, anorexia. O abuso crônico de inalantes pode levar à dependência, sendo os sintomas psíquicos mais comuns o intenso desejo de usar e perda de outros interesses que não o de usar a droga. A síndrome de abstinência, geralmente se apresenta com pouca gravidade e é caracterizada por ansiedade, agitação, tremores e câimbras nas pernas. Em um estudo com 20 abusadores crônicos de inalantes (basicamente tolueno), a abstinência foi documentada com um mínimo de um mês anterior à avaliação (Hormes, Filley, & Rosenberg, 1986). Em 65% dos usuários crônicos de inalantes houve prejuízos cerebrais. Quando submetidos a testes de avaliação neuropsicológica, estes apresentaram baixos resultados em concentração, atenção, percepção visual, aprendizagem e memória (Pandina & Hendren, citados em Bordin, Figlie, & Laranjeira, 2004).

Analisando de maneira integrada as diferentes drogas e os distintos padrões de uso, Neiva-Silva (2008) constatou que os solventes possuem a menor diferença entre o número de pessoas que experimentaram (uso na vida) e o número de pessoas que fazem uso diário. Dentre as crianças e adolescentes que usaram solvente pelo menos uma vez na vida, 58,9% tornaram-se usuários diários. Em segundo lugar está o tabaco, em que 47,2% dos que um dia experimentaram, tornaram-se usuários diários. Em seguida está a maconha, em que 35,4% dos que a experimentaram, tornaram-se usuários diários. Estes resultados são preocupantes e mostram que a "simples experimentação" de uma droga, dependendo do contexto no qual a pessoa se desenvolve e dos demais fatores de risco presentes, pode se transformar em "uso diário" (definido como uso em 20 vezes ou mais no último mês), aumentando a probabilidade se estabelecer a dependência química.

No Brasil, a segunda droga ilícita mais usada por crianças e adolescentes em situação de rua tem sido a maconha (Forster *et al.*, 1996; Noto *et al.*, 2004; Noto *et al.*, 1998). No levantamento de 1997, o uso de maconha no último mês variou de 22,7% em Porto Alegre a 39,3% no Rio de Janeiro. Destaca-se que neste ano, em Fortaleza e Rio de Janeiro, a maconha ocupou o primeiro lugar como droga mais consumida. Em 2003, o uso no mês alcançou o índice médio de 25,4% nas 27 capitais brasileiras, chegando a 73,8% em São Paulo. No Estudo de Neiva-Silva (2008), a maconha atingiu o terceiro maior padrão de uso recente, com 60,9% de uso diário, dentre os que haviam usado esta substância no último mês. O alto uso de maconha também tem sido identificado em outros países. Em um estudo realizado no Canadá com adolescentes e jovens em situação de rua (Baron, 1999), a maconha foi a droga ilícita que obteve o maior percentual de uso diário (28%).

Apesar de se ter um índice menor de uso quando comparada com os solventes, estudos têm apresentados fortes indícios de danos gerados pelo uso crônico de maconha. Alguns estudos neuropsicológicos sugeriram que usuários crônicos de maconha podem apresentar prejuízo na memória de trabalho e disfunções relacionadas à atenção (Lundqvist, 2005). Em um estudo cuidadosamente controlado, foram observados prejuízos persistentes da memória (Schwartz, Gruenewald, Klitzner, & Fedio, 1989), no qual os próprios adolescentes relataram *deficits* de memória persistindo de três a quatro semanas após o último uso de maconha. Através de testes neuropsicológicos, foram detectados prejuízos específicos de atenção, memória e funções do lóbulo frontal em estudantes com uso diário de maconha (Pope & Yurgelun-Todd, 1996). Alguns estudos demonstraram que o uso regular e frequente da maconha aumenta significativamente as chances de produzir problemas inflamatórios crônicos nas vias respiratórias (Van Hoozen & Cross, 1997). Sintomas como tosse crônica, respiração ofegante e catarro foram observados em um estudo com 1000 adultos jovens da Nova Zelândia (Taylor *et al.*, 2002; Taylor, Poulton, Moffitt, Ramankutty, & Sears, 2000). A presença destes sintomas aumentava entre 61% e 144% entre usuários de maconha, comparados com os não usuários, mesmo após "isolar" a influência da variável "uso de cigarro".

Sobre o uso de drogas injetáveis, o Brasil apresenta uma característica menos negativa em relação a crianças e adolescentes em situação de rua. Em 1993, foram identificados 19 casos de uso de drogas por via endovenosa entre os 565 participantes, correspondendo a 3,36% (Noto *et al.*, 1994). No último levantamento (Noto *et al.*, 2004), houve apenas oito casos entre os 2.807 entrevistados, correspondendo a 0,28%. No caso do Brasil, uma possível hipótese para a pouca frequência do uso de drogas injetáveis é a maior oferta da cocaína e de drogas derivadas, em maior produção na América do Sul e, portanto, de mais fácil acesso. Em consequência, tem-se observado um aumento expressivo do uso de *crack* no Brasil, principalmente entre crianças e adolescentes em situação de rua. Nos países norte-americanos, esta tendência se inverte. Em uma pesquisa realizada em Toronto, Canadá, ainda na década passada, observou-se que 41% dos participantes já haviam usado droga injetável ao longo da vida e que 11% haviam compartilhado seringas no último ano (Smart & Adlaf, 1991). Em outro estudo, realizado em seis cidades dos Estados Unidos, constatou-se que, ao longo da vida, 15% dos jovens haviam feito uso injetável de cocaína ou derivados e que 9,4% haviam usado nos últimos seis meses (Santibanez, *et al.*, 2005). Em um amplo estudo no Canadá com a referida população, 54% dos participantes já haviam administrado drogas injetáveis (Roy *et al.*, 2002). Nos Estados Unidos, em um trabalho com 1121 jovens em situação de rua, 39% deles já haviam usado alguma droga injetável (Gleghorn *et al.*, 1998). Como se pode observar, o baixo índice de uso de drogas injetáveis é um aspecto menos prejudicial no perfil de uso de drogas entre crianças e adolescentes em situação de rua no Brasil, pois, dentre outros fatores, a não utilização da via endovenosa para administração de drogas reduz marcadamente os riscos de transmissão de HIV e outras doenças transmitidas pelo sangue.

Com relação à cocaína e derivados, o número de usuários aumentou significativamente em quase todas as capitais brasileiras analisadas até o ano de 1997 (Noto *et al.*, 1998). Nos últimos anos, foi observado um crescimento em "saltos" do uso de cocaína e derivados nas diferentes capitais, em períodos diferenciados (Noto *et al.*, 2004). Entre os derivados da cocaína, o *crack* merece uma análise mais detalhada, considerando o expressivo aumento do seu uso entre crianças e adolescentes em situação de rua e os múltiplos fatores de risco associados. Em São Paulo, nos levantamentos de 1987 e 1989, não houve nenhum caso de uso de *crack* (Noto *et al.*, 1994). Segundo estes autores, em 1993 o uso de *crack* "na vida" atingiu o índice de 35,5%. Em 1997, o *crack* passou então a ser a forma mais frequente de uso da cocaína em São Paulo (Noto *et al.*, 1998) e em 2003, o "uso no ano" chegou a 35,7% dos entrevistados. Outro local que mostrou um preocupante aumento no uso de *crack* foi Porto Alegre. Nesta cidade, nos levantamentos de 1987 e 1989 também não foi mencionado o uso de *crack*, sendo que em 1993 foi identificado um único caso de experimentação da droga (Noto *et al.*, 1994). Já em 1997, foram constatados nove casos de uso de *crack* na vida (Noto *et al.*, 1998). Em 2003, foram registrados 50 crianças e adolescentes que haviam experimentado o *crack*.

Vários fatores contribuem para este expressivo aumento do uso do *crack* em crianças e adolescentes em situação de rua. Como o preço da cocaína é significativamente maior que o do *crack*, o acesso a esta última droga é proporcionalmente maior, havendo uma tendência de que o uso da cocaína diminua, enquanto paralelamente ocorra um aumento do uso do *crack*. Existem ainda fatores neuroquímicos que influenciam este processo. No caso do *crack*, os efeitos começam a ocorrer de 10 a 15 segundos após ser fumado, e da cocaína em pó (cloridrato de cocaína), de 10 a 15 minutos após aspirada (Centro Brasileiro de Informações sobre Drogas Psicotrópicas [CEBRID], 2003). Este tempo reduzido entre a administração e o aparecimento dos efeitos faz com que o *crack* seja uma droga muito "atraente" para o usuário (Nappo, Galduróz, & Noto, 1996). Associados ao uso do *crack*, vários fatores e/ou comportamentos de risco surgem ou se tornam mais evidenciados: maior isolamento social; rompimento de vínculos familiares; comportamento sexual de risco; atividades ilícitas, como roubos e furtos para a manutenção do uso; e prostituição, como moeda de troca pela droga (Bordin *et al.*, 2004). Dentre os efeitos do uso, destaca-se o surgimento de paranoia, que se caracteriza por um medo extremo do usuário de ser descoberto, principalmente pela polícia ou por algum parente (Nappo *et al.*, 2004). Em virtude deste estado persecutório, as crianças e adolescentes, assim como quaisquer outros usuários, podem se tornar violentos. Tem-se observado que os usuários de *crack* apresentam maior incidência de problemas psiquiátricos, psicoses e comportamentos violentos do que usuários de outras formas de cocaína (Laranjeira, Dunn, & Ribeiro Araújo, 2001). A partir do exposto, justifica-se a preocupação em relação ao aumento do uso de *crack* entre crianças e adolescentes em situação de rua. Considerando os riscos inerentes ao contexto da rua e ao próprio uso de drogas em geral, o uso do *crack*, além de trazer outros novos fatores de risco, potencializa aqueles preexistentes.

Ao analisar os dados apresentados, faz-se necessário ressaltar que existe certa probabilidade de estarem subestimados. Tratando-se de pesquisas epidemiológicas e considerando a ampla dimensão das amostras, estes trabalhos tendem a defrontar-se com a impossibilidade de estabelecimento de maior vinculação entre os pesquisadores e os participantes da pesquisa. Ao realizar pesquisas com esta população, sem

Endereço Desconhecido: crianças e adolescentes em situação de rua

considerar adequadamente o período da formação de vínculo, especialmente na avaliação de assuntos que possam gerar alguma desconfiança ou constrangimento à criança como sexualidade, atos infracionais, exploração sexual ou uso de drogas, existe um risco maior de se ter um discurso estereotipado baseado em informações socialmente desejáveis, podendo gerar resultados subavaliados (Neiva-Silva, Araujo, & Koller, no prelo). Considerando estes aspectos, acredita-se que o consumo de drogas junto à referida população tende a ser ainda superior ao obtido por parte das pesquisas.

Além das contribuições proporcionadas pelos estudos transversais, faz-se necessário compreender as mudanças nos padrões de uso de drogas ao longo do tempo. No entanto, pouco se sabe sobre as alterações longitudinais no uso de drogas entre crianças e adolescentes em situação de rua, especialmente pela dificuldade de acompanhar esta população ao longo do tempo e o consequente baixo número de trabalhos publicados a respeito. Em um estudo de coorte realizado entre 1995 e 2005 no Canadá com jovens em situação de rua, dos 778 participantes que completaram a etapa longitudinal e que nunca haviam usado drogas injetáveis até a fase de recrutamento, 16,7% haviam iniciado uso de droga injetável até a fase de acompanhamento (Roy, Boudreau, Leclerc, Boivin, & Godin, 2007). Neste estudo, 44% haviam usado drogas injetáveis antes do recrutamento. Um estudo prospectivo de coorte realizado no Canadá investigou, ao longo de cinco anos, o uso de drogas entre jovens em situação de rua e foi observada uma taxa de incidência de uso de drogas injetáveis de 8,2 por 100 pessoas-ano, (Roy *et al.*, 2003). Já nos Estados Unidos, em um estudo longitudinal de caso-controle, realizado com jovens em situação de rua (15 a 30 anos), foi comparado um grupo de usuários de drogas ilícitas não injetáveis (heroína não injetável, cocaína ou *crack*) com um grupo de usuários recentes de drogas injetáveis (Fuller *et al.*, 2002), analisando os comportamentos de risco associados à transição do uso de drogas não injetáveis para as injetáveis. Os preditores identificados foram: (a) ter tido sexo comercial no ano prévio ao início do uso de drogas injetáveis; (b) ter sido exposto à violência física nos últimos seis meses; e (c) ter fugido da escola. Segundo os autores, estes aspectos devem ser observados em programas de prevenção ao uso de drogas injetáveis. Analisando-se outras populações, identificou-se um estudo longitudinal realizado com estudantes de escolas regulares de São Paulo sobre fatores de risco para o Transtorno Decorrente do Uso de Substâncias Psicoativas ([TDUS]; Ferrari, 2001). Neste estudo, observou-se um aumento significativo no uso de álcool e maconha, dois anos após a coleta inicial.

No Brasil, foi identificado um único estudo que investigou longitudinalmente o uso de drogas entre crianças e adolescentes em situação de rua (Neiva-Silva, 2008). Nesta pesquisa, foram acompanhados 68 crianças e adolescentes em situação de rua, com idades entre 10 e 18 anos, da cidade de Porto Alegre, com intervalo de um ano entre a primeira (T1) e a segunda (T2) coleta de dados. Os resultados mostraram um aumento estatisticamente significativo em todas as categorias de drogas analisadas. O percentual de participantes que haviam experimentado (ou usado na vida) álcool aumentou de 76,5% em T1 para 95,6% em T2. O uso de tabaco aumentou de 54,4% no primeiro momento para 73,5% no segundo momento; e o uso de solventes, de 33,8% para 51,5%, respectivamente. A maconha subiu de 33,8% para 45,6%. O uso de cocaína/*crack* (avaliados na mesma categoria) aumentou de 23,5% na primeira fase para 32,4% na segunda fase. Analisando o conjunto desses resultados, identifica-se uma tendência alarmante de aumento do uso de drogas por crianças e adolescentes em situação de rua.

No estudo de Neiva-Silva (2008), ao se comparar os resultados de cada participante ao longo do tempo, foi possível identificar, para cada tipo de droga, aqueles que iniciaram o uso, mantiveram, interromperam ou continuaram a usar determinada substância. A Análise de Conglomerados mostrou que o perfil dos que iniciaram o uso de *crack* no último ano se assemelhou ao perfil dos que mantiveram o uso das outras drogas (álcool, tabaco, solventes e maconha) entre T1 e T2. Neste estudo, constatou-se que os preditores do início de uso de *crack* no último ano foram semelhantes aos preditores do uso de drogas ilícitas no último mês. Foram identificadas as seguintes variáveis independentemente associadas (ou "variáveis preditoras"): (a) "Não morar com a família"; (b) "Estar há mais de cinco anos na rua"; e (c) "Passar mais de oito horas na rua por dia". A chance de início de uso de *crack* seria aproximadamente 32 vezes maior entre os que não moravam com a família; 13 vezes maior entre os que estavam há mais de cinco anos na rua; e nove vezes maior entre os que passavam mais de oito horas na rua. Ao se aplicar, na prática, os resultados da equação de regressão, foi possível calcular as probabilidades de início de uso de *crack*. Tomando-se como exemplo um participante que não mora com a família, que está há mais de cinco anos na rua e que, em geral, passa mais de oito horas na rua, a probabilidade de início de uso de *crack* no último ano é de 98,9%. Já para um participante que mora com a família, que está há menos de cinco anos na rua e que, em geral, fica menos de oito horas nas ruas, a probabilidade de início de uso de *crack* no último ano é de 2,1%. Estes resultados mostram o impacto destes três fatores de risco (não morar com a família, estar há mais de cinco anos na rua e passar mais de oito horas por dia na rua) sobre o desenvolvimento de crianças e adolescentes em situação de rua, principalmente em relação ao uso de drogas.

Alguns estudos têm encontrado associação positiva entre a faixa etária e o uso de drogas entre crianças e adolescentes em situação de rua (Brito, 1999; Forster *et al.*, 1996; Noto *et al.*, 2004). Nestes estudos, é observada a tendência de que quanto maior a idade, maior a probabilidade de uso abusivo de drogas. No estudo de Carvalho *et al.* (2006), realizado com esta população, ter mais de 15 anos de idade foi uma das variáveis independentemente associadas ao uso de drogas ilícitas no último ano.

A vinculação com a família tem sido descrita como um dos fatores de maior influência sobre o uso de drogas entre crianças e adolescentes. A família pode funcionar tanto como fator de proteção, como de risco (Albertani, Scivoletto, & Zemel, 2004). Noto *et al.* (2004) constatou que dentre aqueles que não estavam morando com a família, 88,6% haviam usado drogas no último mês, enquanto que entre os que moravam com a família, 47,7% haviam usado drogas no último mês. Quando se analisa o uso diário de drogas (cinco vezes ou mais por semana), esta diferença é ainda maior. Dentre os que não moravam com a família, 72,6% relataram fazer uso diário de substâncias psicoativas, e entre os que estavam morando com a família, 19,7% faziam uso diário. Por outro lado, um fator de risco apontado para o uso de drogas por jovens em situação de rua é o abuso de drogas pelos pais. Em um estudo norte-americano, Robertson, Koegel e Ferguson (1990) afirmam que cerca de um quarto dos jovens em situação de rua saíram de casa devido a comportamentos relacionados ao abuso de álcool pelos pais. Neste estudo, apenas 7% dos participantes relataram o uso pessoal de álcool como motivo para a saída para as ruas. Raffaelli (1997) sugere que a ruptura dos vínculos familiares é importante para a compreensão do fenômeno de crianças e adolescentes em situação de rua, estando este também relacionado ao uso de drogas. Na pesquisa de Raffaelli *et al.* (2001), a principal razão fornecida pelos adolescentes em situação de rua para saída de casa foi a fuga dos conflitos e dos abusos ocorridos junto à família, muitos deles associados ao uso de drogas no contexto familiar. Um estudo realizado com jovens estado-unidenses que estavam em situação de rua mostrou que o hábito de uso de álcool pelos pais foi "preditor" de padrões de uso de álcool pelos filhos (Baron, 1999). Paradise e Cauce (2003) identificaram que o fato dos adolescentes se engajarem em comportamentos delinquentes ou atos desviantes no presente aumenta a probabilidade de uso de álcool e outras drogas no futuro. Nos Estados Unidos, dentre outros fatores, o monitoramento familiar e a influência dos pares (incluindo a pressão dos colegas para o uso de drogas) foram identificados como preditores do uso de drogas (Bousman *et al.*, 2005), além da tentativa de suicídio, abuso físico e sexual e envolvimento com prostituição (Kipke, Montgomery, & MacKenzie, 1993).

Discute-se ainda se a escola, com as características atuais, seria um fator de risco ou um fator de proteção em relação ao uso de drogas por adolescentes tanto em situação de rua quanto em desenvolvimento típico. Para muitos adolescentes em situação de rua a escola é percebida como um mero pré-requisito para a obtenção de um certificado ou uma esperança de melhor trabalho (Neiva-Silva, 2003; Neiva-Silva *et al.*, 2003). Apesar disto, a permanência na escola é apontada como um fator protetivo em relação ao uso de drogas (Carlini-Cotrim, 1992; Forster *et al.*, 1992). Em estudo recente, foi observado que 83,8% dos participantes que haviam parado de estudar tinham usado drogas no último mês, enquanto que 42,1% dos jovens que estavam estudando relatam o uso de drogas no último mês (Noto *et al.*, 2004). Estes autores ressaltam a importância da escola estar articulada a uma rede de suporte social eficiente. A fragilidade do suporte social é um fator que contribui de maneira significativa para o alto índice de uso de drogas no contexto da rua (Noto *et al.*, 1998). A restauração dos vínculos sociais tem sido apresentada como um dos principais elementos para prevenção do uso abusivo de drogas e para a recuperação da qualidade de vida desta população (Bandeira, Koller, Hutz, & Forster, 1996; Carlini-Cotrim, 1998; Carlini-Cotrim & Carlini, 1988).

As pesquisas têm identificado outros fatores de risco associados ao uso de drogas entre crianças e adolescentes em situação de rua[1]. Forster *et al.* (1996) afirmam que as principais razões para o uso das drogas são: (a) o oferecimento de drogas pelos pares; (b) o prazer oferecido pelas drogas; e, (c) a curiosidade pela experimentação de determinadas drogas. Para Noto *et al.* (2004), os principais motivos para o uso foram a diversão ou prazer obtidos, o esquecimento da tristeza, o fato de os amigos usarem e a intenção de se sentir mais solto ou desinibido. As escolhas dos adolescentes em situação de rua em relação ao uso de drogas podem ser influenciadas ainda por fatores internos como curiosidade, busca de prazer e autoestima (Moura, 2003). Em uma pesquisa realizada em Belo Horizonte, com crianças e adolescentes em situação de rua (Raffaelli *et al.*, 1993), os participantes descreveram fazer uso de drogas para terem coragem de abordar potenciais parceiros sexuais e também atenuar a dor em relações sexuais anais com homens adultos. O uso de drogas por crianças e adolescentes em situação de rua pode ser uma estratégia de enfrentamento (*coping*) para lidar com sentimentos negativos ou com eventos estressores presentes no contexto das ruas (Adlaf, Zdanowicz, & Smart, 1996; McLean, Paradise, & Cauce, 1999). Segundo esses autores, a droga seria

---

[1] Para maiores informações sobre fatores de risco e de proteção associados ao uso de drogas entre crianças e adolescentes em situação de rua, ver Koller e Neiva-Silva (no prelo).

usada para minimizar o sofrimento vivenciado pelas crianças e adolescentes diante de situações adversas.

PARAR DE USAR DROGAS: EM BUSCA DE UMA INTERVENÇÃO EFETIVA

Uma vez analisados os padrões de uso de drogas e alguns fatores de risco, passa-se a considerar a tentativa de parar de usar drogas por parte das crianças e adolescentes em situação de rua. No estudo de Neiva-Silva (2008), entre os que haviam usado alguma droga na vida, constatou-se que 49,2% haviam tentado parar de usar alguma droga. Isto indica que crianças e adolescentes em situação de rua, apesar de apresentarem alto padrão de uso de drogas, têm conhecimento sobre os possíveis danos à saúde gerados pelo uso crônico de drogas e, principalmente, sugerem o quanto sentem na saúde muitos destes efeitos. Dentre os que tentaram interromper o uso, 59,6% tentaram parar sozinhos e 20,2% com ajuda de amigos. Apenas 18,1% buscaram ajuda de profissionais das instituições de atendimento e 5,6% em hospitais. A droga citada mais frequentemente como sendo alvo das tentativas de interrupção de uso foi o solvente. A droga que os participantes mais tentaram interromper o uso foi o *loló* (designação usada em Porto Alegre para os solventes orgânicos como *Thinner*, vernizes ou a mistura deles; 47,2%). Em segundo lugar esteve a tentativa de parar com o cigarro (21,3%), seguido da maconha (20,2%) e do *crack* (16,9%). Tomando o subgrupo de crianças e adolescentes que fez uso de uma droga específica, analisou-se o percentual de participantes que tentaram interromper o uso desta droga. Dentre os que haviam usado solventes no último mês, 58,2% haviam tentado parar. Em segundo vem o *crack*, com 38,9%. O grupo das bebidas alcoólicas foi o que menos gerou tentativas de parada do uso. Em relação aos motivos pelos quais tentaram parar de usar, tanto em relação aos solventes quanto ao *crack*, o principal motivo citado foi o dano à saúde, a ocorrência de problemas nas relações familiares e o fato destas drogas causarem dependência química.

Tomando o conjunto desses dados, observa-se a necessidade de apoio técnico-especializado às crianças e aos adolescentes em situação de rua na tentativa de interromper o uso de drogas. Neiva-Silva (2008) constatou ainda que dentre os que haviam tentado parar de usar drogas, 40,4% não conseguiram parar efetivamente e 14,6% parou por um tempo e depois retornou o uso. Dentre os que tentaram, 39,3% relataram ter conseguido parar de usar pelo menos um tipo de droga. Este resultado indica o quanto as instituições de saúde estão distantes do cotidiano das crianças e adolescentes em situação de rua. Muitos profissionais e gestores da área de saúde e assistência social argumentam que os serviços estão disponíveis a esta população. No entanto, faz-se necessário analisar se é suficiente a disponibilidade do recurso de saúde, uma vez que o público-alvo, por diferentes motivos, não acessa os serviços quando efetivamente necessitam dos mesmos. Este é um dos motivos pelos quais se justifica a existência de instituições de saúde especializadas no atendimento a crianças e adolescentes e, especialmente, a crianças e adolescentes em situação de rua. Esta lacuna existente entre a demanda para o tratamento de drogas da população de rua e o acesso a serviços de saúde também foi identificado em outros países. Em um estudo realizado em Londres, com adultos em situação de rua, observou-se que 68% tinha necessidade de tratamento para drogas em serviços de saúde (Fountain, Howes, & Strang, 2003). Nesse estudo, dentre os usuários recentes de drogas, aproximadamente a metade relatou querer ajuda em relação às drogas, mas poucos estavam efetivamente acessando serviços apropriados. Esses dados mostram a necessidade de políticas públicas de saúde direcionadas à população de rua, independente da idade.

Apesar das adversidades vivenciadas por crianças e adolescentes no contexto da rua, é preciso identificar a existência de fatores de proteção e reconhecer que muitos destes meninos e meninas demonstram superar os obstáculos e apresentam adequada adaptação, elementos essenciais da resiliência. A própria busca da rua é identificada muitas vezes como uma estratégia saudável diante do ambiente familiar violento (Morais, 2005). Isto significa que a própria ida para a rua pode ser entendida como uma estratégia de *coping* diante de dificuldades ainda maiores que aquelas

Uso de drogas por crianças e adolescentes em situação de rua e a busca de intervenções efetivas

encontradas no contexto da rua. Compreende-se então a necessidade de se investigar também os fatores de proteção associados à vida na rua. No estudo de Neiva-Silva (2008), aspectos como ter menos de 14 anos de idade, morar com a família e passar menos de três horas por dia na rua foram identificados como fatores de proteção para a não ocorrência do uso de drogas no último mês. É preciso implementar um novo olhar nas pesquisas, buscando compreender o aspecto saudável tanto das pessoas em desenvolvimento típico quanto atípico, focalizando a capacidade de adaptação e o desenvolvimento de estratégias para se obter saúde e bem-estar (Morais & Koller, 2004). Com base nestes pressupostos, estudos anteriores apontaram o desenvolvimento de resiliência também entre crianças e adolescentes em situação de rua (Neiva-Silva & Koller, 2007; Paludo & Koller, 2005).

A compreensão da relação existente entre as diferentes variáveis discutidas ao longo deste capítulo fornece importantes subsídios para a elaboração de projetos de intervenção voltados à redução do abuso de drogas por crianças e adolescentes em situação de rua. Dentre os possíveis projetos, compreende-se a necessidade de agir junto à família, fortalecendo os vínculos ainda existentes entre a criança e seus cuidadores, diminuindo o índice de violência no contexto doméstico e aumentando as chances de que a própria família tenha condições de se autogerir em termos laborais e econômicos. Caso não se consiga evitar a ida da criança para a rua, este tipo de intervenção pode contribuir para que os vínculos familiares não sejam rompidos e, em última análise, com que as crianças cheguem nas ruas tendo mais idade, e por consequência, menos tempo de rua. De maneira complementar, existe a necessidade de diminuir o número de horas passadas na rua ao longo do dia. Um bom exemplo é o investimento em escolas e instituições, ambas em caráter aberto, que acolham adequadamente a população de crianças e adolescentes em situação de rua, possibilitando a realização de atividades ocupacionais, educativas e de lazer, contribuindo assim para a diminuição da probabilidade do abuso de drogas por esta população.

Todas essas são ações focalizadas no contexto social no qual as crianças e adolescentes em situação de rua estão inseridos, no sentido de diminuir a probabilidade de uso de drogas, bem como os danos associados às mesmas. Contudo, também são necessárias intervenções em nível secundário focadas nos próprios adolescentes, em relação ao abuso de drogas e/ou dependência química. Após ampla revisão sobre o uso de drogas entre adolescentes (Bauman & Phongsavan, 1999) e a constatação de que a maior parte das drogas lícitas e ilícitas apresentou um aumento consistente na prevalência de uso ao longo da década de 1990 nos países desenvolvidos, os autores afirmam que, em geral, as intervenções voltadas à redução do uso de substâncias falharam no sentido de modificar esta tendência. Se tal constatação é válida para os adolescentes em desenvolvimento típico dos países desenvolvidos, o que dizer das intervenções em nível primário e secundário voltadas a crianças e adolescentes em situação de rua dos países em desenvolvimento? Bauman e Phongsavan (1999) destacam a necessidade de se desafiar a repetida frase "estamos ganhando a guerra" contra o uso de drogas entre adolescentes. Os dados epidemiológicos dos últimos anos sugerem que o problema não foi efetivamente abordado em nível populacional e que, em consequência, os índices de uso têm aumentado. Para estes autores, a maioria dos estudos associando adolescência e drogas é desenvolvida em escolas, o que pode subvalorizar a prevalência dos problemas associados com o abuso de álcool e outras drogas. Um exemplo são as crianças e adolescentes em situação de rua que podem apresentar uma alta taxa de abuso múltiplo de drogas, sendo relacionada a problemas como violência, doenças sexualmente transmissíveis ou gravidez na adolescência. Isto sugere que boa parte dos problemas associados à adolescência não estão representados pelos fatores de risco encontrados por pesquisas realizadas apenas nas escolas de adolescentes em desenvolvimento típico. A partir desta perspectiva, compreende-se a necessidade de pesquisas e políticas públicas direcionadas a adolescentes expostos a situações de maior risco, como é o caso dos adolescentes em situação de rua.

Existem muitos desafios no desenvolvimento de intervenções voltadas ao abuso de drogas por crianças e adolescentes em situação de rua (Peterson, Baer, Wells, Ginzler, & Garret, 2006). Primeiramente, muitos destes jovens não estão procurando serviços de saúde, assim, os programas devem encontrar métodos de acessar ou atrair este público-alvo. Segundo, pelo fato de estar em situação de rua, esta é uma população que busca primeiramente formas de subsistência como alimentação e um local para dormir para então passar a se preocupar com os problemas advindos do abuso de substâncias. Terceiro, o uso de substâncias pode ser uma estratégia de *coping* em relação à dura situação encontrada nas ruas. Quarto, apesar da identidade e autonomia serem aspectos geralmente desenvolvidos na adolescência, esses processos parecem ser particularmente salientes em jovens em situação de risco que apresentam certa desconfiança em relação à autoridade. Assim, em função da emancipação funcional de suas famílias, os adolescentes em situação de rua são geralmente resistentes a qualquer mensagem que desafie a autonomia. Segundo estes autores, experiências negativas anteriores com pessoas desempenhando o papel de "ajudantes", tais como a polícia ou profissionais da assistência social, frequentemente aumentam a tendência destes jovens a se isolarem e a confiar apenas em seus iguais, desconfiando de qualquer adulto que ofereça assistência. Assim, programas de intervenção que necessitam grandes mudanças comportamentais dos adolescentes em situação de rua podem intensificar a desconfiança em relação ao sistema de tratamento e aumentar a resistência à mudança.

Apesar das dificuldades existentes, é necessário que se desenvolvam intervenções específicas voltadas ao abuso de drogas entre crianças e adolescentes em situação de rua. A partir da revisão da literatura científica, foi identificado um artigo de avaliação de intervenção focada especificamente no uso de substâncias entre adolescentes e jovens em situação de rua (Peterson *et al.*, 2006). Neste estudo, um grupo, formado por designação aleatória, recebeu intervenção motivacional e, assim como os grupos controle, foi avaliado com um e três meses após o início da intervenção. Os adolescentes que receberam a intervenção motivacional reportaram uma redução do uso de drogas ilícitas, com exceção da maconha, durante a avaliação de um mês. Não foram observados efeitos do tratamento em relação ao álcool e à maconha. Análises posteriores sugeriram que aqueles adolescentes avaliados como mais engajados apresentaram uma melhor redução do uso de drogas quando comparados com aqueles avaliados como menos engajados. Os autores afirmam que a intervenção breve é mais adequada à população em situação de rua e "precisa ser intensiva para ser efetiva" (p. 261). Ao se considerar a instabilidade e a transitoriedade da qualidade da vida dos adolescentes em situação de rua, até mesmo programas de intervenção bem desenhados encontram dificuldade em alcançar índices de participação mais elevados dos participantes. Dentre as vantagens da intervenção breve está o fato de que estas têm um custo menor, além de exigir menos de populações de difícil acesso, como é o caso dos adolescentes em situação de rua. Peterson *et al.* (2006) afirmam que as intervenções breves são particularmente mais apropriadas para aqueles que não buscam serviços de saúde e para aqueles que resistem ao tratamento ou não seguem orientações oriundas de figuras de autoridade. Os autores ressaltam ainda que, considerando-se as múltiplas necessidades dos adolescentes em situação de rua, não seria adequado assumir que uma intervenção breve para abuso de substâncias poderia resolver o conjunto de problemas que estes jovens têm que lidar em primeiro lugar. Os autores asseveram que programas destinados a adolescentes em situação de rua podem ser mais efetivos se forem associados a outros serviços, o que sugere a implementação – de fato, e não em teoria – de um trabalho em rede.

Existe um reduzido conhecimento sobre a eficácia do tratamento de pessoas em situação de rua com abuso de substâncias. Um estudo de revisão realizado na década de 1990 sobre a eficácia de 10 projetos de tratamento apresentou algumas importantes conclusões (Stahler, 1995, citado por Glasser & Zywiak, 2003): (a) o tratamento do abuso de substâncias deve ser realizado de maneira próxima, "face a face", sendo direcionado também para necessidades tangíveis como moradia, salário e empregabilidade; (b) o índice de abandono do tratamento é muito alto entre pessoas em situação de rua, o que aponta para a necessidade de intervenções mais flexíveis e de menor exigência sobre a pessoa em tratamento; (c) até mesmo os resultados de tratamento que eram inicialmente positivos parecem piorar com o tempo, o que sugere a necessidade de cuidados após o tratamento; (d) alguns clientes, como aqueles com menor envolvimento criminal, tiveram resultados mais positivos, sugerindo um agrupamento mais preciso de clientes com o tratamento. Isto mostra que, apesar das dificuldades identificadas, existem indicadores, baseados em evidências, para aumentar a eficácia dos tratamentos oferecidos.

Em se tratando de intervenções voltadas ao abuso de drogas entre adolescentes em situação de rua, faz-se necessário analisar os tratamentos em comunidades terapêuticas que vêm sendo oferecidos, cada vez mais, no Brasil. A comunidade terapêutica é um contexto de tratamento estruturado em forma de ambientes residenciais para o tratamento do abuso e adição de drogas (National Institute on Drug Abuse [NIDA], 2003). Segundo a Agência Nacional de Vigilância Sanitária (ANVISA), as comunidades terapêuticas são unidades que têm por função a oferta de um ambiente protegido, técnica e eticamente orientados, que forneça suporte e tratamento aos usuários abusivos e/ou dependentes de substâncias psicoativas, durante período estabelecido de acordo com programa terapêutico adaptado às necessidades de cada caso (ANVISA, 2001).

Apesar do avanço dos tratamentos desenvolvidos nas comunidades terapêuticas, é preciso reconhecer que, no Brasil, existe um grande número de comunidades terapêuticas clandestinas, com pouca ou nenhuma sistematização do tratamento (Neiva-Silva & Carvalho, 2007). Muitas delas são estruturadas em fazendas isoladas e terminam adotando um caráter eminentemente religioso, sem critérios de cientificidade nos procedimentos adotados. Em alguns casos, os adolescentes são retirados do contexto da rua e simplesmente mantidos isolados nestas fazendas, ou ainda colocados para trabalhar em plantações como recurso terapêutico. No intuito de evitar este tipo de abuso, a ANVISA, com a contribuição da Federação Brasileira de Comunidades Terapêuticas (FEBRACT), expediu em 2001 a resolução que estabelece regras para as clínicas e comunidades terapêuticas (ANVISA, 2001). No referido documento, é explicitado que todo serviço, para funcionar, deve estar devidamente licenciado pela autoridade sanitária competente. Dentre outros aspectos, deve ainda ser assegurada a proibição de castigos físicos, psíquicos ou morais, respeitando a dignidade e integridade, independente da etnia, credo religioso e ideologias, nacionalidade, preferência sexual, antecedentes criminais ou situação financeira. É importante que os profissionais que trabalhem no encaminhamento de adolescentes a estes programas conheçam de maneira aprofundada todas as exigências a serem cumpridas pelas comunidades terapêuticas, no sentido de proteger o bem-estar destes jovens e efetivamente auxiliar na promoção da saúde.

Não é suficiente apenas a internação para desintoxicação ou tratamento em clínicas ou comunidades terapêuticas. Na convivência com adolescentes em situação de rua, ouve-se inúmeros relatos afirmando sobre múltiplas internações para tratamento de drogas, seguida das recaídas subsequentes, assim que se retorna para o contexto de origem. Principalmente no caso de adolescentes em situação de rua, é imprescindível que após a internação haja um conjunto de pessoas e serviços de retaguarda para acolher e dar apoio ao adolescente. Se com o apoio e supervisão da família, no caso de adolescentes em desenvolvimento típico, a prevenção à recaída ou a manutenção da mudança é um grande desafio, quando a família está ausente, os obstáculos a serem superados são ainda maiores. Muitos municípios brasileiros têm investido amplos recursos em convênios com clínicas e comunidades terapêuticas focalizando especificamente a internação para tratamento e estão desconsiderando os investimentos necessários após a internação, entendidos como sendo de igual ou maior importância.

A partir do exposto, compreende-se a necessidade de integrar os resultados das pesquisas à implementação de intervenções. Especialmente no caso de crianças e adolescentes em situação de rua, é fundamental a colaboração bidirecional entre os pesquisadores e os profissionais que atuam no cotidiano desta população, considerando que, com o auxílio recíproco, poder-se-á obter em maior grau a melhoria da qualidade de vida dessas crianças e adolescentes. Os pesquisadores da área, ao elaborar suas pesquisas, precisam avançar em análises e delineamentos mais complexos fazendo com que os resultados ofereçam subsídios para a elaboração de políticas públicas e intervenções seletivas mais adequadas ao atendimento de crianças e adolescentes em situação de rua, em especial ao abuso de drogas. Ao mesmo tempo, os profissionais que trabalham cotidianamente na interação com estas crianças e adolescentes podem contar com muitos dos pesquisadores da área como elementos para compor e fortalecer a rede de apoio.

Ao se planejar políticas públicas ou programas de intervenção, não se pode esquecer que na base do desenvolvimento destas crianças e adolescentes está a rua, bem como as dificuldades e riscos encontrados neste contexto. Para grande parte desta população, o abuso de drogas não é o principal problema, mas apenas mais um problema a ser enfrentado. Em muitos casos, o uso de drogas vem conter as lágrimas e preencher um vazio, frutos de uma história de negligência, abandono, violência e ausência de oportunidades experienciados pela criança ou pelo adolescente. Assim, intervenções voltadas à redução do uso de drogas entre esta população devem focalizar não apenas "a droga" em si, mas também os demais fatores de risco presentes na vida das crianças e adolescentes em situação de rua. Se de alguma maneira o uso de drogas cumpre a função de preencher um vazio, não se pode apenas retirar a droga e novamente abandonar a criança/adolescente em um novo vazio.

REFERÊNCIAS

Adlaf, E. M., & Zdanowicz, Y. M. (1999). A cluster-analytic study of substance problems and mental health among street youths. *American Journal of Drug and Alcohol Abuse, 25*(4), 639-660.

Adlaf, E. M., Zdanowicz, Y. M., & Smart, R. G. (1996). Alcohol and other drug use among street-involved youths in Toronto. *Addiction Research, 4*(1), 11-24.

Agência Nacional de Vigilância Sanitária. (2001). Resolução nº 101, de 31 de maio de 2001. *Diário Oficial da União* (Brasília, DF).

Albertani, H.M.B., Scivoletto, S., & Zemel, M. L. (2004). Prevenção do uso indevido de drogas: Fatores de risco e proteção. In Secretaria Nacional Antidrogas (Ed.), *Atualização de conhecimentos sobre redução da demanda de drogas* (pp. 63-86). Florianópolis, SC: Editora da Universidade Federal de Santa Catarina.

Bailey, S.L., Camlin, C.S., & Ennett, S.T. (1998). Substance use and risky sexual behavior among homeless and runaway youth. *Journal of Adolescent Health, 23*(6), 378-388.

Bandeira, D., Koller, S.H., Hutz, C.S., & Forster, L. (1996). Desenvolvimento psicossocial e profissionalização: Uma experiência com adolescentes de risco. *Psicologia: Reflexão e Crítica, 9*, 185-107.

Baron, S.W. (1999). Street youths and substance use the role of background, street lifestyle, and economic factors. *Youth & Society, 31*(1), 3-26.

Bauman, A., & Phongsavan, P. (1999). Epidemiology of substance use in adolescence: Prevalence, trends and policy implications. *Drug and Alcohol Dependence, 55*(3), 187-207.

Bordin, S., Figlie, N.B., & Laranjeira, R. (2004). Cocaína e *crack*. In N.B. Figlie, S. Bordin, & R. Laranjeira (Eds.), *Aconselhamento em dependência química* (pp. 68-83). São Paulo, SP: Roca.

Bousman, C.A., Blumberg, E.J., Shillington, A.M., Hovell, M.F., Ji, M., Lehman, S., *et al.* (2005). Predictors of substance use among homeless youth in San Diego. *Addictive Behaviors, 30*(6), 1100-1110.

Estatuto da Criança e do Adolescente. (1990). *Lei n. 8.069, de 13 de julho de 1990*. Brasília, DF: Ministério da Justiça.

Brito, R.C. (1999). *Uso de drogas entre meninos e meninas em situação de rua: Subsídios para uma intervenção comunitária*. Dissertação de mestrado não publicada, Universidade Federal do Rio Grande do Sul, Porto Alegre, Brasil.

Bucher, R., Costa, A.C.L., & Oliveira, J.A. (1991). Consumo de inalantes e condições de vida de menores da periferia de Brasília. *Revista ABP-APAL, 13*(1), 18-26.

Carlini-Cotrim, B. (1992). *A escola e as drogas: Realidade brasileira e contexto internacional*. Tese de doutoramento não publicada, Pontifícia Universidade Católica de São Paulo, São Paulo, Brasil.

Carlini-Cotrim, B. (1998). *Prevenção e redução de danos ao abuso de inalantes entre crianças e adolescentes*. São Paulo, SP: Mímeo.

Carlini-Cotrim, B., & Carlini, E.A. (1988). The use of solvents and other drugs among homeless and destitute children living in the city streets of São Paulo, Brazil. *Social Pharmacology, 2*(1), 51-62.

Carlini-Cotrim, B., Silva-Filho, A.R., Barbosa, M.T.S., & Carlini, E.A. (1989). *Consumo de drogas psicotrópicas no Brasil, em 1987: Estudos e projetos. O uso de drogas psicotrópicas por estudantes de 1º e 2º Graus da rede estadual em 10 capitais brasileiras* (Pt. 1). Brasília, DF: Centro de Documentação do Ministério da Saúde.

Carvalho, F.T., Neiva-Silva, L., Ramos, M.C., Evans, J., Koller, S.H., Piccinini, C.A., *et al.* (2006). Sexual and drug use risk behaviors among children and youth in street circumstances in Porto Alegre, Brazil. *Aids and Behavior, 10*(Suppl. 1), S57-S66.

Centro Brasileiro de Informações sobre Drogas Psicotrópicas. (2003). *Livreto informativo sobre drogas psicotrópicas*. São Paulo, SP: Autor.

Dominguez, M., Romero, M., & Paul, G. (2000). Los "niños callejeros". Una visión de sí mismos vinculada al uso de las drogas. *Salud Mental, 23*(3), 20-28.

Estatuto da Criança e do Adolescente. (1990). *Lei n. 8.069, de 13 de julho de 1990*. Brasília, DF: Ministério da Justiça.

Ferigolo, M., Barbosa, F.S., Arbo, E., Malysz, A.S., Stein, A.T., & Barros, H.M.T. (2004). Drug use prevalence at FEBEM, Porto Alegre. *Revista Brasileira de Psiquiatria, 26*(1), 9-15.

Ferrari, A. A. (2001). *Fatores de risco para transtornos decorrentes do uso de substâncias psicoativas em adolescentes*. Tese de doutoramento não publicada, Escola Paulista de Medicina, Universidade Federal de São Paulo, São Paulo, Brasil.

Flanagan, R.J., & Ives, R.J. (1994). Volatile substance abuse. *Bulletin on Narcotics, 46*(2), 49-78.

Forster, L.M.K., Barros, H., Tannhauser, S., & Tannhauser, M. (1992). Meninos na rua: Relação entre abuso de drogas e atividades ilícitas. *Revista da ABP-APAL, 14*, 115-120.

Forster, L.M.K., Tannhauser, M., & Barros, H.M.T. (1996). Drug use among street children in southern Brazil. *Drug and Alcohol Dependence, 43*, 57-62.

Fountain, J., Howes, S., & Strang, J. (2003). Unmet drug and alcohol service needs of homeless people in London: A complex issue. *Substance Use & Misuse, 38*(3/6), 377-393.

Fuller, C.M., Vlahov, D., Ompad, D.C., Shah, N., Arria, A., & Strathdee, S. (2002). High-risk behaviors associated with transition from illicit non-injection to injection drug use among adolescent and young adult drug users: A case-control study. *Drug and Alcohol Dependence, 66*(2), 189-198.

Galduróz, J.C.F., & Noto, A.R. (2001). Inalantes (solventes orgânicos voláteis). In S.D. Seibel (Ed.), *Dependência de drogas* (pp. 153-160). São Paulo, SP: Atheneu.

Galduróz, J.C.F., Noto, A.R., & Carlini, E.A. (1997). *IV levantamento sobre o uso de drogas entre estudantes de 1º e 2º graus de 10 capitais brasileiras no ano de 1997*. São Paulo, SP: Centro Brasileiro de Informações sobre Drogas Psicotrópicas.

Galduróz, J.C.F., Noto, A.R, Fonseca, A.M., & Carlini, E.A. (2004). *V levantamento nacional sobre o consumo de drogas psicotrópicas entre estudantes do ensino fundamental e médio da rede pública de ensino nas 27 capitais brasileiras, 2004*. São Paulo, SP: Secretaria Nacional Antidrogas.

Ginzler, J.A., Cochran, B.N., Domenech-Rodríguez, M., Cauce, A.M., & Whitbeck, L.B. (2003). Sequential progression of substance use among homeless youth: An empirical investigation of the Gateway Theory. *Substance Use & Misuse, 38*, 725-758.

Glasser, I., & Zywiak, W.H. (2003). Homelessness and substance misuse: A tale of two cities. *Substance Use & Misuse, 38*(3/6), 551-576.

Gleghorn, A., Marx, R., Vittinghoff, E., & Katz, M.H. (1998). Association between drug use patterns and HIV risks among homeless, runaway, and street youth in Northern California. *Drug and Alcohol Dependence, 51*, 219-227.

Greene, J.M., Ennett, S.T., & Ringwalt, C.L. (1997). Substance use among runaway and homeless youth in three national samples. *American Journal of Public Health, 87*(2), 229-235.

Hormes, J.T., Filley, C.M., & Rosenberg, N.L. (1986). Neurologic sequelae of chronic solvent vapor abuse. *Neurology, 36*(5), 698-702.

Kandel, D.B., Yamaguchi, K., & Chen, K. (1992). Stages of progression in drug involvement from adolescence to adulthood: Further evidence for the gateway theory. *Journal of Studies of Alcohol, 53*, 447-457.

Kipke, M.D., Montgomery, S., & MacKenzie, R.G. (1993). Substance use among youth seen at a community-based health clinic. *Journal of Adolescent Health, 14*(4), 289-294.

Koller, S.H., & Neiva-Silva, L. (no prelo). Fatores de risco e de proteção associados ao uso de drogas entre crianças e adolescentes em situação de rua. In E. Silva & D. De Micheli (Eds.), *Adolescência uso e abuso de drogas: Uma visão integrativa*.

Lalor, K. (1999). Street children: A comparative perspective. *Child Abuse & Neglect, 23*, 759-770.

Laranjeira, R.R., Dunn, J., & Ribeiro Araújo, J. (2001). Álcool e drogas na sala de emergência. In N.J. Botega (Ed.), *Prática psiquiátrica no hospital geral: Interconsulta e emergência*. Porto Alegre, RS: Artmed.

Linden, C.H. (1990). Volatile substances of abuse. *Emergency Medicine Clinics of North America, 8*(3), 559-578.

Lundqvist, T. (2005). Cognitive consequences of cannabis use: Comparison with abuse of stimulants and heroin with regard to attention, memory and executive functions. *Pharmacology, Biochemistry and Behavior, 81*, 319-330.

McLean, M.G., Paradise, M.J., & Cauce, A.M. (1999). Substance use and psychological adjustment in homeless adolescents: A test of three models. *American Journal of Community Psychology, 27*(3), 405-427.

Morais, N.A. (2005). *Um estudo sobre a saúde de adolescentes em situação de rua: O ponto de vista de adolescentes, profissionais de saúde e educadores*. Dissertação de mestrado não publicada, Universidade Federal do Rio Grande do Sul, Porto Alegre, Brasil.

Morais, N.A., & Koller, S.H. (2004). Abordagem ecológica do desenvolvimento humano, psicologia positiva e resiliência: Ênfase na saúde. In S.H. Koller

(Ed.), *A ecologia do desenvolvimento humano: Pesquisa e intervenções no Brasil*. (pp. 91-108). São Paulo, SP: Casa do Psicólogo.

Morakinyo, J., & Odejide, A.O. (2003). A community based study of patters of psychoactive substance use among street children in a local government area of Nigeria. *Drug and Alcohol Dependence, 71*, 109-116.

Moura, Y.G. (2003). *Uso de drogas entre adolescentes em situação de rua no município de São Paulo: Uma contribuição etnográfica*. Dissertação de mestrado não publicada, Escola Paulista de Medicina, Universidade Federal de São Paulo, São Paulo, Brasil.

Nappo, S.A., Galduróz, J.C., & Noto, A.R. (1996). *Crack* use in São Paulo. *Substance Use & Misuse, 31*, 565-579.

Nappo, S.A., Sanchez, Z.M., Oliveira, L.G., Santos, S.A., Coradete, J., Jr., Pacca, J. C. B., *et al*. (2004). *Comportamento de risco de mulheres usuárias de crack em relação às DST/AIDS*. São Paulo, SP: Centro Brasileiro de Informações sobre Drogas Psicotrópicas.

National Institute on Drug Abuse. (2003). *Serie de reportes de investigación: la comunidade terapêutica*. Recuperado em 17 novembro, 2006, de http://www.nida.nih.org

Neiva-Silva, L. (2003). *Expectativas futuras de adolescentes em situação de rua: Um estudo autofotográfico*. Dissertação de mestrado não publicada, Universidade Federal do Rio Grande do Sul, Porto Alegre Brasil.

Neiva-Silva, L. (2008). *Uso de drogas entre crianças e adolescentes em situação de rua: Um estudo longitudinal*. Tese de doutoramento não publicada, Universidade Federal do Rio Grande do Sul, Porto Alegre, Brasil.

Neiva-Silva, L., Araujo, N., & Koller, S.H. (no prelo). Aspectos metodológicos nas pesquisas com crianças e adolescentes em situação de rua. In N. Araujo, L. Neiva-Silva & S.H. Koller (Eds.), *CEP: Endereço desconhecido*. São Paulo, SP: Casa do Psicólogo.

Neiva-Silva, L., & Carvalho, F.T. (2007). Adolescência e drogas: Intervenções possíveis. In C.S. Hutz (Ed.), *Prevenção e intervenção em situações de risco e vulnerabilidade* (pp. 163-203). São Paulo, SP: Casa do Psicólogo.

Neiva-Silva, L., & Koller, S.H. (2007). El proceso de resiliencia en adolescentes en situación callejera. In M. Munist, N.S. Ojeda, D. Krauskopf & T. Silber (Eds.), *Adolescencia, subjetividad y resiliencia* (pp. 241-257). Buenos Aires, Argentina: Paidós.

Neiva-Silva, L., Mattos, F.C., Wagner, F., Aquino, I.S., Gozalvo, I.S., & Koller, S.H. (2003, maio). *Para que estudar, se tudo que eu quero fazer não precisa de estudo? Percepção de adolescentes em situação de rua sobre a Educação.* Trabalho apresentado no III Congresso Norte-Nordeste de Psicologia, João Pessoa, PB.

Noto, A.R., Galduróz, J.C.F., Nappo, S.A., Carlini, C.M.A., Moura, Y.G., & Carlini, E.A. (2004). *Levantamento nacional sobre o uso de drogas entre crianças e adolescentes em situação de rua nas 27 capitais brasileiras (2003).* São Paulo, SP: Centro Brasileiro de Informações sobre Drogas Psicotrópicas.

Noto, A.R., Nappo, S., Galduróz, J.C.F., Mattei, R., & Carlini, E.A. (1994). *III levantamento sobre o uso de drogas entre crianças e adolescentes em situação de rua de cinco capitais brasileiras (1993).* São Paulo, SP: Centro Brasileiro de Informações sobre Drogas Psicotrópicas.

Noto, A.R., Nappo, S., Galduróz, J.C.F., Mattei, R., & Carlini, E.A. (1998). *IV levantamento sobre o uso de drogas entre crianças e adolescentes em situação de rua de seis capitais brasileiras (1997).* São Paulo, SP: Centro Brasileiro de Informações sobre Drogas Psicotrópicas.

Organização Mundial da Saúde. (1995). *Relatório anual – 1995.* São Paulo, SP: Autor.

Paludo, S., & Koller, S.H. (2005). Resiliência na rua: Um estudo de caso. *Psicologia: Teoria e Pesquisa, 21,* 187-195.

Paradise, M.J., & Cauce, A.M. (2003) Substance use and delinquency during adolescence: A prospective look at an at-risk sample. *Substance Use & Misuse, 38*(3/6), 701-723.

Peterson, P.L., Baer, J.S., Wells, E.A., Ginzler, J.A., & Garrett, S.B. (2006) Short-term effects of a brief motivational intervention to reduce alcohol and drug risk among homeless adolescents. *Psychology of Addictive Behaviors, 20*(3), 254-264.

Pope, H.G., Jr., & Yurgelun-Todd, D. (1996). The residual cognitive effects of heavy marijuana use in college students. *Journal of the American Medical Association, 275*(7), 521-527.

Raffaelli, M. (1997). The family situation of street youth in Latin America: A cross-national review. *International Social Work, 40*(1), 89-100.

Raffaelli, M., Campos, R., Merritt, A.P., Siqueira, E., Antunes, C.M., Parker, R., *et al.* (1993). Sexual practices and attitudes of street youth in Belo Horizonte, Brazil. *Social Science and Medicine, 37*(5), 661-670.

Raffaelli, M., Koller, S.H., Reppold, C.T., Kuschick, M.B., Krum, F.M.B., & Bandeira, D.R. (2001). How do brazilian street youth experience "the street"?: Analysis of a sentence completion task. *Childhood, 8*, 396-415.

Robertson, M.J., Koegel, P., & Ferguson, L. (1990). Alcohol use and abuse among adolescents in Hollywood. *British Journal of Addiction, 86*, 999-1010.

Roy, E., Boudreau, J.F., Leclerc, P., Boivin, J.F., & Godin, G. (2007). Trends in injection drug use behaviors over 10 years among street youth. *Drug and Alcohol Dependence, 89*(2/3), 170-175.

Roy, E., Haley, N. Leclerc, P., Cedrás, L.B., Blais, L., & Boivin, J.F. (2003). Drug injection among street youths in Montreal: Predictors of initiation. *Journal of Urban Health, 80*(1), 92-105.

Roy, E., Haley, N. Leclerc, P. Cédras, L., & Boivin, J.F. (2002). Drug injection among street youth: The first time. *Addiction, 97*, 1003-1009.

Santibanez, S.S., Garfein, R.S., Swartzendruber, A., Kerndt, P.R., Morse, E., Ompad, D., *et al*. (2005). Prevalence and correlates of crack-cocaine injection among young injection drug users in the United States. *Drug and Alcohol Dependence, 77*(3), 227-233.

Schwartz, R.H., Gruenewald, P.J., Klitzner, M., & Fedio, P. (1989). Short-term memory impairment in cannabis-dependent adolescents. *American Journal of Diseases of the Child, 143*, 1214-1219.

Silva-Filho, A.R., Carlini-Cotrim, B., & Carlini, E.A. (1990). Uso de psicotrópicos por meninos de rua. Comparação entre dados coletados em 1987 e 1989. In Centro Brasileiro de Informações sobre Drogas Psicotrópicas (Ed.), *Abuso de drogas entre meninos e meninas de rua no Brasil* (pp. 1-19). São Paulo, SP: Centro Brasileiro de Informações sobre Drogas Psicotrópicas.

Smart, R.G., & Adlaf, E.M. (1991). Substance use and problems among Toronto street youth. *British Journal of Addiction, 86*, 999-1010.

Smart, R.G., & Ogborne, A.C. (1994). Street youth and substance abuse treatment: Characteristics and treatment compliance. *Adolescence, 29*(115), 733-745.

Souza, D.P.O., & Silveira Filho, D.X. (2007). Uso recente de álcool, tabaco e outras drogas entre estudantes adolescentes trabalhadores e não trabalhadores. *Revista Brasileira de Epidemiologia, 10*(2), 276-287.

Taylor, D.R., Fergusson, D.M., Milne, B.J., Horwood, L.J., Moffitt, T.E., Sears, M.R., *et al*. (2002). A longitudinal study of the effects of tobacco and cannabis exposure in young adults. *Addiction, 97*, 1055-1061.

Taylor, D.R., Poulton, R., Moffitt, T.E., Ramankutty, P., & Sears, M.R., (2000). The respiratory effects of cannabis dependence in young adults. *Addiction, 95*, 1669-1677.

Thiesen, F.V., & Barros, H.M.T. (2004). Measuring inhalant abuse among homeless youth in southern Brazil. *Journal of Psychoactive Drugs, 36*(2), 201-205.

Van Hoozen, B.E., & Cross, C.E. (1997). Marijuana: Respiratory tract effects. *Clinical Reviews in Allergy and Immunology, 15*, 243-269.

13

COMPORTAMENTOS SEXUAIS DE RISCO EM CRIANÇAS E ADOLESCENTES EM SITUAÇÃO DE RUA: VULNERABILIDADE A DOENÇAS SEXUALMENTE TRANSMISSÍVEIS E HIV/AIDS

Fernanda Torres de Carvalho
Lucas Neiva-Silva
Cesar Augusto Piccinini
Sílvia Helena Koller

Ainda que não se tenham pesquisas recentes sobre o número de crianças e adolescentes em situação de rua no Brasil, é possível observar em muitas cidades que tal problemática ainda não diminuiu expressivamente nos últimos anos. A saída de crianças e adolescentes para o espaço da rua é frequentemente associada a diversos fatores, incluindo desigualdade socioeconômica, escassez de uma rede de atendimento, ineficiência de políticas públicas, entre outros. No Brasil, tem sido propostos critérios para definir os vínculos estabelecidos com o espaço da rua, denominando-se essa população de "crianças e adolescentes em situação de rua" (Koller & Hutz, 1996; Martins, 1996; Neiva-Silva & Koller, 2002), nomenclatura que será adotada ao longo deste capítulo. Para uma caracterização mais aprofundada dessa população, o leitor pode recorrer ao capítulo introdutório deste livro.

Para as crianças e adolescentes em situação de rua, o envolvimento em situações de risco está presente em vários momentos de suas vidas. A própria saída de casa está muitas vezes associada a relatos de violência doméstica, que pode incluir abuso sexual (Noto *et al.*, 2004). A passagem da criança ou do adolescente para o ambiente da rua configura-se numa transição de sistemas que não garante o bem-estar e a integridade do indivíduo, apesar de muitas vezes ser uma tentativa desesperada de fuga de um ambiente hostil que se tem em casa (Neiva-Silva & Koller, 2002). No entanto, a sobrevivência na rua requer o aprendizado de determinados comportamentos e de uma cultura, característicos deste contexto. Assim, essas crianças e adolescentes envolvem-se em grupos nos quais as regras são diferenciadas, o que influencia o seu engajamento em comportamentos de risco, como o uso de drogas e o sexo inseguro (Neiva-Silva, 2008).

No presente capítulo, discute-se a vulnerabilidade de crianças e adolescentes em situação de rua, especificamente no que tange aos comportamentos sexuais de risco para doenças sexualmente transmissíveis e HIV/AIDS. Busca-se refletir sobre as peculiaridades dessa população no que se refere a sua saúde sexual, a fim de oferecer subsídios à construção e/ou ampliação de programas de promoção e prevenção à saúde. Inicialmente apresenta-se uma breve contextualização de crianças e adolescentes em situação de rua. Em seguida, são tratados temas relacionados à infecção por HIV/AIDS e outras doenças sexualmente transmissíveis, buscando a reflexão quanto às peculiaridades da epidemia nessa população. Apresenta-se ainda uma seção a respeito dos comportamentos sexuais de crianças e adolescentes em situação de rua com a discussão sobre as vulnerabilidades dessa população.

CRIANÇAS E ADOLESCENTES EM SITUAÇÃO DE RUA: UMA BREVE CONTEXTUALIZAÇÃO

Embora exista no Brasil um grande número de crianças e adolescentes que passam a maior parte de seu tempo nas ruas, muitas delas mantém algum contato com suas famílias, indo para casa para dormir (Forster, Tannhauser, & Barros, 1996; Neiva-Silva, 2008; Noto *et al.*, 2004; Raffaelli *et al.*, 1993). A maior parte das atividades desempenhadas por essas crianças e adolescentes ocorre na ausência de um adulto responsável (Neiva-Silva & Koller, 2002), o que pode levar a prejuízos emocionais, cognitivos e até físicos (Alves *et al.*, 2002; Koller & Hutz, 1996; A. S. Silva *et al.*, 1998).

Em recente pesquisa realizada em Porto Alegre (Neiva-Silva, 2008), constatou-se que a maior parte das crianças e adolescentes encontrados nas ruas participantes do estudo era do sexo masculino (75%), mantinha contato com suas famílias (71%), estava matriculada na escola (82%) e passava mais de três horas por dia nas ruas (74%) em busca de trabalho, de relações sociais, de diversão ou para afastar-se de contextos familiares de maior risco. Em geral, os participantes haviam crescido e se desenvolvido em contextos de risco, envolvendo situações de pobreza e, em particular, na presença de violência doméstica (81%), abuso de drogas (42,6%) e violência sexual (4,6%). Soma-se a isto a presença de distintas formas de discriminação que atinge esta população, o que potencializa a vulnerabilidade social (Koller & Hutz, 1996), tratando-se, portanto, de uma população exposta à negligência, ao abandono, ao abuso e à violência (Noto *et al.*, 2004).

Diante da situação na qual vivem as crianças e adolescentes em situação de rua, fica clara a vulnerabilidade quanto a questões de saúde sexual. Contudo, ainda há escassez de estudos que ofereçam dados sobre os diversos aspectos da saúde desta população (Santana, 1998), por exemplo, quanto a doenças sexualmente transmissíveis (DST) e HIV/AIDS. Um dos estudos que examinou estas questões foi o de Carvalho *et al.* (2006), que investigou as práticas sexuais e os conhecimentos sobre DST e HIV/AIDS entre crianças e adolescentes em situação de rua em Porto Alegre. O estudo envolveu um detalhado levantamento com 161 crianças e adolescentes em situação de rua que frequentavam alguma instituição que prestava assistência a essa população em regime aberto. Os participantes responderam individualmente a uma entrevista envolvendo os temas descritos acima, além do uso de drogas, violência, religiosidade e lazer. Detalhes do estudo podem ser encontrados na referida publicação. Para o presente capítulo, serão destacados achados a respeito dos comportamentos sexuais de risco dos participantes e seus conhecimentos sobre DST/HIV/AIDS. Serão também relatadas aqui as associações entre o uso de drogas e as práticas sexuais.

A INFECÇÃO POR HIV/AIDS E OUTRAS DOENÇAS SEXUALMENTE TRANSMISSÍVEIS

Ao tratar do tema comportamentos sexuais de crianças e adolescentes em situação de rua, é inevitável a relação com um sério problema de saúde pública atual, que é a epidemia de HIV/AIDS no Brasil. Ainda que os levantamentos nacionais até o momento não incluam a população em situação de rua, sabe-se das vulnerabilidades dessa população e do fato de que a infecção por HIV/AIDS e outras doenças sexualmente transmissíveis os vêm atingindo. Nesse sentido, apresenta-se a seguir breves considerações acerca da epidemia, buscando assinalar suas implicações específicas para a população em situação de rua.

A epidemia HIV/AIDS tomou proporções de pandemia no mundo, o que tem gerado a centralização de muitos esforços no sentido de sua prevenção e para o desenvolvimento de tratamentos farmacológicos (Organização Mundial de Saúde [OMS], 2004). Dados brasileiros recentes indicam que a epidemia está num processo de estabilização, embora a taxa de infecção seja de 18,2 casos por 100 mil habitantes, o que é alarmante (Coordenação Nacional de DST e AIDS, 2004). O número total de casos de AIDS notificados no país pelo Ministério da Saúde (MS), entre os anos de 1982 e 2004, é 362.364. Sabe-se que esse número corresponde a apenas uma parte do número total de pessoas infectadas, em função de serem casos diagnosticados de AIDS (síndrome da imunodeficiência). A AIDS corresponde ao estágio mais avançado da infecção, quando surge a imunodeficiência e/ou sintomas de doenças oportunistas. Muitas pessoas são portadoras da infecção sem terem tido a síndrome diagnosticada. Neste sentido, a estimativa brasileira de infectados pelo HIV que não atingiram o estágio de AIDS é de cerca de 660.000 pessoas, entre adultos, jovens e crianças (OMS, 2004).

Com o tempo, constatou-se que o HIV/AIDS vem deixando de ser uma infecção relacionada a grupos específicos, como de homossexuais, de profissionais do sexo ou de usuários de drogas injetáveis, tendo passado a ser um problema da população geral, infectando aquelas pessoas que outrora eram consideradas fora de risco (Lopes, 1998). O HIV pode ser transmitido entre as pessoas por via sexual, sanguínea e materno-infantil. Esta última se constitui na transmissão do HIV da mãe para o filho durante a gestação, o trabalho de parto, o parto e/ou o aleitamento materno (MS, 1999). Após a infecção pelo vírus, o portador pode apresentar quatro fases clínicas: (a) infecção aguda inicial, no momento da transmissão, com a manifestação de sintomas típicos de reações corporais a viroses, o que faz com que seja raramente diagnosticada; (b) assintomática, quando a manifestação de sintomas clínicos é praticamente inexistente; (c) sintomática inicial, em que surgem sintomas inespecíficos e processos oportunistas de menor gravidade; e, (d) AIDS, em que se instalam as doenças oportunistas mais graves (Guimarães, 1998; MS, 1999).

Crianças e adolescentes em situação de rua podem se expor ao risco de infecção pelo HIV durante suas práticas sexuais e ao usarem drogas, especialmente ao compartilharem seringas. O uso de *crack* com cachimbos também apresenta um risco de infecção, uma vez que durante o uso podem ocorrer queimaduras de primeiro e segundo graus nos lábios e consequentes feridas, aumentando o risco de infecção por esta via. Em função desse risco, existe uma política de redução de danos do Ministério da Saúde, com a distribuição de seringas e cachimbos a usuários de drogas (MS, 2008). Deve-se ainda considerar o risco de crianças e adolescentes em situação de rua receberem o vírus de suas mães por transmissão materno-infantil.

As crianças e adolescentes em situação de rua portadores da infecção podem vir a transmitir o vírus a outras pessoas e também aos seus filhos, especialmente nos casos em que não tenham consciência da sua condição soropositiva e/ou não realizem o devido tratamento. Sabe-se das dificuldades emocionais envolvidas em situação de possível transmissão materno-infantil (Carvalho & Piccinini, 2006; Rigoni, Pereira, Carvalho, & Piccinini, 2008), o que pode ser potencializado com a situação de rua. Assim, as estratégias de prevenção de HIV/AIDS nessa população devem focar ações para evitar que estas crianças e adolescentes venham a se infectar (prevenção primária), mas também devem estabelecer ações de prevenção secundária, focalizando o diagnóstico precoce e o tratamento, evitando o aparecimento da fase sintomática (AIDS propriamente dita) e para a interrupção da cadeia de transmissão.

Endereço Desconhecido: crianças e adolescentes em situação de rua

Neste sentido, cabe aqui destacar as três fases que podem ser identificadas no que tange às abordagens de entendimento/enfrentamento da epidemia de HIV/AIDS no Brasil (Rios, Pimenta, Brito, Terto Jr., & Parker, 2002). Na década de 1980, priorizava-se um enfoque individualista, de associação da infecção a grupos determinados (homossexuais, usuários de drogas e profissionais do sexo). Já na década de 1990, passou-se a ter uma maior preocupação com as práticas, focalizando as ações de saúde nos comportamentos das pessoas, mantendo-se o caráter individualista, porém sem a associação a grupos sociais específicos. Atualmente, o conceito que fundamenta as ações de enfrentamento tem sido o de vulnerabilidade, passando-se a considerar os determinantes socioeconômico-culturais que levam e/ou agravam a infecção. Salienta-se que as perspectivas iniciais ainda não estão totalmente superadas, o que faz com que as três abordagens coexistam. Tendo isto em mente, a análise que se busca fazer aqui, acerca dos riscos para DST/HIV/AIDS que cercam crianças e adolescentes em situação de rua, está particularmente associada à noção da vulnerabilidade desta população. Com isso, consideram-se os diferentes graus e naturezas da suscetibilidade ao HIV/AIDS, entendendo-se que as ações para o enfrentamento da epidemia precisam envolver um conjunto integrado de aspectos individuais, sociais e programáticos (Ayres, França Jr., & Calazans, 1997; Paiva, Peres, & Blessa, 2002).

Os resultados encontrados no estudo de Carvalho *et al.* (2006) permitem algumas reflexões sobre estas questões. No total, 41% das crianças e adolescentes entrevistados referiram já ter realizado pelo menos um teste de HIV na vida. Esse foi um dado surpreendente, já que se acreditava que era muito difícil para esta população ter acesso à testagem. É possível que isto tenha ocorrido em função de os participantes frequentarem instituições destinadas a crianças e adolescentes em situação de rua. Identificou-se que algumas instituições, juntamente com algumas equipes de profissionais, realizavam ações pontuais de testagem anti-HIV, o que beneficiou muitos dos participantes. Entretanto, foi possível verificar forte associação entre o uso de drogas ilícitas e a realização do teste e nenhuma associação entre os comportamentos sexuais de risco e a realização do teste. Isso mostra que o teste estava sendo realizado principalmente entre os participantes envolvidos com drogas, possivelmente em função da percepção dos profissionais de que estes estavam sob maior risco, deixando de fora aqueles que apresentavam mais comportamentos sexuais de risco. Sabe-se da vulnerabilidade de adolescentes ao uso de drogas (Neiva-Silva & Carvalho, 2007). De qualquer forma, com relação a DST/HIV/AIDS, é possível que as ações preventivas ainda estejam priorizando a ideia dos grupos de risco, com destaque para os usuários de drogas, em lugar de considerarem de forma mais ampla a vulnerabilidade da população-alvo.

O estudo trouxe ainda importantes constatações sobre a percepção de risco de transmissão de HIV/AIDS entre a população de crianças e adolescentes em situação de rua. Os resultados revelaram uma associação significativa entre o uso de drogas ilícitas com a autopercepção de risco, investigada por meio da questão: "Você acredita que pode pegar AIDS?". Contudo, não foi encontrada associação significativa entre a autopercepção de risco para HIV/AIDS e o fato de ter sexo inseguro. A antiga ideia dos grupos de risco parece estar presente também entre a própria população.

Um dado adicional que chamou a atenção foi que 56% dos participantes relataram ter amigos na rua que eram portadores do vírus, apesar da crença de que nunca se infectariam pelo vírus (38%). Essas distorções na percepção de risco de infecção seriam um importante alvo a ser trabalhado na programação de ações junto à população de crianças e adolescentes em situação de rua e deveriam também ser consideradas pelos profissionais de saúde e de educação que têm contato com essa população.

Após o diagnóstico, os desafios trazidos pela infecção por HIV/AIDS envolvem a adesão a um tratamento que comumente requer o uso diário de uma grande quantidade de comprimidos. Sabe-se que os avanços proporcionados pela medicina farmacológica tornaram a AIDS uma doença crônica, já que os modernos tratamentos, envolvendo as terapias antirretrovirais (TARV), diminuíram a mortalidade e proporcionaram uma melhor qualidade de vida às pessoas infectadas (MS, 2004). O avanço da terapia antirretroviral vem mudando o prognóstico dos infectados,

Endereço Desconhecido: crianças e adolescentes em situação de rua

pois proporciona a diminuição da carga viral, que pode ficar em níveis muito baixos, e reduz a possibilidade de coinfecções, de hospitalizações e mortalidade. De qualquer forma, o sucesso terapêutico da TARV requer alta taxa de adesão, isto é, o paciente deve seguir com rigidez o tratamento por, no mínimo, 95% do tempo. No Brasil, por exemplo, onde a distribuição dos remédios para o tratamento da AIDS é gratuita, dados do Ministério da Saúde indicam que entre 30 e 40% dos portadores têm taxa de adesão inferior a 80% (MS, 2004). Pesquisas têm demonstrado que o uso irregular das medicações antirretrovirais, além de prejudicar a efetividade do tratamento, pode também ocasionar a resistência do vírus ao antirretroviral, tornando este quadro ainda mais problemático para a saúde pública (Silveira, Drachler, Leite, & Pinheiro, 2003). Neste sentido, os aspectos referentes à adesão ao tratamento tornam-se cruciais para um melhor aproveitamento do tratamento pelos pacientes e, consequente, para a melhora na qualidade de vida.

O tratamento da infecção por HIV/AIDS exige muita disciplina, seja para a administração dos comprimidos diariamente em horários específicos, seja para os cuidados com alimentação, hábitos de vida, enfrentamento de efeitos colaterais e adaptação a uma rotina de exames laboratoriais bastante exaustiva. É lógico se pensar que a realidade de vida de crianças e adolescentes em situação de rua não propicia a organização necessária para esses cuidados, o que pode aumentar ainda mais a vulnerabilidade dos mesmos. A falta de dados específicos de prevalência de HIV/AIDS nessa população faz com que não seja dada a devida atenção a essa questão, gerando a falsa percepção de que o problema não existe.

No estudo de Carvalho *et al.* (2006), 9% dos participantes que haviam realizado o teste sorológico para o HIV relataram ter obtido resultado positivo, enquanto 13% afirmaram ter feito o teste, mas não sabiam o resultado. É possível ainda que alguns entrevistados não tenham se sentido à vontade para revelarem sua condição de soropositividade para HIV. Pode-se considerar como alarmantes estes índices de autorrelato de HIV/AIDS, principalmente ao se comparar com os índices de crianças e adolescentes da população brasileira em geral. Segundo o Ministério da Saúde (2006), desde o primeiro caso de AIDS registrado no Brasil em 1980 até junho de 2005, 2,4% do total de casos notificados foram em indivíduos entre 10 e 19 anos. Obviamente, não se pode comparar diretamente os casos notificados de AIDS com a prevalência de infecção por HIV, obtida nos autorrelatos do estudo de Carvalho *et al.* (2006). É sempre esperado que o número de infectados seja superior ao número de casos de AIDS. De qualquer maneira, a diferença chama a atenção e sugere que deve haver uma preocupação ainda maior com as crianças e adolescentes em situação de rua. Soma-se a isto outro achado revelado por Carvalho *et al.* (2006) mostrando que, dentre os que já haviam tido relações sexuais, 9% tiveram alguma doença sexualmente transmissível no ano anterior. Esses dados não podem ser analisados de forma literal, já que a informação foi coletada por autorrelato, e não a partir de exames clínicos ou laboratoriais. De qualquer forma, acredita-se que o autorrelato ofereça uma estimativa subavaliada, já que é mais provável a omissão de informações desse tipo em entrevistas.

Tendo presente os dados recentes do Ministério da Saúde (2006), que apontam para um aumento importante no número de casos de HIV/AIDS em crianças e adolescentes entre dez e dezenove anos, e considerando que, em grande parte dos casos notificados no início da vida adulta (entre 20 e 24 anos), a infecção ocorreu durante a adolescência, a preocupação com os comportamentos sexuais de risco nesta fase aumenta ainda mais. Segundo estudo do Ministério da Saúde, no início da década de 1990, a maior taxa de incidência (surgimento de novos casos) entre adolescentes ocorria na região Sudeste. A partir de 1996, a maior taxa de incidência foi identificada na região Sul, estando em primeiro lugar o estado do Rio Grande do Sul. Outro dado que chama a atenção é a feminização da epidemia também entre adolescentes. De 2000 a 2005 (até junho), entre os adolescentes com 15 a 19 anos, a proporção foi de 0,7 mulheres (1068 casos) para cada homem (1485). Sabe-se que questões de gênero podem exercer um papel importante no que se refere à epidemia de HIV/AIDS (Carvalho & Piccinini, 2008). Estudos futuros devem investigar se esta tendência de feminização também está ocorrendo na população de crianças e adolescentes em situação de rua, principalmente em função do envolvimento de meninas em atividades de exploração sexual.

Juntamente com as questões ligadas ao tratamento, o HIV/AIDS também tem um importante impacto social. Ainda que o preconceito com relação aos portadores desta infecção venha diminuindo ao longo dos anos, ele ainda é bastante presente, o que faz com que alguns autores se refiram a uma morte civil e social dos infectados (Figueiredo & Fioroni, 1997; Guimarães, 1998; Morando, 1998). Essa morte simbólica pode ser vivida pelo indivíduo a partir da redução de seus direitos como cidadão, incluindo dificuldades no trabalho, desemprego, discriminação e isolamento, dentre outros fatores (Seffner, 1995). Isto tudo fica agravado na situação de rua, quando o impacto social trazido pela infecção por HIV/AIDS pode tomar uma dimensão maior. Sabe-se que no caso da infecção pelo HIV/AIDS o apoio social e familiar são importantes fatores de proteção (Kalichman, DiMarco, Austin, Luke, & DiFonzo, 2003; Remor, 2002), mas que, no caso desta população em situação de rua, encontram-se fragilizados e comumente ausentes, o que só vêm exacerbar o impacto negativo da infecção.

COMPORTAMENTOS SEXUAIS DE CRIANÇAS E ADOLESCENTES EM SITUAÇÃO DE RUA

Sabe-se que é na fase da adolescência que costuma ocorrer a iniciação sexual dos indivíduos e que esta iniciação tem ocorrido cada vez mais cedo. Iniciar a vida sexual envolve uma série de tarefas emocionais, associadas a um conjunto de informações e cuidados, entre eles, evitar gravidez indesejada e DST's. Neste sentido, é importante que a maturidade psicológica preceda a escolha do momento e da pessoa adequados para o início da atividade sexual, tendo a família um papel fundamental durante o desenvolvimento emocional do(a) jovem e no apoio específico para a vivência de uma sexualidade saudável na adolescência. Os amigos também exercem importante influência nessa fase da vida, e podem interferir positiva ou negativamente no processo de iniciação sexual.

No caso de crianças e adolescentes em situação de rua, toda a vulnerabilidade mencionada anteriormente pode fazer com que o processo de iniciação sexual se dê de forma precoce, sem a maturidade emocional e os cuidados necessários. Relações familiares debilitadas, situações de abuso sexual, violência doméstica, falta de informações e de comunicação, entre outros aspectos, podem prejudicar a saúde sexual desta população.

No levantamento realizado por Carvalho *et al.* (2006), os entrevistados tinham idades entre 10 e 18 anos. Dois terços dos participantes do sexo masculino e um terço dos participantes do sexo feminino já haviam iniciado a vida sexual. Dentre estes, 31% tiveram a primeira relação sexual entre dez e doze anos e 29% com nove anos de idade ou menos. Isto significa que mais da metade dos participantes que haviam iniciado a vida sexual o fizeram quando ainda eram crianças. Além disto, quase a metade dos participantes (47%) tinha tido mais de três parceiros(as) sexuais no ano anterior à coleta dos dados. Sabe-se que crianças e adolescentes em situação de rua tendem a iniciar a vida sexual mais cedo que adolescentes em geral (Walters, 1999). Contudo, como já salientado acima, a falta de maturidade física e emocional pode, nesses casos, trazer importantes prejuízos. Em função disto, incentivar o retardo do início da vida sexual tem sido uma das estratégias de proteção à saúde sexual desta população e mesmo da população de modo geral. Após esse início, o uso de preservativo em todas as relações sexuais passa a ser a estratégia principal, juntamente com a busca pela redução do número de parceiros(as). Obviamente, todos estes cuidados são difíceis de serem seguidos, por qualquer adolescente, principalmente no contexto de vulnerabilidade social em que vivem as crianças e adolescente em situação de rua.

O fato é que, além do início precoce das relações sexuais, crianças e adolescentes em situação de rua tendem a não utilizar o preservativo. No levantamento de Porto Alegre, apenas 26% dos entrevistados que mantinham relações sexuais mencionaram usar sempre a camisinha, demonstrando bons conhecimentos a respeito do que é e como se usa o preservativo, tendo ciência da existência de doenças sexualmente transmissíveis e de HIV/AIDS (Carvalho *et al.*, 2006). Da mesma forma, em Belo Horizonte, um estudo feito com 379 adolescentes em situação de rua mostrou que apesar do alto número de participantes que conheciam as formas de transmissão do HIV/AIDS (84%), apenas 18%, dos 247 adolescentes sexualmente ativos, usavam preservativos (Raffaelli *et al.*, 1993).

Investir na informação continua sendo uma das principais estratégias preventivas, embora já se saiba que o foco exclusivo nestes aspectos não garanta os resultados de saúde esperados (Bozon, 2002; Grimberg, 2002). Mais do que isto, é necessário que se desenvolvam intervenções preventivas que levem à conscientização de riscos e à maturidade para a tomada de decisões de cuidados de saúde. Obviamente, um histórico de vida em um contexto de poucos cuidados, como é o caso dos que vivem em situação de rua, pode deixar a tarefa de autocuidado mais difícil, o que exige a elaboração de intervenções realmente abrangentes, continuadas e especificamente construídas para a realidade desta população.

De forma geral, a dificuldade na utilização de preservativos vem associada à percepção de estabilidade dos relacionamentos (Antunes, Peres, Paiva, Stall, & Hearst, 2002; C. G. M. Silva, 2002). Assim, existe uma crença de que relacionamentos que envolvem amor e/ou algum grau de comprometimento afetivo representam menor risco para a saúde sexual. Nestes casos, o uso do preservativo fica implicitamente assumido como desnecessário. A não solicitação do uso por parte do(a) parceiro(a) representa uma demonstração de confiança, o que faz com que o pedido de utilização da camisinha por um membro do casal possa ser interpretado como desconfiança ou a assunção implícita de traição (Silveira, Béria, Horta, & Tomasi, 2002). Associações desse tipo vêm aumentando a vulnerabilidade da população em geral às doenças sexualmente transmissíveis, na medida em que existem doenças com amplos períodos assintomáticos, como por exemplo, a infecção pelo HIV/AIDS. Soma-se a isto o fato de que muitas vezes as relações tendem a ser consideradas estáveis em um curto período de tempo, considerado suficiente para a interrupção do uso do preservativo, porém não suficiente para a maturidade do casal para conversas sobre riscos sexuais do passado, saúde sexual e realização de exames. Além disto, não são raras as situações de relacionamentos extraconjugais, o que aumenta o risco para infecções.

Essa situação identificada na população geral parece se fazer presente também na população em situação de rua, porém acrescida, infelizmente, de outros aspectos ligados à rua e à fase de desenvolvimento das crianças e adolescentes, os quais ampliam a vulnerabilidade aos riscos sexuais. No levantamento de Carvalho *et al.* (2006), verificou-se que os participantes tinham tido um alto número de parceiros(as) sexuais identificados como parceiros(as) estáveis em curtos espaços de tempo de vida sexual, o que leva a crer que relações de curta duração eram consideradas estáveis e que possivelmente mais de uma relação estável ocorria ao mesmo tempo. Dois terços dos entrevistados referiram ter um(a) parceiro(a) estável no momento da entrevista, sendo que quase todos(as) referiram que tinham também pelo menos um(a) parceiro(a) casual (não fixo). Os dados também mostraram associação entre ter relação sexual com parceiro(a) estável e não usar preservativo, reforçando o fenômeno descrito acima.

De forma geral, os resultados do levantamento de Carvalho *et al.* (2006) mostraram dois principais fatores de risco a doenças sexualmente transmissíveis entre os participantes: a pouca idade da iniciação sexual e a caracterização dos relacionamentos como estáveis, mesmo que fossem de pouca duração. Foi constatado que crianças e adolescentes que haviam tido sua primeira relação sexual antes dos dez anos de idade apresentavam 23 vezes mais chance de ter relação sexual desprotegida. Além disto, participantes que relataram ter um(a) parceiro(a) fixo(a), apresentavam cinco vezes mais chance de ter sexo inseguro.

Logicamente, não se pode simplesmente sugerir a partir desses resultados que as intervenções junto a essa população devem desencorajar relacionamentos amorosos duradouros. É preciso que se busque entender o que crianças e adolescentes em situação de rua consideram que sejam relações estáveis, que crenças eles têm em relação aos riscos envolvidos (ou não) nesses tipos de relacionamentos, que modelos de relacionamentos eles(as) têm em suas famílias e/ou nas ruas e, a partir daí, elaborar as estratégias para reforçar os cuidados de saúde nesses jovens casais. Seguramente, relacionamentos mais consistentes e duradouros são potencialmente positivos a essas crianças e adolescentes, a fim de que possam encontrar apoio, cumplicidade e forças para enfrentarem a rua e construírem seus futuros. Ajudá-los na construção dessas relações pode ser uma boa estratégia e, dentro disso, pode estar presente a reflexão sobre os cuidados quanto às suas práticas e saúde sexual. É importante o reforço ao uso do preservativo em todas as relações sexuais, a partir de melhores habilidades para a negociação do seu uso, acesso mais facilitado aos preservativos, e alternativas, como o uso da camisinha feminina, juntamente com a busca pelo atraso do início da vida sexual entre aqueles que ainda não são sexualmente ativos.

Quando se busca compreender os riscos associados à precoce idade de iniciação sexual, inúmeros fatores podem ser destacados. Sabe-se que situações de abuso sexual podem estar presentes nas famílias de crianças e adolescentes em situação de rua, o que pode gerar, além de dificuldades para o autocuidado, outros comprometimentos psicológicos. Além disso, a vivência do abuso pode ser (re)vivida no contexto das ruas. No estudo de Neiva-Silva (2008), foram identificadas tentativas de abuso sexual no contexto doméstico em quase 5% dos entrevistados, e uma taxa de 3% de efetivação do abuso, envolvendo tanto o mexer no corpo da criança/ adolescente como a relação sexual forçada. Já na situação de rua, as tentativas de abuso sexual foram relatadas por 13% dos entrevistados e as situações de abuso sexual efetivado somaram 7%. Raffaelli *et al.* (1993) já haviam mostrado que a pouca idade da primeira relação sexual nesta população está associada à coerção, em particular entre as meninas, o que também é reconhecido como fator de aumento de risco sexual para a infecção por HIV/AIDS (Molitor, Ruiz, McFarland, & Klausner, 2000).

Além disto, a sexualidade de crianças e adolescentes em situação de rua muitas vezes está associada à exploração sexual. Estudos internacionais, realizados na África do Sul e países da Europa Oriental, mostram que populações de crianças e adolescentes em situação de vulnerabilidade social se envolvem no que os autores chamam de "sexo para sobrevivência", oferecendo relações sexuais em troca de dinheiro ou drogas (Goodwin, Kozlova, Nizharadze, & Polyakova, 2004; Swart-Kruger & Richter, 1997). No estudo de Neiva-Silva (2008), uma das adolescentes em situação de rua relatou receber drogas (solventes) de policiais militares em troca de sexo. Essas práticas aumentam a vulnerabilidade dessa população à violência, a problemas de saúde e problemas psicológicos. A associação entre a prática do comércio sexual e a infecção por HIV/AIDS na população em situação de rua tem sido relatada por diversos autores (Roy *et al.*, 2003; Weber, Boivin, Blais, Haley, & Roy, 2002). Por exemplo, no estudo realizado no Canadá por Weber *et al.* (2002) comparando meninas adolescentes em situação de rua envolvidas na exploração sexual e um grupo semelhante não envolvidas nessa prática, revelou que o primeiro grupo apresentou maior risco de infecção por HIV/AIDS, tanto pelo uso de drogas injetáveis, como pelo comportamento sexual de risco. Tal fato mostra a importância de programas de intervenção que considerem diversos fatores associados a esta situação, inclusive as questões de gênero.

Outra questão importante a ser considerada nesse contexto é o uso de drogas, como álcool e drogas ilícitas (maconha, inalantes, *crack* etc.). A literatura é unânime em indicar o uso de drogas como fator presente na vida dessa população, sendo essa uma problemática emergente para intervenção (Bousman *et al.*, 2005; Dominguez, Romero, & Paul, 2000; Forster *et al.*, 1996; Gleghorn, Marx, Vittinghoff, & Katz, 1998; Noto *et al.*, 2004). Carvalho *et al.* (2006) apontam que entre os participantes do seu estudo, 35% eram menores de 14 anos e apresentavam alto índice de exposição de risco ligada a drogas e relações sexuais. Do total, 40% relataram o uso de drogas ilícitas. Os participantes relataram também que a ausência no uso do preservativo era influenciado pelo uso das drogas e do álcool. Houve ainda relatos (34%) de relações sexuais sob efeito destas substâncias, o que dificulta fortemente os cuidados e a prevenção para DST/AIDS. Em contextos fora do Brasil, essa combinação de uso de drogas com comportamento sexual de risco também tem sido identificada entre a população em situação de rua (Bailey, Camlin, & Ennett, 1998; Pfeifer & Oliver, 1997). O uso de drogas também tem sido relatado como estratégia para enfrentar situações difíceis, como coragem para abordar potenciais parceiros sexuais nas situações de exploração sexual e para diminuir a dor do sexo anal em relações sexuais com homens adultos (Raffaelli *et al.*, 1993).

CONSIDERAÇÕES FINAIS

Os dados e reflexões apresentados neste capítulo indicam que a sexualidade de crianças e adolescentes em situação de rua pode ser vivida de maneira bastante peculiar. Além das questões mais comuns para essa faixa etária, como a experimentação e a iniciação sexual, somam-se as questões do contexto das ruas e de problemas nas relações familiares. Diversos aspectos devem ser levados em consideração, como a falta de percepção de risco, o uso de drogas, o envolvimento na exploração sexual, o número elevado de parceiros sexuais, a violência sexual, sem contar os demais problemas estruturais que afetam esta população e que compõem o quadro de vulnerabilidade social com que infelizmente convivem.

Neste contexto, falar em saúde sexual de crianças e adolescentes em situação de rua ainda se resume em apontar os inúmeros fatores de risco a que essa população está exposta. A escassez de estudos e consequentemente a escassez de ações de saúde específicas a essa população no Brasil leva à elaboração de um texto composto por um somatório de problemas e pela complexa relação existente entre eles. De qualquer forma, identificar o que é risco pode ser um importante ponto de partida para a (re)construção do que possa ser proteção. Seguramente, existem no Brasil iniciativas de acompanhamento e cuidado a crianças e adolescentes em situação de rua que, embora por vezes locais, levam em consideração as práticas e a saúde sexual desta população. Contudo, falta ainda uma articulação para que tais iniciativas se transformem em políticas públicas sistemáticas e abrangentes.

Com o auxílio do enfoque da vulnerabilidade social, entende-se que as questões das práticas sexuais (sejam de risco ou não) entre crianças e adolescentes em situação de rua estão inseridas em um contexto individual, familiar, político-econômico e social e, como tal, influenciam e são influenciadas por inúmeros fatores. Nesta perspectiva, é necessário investir em programas de promoção de saúde voltados à conscientização de riscos, à mudança de hábitos de saúde (incluindo aí a utilização de preservativos), ao diagnóstico precoce de problemas de saúde, à redução e interrupção do uso de drogas, sem deixar de considerar a necessidade de transformar a realidade desta população, elevando sua qualidade de vida. Isso, porque tais programas precisarão de solo fértil para dar frutos, o que será mais viável quando associados a condições financeiras adequadas, educação e ambiente familiar saudável.

De forma geral, o sistema de saúde parece não estar preparado para receber essa população de rua, seja pela falta de estrutura física ou de recursos humanos capacitados para lidar com as suas demandas (Noto et al., 2004). Além disto, para a abordagem das questões de prática e saúde sexual, é importante o foco em prevenção primária e secundária, com processo de aconselhamento e testagem voluntária, sempre com um enfoque interdisciplinar. No exterior, existem programas bem-sucedidos (ex. Woods et al., 2002) que envolve atendimento a jovens em situação de rua em um sistema de serviços de saúde integrados, com atenção à saúde física, saúde mental, redução de danos e orientação jurídica. Em Porto Alegre, as instituições onde foram realizadas as entrevistas para o levantamento de Carvalho et al. (2006), cujos dados foram usados para embasar este capítulo, são exemplos nacionais de oferecimento de serviços à população em situação de rua. Ressalta-se a importância de reforçar os serviços existentes e delinear novos serviços, em uma perspectiva de atenção integral e integrada, de forma continuada, independentemente de ações partidárias, que muitas vezes levam a interrupções desnecessárias. Crianças e adolescentes têm necessidades específicas em seu desenvolvimento, que envolvem idealmente uma estrutura familiar adequada, com supervisão e orientação de adultos. Quando estas condições não estão presentes, como é o caso de crianças e adolescentes em situação de rua, elas necessitam de serviços bem estruturados, com equipes adequadamente preparadas para o acolhimento desta população e capacitadas para a implementação de ações mínimas voltadas para a saúde e a qualidade de vida desta população.

Endereço Desconhecido: crianças e adolescentes em situação de rua

REFERÊNCIAS

Alves, P.B., Koller, S.H., Silva, A.S., Santos, C.L., Silva, M.R., & Reppold, C.T. (2002). Atividades cotidianas de crianças em situação de rua. *Psicologia: Teoria e Pesquisa, 18*(3), 305-313.

Antunes, M.C., Peres, C.A., Paiva, V., Stall, R., & Hearst, N. (2002). Diferenças na prevenção da AIDS entre homens e mulheres jovens de escolas públicas em São Paulo. *Revista de Saúde Pública, 36*(4), 88-95.

Ayres, J.C.R., França, I., Jr., & Calazans, G. (1997). *AIDS, vulnerabilidade e prevenção.* Rio de Janeiro, RJ: Associação Brasileira Interdisciplinar de AIDS.

Bailey, S.L., Camlin, C.S., & Ennett, S.T. (1998). Substance use and risky sexual behavior among homeless and runaway youth. *Journal of Adolescence Health, 23*(6), 378-388.

Bousman, C.A., Blumberg, E. J., Shillington, A.M., Hovell, M.F., Ji, M., & Lehman, S. (2005). Predictors of substance use among homeless youth in San Diego. *Addictive Behaviors, 30*(6), 1100-1110.

Bozon, M. (2002). A pesquisa sobre o comportamento sexual na França na era da AIDS e sua continuidade. *Horizontes Antrolpológicos, 8*(17), 93-100.

Carvalho, F.T., Neiva-Silva, L., Ramos, M., Evans, J., Koller, S., Piccinini, C., *et al.* (2006). Sexual and drug use risk behaviors among children and youth in street circumstances in Porto Alegre, Brazil. *Aids and Behavior, 10*(Suppl. 1), S57-S66.

Carvalho, F.T., & Piccinini, C.A. (2006). Maternidade em situação de infecção pelo HIV: Um estudo sobre os sentimentos de gestantes. *Interação em Psicologia, 10*(2), 345-355.

Carvalho, F.T., & Piccinini, C.A. (2008). Aspectos históricos do feminino e do maternal e a infecção pelo HIV em mulheres. *Ciência e Saúde Coletiva, 13*(6), 1889-1898. Recuperado de http://www.abrasco.org.br/cienciaesaudecoletiva/artigos/artigo_int.php?id_artigo=2386, em 20 abr. 2009.

Coordenação Nacional de DST e AIDS. (2004). *AIDS* [Data file]. Brasília, DF: Autor. Available from http://www.AIDS.gov.br/tabnet.AIDS.htm, em 20 abr. 2009.Dominguez, M., Romero, M., & Paul, G. (2000). Los "niños callejeros". Una visión de si mismos vinculada al uso de las drogas. *Salud Mental, 23*(3), 20-28.

Figueiredo, M.A.C., & Fioroni, L.N. (1997). Uma análise de conteúdo de crenças relacionadas com AIDS entre participantes em O.N.G.S. *Estudos de Psicologia* (Natal), 2(1), 28-41.

Forster, L.M., Tannhauser, M., & Barros, H.M. (1996). Drug use among street children in southern Brazil. *Drug Alcohol Depend, 43*(1/2), 57-62.

Gleghorn, A.A., Marx, R., Vittinghoff, E., & Katz, M.H. (1998). Association between drug use patterns and HIV risks among homeless, runaway, and street youth in northern California. *Drug Alcohol Depend, 51*(3), 219-227.

Goodwin, R., Kozlova, A., Nizharadze, G., & Polyakova, G. (2004). HIV/AIDS among adolescents in Eastern Europe: Knowledge of HIV/AIDS, social representations of risk and sexual activity among school children and homeless adolescents in Russia, Georgia and Ukraine. *Journal of Health Psychology, 9*(3), 381-396.

Grimberg, M. (2002). Iniciación sexual, prácticas sexuales y prevención al VIH/SIDA en jóvenes de sectores populares: un análisis antropológico de género. *Horizontes Antropológicos, 8*(17), 47-75.

Guimarães, R. (1998). A inter-relação estigma e trajetória da doença causada pelo HIV. In L. Morano & R. Guimarães (Eds.), *AIDS: Olhares plurais: Ensaios esparsos sobre a epidemia de HIV/AIDS* (pp. 85-110). Belo Horizonte, MG: Coordenadoria Estadual de DST/AIDS de Minas Gerais.

Kalichman, S.C., DiMarco, M., Austin, J., Luke, W., & DiFonzo, K. (2003). Stress, social support, and HIV-status disclosure to family and friends among HIV-positive men and women. *Journal of Behavioral Medicine, 26*(4), 315-332.

Koller, S.H., & Hutz, C.S. (1996). Meninos e meninas em situação de rua: Dinâmica, diversidade e definição. *Coletâneas da ANPEPP, 1*(12), 11-34.

Lopes, V.G.S. (1998). HIV – Perfil da atual transmissão heterossexual no Brasil. *Jornal Brasileiro de Doenças Sexualmente Transmissíveis, 10*(6), 41-43.

Martins, R.A. (1996). Censo de crianças e adolescentes em situação de rua em São José do Rio Preto. *Psicologia: Reflexão e Crítica, 9*(1), 101-122.

Ministério da Saúde. (1999). *Diretrizes dos Centros de Testagem e Aconselhamento: Manual.* Brasília, DF: Autor.

Ministério da Saúde. (2004). *Recomendações para terapia antirretroviral em adultos e adolescentes infectados pelo HIV – 2004.* Brasília, DF: Autor.

Ministério da Saúde. (2006). *Manual de rotinas para assistência a adolescentes vivendo com HIV/AIDS.* Brasília, DF: Autor.

Ministério da Saúde. (2008). *Prevenção de HIV/AIDS em adolescentes.* Brasília, DF: Autor. Recuperado em 27 agosto, 2008, de http://www.aids.gov.br

Molitor, F., Ruiz, J.D., McFarland, W., & Klausner, J.D. (2000). History of forced sex in association with drug use and sexual HIV risk behaviors, infection with STDs, and diagnostic medical care: Results from the Young Women Survey. *Journal of Interpersonal Violence, 15*, 262-278

Morando, L. (1998). Ética e AIDS. In L. Morando & R. Guimarães (Eds.), *AIDS: Olhares plurais: Ensaios esparsos sobre a epidemia de HIV/AIDS* (pp. 11-30). Belo Horizonte, MG: Coordenadoria Estadual de DST/AIDS de Minas Gerais.

Neiva-Silva, L. (2008). *Uso de drogas entre crianças e adolescentes em situação de rua: Um estudo longitudinal.* Tese de doutoramento não publicada, Universidade Federal do Rio Grande do Sul, Porto Alegre, Brasil.

Neiva-Silva, L., & Carvalho, F.T. (2007). Adolescência e drogas: Possíveis intervenções. In C. Hutz (Ed.), *Prevenção e intervenção em situações de risco e vulnerabilidade* (pp. 163-203). São Paulo, SP: Casa do Psicólogo.

Neiva-Silva, L., & Koller, S.H. (2002). A rua como contexto de desenvolvimento. In E.R. Lordelo, A.M.A. Carvalho, & S.H. Koller (Eds.), *Infância brasileira e contextos de desenvolvimento* (pp. 205-230). São Paulo, SP: Casa do Psicólogo.

Noto, A.R., Galduróz, J.C.F., Nappo, S.A., Carlini, C.M.A., Moura, Y.G., & Carlini, E.A. (2004). *Levantamento nacional sobre o uso de drogas entre crianças e adolescentes em situação de rua nas 27 capitais brasileiras (2003).* São Paulo, SP: Centro Brasileiro de Informações sobre Drogas Psicotrópicas.

Organização Mundial de Saúde. (Ed.). (2004, November). *Weekly Epidemiological Record, 79*(47), 417-424.

Paiva, V., Peres, C., & Blessa, C. (2002). Jovens e adolescentes em tempos de AIDS: Reflexões sobre uma década de trabalho de prevenção. *Psicologia USP, 13*(1), 55-78.

Pfeifer, R.W., & Oliver, J. (1997). A study of HIV seroprevalence in a group of homeless youth in Hollywood, California. *Journal of Adolescence Health, 20*(5), 339-342.

Raffaelli, M., Campos, R., Merritt, A.P., Siqueira, E., Antunes, C.M., & Parker, R., (1993). Sexual practices and attitudes of street youth in Belo Horizonte, Brazil. Street Youth Study Group. *Social Science and Medicine, 37*(5), 661-670.

Remor, E. (2002). Valoración de la adhesión al tratamiento antirretroviral en pacientes VIH+. *Psicothema, 14*(2), 262-267.

Rigoni, E., Pereira, E.O.S., Carvalho, F.T., & Piccinini, C.A. (2008). Expectativas e sentimentos de mães portadoras de HIV/AIDS em relação ao tratamento preventivo do bebê. *Psico USF, 13*(1), 75-83.

Rios, L.F., Pimenta, C., Brito, I., Terto, V., Jr., & Parker, R. (2002). Rumo à adultez: Oportunidades e barreiras para a saúde sexual dos jovens brasileiros. *Caderno Cedes, 22*(57), 45-61.

Roy, E., Haley, N., Leclerc, P., Cédras, L., Weber, A.E., Claessens, C., & Boivin, J. (2003). HIV incidence among street youth in Montreal, Canada. *AIDS, 17*, 1071-1075.

Santana, J.S.S. (1998). *Saúde-doença no cotidiano de meninos e meninas e rua: Ampliando o agir da enfermagem.* Tese de doutoramento não publicada, Escola de Enfermagem Anna Nery, Universidade Federal do Rio de Janeiro, Rio de Janeiro, Brasil.

Seffner, F. (1995). AIDS, estigma e corpo. In J. Ferreira (Ed.), *Semiologia do corpo* (pp. 391-415). Porto Alegre, RS: Editora da Universidade Federal do Rio Grande do Sul.

Silva, A.S., Reppold, C.T., Santos, C.L., Prade, L.T., Silva, M.R., & Alves, P.B. (1998). Crianças em situação de rua em Porto Alegre: Um estudo descritivo. *Psicologia: Reflexão e Crítica, 11*(3), 441-447.

Silva, C.G.M. (2002). O significado de fidelidade e as estratégias para prevenção da AIDS entre homens casados. *Revista de Saúde Pública, 36*(4), 40-49.

Silveira, M.F., Béria, J.U., Horta, B.L., & Tomasi, E. (2002). Autopercepção de vulnerabilidade às doenças sexualmente transmissíveis e AIDS em mulheres. *Revista de Saúde Pública, 36*(6), 670-677.

Silveira, V.L., Drachler, M., Leite, J.C.C., & Pinheiro, C. A. T. (2003). Characteristics of HIV antiretroviral regimen and treatment adherence. The Brazilian Journal of Infectious Diseases. 7(3), 194-201.

Swart-Kruger, J., & Richter, L. (1997). AIDS-Related knowledge, attitudes and behaviour among South African youth: Reflections on power, sexuality and the autonomous self. *Social Science & Medicine, 45*(6), 957-966.

Walters, A.S. (1999). HIV prevention in street youth. *Journal of Adolescence Health, 25*(3), 187-198.

Weber, A.E., Boivin, J.F., Blais, L., Haley, N., & Roy, E. (2002). HIV risk profile and prostitution amnong female street youths. *Journal of Urban Health: Bulletin of the New York Academy of Medicine, 79*, 525-535.

Woods, E.R., Samples, C.L., Melchiono, M.W., Keenan, P.M., Fox, D.L., & Harris, S.K. (2002). Initiation of services in the Boston HAPPENS Program: HIV-positive, homeless and at-risk youth can access services. *AIDS Patient Care and STDS, 16*(10), 497-510.

14

RUA, VIRILIDADE E VIOLÊNCIA: CRIANÇAS E JOVENS EM SITUAÇÃO DE EXTREMA VULNERABILIDADE SOCIAL E PESSOAL

Walter Ernesto Ude Marques

INTRODUÇÃO

Este capítulo pretende discutir como a rua se tornou um lugar social, econômico, material e simbólico, no qual crianças e jovens em situação de extrema vulnerabilidade pessoal se veem expostos a riscos eminentes e prescritos por uma sociedade cada vez mais injusta, desigual e violenta; tendo em vista que este território se configurou historicamente como um etos viril marcado pela guerra e pela disputa de uma dominação masculina. Nesse contexto, as mulheres se deparam com cenários viris que procuram submetê-las a uma lógica que reconhece o feminino exclusivamente como objeto de conquista de um capital simbólico representado pela força, posse e poder.

Estudos realizados nas diversas capitais brasileiras apontam que a distribuição por sexo das crianças em situação de rua se caracteriza pela predominância da população masculina, por décadas a fio. Uma pesquisa apresentada por Carvalho (1999, p. 26), mostra que numa contagem realizada no Plano Piloto de Brasília – DF, verificou-se que, nos anos de 1996 e 1997, respectivamente, 89,3% e 88,8% do público pesquisado eram do sexo masculino; e, por sua vez, 10,7% e 11,2%, eram do sexo feminino. Em outro trabalho, intitulado *Levantamento nacional sobre o uso de drogas entre crianças e adolescentes em situação de rua nas 27 capitais* (Noto *et al.*, 2004, p. 29), encontra-se que 75,5% dos pesquisados eram do sexo masculino e 24,5% eram do sexo feminino.

Entretanto, é bom salientar que uma parcela dessa amostra, nos dois trabalhos citados acima, foi constituída pelos nomeados meninos e meninas *na rua* – aqueles(as) que mantinham vínculos familiares, utilizando a rua como fonte complementar ou provedora da renda da família. A outra parte foi composta pelos denominados *"de rua"* – aqueles(as) que, de certa forma, haviam rompido os vínculos familiares. Por outro lado, alguns autores criticam essa classificação por denotar a ideia de categorias estáticas, como se não acontecesse mobilidade entre *casa* e *rua*. Considero essa indagação interessante e importante para se tentar problematizar as inter-relações dinâmicas que ocorrem entre esses grupos. Porém, para a discussão proposta neste capítulo nos interessa levantar debates sobre a relação entre *rua e masculinidade,* levando em consideração a realidade desse contexto que se tornou virilizado.

Esses indicadores refletem a prática dos educadores sociais de rua. Digo isso, porque fui um deles quando atuei num projeto voltado para a construção de atendimento em meio aberto para os designados, na época, de "meninos e meninas de rua", em contraposição aos internatos da FEBEM[1] de Minas Gerais, nos idos de 1984. Essa experiência culminou na efetivação da Comunidade Educativa "Rua Ubá", em Belo Horizonte – MG, como está descrito em Orsetti (1987). Naquele período, era evidente a dominação masculina no âmbito da rua. As meninas procuravam se masculinizar, utilizando calções e bonés masculinos para tentar ocultar características femininas diante de um etos viril predominante. Obviamente que, em determinadas circunstâncias, recorriam aos adornos femininos, em busca da própria feminilidade.

Aqui, estou entendendo etos como determinadas características que constituem a identidade de um grupo cultural ou de uma coletividade.

---

[1] FEBEM – Fundação do Bem-Estar do Menor, a qual foi respaldada pelo antigo Código de Menores de 1927. Hoje extinta, no Estado de Minas Gerais, desde a implementação do Estatuto da Criança e do Adolescente (ECA).

De acordo com o Dicionário de Ciências Sociais (Silva, 1986, p. 433): "É um termo genérico, que designa o caráter cultural e social de um grupo ou sociedade". Nesse sentido, o conteúdo afetivo das relações interpessoais torna-se organizado a partir das representações de um padrão de emoções permitidas, recomendadas, toleradas ou proibidas, de acordo com os aspectos culturais de cada configuração identitária (Miermont, 1994). No caso deste capítulo, representa aquelas atribuições que são estabelecidas ao etos masculino, conforme a nossa cultura patriarcal, caracterizada com elementos como força, posse, dominação e violência.

Essas situações mobilizavam a subjetividade dos educadores causando-lhes indignação e angústia, afetando principalmente as educadoras sociais devido à violência enfrentada – em proporções bem maiores – pelas garotas na realidade da rua. Notava-se ali uma identificação marcante no cenário das intersubjetividades do trabalho socioeducativo. Esse tipo de observação pode ser encontrado, por exemplo, num relato produzido por Vasconcelos e Feres (1991, p. 12), sobre o trabalho realizado pela Casa de Passagem[2] nas ruas de Recife – PE, quando se lê:

> Nas ruas percebemos a dificuldade de trabalhar junto com as crianças do sexo feminino. As meninas "escapam entre os dedos" porque têm necessidades específicas enquanto mulheres e precisam expressá-las.
>
> As meninas nas ruas encontravam-se no final da degradação humana. Não tinham voz, nem identidade: são mulheres ou são crianças?
>
> Negavam-se nas ruas. Assumiam e assumem valores e atitudes culturalmente masculinas para poderem sobreviver nas ruas. A rua é o espaço público reservado ao homem, que aí se deve afirmar.

Esses apontamentos preliminares nos mostram que a rua ainda representa um *éthos* viril marcado pela violência, nos dias atuais. A construção social desse imaginário social, notadamente no decorrer da modernidade, tornou-se uma dimensão psíquica que, de maneira hostil,

---

[2] Casa de Passagem – projeto reconhecido pela sua luta contra a exploração sexual de crianças, na cidade de Recife – PE.

passou a habitar o inconsciente dos diversos transeuntes das vias públicas. Obviamente que o contexto rural não escapou dessa lógica falocêntrica que, no caso do nosso país, foi empunhada pelos senhores patriarcais vindos do continente europeu durante o período colonial. Nesse sentido, representaram verdadeiros guerreiros medievais que ocupavam terras alheias, com sabres, pistolas e canhões, em defesa da pátria e da nobre família burguesa (Oliveira, 2004).

Nessa tessitura, a divisão sexual das relações sociais foi fortalecida pelo Estado, o qual reforçou o modelo patriarcal burguês ao instituir o homem como único provedor da família e ao situar a mulher como exclusiva cuidadora da prole; no intuito de fomentar o aumento do número de mão de obra tão necessário à instalação e expansão de uma nova sociedade mercantil e industrial. Esse episódio configurou-se no registro civil dos casamentos para tentar garantir a propriedade privada e a consequente herança dos bens familiares.

As mulheres que negavam a inserir-se nesse modelo eram vistas, pela Igreja, como degradadoras da moral, como era o caso das prostitutas e das lésbicas. Quanto aos homens homossexuais, passaram a ser condenados pela postura afeminada e pela não realização do padrão familiar elitista. A pesquisa realizada por Vasconcelos e Feres (1991, p. 4) sobre exploração sexual de crianças, realizada nas ruas de Recife, PE, mostra-nos como essas visões condenatórias são internalizadas e expressas no contexto da rua: "As meninas consideram-se 'sujas', 'pecadoras', 'prostitutas', 'loucas' . . . Aprendem novas formas de aborto e inventam a 'pesada': encostam-se na parede para que alguém lhes aplique um pesado chute no ventre".

Diante desse enredo, os homens de baixa renda econômica se viram inviabilizados a consolidar esse protótipo de paternidade. Aqui se inicia um processo de fragilização da maioria dos pais das crianças e dos jovens em situação de rua. Como salienta Costa (1989), na passagem da família colonial para a família republicana, diante da impossibilidade de garantir a consolidação desse homem provedor familiar, emerge o Estado Providência, por meio da implementação de medidas compensatórias, com o objetivo de buscar prescrever papéis fixos entre os grupos domésticos das favelas e das periferias das cidades. Atualmente, verifica-se um Estado mínimo, cada vez mais insuficiente e ausente das políticas públicas perante as imposições neoliberais do capitalismo pós-industrial. No entanto, Bourdieu (2003, p. 112) nos alerta que:

> Os homens continuam a dominar o espaço público e a área de poder (sobretudo econômico, sobre a produção), ao passo que as mulheres ficam destinadas (predominantemente) ao espaço privado (doméstico, lugar da reprodução) em que se perpetua a lógica da economia de bens simbólicos, ou a essas espécies de extensões deste espaço, que são os serviços sociais (sobretudo hospitalares) e educativos, ou ainda aos universais da produção simbólica (áreas literária e artística, jornalismo etc.).

Dentro dessa lógica viril, os homens das camadas populares – ao se verem fora do mercado de trabalho, produção e consumo – tornaram-se extremamente vulneráveis. Nesse contorno, a constituição da sua masculinidade apresentou-se ameaçada. Contudo, procuram recorrer a atos violentos diante desse processo de exclusão, como possibilidade geradora de capital viril, na tentativa de escapar dessa trama social. Por outro lado, alguns caem na depressão e no alcoolismo por se sentirem impotentes e humilhados diante das cobranças materiais e culturais. Outros ficam reduzidos a genitores de mão de obra para o mundo do trabalho infantil, como pude constatar no meu estudo sobre famílias que buscam esta estratégia de sobrevivência nas ruas de Belo Horizonte (Marques, 2001).

Todavia, a manifestação da virilidade violenta não se restringe aos jovens das periferias das cidades. As guerras e os espancamentos provocados por *pit-boys* e neonazistas demonstram que a juventude, da classe média alta e da elite, está emaranhada nesta maneira viril de se demonstrar força e dominação, bem como buscar pertencimento e visibilidade social (Cecchetto, 2002). As principais vítimas dos seus ataques são empregadas domésticas, nordestinos e homossexuais. Entretanto, alguns grupos do jiu-jítsu travam combates entre si, principalmente em boates da zona sul das cidades metropolitanas. Esse aspecto demonstra que essa representação do masculino não se restringe à população das favelas.

Essas evidências mostram que o fenômeno das crianças em situação de rua necessita ser estudado na sua complexidade, pois conforme Da Matta (1997, p. 25): "É minha tese, então, que foram poucos os que viram a possibilidade de juntar a família com a classe social, a religiosidade popular com a economia capitalista, a lealdade aos amigos com a lealdade ideológica". Sendo assim, no próximo item, gostaria de discutir algumas questões relativas à construção social que se fez *da rua* como lugar do homem bandido e a casa como lugar do homem trabalhador, honesto e responsável, que transita *na rua* quando se dirige ao seu trabalho em busca do provimento da sua família.

RUA: LUGAR DE VAGABUNDO E MULHER VADIA?

Quando se pensa em crianças e jovens em situação de rua, algumas questões necessitam ser colocadas para se tentar visualizar o contexto pesquisado: Que lugares são esses que determinados grupos sociais e culturais ficam expostos em condições de extrema vulnerabilidade e ao risco eminente de perder suas vidas? Como essa lógica foi produzida? Por que não estão protegidos e incluídos em processos de cidadania? Como se construiu historicamente ideias maniqueístas que consolidam determinados lugares como o mundo do *bem* e outros como o mundo do *mal*? Que tipo de ideologia pode estar fomentando divisões sociais, sexuais e étnicas, dentre outras?

Essas e demais interrogações me levaram a envolver-me com uma pesquisa mais recente, em nível de pós-doutorado, intitulada *Juventude, violência e masculinidade*[3] junto a jovens em conflito com a Lei sob medida judicial em regime de semiliberdade, em duas unidades de atendimento, situadas em Belo Horizonte – MG. Nesse contexto, me vi intrigado a investigar algumas perguntas: Por que predomina a presença de jovens masculinos em situações de violência? Como os pesquisadores

---

[3] Pós-doutoramento realizado na UFF–RJ, sob orientação da Prof. Dra. Teresa Carreteiro, com financiamento do CNPq.

e educadores sociais estão compreendendo essas relações de gênero diante do aumento dos índices de violência na realidade nacional? Existe produção acadêmica e debates sobre esta questão associada à virilidade violenta? Para minha surpresa, o exame bibliográfico sobre o assunto demonstrou que as produções científicas sobre essa temática são escassas, como também a discussão sobre esse tópico entre os movimentos sociais, encontros de pesquisa e educação social.

Vejo que esse tipo de debate tem conexão com a representação construída sobre a *rua* como espaço público depositário do mal; ou seja, um *habitat* dos errantes, vadios, profanos e violentos; e a *casa* como lugar do bem, comprometido com a ordem, a união e o sagrado. Essa visão produziu dois mundos maniqueístas – ou se está de um lado ou se está do outro. Entretanto, essa separação é aparente. Várias pesquisas indicam que, especialmente ao longo da década de 1980, a população em situação de rua não estava "abandonada", como até então se imaginava (Noto *et al.*, 2004). Pelo contrário, muitos ainda mantinham vínculos familiares ou permaneciam distantes das suas famílias residentes nas favelas e periferias da cidade, na área rural ou em outras capitais brasileiras. Enfim, não se tratava de uma "geração espontânea" emergida dos meios-fios das calçadas.

Diante disso, a desconstrução dessas ideias dualistas que tentam separar o inseparável torna-se tarefa fundamental quando se pretende realizar intervenções mais pertinentes e contextuais. Observa-se que, em nome de recortes científicos perdeu-se o fio da meada. Ou seja, criou-se uma visão de que seria possível recortar o fenômeno da sua teia social mais ampla, negligenciando outros aspectos determinantes da sua composição. A tradição isolacionista se desatou do novelo da realidade mais complexa, fortalecendo as instituições fechadas e encarceradas (Morin, 1996a, 1996b). Nesse sentido, necessitamos tentar perceber o enredo do fenômeno estudado. No que se refere ao intercâmbio entre a casa e a rua, por exemplo, curiosamente o guerreiro heroico (na guerra ou na empresa) e o pai de família comedido constituem personagens de uma mesma trama, já que se mostram extremamente competitivos e aguerridos no trabalho para prover a família; como nos mostra Oliveira (2004, p. 44):

Como se vê, ainda que aparentemente antagônicas, as características que unem o guerreiro heroico ao homem comedido e sereno, protótipo do laborioso pai de família, não são excludentes e impossíveis de serem cultivadas simultaneamente. Prova disso foi o entrelaçamento dessas características que, juntas, formaram o alicerce do ideal moderno de masculinidade.

No "mundão da rua", como dizem os jovens da pesquisa que venho realizando, a distinção entre bandido e trabalhador é muito evidente. Outros estudos, como de Machado (2004) e Zaluar (1994a, 1994b), apontam na mesma direção. Enquanto o *homem trabalhador* é aquele que transita de casa para o trabalho e do trabalho para casa, conforme o imaginário patriarcal; o *homem bandido* é aquele que circula pelas ruas e becos ostentando armas potentes, "dinheiro fácil" e poder. Todavia, o denominado "patrão" – bandido dono da boca do tráfico –, não admite que nenhum dos seus comandados no território da favela perturbe um pai de família trabalhador. Isso porque se esse provedor for ameaçado a instituição familiar estará desamparada.

Essas contradições geram algumas ambiguidades, tendo em vista que, caso um chefe de família denuncie o bandido para a polícia ou para o inimigo, sua vida será eliminada sem perdão pelo "dono do pedaço". Nesse sentido, o traficante é visto como "guardião e demolidor" ao mesmo tempo, como relatou um entrevistado do meu estudo. Ferir o código de honra de um homem, num contexto falocêntrico, compromete seu capital viril e consequentemente seu prestígio. Quanto a esse aspecto, os jovens entrevistados foram incisivos nos comentários sobre o assunto, como se lê abaixo:

> Uai, o trabalhador ele trabalha para ganhar o seu dinheiro suado e para gastar o seu dinheiro também. Ele pensa antes de gastar o seu dinheiro porque foi um dinheiro suado, não é, não foi igual ao de bandido não. Bandido está ali, "pá", ganhando dinheiro fácil, gasta muito fácil também. Não está nem aí para nada não. Bandido é vagabundo não é "velho", não trabalha, espera o dinheiro vir na mão, não corre atrás disso não. (S. 1)
>
> O bandido gasta dinheiro lá com a mulherada, os trabalhadores gastam o dinheiro com a família. (S. 2)

Tipo, um homem e um bandido têm muitas diferenças . . . o bandido, ele está, tipo, na boca, traficando, e o trabalhador está no serviço, suando, batendo marreta, tanto faz, qualquer tipo de trabalho, sendo honesto. Mas o bandido, não, o bandido só fica na rua tomando coca-cola, uísque, *Red Bull*, fumando muita maconha . . . . agora, trabalhador, não, mal, mal, ele tem meia hora de almoço, o bandido não, ele tem duas, três horas de almoço, pode fazer a hora de almoço dele a hora que ele quer, uai. (S. 4)

O bandido pensa só nele mesmo, pensa em ganhar dinheiro, quer fazer a vida dele, não pensa no próximo, não. Por exemplo, vai algum "noiado"[4] comprar a droga e fica devendo. Mata o cara por causa de 10 reais, 20 reais, trinta reais, por causa de besteira. Pode não estar nem precisando do dinheiro, pode estar com o rabo cheio de dinheiro e faz isso só de sacanagem. É, vai pensando que vai ganhar respeito . . . (S. 5)

Nas falas mencionadas fica evidente como a virilidade dos trabalhadores e dos bandidos é entendida como uma determinação prescrita. No campo de estudos da construção das relações de gênero, vários estudiosos alertam quanto ao perigo de se cair em essencialismos quando se tenta compreender as configurações constituídas em relação à masculinidade e à feminilidade (Cecchetto, 2002; Machado, 2004; Monteiro, 2001; Nolasco, 1995a, 1995b; Oliveira, 2004). Infelizmente, na área acadêmica ainda localizamos algumas produções de cunho essencialista que contribuem para a permanência de um olhar criminológico sobre a realidade das crianças e dos jovens em situação de rua. É comum, por exemplo, o uso do termo "famílias desestruturadas" para se referir aos contextos familiares dessa população, por diferirem do modelo patriarcal burguês. Por outro lado, a mídia, seja televisiva ou jornalística, insiste em utilizar o termo *menor* para se referir às crianças e aos jovens das favelas e das periferias da cidade, apesar de todas as lutas dos movimentos sociais,

---

[4] Noiado – Gíria para se referir à pessoa, geralmente jovem, que está sob o efeito do *crack*, um subproduto da cocaína, o qual gera dependência química muito rápida e deixa o usuário extremamente excitado e desesperado para consumir a substância novamente.

principalmente após a promulgação do ECA, Lei 8069/90, a qual situa-os como cidadãos com direito à proteção integral.

Essa visão criminalizada da miséria tem retornado com muita força após a propagação da "tolerância zero", nos finais da década de 1990, *made* in USA, conforme análise apresentada por Wacquant (2001). A penalização da juventude das camadas sociais precarizadas como bode expiatório da produção da violência urbana atual, tem sido um instrumento utilizado pelas elites para ocultar o aumento da desigualdade social, corrupção generalizada no poder público e ausência do Estado nas políticas sociais voltadas para saúde, educação, moradia, saneamento, cultura, lazer, meio ambiente e trabalho. Não foi à toa que, recentemente, houve uma pressão de vários setores da sociedade brasileira para o estabelecimento da redução da maioridade penal. De acordo com o autor, criou-se uma verdadeira pan-óptica social sofisticada que, por meio das novas tecnológicas, tenta produzir vigilância eletrônica, durante 24 horas, sobre a intimidade das pessoas. Esse olhar reducionista induziu que o combate à violência se resumisse meramente numa questão tecnológica aplicada ao aumento da construção de presídios e centros de internação para jovens em conflito com a Lei.

O panoptismo representa uma prática institucional que se desenvolveu no século XVIII, com o intuito de vigiar e disciplinar aqueles que não estavam de acordo com os ditames da classe dominante, ou seja, os loucos, os leprosos, os mendigos, os prisioneiros e os vagabundos (Foucault, 1988). Os hospitais, escolas, fábricas e presídios eram construídos em forma de anel, com o objetivo de controlar o comportamento dos internos por meio de torres centrais e nas laterais. Nos dias atuais, essas formas de vigilância desenvolverem-se com o advento das tecnologias sofisticadas, como câmeras e transmissão via satélite. Em suma, trata-se uma visão binária, na qual os vigiados são tidos como perigosos e os vigilantes como ordeiros e saudáveis. Essas questões necessitam ser discutidas para se tentar entender a relação entre violência, prisões e internatos, no mundo contemporâneo.

Uma complexidade de fatores atravessa a problemática da violência, a qual necessita ser enfrentada nos debates públicos para se tentar compreender a realidade das crianças e jovens em situação de rua, no nosso país. A naturalização e a banalização destas questões dificultam o processo conscientização da população brasileira. Entendendo aqui, *consciência* como percepção crítica do lugar que se está (Leontiev, 1978). Por isso, tenho insistido, neste capítulo, no questionamento das concepções construídas a respeito da rua como lugar associado ao demoníaco; e casa vinculada ao sagrado. Sabe-se, por exemplo, que a maioria dos casos de abuso sexual acontecem no contexto intrafamiliar (Furniss, 2002). Aliás, o sacrifício da criança se dá em nome da preservação do grupo familiar. Sendo assim, a família pode ser um lugar de proteção, mas também pode ser ameaçador. Entretanto, no que se refere à rua e seus estigmas, Graciani (1997, p. 120) observa:

> Identificar a rua como o mundo dos vícios, acusar a criança com estereótipos e relegá-la a "guetos" para que não "contamine" ou defender-se dela com o castigo não é somente desidentificar o "menor" e falsear o problema, mas é reproduzir e sofisticar os processos sociais de discriminação que o produziram como "menino(a) de rua", é amputá-lo ou eliminá-lo definitivamente, como o têm feito, nos últimos anos, os exterminadores, com o apoio das elites.

Diante desse quadro produzido sob uma ótica determinista que atribuiu o significado de masculinidade a experiências vinculadas à violência num território viril – *a rua*, lugar de bandido –, cabe-nos a tarefa de questionar este tipo de identidade prefixada como algo estático e fora das construções históricas e culturais. Na verdade, constitui uma representação carregada de aspectos ideológicos que procuram sustentar um sistema econômico capitalista que se mantém por relações sociais extremamente desiguais. Discutir a realidade da infância e da juventude envolvida na criminalidade implica debater sobre essa configuração que tenta ocultar processos complexos pela via da banalidade e da fatalidade. A situação se torna tão fragmentária que as crenças são percebidas como verdades inquestionáveis. Nesse aspecto, um jovem que participou da pesquisa anteriormente mencionada, reproduziu o olhar social dominante quanto ao fato de que *"quando um homem permanece por muito tempo na rua se torna um suposto bandido"*. A pergunta se referia à pergunta de como o trabalhador é visto na comunidade. A resposta foi a seguinte:

> Porque se não é muito visto na comunidade [o trabalhador]. Entendeu? Ele é visto, mas, assim, até certo ponto não é, "velho". Quando ele está sendo muito visto... ele já passa a trabalhar mais. Entendeu? Vai para o serviço de manhã e volta à noite. Só é visto à noite, feriado, final de semana. Não é muito visto na comunidade. Você ser muito visto é muito ruim. Não é? As pessoas começam a falar mal. Você não sendo visto, você já não dá motivo [para as pessoas te julgarem como bandido]. (S. 6)

Essa fala ilustra a imagem que os moradores, na sua pan-óptica, fazem dos homens nas suas relações com a rua, o trabalho e o crime. Obviamente que a mulher não está isenta dessa avaliação. Afinal, esse imaginário maniqueísta está presente em todos nós. Precisamos assumir a internalização desses elementos identitários que tentam nos possuir, no intuito de questioná-los e (re)significá-los. Penso que a autocrítica e a crítica incessantes podem nos ajudar a produzir intervenções mais significativas para tentar alterar a realidade que atuamos. Sei que não é tarefa fácil. Reconheço que sofro com as contradições verificadas nas relações de gênero. Porém, a discussão sobre o tema é necessária e urgente. Foi acreditando nisso que dediquei o último e próximo item aos pesquisadores e educadores sociais.

EDUCAÇÃO SOCIAL, VIRILIDADE E RUA

O trabalho da educação social envolvida com crianças e jovens em situação de rua esbarra constantemente em representações construídas sobre o mundo masculino que remetem para uma ótica viril que procura se legitimar pela via do poder, posse e força bruta. Nesse cenário, ruas e becos constituem territórios marcados por conquistas, disputas e batalhas de uma guerra entre oponentes pretensamente indispensáveis para a formatação de uma masculinidade violenta. Inimigos e adversários formam comandos divididos em brigadas para um combate sem trégua. Esse imaginário militarizado se tornou presente nas torcidas organizadas do futebol, galeras de lutadores de artes marciais da zona sul da cidade (classe média e média alta), bailes *funk*, facções do narcotráfico e demais etos viris (Cecchetto, 2002). Diante disso, faz-se necessário indagar como uma prática socioeducativa crítica poderá contribuir para a desconstrução desses níveis simbólicos e materiais que participam da produção de uma realidade tão cruel e assoladora das relações sociais da vida contemporânea, principalmente entre a juventude.

O estudo que tenho realizado junto a jovens em conflito com a Lei, tem me provocado bastante a pensar sobre a importância de se discutir sobre o papel do educador social no debate sobre o processo de construção social da virilidade associada à violência. Coloco esta questão, não só devido aos inúmeros fatores apresentados anteriormente, mas também por observar claramente que são jovens masculinos que compõem um etos virilizado, muito bem demarcado, diante de profissionais femininas – as denominadas "técnicas" (psicólogas, assistentes sociais, pedagogas, terapeutas ocupacionais) e educadoras sociais, sendo que algumas delas exercem a função de "mães sociais". No que se refere aos educadores sociais, a maioria é composta por homens com escolaridade em torno do segundo grau e uma minoria formada por estudantes universitários, os quais lidam diretamente com os jovens nas atividades diárias (higiene, alimentação, saúde, escola etc.). Noto que essa configuração se repete em vários outros projetos socioeducativos, seja nas ruas, nas comunidades ou nas instituições que atuam em regime de semiliberdade ou privação de liberdade. Por que esse quadro se mostra recorrente? Quais as consequências das relações estabelecidas entre os distintos níveis interacionais de gênero, etnia e classe social nesses contextos educativos?

A prática mostra que as relações de gênero afetam educandos(as) e educadores(as). Durante o período que iniciei meu trabalho como educador social de rua, nos meados da década de 1980, as educadoras ficavam extremamente angustiadas diante da violência sofrida pelas meninas em

Endereço Desconhecido: crianças e adolescentes em situação de rua

situação de rua. Algumas colegas sentiam dificuldade de lidar com toda aquela crueldade enfrentada pelas mulheres naquele contexto. Tratava-se de uma reprodução viva e crua das relações de dominação estabelecidas na nossa sociedade de cunho patriarcal. Por sua vez, na pesquisa que realizei com jovens sob medida judicial, em regime de semiliberdade, mencionada anteriormente, pude também observar como os jovens depreciavam as opiniões das educadoras quando emitiam uma sugestão de atividades, um parecer ou um aconselhamento. Dentro da lógica viril, o guerreiro deve partir para o combate perante algum conflito. Sendo assim, a conversa e o diálogo representam práticas femininas. Esses dois exemplos, dentre outros, ilustram como as relações de gênero atravessam o cotidiano das instituições socioeducativas que atendem crianças, jovens, membros familiares, educadores e educadoras.

No entanto, torna-se uma realidade ocultada pelas hierarquias institucionais e as dificuldades que envolvem a temática, considerando que implica discussões sobre os processos identitários imbricados na construção da masculinidade e da feminilidade, nas suas diferenciadas manifestações. Relações de poder entre gêneros se mesclam com *status* econômico, etnia e classe social. Curiosamente, não se enfrenta essa discussão com profundidade, tanto entre os profissionais como entre os jovens, reproduzindo a repressão em que o assunto é colocado na nossa sociedade. Contudo, a educação social necessita romper com essas visões que produzem estereótipos por meio da qualificação dos trabalhadores sociais e da criação de condições dignas para a sua vida laboral, como nos salienta Graciani (1997, p. 201):

> Esse aspecto traz, às pessoas que assumem essas responsabilidades, preocupações elementares de sobrevivência digna e de condições adequadas de repouso, dignidade, autoimagem e autoestima. Coloca-se, nesse item, uma preocupação com o profissionalismo e o voluntarismo, além da saúde integral do Educador Social de Rua, que, ao longo da sua prática educativa, sofre desgaste de todas as ordens, sociais, mentais e físicas, pela angústia, impotência, insegurança e integridade para si e para o avanço dos trabalhos. Essa importantíssima questão tem sido ignorada ou

negligenciada nos programas de atendimento tradicional, gerando problemas e inviabilizando o atendimento das crianças.

No Brasil, não se encontra, ainda, um Centro de Formação para Educadores Sociais, com o devido apoio institucional das instâncias governamentais, não governamentais e universidades brasileiras. Por outro lado, a educação social representa um campo configurado e legitimado na nossa realidade, desde os inícios dos anos 1980, quando surgiu o nomeado educador de rua que, em crítica aos sistemas repressivos, corretivos e assistencialistas, orquestrados pela Fundação Nacional do Bem-Estar do Menor (FUNABEM), propunha um novo paradigma a ser construído juntamente com as crianças e jovens em situação de rua por meio das metodologias de pesquisa-ação e pesquisa participante (Demo, 2004; Marques, 2004). Além desses princípios, fundamentava sua prática educativa nos pressupostos teórico-metodológicos do materialismo histórico-dialético e dos referenciais político-pedagógicos da Educação Popular propostos por Paulo Freire (Graciani, 1997). Não podemos esquecer das influências da luta antimanicomial que, nos idos da década de 1970, era denominada de movimento antipsiquiatria, o qual defendia a abertura dos manicômios e das demais "instituições totais" (prisões, orfanatos, conventos etc.), como alternativa de libertação das populações oprimidas e estigmatizadas pelas ciências burguesas (Moffatt, 1981). Atualmente, o campo da educação social se mostra mais amplo, com atuações em diversas áreas sociais e culturais, junto a populações pertencentes a variados contextos, em defesa dos direitos humanos e da preservação do meio ambiente (Romans, Petrus, & Trilla, 2003).

É urgente discutir a formação continuada dos educadores sociais no nosso país. Na prática da pesquisa junto a jovens sob medida judicial, em semiliberdade, é frequente observar, por exemplo, os educandos desqualificarem as falas e ponderações das educadoras durante as intervenções educativas. Nota-se nas entrelinhas, a mensagem viril de que "conversa é coisa de mulher; homem age, dá porrada". De acordo com Nolasco (1995a, 1995b), construiu-se a ideia de uma filosofia da ação para o *éthos* masculino. Dentro dessa concepção androcêntrica, o homem deve ser ativo na relação sexual e, por extensão, nos demais âmbitos de sua convivência. A passividade passou a representar uma atribuição exclusiva do mundo feminino. Ou seja, alguém que gosta de "conversa mole". Em oposição, a masculinidade tenta se afirmar pela rispidez falocêntrica.

Nesse aspecto, as constantes rebeliões que ocorrem nos Centros de Internação são carregadas de conteúdos viris, tanto por parte dos internos como por parte dos agentes de segurança. Verdadeiras batalhas campais são travadas nesses ambientes. Todavia, após as turbulências, o diálogo constitui o caminho para a negociação por ambas as partes. Por que não se procura dialogar antes, no intuito de se buscar construir algumas alternativas mais viáveis para todos? Sei que a realidade é mais complexa; o problema de superpopulação nesses sistemas tornou-se histórico e exacerbado pelos processos de exclusão social do capitalismo atual. Porém, acredito que essa complexidade de fatores necessita ser debatida nessas comunidades educativas, por meio do envolvimento de educandos, educadores, familiares e demais redes sociais do meio jurídico, educacional, religioso, profissionalizante, acadêmico, comunitário, cultural, esportivo e da saúde. Afinal, a mudança desses jovens implica mudança da sociedade mais ampla. Não se faz justiça num mundo cheio de injustiças e privilégios, como se vê no mundo contemporâneo.

Diante disso, defendo, neste capítulo, a criação de centros formadores em educação social, dando ênfase aos aspectos teórico-metodológicos, trabalhistas, éticos e apoio psicossocial, com o objetivo de gerar suportes para uma prática educativa de qualidade. Nesse universo, sabemos que estão inclusos profissionais de vários níveis escolares. Fica evidente que a educação social não se restringe ao campo acadêmico. É comum, por exemplo, encontrarmos mestres de capoeira que são excelentes educadores sociais, já que contribuem para o resgate da identidade cultural dos sujeitos e geram sentidos de pertencimento social pelo significado grupal e pessoal que a atividade propicia.

No entanto, não há possibilidade da prática dos educadores avançar sem a contribuição teórica dos pesquisadores e, simultaneamente, não há inovação teórica sem a prática dos educadores. Por isso a importância da presença de pesquisadores sociais comprometidos com esta questão social na construção desses espaços de formação continuada. É inviável enfrentar todo um aparato tão criminalizante dessa população em extrema vulnerabilidade social com instrumentos precários, pois conforme Leite, "A figura do menino de rua aparece ora representada por adjetivos negativos – como sujos, agressivos, culpados, facínoras, bandidos natos, impunes, viciados, perversos, monstruosos, libertinos, desocupados, ociosos, ousados – ora de piedade – como carentes, desprezados, explorados, solitários" (1998, p. 69).

Quanto às meninas em situação de rua, a realidade se torna mais opressiva. Além de todos os estigmas apresentados acima, veem-se como objetos disputados por combatentes que tentam se afirmar pela subjugação do outro. De acordo com o depoimento de um jovem participante do estudo mencionado, as "mulheres da rua" são chamadas de *as cachorras*. Segundo ele, um verdadeiro bandido não as trata com respeito, mas com desprezo e humilhação, já que deve manter sua honra viril diante dos seus oponentes. Obviamente que nessa trama, o homem também se coloca como objeto de uma armadilha guerreira; ou seja, sua identidade fica reduzida ao seu capital simbólico mantido pela sua força física e bélica. Por outro lado, as mulheres de casa são tratadas de forma glorificada (Badinter, 1985). Essa ideia se conecta com a figura da mãe vista como ente sagrado. Em suma, representa aquela pessoa bondosa que cuida da prole e mantém a união da família. Porém alguns bandidos procuram ignorar essa representação e são mal vistos pelos colegas, como se lê em seguida.

> Porque não tem aquele bandido que desrespeita a mãe. A mãe falou tem que abaixar a cabeça e ouvir. Mas nem todos pensam desse jeito, entendeu? A maioria fala: – "Não, minha mãe falou..." Ela não sabe de nada, não! Entendeu, ela não sabe de nada quem sabe da minha vida sou eu, quem cuida da minha vida sou eu. Não preciso dela para viver, mas o cara também tem que pensar, não é, "velho", que ele precisou dela para nascer, ele precisou dela para comer nas custas dela muitos anos. Por que agora ele não pode atender um pedido dela? (S. 6)

A concepção do espaço doméstico compreendido como local privado para a vida familiar – para o viver "em casa" –, foi engendrada na Europa clássica a partir do Renascimento. "A reforma religiosa lançara as bases de um novo modo de gestão de afetos e de relações conjugais no interior da vida privada, onde o racional devia sobrepor-se ao pulsional" (Del Priore, 1995, p. 38). Nesse aspecto, os convergentes esforços implementados pela Igreja e pelo Estado moderno culminaram na normatização do casamento tradicional como única possibilidade para uma vida em casal, condenando relações extraconjugais. Sendo assim, a mulher que se localizava fora do matrimônio familiar e conjugal era considerada profana.

Essas observações retratadas no texto, até aqui, mostram que discutir a realidade de crianças e jovens em situação de rua não é uma tarefa que possa ser simplificada numa única área de conhecimento ou circunscrita a uma determinada região da metrópole. Essa população se vê vulnerável não só nas ruas dos centros da cidade, mas também nos becos e ruelas das periferias e favelas das cidades. A precariedade da condição socioeconômica das suas comunidades e das suas famílias pode gerar rupturas de vínculos, fragilidades e busca de estratégias de sobrevivência muitas vezes cruéis; como é o caso do trabalho infantil pela via do narcotráfico, exploração sexual, assaltos e furtos, dentre outras. Questionamentos que desnaturalizam a compreensão dessa realidade necessitam ser mais difundidos. A ideia de que meninos e meninas de rua seriam produtos de uma "geração espontânea", surgida dos meios-fios das ruas, ainda povoa o imaginário de muitas pessoas. Sabemos que essa população é oriunda das populações periféricas das nossas metrópoles, apresentando predominância étnica dos povos afrodescendentes, tendo em vista as relações desiguais entre classes sociais e origens étnicas no âmbito da nossa sociedade.

Por isso incluí, nessa discussão, os jovens que se deparam com situações de conflito com a Lei. Ou a Lei estaria em conflito com eles? Pensando dialeticamente cabem as duas possibilidades diante de uma realidade tão ambígua. De qualquer maneira, foi marcante ouvir desse público pesquisado que quando o colega evade da unidade ou recebe liberação do Juizado da Infância e da Juventude: *Ele tá na rua!* O que significa isso? A rua como lugar de liberdade? Retorno para a vida bandida? Por que não se referem ao acontecimento como uma volta para casa? Vejo que inúmeros significados podem ser atribuídos a essa experiência.

Sendo assim, a necessidade de ampliar essa discussão torna-se premente. Precisamos avaliar com mais cautela a diversidade de intercorrências que existem entre a *casa e a rua*. Ou seja, há um trânsito visível e oculto de personagens que perpassam esses territórios. Sabemos que no trabalho de pesquisa é recorrente observar as contradições que se configuram nesses espaços. Certa vez uma mãe que sobrevive da estratégia do trabalho infantil me disse: *"essa casa eu tirei da rua"*. Em outro momento, num debate sobre o tema Famílias, organizado pelo Movimento Nacional de Meninos e Meninas de Rua (MNMMR), em Belo Horizonte – MG, um determinado jovem com trajetória de rua relatou: *"eu tive três famílias. A família que eu nasci; a família que eu tive na rua e vocês dessa casa que eu moro hoje"*. Esses paradoxos nos mostram a complexidade de uma configuração social que apresenta níveis distintos; porém inseparáveis. Contudo, é prudente distinguir aquelas populações em que a rua se tornou, até certo ponto, a sua morada devido à impossibilidade de se conviver ou residir na família de origem.

Diante de tudo isso, evidencia-se a premência de se investir nos profissionais que atuam nesse campo educativo, tendo em vista a série de fatores que se entrelaçam nessa realidade. Nesse sentido, um grupo de professores e professoras da Faculdade de Educação da UFMG, depois de muitas discussões, conseguiu consolidar uma proposta de formação complementar em educação social para os estudantes de Pedagogia. As ementas do curso estão sendo elaboradas e já apontam alguns itens interessantes para essa habilitação, como por exemplo: a história da educação social no Brasil; a importância de Paulo Freire na construção dessa área de conhecimento; a identidade do(a) pedagogo(a) social; políticas de juventude; Educação de Jovens e Adultos; Crianças e jovens em situação de risco social; o ECA como um novo paradigma socioeducativo; dentre outras temáticas.

Estou participando do corpo docente dessa proposição, com muita alegria. Aliás, foi com esse objetivo que me inseri nessa universidade.

Espero que este projeto se amplie para outras instâncias acadêmicas e ultrapasse o *campus* universitário. Concluo este capítulo com um convite aos leitores e demais colegas para que nos ajude a expandir essa ideia nos diferenciados locais que a prática da Educação Social possa se desenvolver. Tal propósito faz parte da luta pelos direitos das crianças e jovens em situação de extrema vulnerabilidade social no nosso país.

Rua, virilidade e violência

REFERÊNCIAS

Badinter, E. (1985). *Um amor conquistado: O mito do amor materno*. Rio de Janeiro, RJ: Nova Fronteira.

Bourdieu, P. (2003). *A dominação masculina* (3. ed.). Rio de Janeiro, RJ: Bertrand Brasil.

Carvalho, D.B.B. (1999). A reconstrução da categoria "criança e adolescente em situação de rua" na história social da infância e no âmbito do Projeto Brasília. In D.B.B. Carvalho & M.T. Silva (Eds.), *Prevenindo a drogadição entre crianças e adolescentes em situação de rua*. Brasília, DF: COSAM.

Cecchetto, F.R. (2002). *Violência e estilos de masculinidade no Rio de Janeiro*. Tese de doutoramento não publicada, Instituto de Medicina Social, Universidade do Estado do Rio de Janeiro, Rio de Janeiro, Brasil.

Costa, J.F. (1989). *Ordem médica e norma familiar* (3. ed.). Rio de Janeiro, RJ: Graal.

Da Matta, R. (1997). *A casa & A rua: Espaço, cidadania, mulher e morte no Brasil* (5. ed.). Rio de Janeiro, RJ: Rocco.

Del Priore, M. (1995). *Ao sul do corpo: Condição feminina, maternidades e mentalidades no Brasil Colônia* (2. ed.). Rio de Janeiro, RJ: José Olympio.

Demo, P. (2004). *Pesquisa participante: Saber pensar e intervir juntos*. Brasília, DF: Líber Livro.

Foucault, M. (1988). *Vigiar e punir*. Petrópolis, RJ: Vozes.

Furniss, T. (2002). *Abuso sexual da criança*. Porto Alegre, RS: Artes Médicas.

Graciani, M. S.S. (1997). *Pedagogia social de rua*. São Paulo, SP: Cortez.

Leite, L.C. (1998). *Meninos de rua: O rompimento da ordem – 1554/1994*. Rio de Janeiro, RJ: Editora da Universidade Federal do Rio de Janeiro.

Leontiev, A.N. (1978). O aparecimento da consciência humana. In *O desenvolvimento do psiquismo*. Lisboa, Portugal: Livros Horizonte.

Machado, L.Z. (2004). Masculinidades e violências: Gênero e mal-estar na sociedade contemporânea. In M.R. Schpun (Ed.), *Masculinidades* (pp. 35-78). São Paulo, SP: Editora da Universidade de Santa Cruz do Sul.

Marques, W.E.U. (2001). *Infâncias (pre) ocupadas: Trabalho infantil, família e identidade*. Brasília, DF: Plano.

Marques, W.E.U. (2004, set./out.). Pedagogia social: Uma disciplina emergente. *Presença Pedagógica* (Belo Horizonte), *10*(59).

Miermont, J. (1994). *Dicionário de terapias familiares*. Porto Alegre, RS: Artmed.

Moffatt, A. (1981). *Psicoterapia do oprimido: Ideologia e técnica da psiquiatria popular*. São Paulo, SP: Cortez.

Monteiro, R.A. (2001). *"Torcer, lutar, ao inimigo massacrar: Raça rubro negra!": Uma etnografia sobre futebol, masculinidade e violência*. Dissertação de mestrado não publicada, Universidade do Estado do Rio de Janeiro, Rio de Janeiro, Brasil.

Morin, E. (1996a). *Ciência com consciência*. Rio de Janeiro, RJ: Bertrand.

Morin, E. (1996b). Epistemologia da complexidade. In D.F. Schnitman (Ed.), *Novos paradigmas, cultura e subjetividade*. Porto Alegre, RS: Artes Médicas.

Nolasco, S. (1995a). *A desconstrução do masculino*. Rio de Janeiro, RJ: Rocco.

Nolasco, S. (1995b). *O mito da masculinidade* (2. ed.). Rio de Janeiro, RJ: Rocco.

Noto, A.R., Galduróz, J.C.F., Nappo, S.A., Carlini, C.M.A., Moura, Y.G., & Carlini, E.A. (2004). *Levantamento nacional sobre o uso de drogas entre crianças e adolescentes em situação de rua nas 27 capitais brasileiras (2003)*. São Paulo, SP: Centro Brasileiro de Informações sobre Drogas Psicotrópicas.

Oliveira, P.P. (2004). *A construção social da masculinidade*. Belo Horizonte, MG: Editora da Universidade Federal de Minas Gerais.

Orsetti, A.S. (1987). *Um tiro de amor para todos vocês: Educação em meio aberto para meninos de rua*. Belo Horizonte, MG: SED.

Romans, M., Petrus, A., & Trilla, J. (2003). *Profissão: Educador social*. Porto Alegre, RS: Artmed.

Silva, B. (Ed.). (1986). *Dicionário de Ciências Sociais*. Rio de Janeiro, RJ: Editora da Fundação Getúlio Vargas.

Vasconcelos, A., & Feres, J.B. (1991). *Educação pela vida*. Recife, PE: Casa de Passagem.

Wacquant, L. (2001). *As prisões da miséria*. Rio de Janeiro, RJ: Jorge Zahar.

Zaluar, A. (1994a). *Cidadãos não vão ao paraíso: Juventude e política social*. São Paulo, SP: Escuta.

Zaluar, A. (1994b). *Condomínio do diabo*. Rio de Janeiro, RJ: Editora da Universidade Federal do Rio de Janeiro.

PARTE III

Intervenções com crianças e adolescentes em situação de rua

15

TRAJETÓRIA DE VINCULAÇÃO INSTITUCIONAL DE CRIANÇAS E ADOLESCENTES EM SITUAÇÃO DE RUA

Juliana Prates Santana
Thaís Mesquita Doninelli
Sílvia Helena Koller

INTRODUÇÃO

As instituições[1] de atendimento constituem-se como contextos importantes de desenvolvimento para crianças e adolescentes em situação de rua. Os educadores e funcionários desses serviços têm sido descritos como pessoas significativas na vida dessas crianças, que buscam esses locais quando se encontram doentes, famintas, amedrontadas ou simplesmente sozinhas. Buscam, também, para comer, dormir, ter abrigo e lazer. Além da importância afetiva e protetiva das instituições de atendimento, essas se constituem enquanto principal política pública para o atendimento de crianças e adolescentes em situação de rua. De fato, as instituições, enquanto políticas públicas, têm acompanhado as mudanças conceituais e políticas referentes à assistência da infância pobre no Brasil. Inicialmente, eram verdadeiros depósitos de crianças abandonadas, passando a ser locais de detenção e correção de menores infratores

---

[1] Nesse texto, "instituições" são compreendidas como os estabelecimentos que prestam atendimento a crianças e adolescentes em situação de rua, e não como árvores de composições lógicas que regulam as atividades humanas, conforme definido por Baremblitt (2002). De acordo com a definição desse autor, o que aqui é chamado de instituição seria denominado "estabelecimento".

ou locais basicamente assistencialistas, que visavam à salvação ou recuperação das crianças e adolescentes (Alvim & Valadares, 1988). Desde a implementação do Estatuto da Criança e do Adolescente ([ECA], 1990), as instituições de atendimento passaram por transformações (ainda não completamente efetivadas) que buscam atender de forma integral as crianças e adolescentes, que desde a aprovação deste Estatuto passaram a ser consideradas como sujeitos de direitos[2].

Muitos dirigentes institucionais, assim como educadores que trabalham nessa área, possuem uma trajetória significativa na defesa dos direitos das crianças e dos adolescentes em situação de risco e vulnerabilidade social. O alto nível de engajamento desses funcionários com a problemática das crianças em situação de risco é mencionado por Câmara, Medeiros, Ferriani e Gomes (2002). Trata-se de um engajamento que é crucial para a permanência em um trabalho com altíssimo índice de frustração (Santana, Doninelli, Frosi, & Koller, 2005a).

Avaliar a efetividade das instituições de atendimento é uma questão complexa, que segundo Hecht (1998) não se pode resumir a avaliar o número de crianças em situação de rua que foram "salvas". A própria existência dessas instituições, assim como o ativismo dos seus dirigentes e educadores, é uma luta pela vida e dignidade das crianças em situação de rua, cujo destino provavelmente seria, se não houvesse as instituições de atendimento, a morte precoce ou outro destino igualmente inadmissível.

Na medida em que as instituições de atendimento se constituem como uma importante política pública destinada aos cuidados das crianças em situação de rua em todo o Brasil, e por se constituírem como contextos significativos de desenvolvimento e proteção para essas crianças, parece de fundamental importância compreender os objetivos, funcionamento e dinâmica desses locais.

---

[2] A Convenção dos Direitos da Criança instaura a noção da criança enquanto sujeito de direito, priorizando o papel da família, mas defendendo que o Estado deve garantir as condições necessárias para o desenvolvimento das crianças, cuja vulnerabilidade é reconhecida. Ao ser tomada como sujeito de direitos, a criança deixa de ser "um bem" exclusivo da família e passam a ter direitos próprios que garantem a sua provisão, proteção e participação.

Com esse intuito, foi realizada uma pesquisa em Porto Alegre (Santana, 2003) que visou à análise das instituições de atendimento a partir de três perspectivas distintas: as crianças atendidas, os documentos escritos produzidos pelas instituições e os dirigentes desses serviços[3]. A ideia de analisar as instituições a partir dessa multiplicidade de perspectivas fundamentou-se nos pressupostos teóricos da Abordagem Ecológica do Desenvolvimento Humano, arcabouço teórico e metodológico dessa pesquisa (Bronfenbrenner, 1979/1996; Bronfenbrenner & Evans, 2000; Bronfenbrenner & Morris, 1998). De acordo com essa Abordagem, é necessário compreender a criança em situação de rua enquanto uma pessoa em desenvolvimento, sendo as instituições de atendimento importantes contextos a serem analisados.

Ao longo dessa pesquisa e a partir das discussões e análises realizadas acerca da inter-relação desses três "olhares" distintos, muitas questões puderam ser levantadas sobre os pontos de encontro e desencontro desses discursos. Além disso, foi possível perceber que a relação que as crianças estabelecem com as instituições de atendimento pode ser compreendida dentro de um modelo denominado de *Trajetória de Vinculação Institucional* (TVI), e que compreende não apenas a relação que as crianças estabelecem com as instituições, mas também a relação estabelecida por essas crianças com suas famílias e com a própria rua.

Antes de apresentar a TVI é fundamental descrever: a estrutura de atendimento a crianças em situação de rua na cidade de Porto Alegre no período da pesquisa (2001-2003); as crianças que participaram do estudo; os procedimentos de coleta e análise dos dados, de forma a contextualizar os dados que suportam a conceitualização desse modelo de análise.

A cidade de Porto Alegre possuía, no período da pesquisa, uma rede municipal de atendimento destinada exclusivamente ao atendimento das crianças em situação de rua. Tal rede era composta por diversas instituições governamentais e não governamentais que visavam ao oferecimento

---

[3] Essa pesquisa foi realizada no âmbito do Mestrado em Psicologia do Desenvolvimento na Universidade Federal do Rio Grande do Sul (UFRGS) pela primeira autora, sob orientação da última autora (Santana, 2003).

Endereço Desconhecido: crianças e adolescentes em situação de rua

dos mais diversos serviços a essa população, tais como alojamento diurno e noturno, cuidados com a saúde, escola, abrigagem temporária, além de oferecerem algumas oficinas e executarem educação social de rua. Tais serviços possuíam regras de funcionamento e objetivos específicos, mas atuavam em forma de uma rede integrada de atendimento, havendo reuniões periódicas para a discussão de casos e planejamento das ações. Todas essas instituições, com exceção dos abrigos, atuavam em regime aberto, o que significa que a frequência das crianças às instituições não era obrigatória, sendo pautada pelos interesses, demandas e necessidades das próprias crianças. Cabia aos serviços a responsabilidade de atrair e manter a frequência das crianças, com o intuito de efetivar as suas ações. Além disso, é fundamental ressaltar que todos os serviços eram destinados ao atendimento exclusivo de crianças com experiência de rua, havendo um cuidado explícito das instituições em não "misturar" o público-alvo. Tratava-se de um cuidado pautado no entendimento de que a própria situação de institucionalização poderia iniciar algumas crianças justamente na situação que se pretendia evitar, que é a situação de rua. Essas características institucionais são relevantes para a compreensão da TVI na medida em que determinam, ou pelo menos condicionam, as formas como as crianças em situação de rua se relacionam com as instituições de atendimento existentes na cidade de Porto Alegre.

As entrevistas foram realizadas com as crianças e adolescentes que circulavam pelo centro da cidade e que foram identificadas como estando em situação de rua, por meio dos critérios sugeridos pela literatura para tal identificação (Alves, 1998; Neiva-Silva & Koller, 2002). Foram acautelados os princípios éticos que norteiam as pesquisas com crianças, sendo solicitado o consentimento livre e informado dos participantes. A coleta de dados se deu sempre com a presença de duas ou três pesquisadoras, sendo que a entrevista foi realizada em local escolhido pelo participante.

Participaram desse estudo 20 crianças e adolescentes, com idades entre sete e 17 anos, sendo 18 do sexo masculino e duas do sexo feminino. As características biossociodemográficas dessas crianças são similares às encontradas nos estudos mais recentes com crianças em situação de rua, no sentido de que se trata de um grupo majoritariamente masculino, que obtém dinheiro na rua por meio de mendicância e/ou trabalho. Além disso, todas as crianças informavam manter algum contato com a família, mesmo que esporádico, e possuíam alguma experiência escolar[4].

A partir da execução dessa investigação foi possível compreender a relação estabelecida entre os meninos e meninas em situação de rua e essas instituições, desde a infância até a adolescência. Tal relação pode ser entendida enquanto uma trajetória que varia de acordo com a faixa etária, sendo amplamente influenciada pelo conjunto das políticas públicas destinadas a essa população e que atualmente vigoram no país. Além disso, essa trajetória está diretamente relacionada ao vínculo da criança e do adolescente com a sua família de origem e à relação que esse jovem estabelece com o ambiente da rua, não podendo ser compreendida sem que essas duas dimensões também sejam levadas em consideração. Isso se torna evidente se considerarmos que os diferentes contextos de desenvolvimento da criança estão interligados e que interagem constantemente.

Para melhor compreender essa trajetória foi construído o modelo da *Trajetória de Vinculação Institucional* (TVI), que pode ser dividido em quatro etapas, cada uma representando um momento distinto vivido pelo jovem no que diz respeito às suas relações com as instituições de assistência, com a sua família e com a rua. As etapas também foram relacionadas a diferentes faixas etárias, que, por sua vez, estão relacionadas a algumas idades demarcatórias estabelecidas pelo ECA (1990). Trata-se de idades em que as crianças e os adolescentes passam a assumir diferentes papéis, que implicam diferentes direitos e deveres. Na medida em que, por exemplo, um menino de 17 anos que cometa um ato infracional é submetido a medidas socioeducativas, enquanto um de 18 anos sofre as punições cabíveis a um adulto, inegavelmente a relação que esses jovens vão estabelecer com seu meio social é diferenciada. No entanto, deve-se ressaltar que as faixas etárias aqui propostas não são fixas, na medida em que as relações que as crianças em situação de rua estabelecem com as instituições de atendimento (assim como com a família e a rua) são profundamente influenciadas por suas trajetórias de vida.

---

[4] Para maiores informações acerca dos dados bio-sócio-demográficos dos participantes ver Santana, Doninelli, Frosi e Koller (2005b).

É interessante pontuar que a proposta da TVI surge de acordo com o que Bronfenbrenner (1979/1996) define como contexto de descoberta da investigação, já que inicialmente o estudo previa analisar os significados que crianças em situação de rua com idades entre sete e doze anos atribuíam às instituições de atendimento. Após diversas tentativas de localizar crianças dessa idade, e ao verificar que a entrevista sobre as instituições pareciam não fazer nenhum sentido para as crianças identificadas, decidiu-se ampliar a faixa etária do estudo para crianças até 18 anos incompletos. Foi a partir das diferenças entre as entrevistas desses dois grupos de crianças e o contato posterior com as instituições de atendimento que se formulou a TVI, tal como será aqui apresentada.

A primeira etapa da TVI consiste em uma não vinculação institucional, sendo comum a crianças entre sete e onze anos. Em geral, são crianças que utilizam a rua para obtenção de dinheiro por meio da mendicância ou da venda de produtos, com o objetivo de complementar a renda familiar. Além disso, também utilizam esse espaço para brincadeiras e passeios. Para essas crianças, a família é a principal fonte de referência, sendo que a maioria ainda mora com os familiares. Essas crianças ainda frequentam, de uma maneira geral, escolas formais, localizadas em seus bairros de origem, e aparentam desconhecer os serviços destinados a crianças em situação de rua. Em sua maioria, nunca estiveram nestes lugares, nem vislumbram seus objetivos. Ou melhor, foi possível constatar que essas crianças atribuem a essas instituições a função de retirar da rua as crianças que por ali perambulam. Para os meninos e meninas vivendo a primeira etapa da TVI, isso representa um castigo, uma vez que é entendido enquanto um possível afastamento do convívio familiar e comunitário, assim como a penalização dos seus pais e/ou responsáveis. Para essas crianças, a ida para tais instituições de assistência representa uma punição. Por isso, tendem a temer esses locais, assim como todos aqueles que elas consideram como representantes das instituições, sendo isto constatado pela reação esboçada por elas ao serem abordadas pelas pesquisadoras. Em geral, havia uma reação de desconfiança, sendo muitas vezes questionado se as entrevistadoras eram representantes do Conselho Tutelar, que para as crianças é o responsável por sua ida às instituições assistenciais. É como se nesse primeiro momento as concepções infantis corroborassem as expectativas sociais de que a rua não é um local adequado para o desenvolvimento e elas reconhecessem a "ilegalidade" de estarem sozinhas nesse espaço. O Conselho Tutelar, na figura do conselheiro ou dos seus funcionários, representa então um castigo para essa transgressão que seria o estar na rua. Essa imagem é muitas vezes transmitida pelos próprios pais, que se utilizam dessas figuras para amedrontar e controlar os filhos. A noção de que um conselheiro pode proteger e garantir direitos é totalmente relegada diante do medo que essas crianças têm de tal figura.

Pôde-se observar, ainda, que nessa etapa as crianças não se identificam enquanto meninos ou meninas em situação de rua, rejeitando veementemente qualquer afirmação feita nesse sentido. Quando abordadas pelas pesquisadoras, a frase mais frequente apresentada pelas crianças – com o sentido de rebater qualquer inferência que os adultos presentes pudessem realizar a respeito da sua permanência na rua – foi: *"eu não moro na rua"*. É interessante observar, por exemplo, como essas crianças referem-se aos adolescentes que elas consideram como sendo da rua. Para elas são todos *"lolozeiros"* (crianças que usam *loló*, um nome dado a um tipo de solvente), que despertam o mesmo temor que a sociedade em geral possui em relação a esses jovens, na medida em que muitas vezes as crianças nessa etapa já foram vítimas deles em assaltos ou agressões.

Uma importante questão a ser levantada refere-se às políticas públicas existentes para as crianças que moram com suas famílias, frequentam as escolas e trabalham ou frequentam a rua no turno oposto. Como as políticas preventivas vigentes não conseguem abarcar toda a demanda existente, privilegiam-se dois direitos destas crianças que são os direitos à educação e ao convívio familiar. Estes são vistos como tão primordiais que passam a ser considerados deveres da criança. Esta deve ir à escola, deve morar com sua família e, se estiver na rua, deve estar acompanhada por um adulto responsável. Caso isto não ocorra, os responsáveis pelas crianças são penalizados, trazendo consequências nem sempre positivas para esses jovens. Poucas são as alternativas apresentadas para que a situação que desencadeou a ida para a rua se altere. A criança pode morar com a família e sofrer uma série de maus-tratos. Pode estar na escola e ser submetida diariamente a um processo de exclusão. Pode estar na rua acompanhada de um adulto que é justamente aquele que explora o seu trabalho. Obviamente o ECA (1990) prevê todas as penalidades para essas violações de direitos, mas o que se observa na prática é uma dificuldade de garantir a qualidade das relações que ocorrem na família e na escola. Em função dessas dificuldades, observa-se que muitas vezes a ação dos Conselhos Tutelares limita-se a garantir a permanência das crianças nessas duas instituições. Da mesma forma, não se tenta compreender o que exatamente a rua representa na vida dessa criança e sua família. Não se pretende, com essas afirmações, defender o trabalho infantil, a não frequência a escolas ou o não convívio familiar. O objetivo é ressaltar que o cumprimento aparente e parcial de certos preceitos do ECA não garante de forma alguma a integridade dessas crianças.

Dessa maneira, parece claro que a primeira etapa da TVI mereceria maior atenção das políticas públicas no sentido de criar alternativas possíveis a esse estar na rua. Afinal a ida efetiva para a rua não ocorre sem que haja esta fase de experimentação, de exploração. Nenhuma criança poderia "escolher" a rua como local primeiro para a realização de todas as suas necessidades se nunca houvesse experienciado este espaço. A criança não sai de casa para ir à rua sem que haja uma percepção de que este outro espaço é melhor ou "menos pior" do que a casa. E essa percepção é construída a partir das experiências que a criança tem no contexto da rua, que se iniciam nesse momento descrito como a primeira etapa da TVI. Uma política destinada a criar essas alternativas ao estar na rua deve servir como parceira de medidas que visem a uma melhoria das condições de vida das famílias dessas crianças, propiciando um ambiente familiar e comunitário no qual a ida para a rua não se coloque enquanto uma alternativa para a situação de vulnerabilidade vivida.

A segunda etapa da TVI caracteriza-se pela intermitência das relações da criança com as instituições, a rua e a família, ocorrendo por volta dos 12 anos. Trata-se de uma etapa de grandes transformações na relação desse pré-adolescente com a rua, havendo o primeiro contato com as instituições de atendimento a crianças e adolescentes em situação de rua. O jovem ainda possui como ponto de referência principal a família, mas a rua e a instituição já estão cada vez mais presentes em sua rotina. É interessante que o acesso às instituições para crianças e adolescentes em situação de rua e a efetiva utilização da rua como espaço de desenvolvimento parecem acontecer concomitantemente. Seria impossível determinar o que acontece primeiro, mas pode-se concluir que são duas portas de acesso para o mesmo local. Realmente a rua e as instituições parecem, nessa etapa, possuir o mesmo significado para estes meninos e meninas, uma vez que utilizam ambos os espaços com as mesmas finalidades, como por exemplo, suprimento das necessidades básicas e local de diversão. Assumir a rua como um espaço possível de moradia significa acessar essas instituições, ou ao menos conhecê-las. Esses estabelecimentos reconhecem esse papel de porta de entrada para a vida na rua, sendo que muitas vezes proíbem o acesso de crianças que não tenham ainda experiência com a rua, pois temem que seja justamente a partir do contato com os outros adolescentes da instituição que essa criança passaria a utilizar a rua.

Ainda em relação à segunda etapa tem-se que esta é um momento delicado em que o menino ou a menina estão experimentando e comparando os ambientes da casa, da rua e da instituição, e é a partir dos acontecimentos vividos durante essa fase que "escolhem" o local em que irão ficar, sendo que escolher a rua representa também escolher a instituição. Esses jovens querem, muitas vezes, permanecer ao lado dos amigos que estão na rua e que já frequentam esses locais, e para poderem acompanhá-los devem assumir que o espaço da rua foi privilegiado em detrimento ao espaço familiar. É totalmente compreensível que essas instituições tentem proteger os adolescentes desse contato com a rua, contudo isso não pode ser feito simplesmente pela proibição de acesso ao serviço. Isso se deve ao fato de o adolescente continuar em contato com o grupo de amigos no ambiente da rua podendo, se necessário, abdicar do espaço doméstico com o intuito de permanecer com os amigos. Obviamente as razões que levam a criança ou o adolescente a sair de casa não se restringem à vontade de estar com o grupo de amigos, englobando uma série de questões familiares e sociais. Trata-se de uma nuance extremamente delicada, pois as instituições – para impedirem que novos adolescentes ingressem no mundo da rua por meio do convívio com seus adolescentes – proíbem a entrada de crianças ainda inexperientes em relação à rua. Ao mesmo tempo essa proibição funciona de certa maneira como um ultimato no sentido dessa criança escolher entre a rua e a permanência em casa.

A terceira etapa contempla o período de maior contato do adolescente com as instituições de atendimento. Tende a acontecer entre os 13 e 16 anos de idade. Nesse momento da trajetória, o adolescente tem na rua seu local de moradia, sendo que as opções institucionais se multiplicam, uma vez que esses jovens passam a ser reconhecidos enquanto público-alvo desses serviços. Em muitos casos, a relação com a família torna-se mais esporádica, sendo a rua e as instituições os principais locais para moradia, obtenção de alimentos, vestimentas e entretenimento. A rotina do adolescente é muitas vezes norteada de acordo com a rotina das instituições que frequenta. É nessa etapa que as instituições têm a maior possibilidade de estabelecer um vínculo com esses jovens, uma vez que esses dirigem-se às instituições amiúde, procurando esses locais tanto para o suprimento de suas necessidades básicas, como para proteção e cuidado em situações que lhes temeram e/ou aquelas em que precisam de ajuda e cuidado. No entanto, apesar de essa etapa ser aquela em que há um maior contato entre as instituições e os adolescentes, esses tendem a utilizar-se dos serviços sem almejarem uma efetiva saída do espaço da rua. O principal objetivo das instituições – que é o de realizar um processo de reinserção social dos jovens que acompanham – muitas vezes não é o mesmo objetivo com que os adolescentes procuram esses locais. Cabe às instituições, como um dos seus principais desafios, construir junto com esse jovem o seu desejo de sair da rua.

Por fim, tem-se a quarta etapa da TVI, que ocorre entre os 16 e 18 anos, e representa um momento bastante delicado da relação institucional com o adolescente, com peculiaridades importantes em relação às outras etapas da TVI. Uma vez que os programas disponíveis aqui referidos destinam-se aos jovens com até 18 anos, evidenciando-se que a partir dessa idade há uma queda muito brusca (tanto quantitativa quanto qualitativa) nas instituições disponíveis a esses jovens, o tempo que o adolescente tem para desfrutar dos serviços oferecidos é cada vez mais curto. Assim, conforme o adolescente vai aproximando-se dessa idade, cresce a tensão na relação do jovem com esses locais. Nessa etapa os adolescentes passam a utilizar as instituições também com o objetivo de engajarem-se profissionalmente. Além disso, ter 18 anos significa ser penalizado pelos atos infracionais cometidos não mais pela aplicação das medidas socioeducativas, como mencionado anteriormente, sendo esse um fato temido pelos adolescentes. Um dirigente institucional informou que, nessa fase, muitos adolescentes desistem das instituições quando percebem que não conseguirão realizar o projeto de vida desenhado pela instituição. Eles preferem, então, abandonar a instituição antes que esta os abandone. É importante enfatizar que chegar nesta etapa significa, de certa forma, um sucesso, pois se sabe do alto índice de mortalidade entre os jovens em situação de rua, assim como da inserção destes jovens na criminalidade e no mundo das drogas, o que os leva a abandonar as instituições.

É interessante questionar os tipos de reinserção social possíveis em cada uma das etapas descritas. Na primeira etapa, não se pode falar de uma reinserção social da criança, pois esta, na maioria das vezes, já se encontra inserida na família e na escola, mesmo que seja compondo uma parcela excluída da população. A reinserção social nesse caso exige uma reestruturação macrossocial e econômica que possibilite a melhoria da qualidade de vida das famílias dessas crianças. De qualquer forma, a criança que se encontra na rua nesse estágio inicial deve ser alvo de políticas sociais de cuidado e atenção no sentido de fortalecer os vínculos que a criança possui com a família e com a escola, prevenindo possíveis rompimentos. Na segunda e terceira etapas a intervenção ideal consiste na reintegração da criança em um sistema familiar, seja o de origem ou um substituto. Isto, na prática, é extremamente complexo, pois, em geral, as condições familiares que desencadearam a ida para a rua permanecem inalteradas, e a inserção em outras famílias por meio da adoção, por exemplo, acontece em números reduzidos. Daí a importância de articular programas de intervenção com programas sociais mais amplos, no sentido de construir condições mais favoráveis para o retorno do jovem para casa. Outra alternativa de reinserção nessas etapas é a institucionalização a longo prazo, deixando os jovens aos cuidados do Estado. Trata-se de um último recurso, na medida em que se conhecem os efeitos controversos da institucionalização de longo prazo, além da ausência de vagas para atender a demanda existente. Na prática, o que tem ocorrido muitas vezes é a manutenção da criança ou do adolescente na rede (provisória) de atendimento durante um período suficientemente longo para que esse possa desfrutar das alternativas de reinserção presentes na quarta etapa. O risco que se corre nesse caso é o de uma "institucionalização" em meio aberto, já que o jovem, apesar de não se encontrar abrigado, permanece sob tutela dos serviços de atendimento a crianças em situação de rua durante praticamente toda a sua infância e adolescência. Na quarta etapa, a reinserção social do adolescente ocorre a partir do seu engajamento em cursos profissionalizantes que visam ao seu ingresso no mundo do trabalho, e objetivam que o adolescente possa construir um projeto de vida autônomo. Em muitos casos o adolescente não está preparado para assumir as responsabilidades da vida adulta e se depara com uma ausência de políticas públicas que abarquem os jovens com mais de 18 anos. As instituições deparam-se então com uma necessidade burocrática e legal de finalizar a sua intervenção, mesmo que essa ainda não esteja concluída. Quem atua nessa área frequentemente acompanha situações em que o adolescente atendido já alcançou a maioridade, mas os serviços procuram estratégias para mantê-lo no atendimento por acreditarem que ainda seria preciso fazer mais por esse jovem. Com certeza não se trata apenas de ampliar a idade de atendimento, pois o mesmo ocorreria com outra idade limite, caso a autonomia não fosse construída e trabalhada ao longo de todo o atendimento.

A importância da TVI está em possibilitar a compreensão das diferentes formas de vinculação estabelecidas entre as crianças em situação de rua e as instituições de atendimento, uma vez que tais diferenças implicam a necessidade de elaboração de diferentes intervenções. Não adianta, por exemplo, simplesmente propor oficinas profissionalizantes para todas as crianças que chegam às instituições, pois conforme demonstrado, há etapas em que tal proposta não surtirá o efeito desejado. A ideia é que a intervenção seja de certa forma adequada ao momento de vida em que se encontra a criança. A personalização do atendimento, assim como a participação ativa da criança nesse processo, constitui-se como princípios importantes para uma intervenção efetiva com essa população.

Apesar de ter sido proposto a partir dos dados de uma pesquisa realizada em Porto Alegre, foi possível verificar a adequabilidade, com as necessárias adaptações, do modelo da TVI em uma pesquisa realizada em Salvador no ano de 2006, com crianças e adolescentes em situação de rua[5]. O atendimento a crianças em situação de rua nessa cidade era formado por duas instituições que atuavam de forma pouco articulada, sendo que apenas uma delas fornecia atendimento em tempo integral. Essa instituição funcionava em regime fechado, o que significa que as crianças só podiam acessar o serviço pelo encaminhamento dos Conselhos Tutelares e/ou Ministério Público. Apesar dessas diferenças de contexto, foi possível verificar que a vinculação das crianças com a instituição em Salvador parece seguir as mesmas etapas que aquelas verificadas em Porto Alegre. São necessários outros estudos para aperfeiçoar esse modelo e verificar a sua aplicabilidade em diferentes contextos. No entanto, parece primordial que se compreenda que a relação estabelecida pelas crianças e adolescentes em situação de rua com as instituições de atendimento se caracteriza por ser um processo dinâmico, que é influenciado por questões pessoais vivenciadas por essas crianças.

---

[5] Pesquisa realizada no âmbito do Doutorado da primeira autora, em curso na Universidade do Minho, Portugal.

REFERÊNCIAS

Alves, P.B. (1998). *O brinquedo e as atividades cotidianas de crianças em situação de rua*. Dissertação de mestrado não publicada, Universidade Federal do Rio Grande do Sul, Porto Alegre, Brasil.

Alvim, M.R.B., & Valladares, L.P. (1988). Infância e sociedade no Brasil: Uma análise da literatura. *BIB: Revista Brasileira de Informação Bibliográfica em Ciências Sociais, 26*, 3-37.

Baremblitt, G. (2002). *Compêndio de análise institucional e outras correntes: Teoria e prática*. Belo Horizonte, MG: Instituto Felix Guattari.

Bronfenbrenner, U. (1996). *A ecologia do desenvolvimento humano: Experimentos naturais e planejados*. Porto Alegre, RS: Artes Médicas. (Original publicado em 1979)

Bronfenbrenner, U., & Evans, G.W. (2000). Developmental science in the 21st century: Emerging questions, theoretical models, research designs and empirical findings. *Social Development, 9*, 115-125.

Bronfenbrenner, U., & Morris, P. (1998). The ecology of developmental processes. In W. Damon (Ed.), *Handbook of child psychology* (Vol. 1, pp. 993-1027). New York: John Wiley & Sons.

Câmara, M.F.B., Medeiros, M., Ferriani, M.G.C., & Gomes, R. (2002). O abandono social da infância e adolescência na ótica dos coordenadores de instituições de assistência a crianças e adolescentes em situação de rua na cidade de Goiânia. *Revista Brasileira de Crescimento e Desenvolvimento Humano, 12*(1), 9-16.

Estatuto da Criança e do Adolescente. (1990). *Lei n. 8.069, de 13/07/1990*. São Paulo, SP: Cortez.

Hecht, T. (1998). *At home in the street: Street children of northeast Brazil*. Cambridge, UK: Cambridge University Press.

Neiva-Silva, L., & Koller, S.H. (2002). A rua como contexto de desenvolvimento. In E.R. Lordelo, A.M.A. Carvalho & S.H. Koller (Eds.), *Infância brasileira e contextos de desenvolvimento* (pp. 205-230). São Paulo, SP: Casa do Psicólogo.

Santana, J.P. (2003). *Instituições de atendimento a crianças e adolescentes em situação de rua: Objetivos atribuídos por seus dirigentes e pelos jovens atendidos*. Dissertação de mestrado não publicada, Universidade Federal do Rio Grande do Sul, Porto Alegre, Brasil.

Santana, J.P., Doninelli, T.M., Frosi, R.V., & Koller, S.H. (2005a). É fácil tirar a criança da rua. O difícil é tirar a rua da criança. *Psicologia em Estudo* (Maringá), *10*(2), 165-174.

Santana, J.P., Doninelli, T.M., Frosi, R.V., & Koller, S.H. (2005b). Os adolescentes em situação de rua e as instituições de atendimento: Utilizações e reconhecimento de objetivos. *Psicologia: Reflexão e Crítica*, *18*(1), 134-142.

16

PROFISSIONAIS QUE ATENDEM CRIANÇAS E ADOLESCENTES EM SITUAÇÃO DE RUA: CONQUISTAS ALCANÇADAS E DESAFIOS ENFRENTADOS

Yone Gonçalves de Moura
Ana Regina Noto

INTRODUÇÃO

O trabalho com crianças e adolescentes em situação de rua envolve uma série de desafios. Ainda são observadas inúmeras dificuldades apesar dos avanços conquistados nas últimas décadas, como o estabelecimento da Doutrina da Proteção Integral na atenção à criança e ao adolescente por meio do Estatuto da Criança e do Adolescente (ECA).

Foram desenvolvidos programas específicos, os quais culminaram com a diminuição da taxa do trabalho infantil e da exploração sexual. Paralelamente, foi valorizada a família como ambiente primário para desenvolvimento da criança e do adolescente ou, na sua impossibilidade, a construção de alternativas comunitárias como famílias acolhedoras, bem como o estímulo à adoção. Para os adolescentes em conflito com a lei, foram criados os órgãos para atendimento socioeducativos e para inclusão social.

Além dos investimentos governamentais, estas ações também contaram com a participação da sociedade por meio das diversas conferências nacionais. Nesse sentido, os profissionais contaram com importantes

Endereço Desconhecido: crianças e adolescentes em situação de rua

espaços para discutir a formulação de políticas públicas. Dessa forma, houve uma crescente valorização da experiência acumulada na prática.

Nas três últimas décadas foram iniciadas importantes reflexões sobre o trabalho com essa população no Brasil. No final da década de 1970 alguns profissionais da área foram denominados Educadores Sociais de Rua e, dentro de uma nova abordagem, passaram a trabalhar com as crianças e adolescentes no contexto onde vivem: a rua. Na década de 1980, foi observado maior envolvimento e representação da sociedade civil, como a organização do Movimento Nacional de Meninos e Meninas de Rua, com atuações mais decisivas nas políticas públicas. Paralelamente, surgiram importantes estudos voltados para a compreensão da infância e adolescência em situação de rua (Oliveira, 2007).

Este capítulo foi pautado em dados de pesquisa, obtidos pelo Centro Brasileiro de Informações sobre Drogas Psicotrópicas (CEBRID) em cinco levantamentos sobre o uso de drogas entre crianças e adolescentes em situação de rua das capitais brasileiras (1987, 1989, 1993, 1997, 2003). Durante as pesquisas, foram coletadas várias informações sobre os serviços oferecidos a essa população nas 27 capitais e, no ano de 2003, profissionais das diferentes regiões do país foram entrevistados a respeito de suas principais dificuldades em relação ao tema (Noto *et al.*, 2004).

AS INSTITUIÇÕES QUE TRABALHAM COM CRIANÇAS E ADOLESCENTES EM SITUAÇÃO DE RUA NAS 27 CAPITAIS BRASILEIRAS

Em todos os anos estudados, inclusive 2003, não foram detectados quaisquer cadastros atualizados de serviços de assistência às crianças e aos adolescentes em situação de rua. Essa lacuna de informações tem demandado a incorporação do mapeamento das instituições como fase preliminar das pesquisas e, em função da riqueza de informações obtidas nesse processo, desde 1997 os dados vêm sendo colocados à disposição da população na forma de catálogos (CEBRID, 2004; CEBRID & Programa das Nações Unidas para o Controle Internacional de Drogas- UNDCP, 1998).

Os mapeamentos foram realizados pela metodologia de "bola de neve" (Biernarcki & Waldorf, 1981). A partir de uma lista inicial, foram visitadas as primeiras instituições, as quais foram solicitadas a indicar outras, repetindo o processo até a saturação. No ano de 2003, foram mapeados 93 serviços nas 27 capitais. Vale salientar que o objetivo do mapeamento foi obter subsídios para a composição da amostra de crianças e adolescentes a serem convidados a participar de entrevista sobre consumo de drogas. Dessa forma, não foram contempladas as instituições que trabalhavam com jovens em regime de reclusão e/ou os serviços de assistência específica a usuários de drogas (condições que representariam viés na estimativa do uso de drogas). Todos os 93 serviços foram visitados e, por meio de entrevista estruturada com um representante oficial do serviço, foram registradas informações sobre as características gerais da instituição e o perfil do trabalho realizado.

Foi observada uma grande variação na quantidade de instituições mapeadas em cada capital, mas não necessariamente proporcional ao número de habitantes. Por exemplo, enquanto Porto Alegre apresentou o maior número de serviços (13), em São Paulo, a capital mais populosa do país, o número foi bem menor (04). A diversidade não foi apenas numérica. O perfil geral da rede de assistência variou consideravelmente entre as capitais. Em Fortaleza, por exemplo, foram localizados trabalhos realizados predominantemente em sedes, enquanto em Vitória foram apenas localizados trabalhos realizados nas ruas.

Para as seis capitais pesquisadas nos anos anteriores, foi possível estabelecer comparação temporal. Entre cada levantamento realizado, foram observadas mudanças consideráveis. Das 70 instituições mapeadas no ano de 1997, apenas 11 permaneciam atuantes em 2003. Muitas haviam sido desativadas entre 1997-2003, outras haviam sido substituídas e ainda outras tantas haviam sofrido complexos processos de reestruturação do trabalho. Uma das principais reestruturações observada em várias capitais foi no contexto e ambiente do trabalho. Nos anos anteriores os trabalhos eram predominantemente realizados em sedes, mas nos últimos anos, para muitas capitais, os trabalhos passaram a ser também realizados diretamente nas ruas. O trabalho na rua conta com participação ativa de educadores dentro de uma proposta diferente de trabalho, na qual os problemas de saúde não são tratados isoladamente, mas associados às questões sociais.

Crianças e adolescentes em situação de rua necessitam de um contexto social dinâmico e de relações estáveis. As instituições são as principais referências para a maioria. A constante desativação desses serviços representa uma ameaça ao desenvolvimento adequado desses jovens. Dessa forma, essa rede parece oscilar entre o cuidado e o risco no contexto no qual esta população se desenvolve, o que parece propiciar a manutenção de sua permanência na rua com esses serviços instáveis e desarticulados (Dachner & Tarasuk, 2002).

Algumas instituições relataram um histórico de mudanças fundamentadas na experiência acumulada em campo, a partir de processos amplos de discussão e reflexão. No entanto, as mudanças, para a maior parte das instituições, parecem ter ocorrido arbitrariamente em processos estabelecidos, segundo palavras de coordenadores, *"de cima para baixo"* a partir de propostas políticas elaboradas *"atrás de escrivaninhas de gabinetes"* (Noto *et al.*, 2004). Esse contexto flutuante determina um constante estado de *"recomeço"*, que se acentua com as mudanças de governo. A instabilidade financeira também foi frequentemente mencionada como uma importante ameaça para a continuidade dos trabalhos.

Foram também observadas algumas atitudes que dificultam a avaliação da situação de rua no país. Por exemplo, houve instituições, que embora atendessem jovens em situação de rua, não assumiram oficialmente essa situação alegando o risco desses jovens perderem o auxílio recebido do Programa de Erradicação do Trabalho Infantil (PETI). Essas instituições, portanto, não constam no presente catálogo. Outras tantas, ao contrário, informaram inicialmente números de atendimentos muito superiores ao posteriormente constatado no levantamento (em entrevistas com os jovens).

No entanto, a situação extrema foi observada em episódio lamentável em uma das capitais. Em consulta à Secretaria Municipal responsável pelas ações sociais, foi oficialmente informado que aquela capital não tinha *"esse problema"* (crianças e adolescentes em situação de rua) graças aos *"esforços governamentais da gestão"*. No entanto, durante a pesquisa foram entrevistadas, nas ruas dessa capital, várias crianças e adolescentes tipicamente em situação de rua, muitas das quais relataram sofrer ameaça de *"rapa"*, uma perua do governo que os abandonava no *"lixão"* da cidade (local de difícil acesso). Durante o processo de entrevista nessa capital, os nossos entrevistadores também sofreram ameaças de policiais.

Estas constatações indicam as diferentes realidades brasileiras, oscilando entre a arbitrariedade indiferente e as diversas iniciativas fundamentadas e contextualizadas, envolvendo profissionais extremamente comprometidos com a situação. Além disso, fica patente a fragilidade da rede de atenção a crianças e adolescentes em situação de rua em nosso país. Torna-se essencial uma ampla discussão nacional sobre a questão.

A VISÃO DOS PROFISSIONAIS SOBRE OS SEUS DESAFIOS NO TRABALHO COM CRIANÇAS E ADOLESCENTES EM SITUAÇÃO DE RUA

Um estudo qualitativo foi realizado (em paralelo ao levantamento de 2003) para conhecer a experiência e as dificuldades em relação ao consumo de drogas entre crianças e adolescentes em situação de rua, vivenciadas pelos profissionais que atuavam diretamente com essa população. Foram entrevistados 57 profissionais nas 27 capitais brasileiras. Foram selecionados aos menos dois profissionais de cada capital, buscando diversificar as esferas de trabalho entre eles, como saúde, educação, assistência social, direito e/ou outras. As principais atividades realizadas pelos profissionais eram: educador social (27), coordenador (10), assistente social (05), outras (15). Quanto à escolaridade, a maioria tinha o curso superior (40) e os demais (17) estavam entre o primeiro e o segundo grau. Apresentaram ainda um tempo médio de cinco anos de experiência no trabalho com essa população.

As entrevistas foram conduzidas pelos coordenadores regionais, tendo como referencial a questão: *Quais suas maiores dificuldades em relação ao consumo de drogas entre crianças e adolescentes em situação de rua?* As entrevistas foram gravadas e transcritas literalmente para análise.

Endereço Desconhecido: crianças e adolescentes em situação de rua

As questões familiares representaram prioridade e foco das principais dificuldades vividas pela maioria dos profissionais (relatada por 71,9% dos profissionais entrevistados). Como forma primária de pertencimento e socialização do indivíduo, a família tem uma importante função na formação do adolescente, como um fator associado à proteção no seu desenvolvimento (Raffaelli *et al.*, 2000). Por outro lado, a família também pode estar relacionada aos chamados fatores associados ao risco, descritos como ambiente familiar caótico: pais que abusam de drogas, falta de envolvimento afetivo entre pais e filhos, entre outros (Boyle, Stanford, Szatmari, Merikangas, & Offord, 2001; Chalder, Elgar, & Bennett, 2006; Schenker & Minayo, 2003). Para os profissionais que trabalham com crianças e adolescentes em situação de rua, incluir as famílias no trabalho significa resgatar sua função na formação do desenvolvimento da criança e/ou adolescente, papel esse muitas vezes atribuído aos profissionais pela própria criança (Moura, 2006). A seguir são apresentadas algumas frases que ilustram as dificuldades relatadas pelos profissionais:

> . . . sem trabalhar a família é só paliativo. Pra mim tem que trabalhar a família acima de tudo, não adianta se preparar o menino e a família não ta preparada... porque termina que a gente faz o papel de pai e mãe . . . a instituição termina virando mesmo uma mãe . . . (BA)

> . . . envolver a família... é fundamental que a gente consiga envolver a família . . . eles estão com os vínculos quebrados, quando esses vínculos existem . . . (ES)

Na área da saúde, o atendimento foi relatado como precário e como fonte de dificuldade por 70,2% dos entrevistados. Os profissionais se qualificaram como pouco preparados e afirmaram haver poucos locais para os encaminhamentos. Considerando que, por estarem sujeitos às intempéries climáticas e situacionais, as crianças e adolescentes tendem a apresentar vários problemas respiratórios, gastrintestinais e dermatológicos, além dos problemas associados especificamente ao uso de drogas, como *overdoses*, intoxicação, entre outros. No entanto, os profissionais da saúde parecem desconhecer a realidade da situação de rua, apresentando preconceitos, além de exigirem condições incompatíveis para atendimento como presença dos responsáveis, higiene e apresentação de documentos. Mas vale ressaltar que essa distância entre os serviços de saúde e a situação de rua também tem sido observada em outros países (Geber, 1997; Klein *et al.*, 2000; Noto *et al.*, 2004, Steele, Ramgoolam, & Evans, 2003). Essa população geralmente busca ajuda em momentos de crise na rua: uma doença, uma *overdose*, uma situação de violência, entre outras (Auerswald & Eyre, 2002). Essas situações requerem uma ação rápida e focada. Nesse momento, também os profissionais sentem-se desamparados pelas políticas públicas, além de ficar evidenciado o não cumprimento do ECA em sua Doutrina da Proteção Integral. Os profissionais de saúde tendem a manter uma posição de desinformação, indiferença, negação e preconceito em relação ao problema (Day *et al.*, 2003). Os relatos abaixo ilustram essas questões.

> . . . Minha maior dificuldade é em relação a retaguardas, porque nós vemos as crianças consumindo substâncias químicas e nós não temos retaguardas que possam atendê-las de forma eficiente, retaguardas voltadas pro trabalho específico com as crianças e adolescentes em situação de risco . . . (PA)
> . . . não existem lugares de internação . . . não existem lugares com esse tipo de tratamento para adolescentes, lugares com pessoas especializadas que saibam lidar com esse tipo de situação . . . (RS)

A capacitação (mencionada por 59,6% dos entrevistados) apareceu como uma necessidade para lidar com o uso de drogas entre crianças e adolescentes em situação de rua. Os profissionais relataram sentir falta de conhecimentos básicos sobre saúde, principalmente como identificar o uso e abuso de drogas, como proceder no estado de intoxicação e/ou *overdose* e na agressividade característica das crianças e adolescentes que chegam, muitas vezes, intoxicadas às instituições. Alguns estudos têm mostrado a ineficácia de intervenções isoladas que não envolvam as diversas equipes de profissionais, integrando e fortalecendo o atendimento inter e intradisciplinar (Day *et al.*, 2003; Sudbrack, 2004), como nos relatos abaixo.

Endereço Desconhecido: crianças e adolescentes em situação de rua

> . . . Outra dificuldade nossa é enquanto ele está em surto aqui dentro da Instituição, porque nós não temos educadores capacitados para trabalhar essa situação . . . (PR)

> . . . são várias as dificuldades . . . Primeiro é a falta de capacitação, a pouca capacitação da equipe como um todo, essa falta de capacitação dificulta porque acaba refletindo no trabalho . . . (PA)

A rede social foi relatada por 77,2% dos entrevistados como uma necessidade do trabalho para o atendimento a essa população. Os diferentes segmentos sociais, como família, escola, serviços de saúde, instituições específicas para essa população, polícia, comércio, tráfico, entre outros, ganham nesse contexto papel da maior importância. Para as crianças e adolescentes em situação de rua, as instituições de atendimento tendem a ser referência na busca de ajuda para alimentação, higiene e cuidados em geral. Mas, apesar da relevância dessas atividades, os profissionais relatam a instabilidade do serviço, com constantes mudanças de propostas de trabalho, rotatividade entre os próprios profissionais, gerando insegurança entre os mesmos, além de dificultar o estabelecimento de vínculo pelas crianças e adolescentes. E, quando se trata de crianças e adolescentes em situação de rua, o desenvolvimento de programas de prevenção precisa ser contextualizado. Tais programas devem respeitar a diversidade da rua como um *continuum*, para que os vários segmentos sociais possam, de forma articulada, propor uma abordagem que envolva políticas públicas adequadas (Dorn & Murji, 1992; Ennett, Bayley, & Federman, 1999). No entanto, a rede social parece oscilar entre o cuidado e o risco tanto para os adolescentes como para os profissionais. Esse fator aparece no relato desses profissionais como um importante aspecto a ser considerado nas políticas públicas.

> . . . gostaria de frisar a necessidade de uma maior comunicação entre as instituições que já existem; realmente criar redes, mas uma rede de informações . . . tem que haver um entrosamento entre essas instituições . . . (ES).

Profissionais que atendem crianças e adolescentes em situação de rua

> . . . daí teria que se pensar em toda uma rede de serviços para o dependente, né? Ele não tem uma rede de atendimento . . . quando saísse da comunidade terapêutica, algum curso profissionalizante, alguma coisa para . . . estágio ou alguma coisa . . . matrícula na escola e aí, acompanhamento com psicólogo, assistente social, que é bem difícil a gente conseguir, porque não tem uma rede atendimento, né? (SC)

Outro tema considerado pelos profissionais foi o envolvimento da comunidade com o trabalho realizado pelas instituições, sendo mencionado como dificuldade por 36,8% dos educadores entrevistados. Esse relato ressalta a importância do contexto social que não pode ser desconsiderado, principalmente na complexidade do trabalho na situação de rua. Pensar nesse fenômeno sem situá-lo no seu contexto sociocultural implica desconsiderar toda sua complexidade. Atualmente, vários estudos têm mostrado os avanços nessa área, integrando e envolvendo a comunidade na busca de recursos gerados em seu próprio meio (Auerswald & Eyre, 2002; Noto *et al.*, 2004; Sudbrack, 2004). Alguns serviços específicos com a Terapia Comunitária do Projeto Quatro Varas (CE), Consultório de Rua (BA), Projeto Quixote e Instituto Bacarelli (SP), entre outros, são exemplos de serviços junto à comunidade que consideram o contexto social, reconhecendo que ele faz parte de uma rede maior e mais complexa. Dessa forma, apresentam resultado positivo diante da situação de rua, como observamos nos seguintes relatos dos profissionais.

> . . . com essa linha preventiva já nas comunidades, dando continuidade a esse trabalho, ele e sua família . . . Porque às vezes a gente começa um trabalho e esse adolescente, essa criança ela retorna pra rua . . . (RJ)
> . . . criar recursos para que aquele jovem na sua própria comunidade ele não tem que sair do bairro e morar noutro lugar não . . . (PB)

Foram ainda relatados outros temas, como a segurança do profissional na realização do trabalho que, algumas vezes, são ameaçados por traficantes, considerando que o tráfico aparece como a forma possível de sobrevivência naquele momento para as crianças e adolescentes que vivem esse contexto de risco. Nos relatos abaixo, a insegurança, o medo, a facilidade de acesso às drogas, parecem, dessa forma, influenciar nas atividades realizadas diretamente com as crianças e adolescentes que buscam a instituição como proteção para as inúmeras dificuldades às quais já estão expostas na situação de rua em que se encontram.

> . . . já teve também educadores ameaçados pelo tráfico, né? Ele sai lá fora e tem um homem belo e maravilhoso, mas é o traficante acompanhando esse educador até o ponto de ônibus, né? E aí a gente tem que está conversando com esse profissional, afastar ele por um tempo até porque essa equipe também fica muito desgastada mentalmente (RJ)

> . . . Outra questão são os grupos, nos miolos das favelas onde se vende droga, as crianças ficam nos arredores porque eles têm o apoio, tem a cobertura do traficante ali da favela que monta grupo de crianças . . . que roubam, que cometem delitos e levam para essa pessoa que faz a troca dos produtos e que fornece a droga . . . (PR)

> . . . Uso de drogas é sobrevivência, uso de drogas é fator de exclusão de grupo. Se o garoto não quer usar, se sente mal cheirando cola, ele vai ser expulso do grupo, ou seja, ele já foi expulso de tudo e ainda é do grupo da rua se ele não usar! (SP)

Dessa forma, é importante ressaltar a necessidade de políticas públicas adequadas a essa população, que considerem a experiência desses profissionais, diminuindo assim o descompasso entre a teoria e a prática. Também é necessário considerar os estudos realizados nessa área, pois fornecem informações mais fidedignas sobre quem é esta população e a realidade da situação de rua. Além disso, é preciso ressaltar toda a complexidade da situação de rua, a diversidade da população e considerar o meio no qual estão inseridos, fortalecendo os vários segmentos da rede social que atende a esses adolescentes, possibilitando a elaboração de programas de prevenção a partir da realidade da situação de rua, capacitando continuamente os profissionais para esse atendimento (Oliveira, 2007).

No Brasil, existem vários trabalhos com crianças e adolescentes em situação de risco social e várias pesquisas na área vêm mostrando cada vez mais a preocupação com essa população (Carvalho *et al.*, 2006; Malfitano & Adorno, 2006; Noto *et al.*, 2004; Raffaelli *et al.*, 2000). Considerando a complexidade e diversidade da situação de rua, os relatos dos profissionais das 27 capitais do País, ressaltaram a importância de que, na elaboração das políticas públicas, a capacitação continuada seja considerada numa abordagem transdisciplinar, inclusive a partir da experiência acumulada no trabalho ao longo dos anos. Muitos profissionais construíram um processo histórico e, com isso, demonstram seu engajamento junto ao trabalho com as crianças e adolescentes em situação de rua, percebendo-as como sujeitos de direito que se encontram privados dos seus direitos básicos. Portanto, valorizar a história de vida dos adolescentes, conhecer os contextos que favoreceram (ou desfavoreceram) processos de mudança e ressaltar o respeito e a relevância do papel dos educadores nesses cenários, são importantes aspectos a serem ponderados na implementação de políticas públicas voltadas para essa população.

REFERÊNCIAS

Auerswald, C.L., & Eyre, S.L. (2002). Youth homelessness in San Francisco: A life cycle approach. *Social Science e Medicine, 54*, 1497-1512.

Biernarcki, P., & Waldorf, D. (1981). Snowball sampling-problems and techniques of chain referral sampling. *Sociological Methods and Research, 10*, 141-163.

Boyle, M.H., Stanford, M., Szatmari, P., Merikangas, K., & Offord, D.R. (2001). Familial influences on substance use by adolescents and young adults. *Revue Canadienne de Santé Publique, 92*(3), 206-209.

Carvalho, F.T., Neiva-Silva, L., Ramos, M.C., Evans, J., Koller, S.H., Piccinni, C.A., & Page-Shafer, K. (2006). Sexual and drug use risk behaviors among children and youth in street circumstances in Porto Alegre, Brazil. *Aids and Behavior, 10*(Suppl. 1), S57-S66.

Centro Brasileiro de Informações sobre drogas Psicotrópicas. (2004). *Catálogo de instituições que assistem crianças e adolescentes em situação de rua nas 27 capitais brasileiras – 2004.* São Paulo, SP: Autor.

Centro Brasileiro de Informações sobre drogas Psicotrópicas, & UNDCP-Programa das Nações Unidas para o Controle Internacional de Drogas (1998). *Catálogo de instituições que assistem crianças e adolescentes em situação de rua nas 27 capitais brasileiras – 1998.* São Paulo, SP: CEBRID.

Chalder, M., Elgar, F.J., & Bennett, P. (2006). Drinking and motivations to drink among adolescent children of parents with alcohol problems. *Alcohol & Alcoholism, 41*(1), 107-113.

Dachner, N., & Tarasuk, V. (2002). Homelless "squeegee kids": Food insecurity and daily survival. *Social Science & Medicine, 54*, 1039-1049.

Day, V.P., Telles, L.E.B., Zoratto, P.H., Azambuja, M.R.F., Machado, D.A., Silveira, M.B., *et al.* (2003). Violência doméstica e suas diferentes manifestações. *Revista de Psiquiatria do Rio Grande do Sul, 25*(Supl. 1), 9-21.

Dorn, N., & Murji, K. (1992). *Drug prevention: A review of the English language literature* (Research Monograph No. 5). London: Institute for the Study of Drug Dependence.

Ennett, S.T., Bayley, S.L., & Federman, E.B. (1999). Social network characteristics associated with risky behaviors among runaway and homeless youth. *Journal of Health and Social Behavior, 40*, 63-78.

Geber, G.M. (1997). Barriers to health care for street youth. *Journal of Adolescence Health, 21*(5), 287-290.

Klein, J.D., Woods, A.H., Wilon, K.M., Prospero, M., Greene, J., & Ringwalt, C. (2000). Homeless and runaway youths' access to health care. *Journal of Adolescent Health, 27*(5), 331-339.

Malfitano, A.P.S., & Adorno, R.C.F. (2006). Infância, juventude e vivências nas ruas: Entre o imaginário da instituição e do direito. *Imaginário-USP, 12*(1), 15-33.

Moura, Y.G. (2006). *Uso de drogas entre adolescentes em situação de rua no município de São Paulo: Uma contribuição etnográfica.* Dissertação de mestrado não publicada, Universidade Federal de São Paulo, São Paulo, Brasil.

Noto, A.R., Galduróz, J.C.F., Nappo, S.A., Carlini, C.M.A., Moura, Y.G., & Carlini, E.A. (2004). *Levantamento nacional sobre o uso de drogas entre crianças e adolescentes em situação de rua nas 27 capitais brasileiras (2003).* São Paulo, SP: Centro Brasileiro de Informações sobre Drogas Psicotrópicas.

Oliveira, W.F. (2007). Educação social de rua: Bases históricas, políticas e pedagógicas. *História, Ciências, Saúde – Maguinhos, 14*(1), 135-158.

Raffaelli, M., Koller, S.H., Reppold, C.T., Kuschick, M.B., Krum, F.M.B., & Bandeira, R.B. (2000). Gender differences in Brazilian Street Youth's Family circumstances and experiences on the street. *Child Abuse & Neglect, 24*(11), 1431-1441.

Schenker, M., & Minayo, M.C.S. (2003). Fatores de risco e de proteção para o uso de drogas na adolescência. *Ciência & Saúde Coletiva, 10*(3), 707-717.

Sudbrack, M.F.O. (2004). Abordagem comunitária e redes sociais: Um novo paradigma na prevenção da drogadição. In D.B.B. Carvalho, M.F.O. Sudbrack & M.T.Silva (Eds.), *Crianças e adolescentes em situação de rua e consumo de drogas* (pp. 13-26). Brasília, DF: Plano.

Steele, R.W., Ramgoolam, A., & Evans, J. (2003). Health services for homeless adolescents. *Seminars in Pediatric Infectious Diseases, 14*(1), 38-42.

17

EDUCAÇÃO SOCIAL DE RUA

Walter Ferreira de Oliveira

INTRODUÇÃO

A Educação Social de Rua (ESR)[1] é um sistema pedagógico estruturado para operacionalização fora da escola formal, desenvolvido no Brasil e em outros países da América Latina durante as décadas de 1970 e 1980 e aplicado inicialmente a crianças e adolescentes em situação de rua. Com o tempo, os princípios e práticas deste sistema educativo mostraram-se também úteis para o trabalho com populações adultas de rua e para outras populações desassistidas e em situação de risco pessoal e social. Eventualmente o sistema foi descoberto por países fora do eixo latino-americano, que o adaptou, passando a compor o repertório internacional de sistemas complementares às estruturas escolares de educação. Neste sentido, a ESR tem se revelado como importante tecnologia social, distinguindo-se por sua solidez de bases teóricas e pela ampla aplicabilidade de seus métodos e técnicas. Além disso, a ESR teve um protagonismo social e político importante no cenário das lutas pelos direitos humanos, particularmente de crianças e adolescentes.

---

[1] Usaremos os termos Educação Social de Rua e Pedagogia Social de Rua como sinônimos.

Endereço Desconhecido: crianças e adolescentes em situação de rua

A ESR caracteriza-se como um movimento social de base profissional, inicialmente desenvolvido a partir de lideranças religiosas e comunitárias. Utiliza um modelo de atuação participativa que preconiza estreita colaboração entre educadores, atores administrativos do sistema e as crianças, adolescentes e outros sujeitos de suas propostas de intervenção. Este movimento sociopedagógico surgiu paralelamente ao avanço das políticas públicas voltadas para a criança e o adolescente no Brasil, refletindo, na elaboração e implantação destas políticas, o ativismo de profissionais das Ciências Humanas e o envolvimento da Igreja Católica, de organizações não governamentais de defesa de direitos da criança e do adolescente e de outras instituições afins.

Estudos sobre a ESR apresentam grande interesse social e acadêmico, não só devido ao seu impacto no campo da Educação em nível mundial, quanto por seu protagonismo histórico. A ESR tornou-se importante ator social, entre outros, no movimento que culminou com a promulgação da constituição federal de 1988 e da Lei 8.069/90, o Estatuto da Criança e do Adolescente (ECA).

A ESR construiu-se a partir de bases filosóficas e políticas que seguem a tradição de sistemas pedagógicos historicamente marcantes, como a Pedagogia Social europeia, advinda do movimento das Ciências Humanas do início do século XX, representado principalmente pela Escola de Utrecht, na Holanda; o Movimento de Educação Progressista dos EUA, que teve seu auge nas décadas de 1920 e 1930; e da Pedagogia Fenomenológica (Van Manen, 1990). Mas a raiz da ESR localiza-se principalmente nas pedagogias populares do início do século XX, como nas obras do francês Celestin Freinet e de Anton Makarenko, expoente da Revolução Soviética. A ESR floresceu em meio aos movimentos de resistência à ditadura militar brasileira, fundou-se na Teologia da Libertação e nas propostas de pensadores identificados com a própria ESR, entre outros Reinaldo Bulgarelli e Almeida (1987) e Antônio Carlos Gomes da Costa (1991). A partir destas raízes a ESR constituiu-se, ainda à época da ditadura, como movimento social no qual se engajaram educadores, profissionais da área da criança e do adolescente, intelectuais, religiosos e líderes comunitários. Este movimento pauta-se pelo compromisso com a defesa das crianças e adolescentes em risco pessoal e social, com a ideia da proteção às populações de rua e às desassistidas em geral e, consequentemente, posiciona-se contra as desigualdades sociais e econômicas e na defesa da liberdade, da democracia e do estado de direito. Estas bases, fundamentos e compromissos propiciam o caráter eminentemente político da ESR.

A ESR emergiu na segunda metade da década de 1970, teve sua fase áurea durante a década de 1980 e iniciou um recesso em meados da década de 1990. Atualmente há sinais de uma retomada, ainda incipiente, de um movimento para seu restabelecimento como sistema sociopedagógico. Do seu surgimento até esta atual tentativa de reestruturação, há um trajeto de crescimento, embates e transformações, uma trajetória histórica que contextualiza suas múltiplas dimensões e as múltiplas formas de relação dos educadores sociais com as populações com que se declara comprometida. Este capítulo busca narrar a emergência, o desenvolvimento e o estágio atual da ESR no Brasil, contextualizando as circunstâncias históricas, políticas, sociais, econômicas e culturais que lhe servem como moldura. A narrativa pretende facilitar o entendimento de propostas, conceitos, paradigmas e estilos que caracterizam a ESR, de suas práticas e da dinâmica das relações estabelecidas entre educadores sociais, instituições, movimentos sociais, a subcultura[2] da rua e "a comunidade" em geral.

A ESR COMO PROCESSO DE INTERVENÇÃO POLÍTICA E SOCIAL

A Educação Social de Rua surgiu, no Brasil, a partir da iniciativa de agentes da Pastoral do Menor[3] da Igreja Católica, que percebiam a

---

[2] Termo utilizado como na sociologia dos EUA e Europa ocidental. "Subcultura" não expressa, nesta visão, inferioridade, mas que uma determinada "cultura" está contida, contextualizada, em outra mais abrangente. Assim, a "subcultura da rua" no Brasil é parte de um contexto cultural maior, a cultura brasileira. Vasta literatura aborda o significado e a abrangência do termo (Hannerz, 1992; Hebdige, 1979; Kephart, 1982; Maurer, 1981; Schwedinger & Schwedinger, 1985).

[3] Era assim que se chamava à época a Pastoral da Criança. "Menor", um termo jurídico para designar os menores de 18 ou 21 anos, era aplicado, em geral, às crianças e adolescentes carentes, pobres, desassistidas.

necessidade de cuidar das "crianças de rua", que constituíam, ao final da década de 1970, um fenômeno social e político de grande magnitude em toda a América Latina, com estimativas na casa dos milhões (Oliveira, 2004). Números, diga-se de passagem, muito discutidos, pois as maneiras de contar as crianças nas ruas apresentam problemas metodológicos, como ressaltado por Rosemberg (1996).

Baizerman (1988) costuma dizer que "não há nada tão político quanto os números" (p. 3). Esta afirmação se desvela quando vemos políticos, por um lado, e profissionais, por outro, respondendo a questões como "Quantas pessoas vivem na rua em tal cidade?" ou "Quanto há de pobreza neste lugar?" As respostas orientam decisões de apoiar ou não iniciativas voltadas para a proteção, assistência e promoção da saúde e da qualidade de vida da população. Como nossa sociedade pauta-se pelos parâmetros quantitativos, se concluímos que um problema é numeroso, isto é, grave, pode-se colocá-lo como prioridade, mas se minimizamos o problema em número, não há porque priorizá-lo. Assim, a magnitude do problema tem consequências para o estabelecimento de políticas sociais.

Outra questão fundamental prende-se à categorização das populações de rua ou em risco social. Defendemos, anteriormente (Oliveira, Baizerman, & Pellet, 1992) que categorizar pessoas é sempre difícil e às vezes indesejável, por criar uma falsa ilusão de homogeneidade. Pode haver a tendência para se pensar que, por viverem em um mesmo ambiente, as pessoas são similares e isto pode criar distorções na maneira como nos relacionamos com elas. Cada pessoa é um ser individual e único, mesmo que o ambiente e as características particulares do estilo de vida proporcionado por sua situação possam criar similaridades.

A discussão do número e das categorizações levou os educadores a se preocuparem não só com as crianças e adolescentes com que trabalhavam diretamente, mas também com suas famílias, com as comunidades de onde provinham, com outras pessoas em situação de rua e com outras personagens que, de uma ou outra forma, participam desta dinâmica de relações infinitamente complexas que caracteriza a vida nas ruas das grandes, médias e pequenas cidades. Os primeiros educadores sociais de rua desenvolveram um olhar diferente do tradicional olhar assistencialista em relação a estas populações e aos papéis das instituições que as atendiam. Este olhar diferente propiciou que aprofundassem a análise dos fatores sociais, culturais, políticos e econômicos que permeiam as relações entre Estado, sociedade, comunidades e indivíduos.

Assim, a ESR não pode ser vista somente como um modelo de ações pedagógicas específicas e pontuais, mas como um processo de intervenção social que, a partir de uma análise crítica das relações socioculturais, propõe ações pedagógicas e políticas com vistas à conscientização individual e coletiva e à transformação das situações que originam as desigualdades sociais. É, portanto, processo de alta complexidade, no qual os principais protagonistas, os educadores sociais de rua, constroem-se como atores sociais de transformação, tanto se relacionando com as pessoas e grupos com que se comprometem, como representando certas maneiras de pensar.

Dada sua complexidade e dimensões, o estudo da ESR deve partir da compreensão de sua história intelectual, política e social e de suas bases filosóficas e teóricas. Para isto, temos que contextualizá-la no tempo e perceber as relações que propõe e desenvolve com diferentes pessoas, grupos e instituições. Há que compreender o engajamento pessoal e profissional de educadores e seus apoiadores na busca de transformação social por meio da atuação pedagógica e da militância. Analisemos tal processo a partir das populações de rua, particularmente as crianças de rua.

Os "meninos de rua" constituíram uma explosão demográfica na década de 1970 substituindo a população de rua tradicional, que era tipicamente de homens adultos, uma parte considerável apontada como portadores de problemas mentais ou dependentes de substâncias. Hoje, vemos uma nova leva de crianças e adolescentes que nos abordam nos sinais de trânsito, onde fazem malabarismos ou tentam limpar os vidros dos carros em troca de algum dinheiro, mas pode-se perceber, também, a volta de um contingente de adultos, os chamados sem-teto, o que pode ser atribuído ao aumento das desigualdades sociais nas duas últimas décadas, reforçado pela desconstrução das redes de proteção social e pela minimização do Estado em sua função de protetor e promotor do bem-estar social.

Algumas questões nos inquietam quando nos deparamos com estas crianças, estes adultos, estes anciãos nas ruas, nas esquinas, debaixo das marquises, junto às mesas de bar, nos oferecendo rosas, graxa para os sapatos, vagas para os carros, nos pedindo dinheiro e comida, nos revelando suas doenças, suas faces rotas, sua aparente resignação ou suas veladas ameaças. Quem são eles, como chegam a este lugar, o que se pode fazer para ajudá-los, para contribuir, de alguma forma, com a melhora de sua situação? Perguntas como estas inquietaram os Agentes de Pastoral, já na década de 1970 e fizeram com que eles fundassem a ESR, em São Paulo, mais exatamente na Praça da Sé. Vale a pena conhecer as propostas da ESR, conhecer esta história que se confunde com a história social e política de nosso país.

A emergência da ESR: o Brasil "pós-milagre"

O golpe de 1964 foi uma tentativa de exorcizar a "ameaça comunista" e tinha como um objetivo fundamental fortalecer, no Brasil, a ideologia de mercado (Levinson & Oniz, 1970). O governo militar caracterizou-se, desde o início, por uma política econômica submissa ao capital internacional e pela busca de "modernização" dos serviços públicos. Instaurou um modelo de desenvolvimento radicalmente diferente do governo João Goulart, desprivilegiando a agricultura e o pequeno produtor em favor de um mercado competitivo de produção que atraísse investimentos estrangeiros (Robock, 1975). Esta postura atraiu uma avalanche de empréstimos, concedidos por instituições públicas e privadas internacionais, e teve como resultado o crescimento explosivo da economia, o chamado "milagre brasileiro", que durou até meados dos anos 1970.

O "milagre" multiplicou a concentração de renda, tornou os ricos mais ricos, os pobres aproximaram-se mais da miséria, a classe média empobreceu e os problemas sociais se agravaram. O desenvolvimento econômico trouxe uma crescente miséria (Abranches, 1986), e deteriorou a qualidade de vida. No período pós-milagre instalou-se o caos. O salário mínimo diminuía gradualmente de valor e a concentração de renda crescia exponencialmente, bem como as taxas de analfabetismo, a carência de saneamento básico e os índices de mortalidade infantil, principalmente nos estados mais pobres (Oliveira, 2004). Após o período do "milagre brasileiro" aumentou muito o número de crianças trabalhadoras com menos de 14 anos, o de famílias que ganhavam menos de meio salário mínimo *per capita* e o de crianças matriculadas no primeiro grau que não chegariam ao segundo (Fundo das Nações Unidas para a Infância [UNICEF], 1990).

A deterioração das condições sociais estimulou a resistência e propiciou vários movimentos sociais. A ESR surgiu como um movimento em torno da causa da criança e do adolescente e congregava administradores, técnicos e outros trabalhadores da educação, inclusive das Fundações Estaduais do Bem-Estar do Menor (FEBEMs) e ONGs, intelectuais ligados às ciências humanas e sociais, jornalistas, profissionais de saúde, pais, líderes comunitários, ativistas pelos direitos humanos, líderes religiosos e outros formadores de opinião. O objetivo principal era promover uma transformação no sistema de bem-estar para crianças e adolescentes, e não só nos serviços, mas em toda sua base filosófica, ideológica e social. Compartilhavam uma profunda indignação com as condições desumanas a que eram submetidas as crianças pobres, quando o país, ainda sob a embriaguez do "milagre", alardeava sucesso econômico e abundância de recursos materiais. De forma organizada, passaram a interferir nas instituições onde atuavam, e a estudar as obras que inspiraram os grandes movimentos revolucionários de base profissional.

A FUNDAMENTAÇÃO TEÓRICA

As pedagogias libertárias eram o foco de estudo dos que sonhavam com uma reforma do sistema de bem-estar para crianças e adolescentes. O principal nome era Paulo Freire, considerado grande reformador pedagógico e um ícone político. Outra referência sobre o desenvolvimento infantil era a argentina Emilia Ferreiro; redescobriu-se Celestin Freinet e Anton Makarenko e incorporou-se o trabalho de Michel Foucault e Erving Goffman.

A Igreja Católica foi uma facilitadora maior para o trabalho de base e a Teologia da Libertação (TL) forneceu uma grande inspiração para o movimento. O corpo teórico da TL florescia com vigor na América Latina, exercendo importante papel político, inclusive pela solidariedade com os oprimidos. A TL pregava "o reino de Deus na terra" e propunha que servir ao Senhor era, acima de tudo, disponibilizar-se junto aos pobres, solidarizar-se com seu sofrimento, colocar-se ao lado dos que tinham fome, sede e desabrigo. Este chamado encontrou eco nos grupos jovens da Igreja, formados principalmente por universitários, que viam sentido na Evangelização aliada à luta política e à solidariedade humana. Politizava-se a espiritualidade e justificava-se a ação radical de buscar a Deus não só no interior protegido do templo, mas no local onde estavam os pobres – nas ruas, nas comunidades, nos reformatórios, nas prisões.

Constituiu-se, assim, um *corpus* teórico, um campo de saber que tornou-se, ao mesmo tempo, espírito e motor do movimento pela causa da criança e do adolescente. Germinou, aí, um grupo que iria se intitular, eventualmente, Educadores Sociais de Rua.

O início da educação social de rua

Em 1974 o UNICEF apoiou um estudo interdisciplinar na Pontifícia Universidade Católica de Minas Gerais (PUC-MG) cujo objetivo principal era trazer uma visão sociológica à análise dos problemas relacionados com as crianças e adolescentes "de risco" (Ianni & Krause, 1975). O estudo propunha que a análise do problema das crianças carentes e abandonadas deveria considerar as questões sociais, políticas e econômicas relacionadas com a produção da pobreza. Esta visão opunha-se à tradicional, que culpabilizava as famílias pelos problemas dos carentes e delinquentes As condições sociais das crianças e adolescentes ganharam então *status* de indicadores sociais. Com a gradativa substituição do moralismo e da culpabilização da vítima por uma visão social do abandono da infância e da produção da delinquência juvenil, a Universidade aproximava-se do movimento em defesa dos direitos das crianças e adolescentes, anunciando a mudança de paradigma.

Ao final da década de 1970, os "meninos de rua" eram um problema social que mobilizava a imprensa e o grande público. O aumento da pobreza e o colapso das redes de proteção social e dos serviços públicos contribuíam para o aumento do número de pessoas cujos lares passavam a ser as ruas das pequenas, médias e grandes cidades. Enquanto o sistema político-social representado pela Fundação Nacional do Bem-Estar do Menor (FUNABEM) e FEBEMs revelava-se falido, sem estratégia, sem criatividade, sem possibilidade de apontar qualquer solução, uma nova sensibilidade social congregava grupos diversos e, em alguns aspectos, historicamente antagônicos, como trabalhadores e intelectuais, cristãos e marxistas, profissionais e agentes comunitários. O movimento captava os desejos revolucionários e a necessidade de uma bandeira viva, representada pelos filhos das favelas, a prole dos deserdados.

Encarnando a esperança da libertação do oprimido, o movimento rejeitava a manutenção do *status quo* e o modelo de serviços sociais que reproduzia as estruturas de poder. O engajamento dos profissionais se fundava na identificação existencial com os explorados, os perseguidos e oprimidos. Os novos modelos práticos de trabalho deveriam responder às necessidades das crianças e também às angústias e inquietações sociopolíticas dos profissionais. Isto exigia que eles se despissem de suas identidades como "monitores" (das FEBEMs), "estudantes", "trabalhadores sociais" ou "educadores" e se construíssem como agentes de um processo de transformação, pensadores e executores de um projeto social e político, advogados da cidadania, promotores, organizadores e facilitadores do trabalho comunitário, engajados num movimento social pela defesa dos direitos das crianças e dos adolescentes, sobretudo dos mais oprimidos.

Pressionados pela urgência do problema das crianças nas ruas, com o apoio estrutural da Igreja Católica e inspirados nas propostas da pedagogia de Paulo Freire (1970) e da Teologia da Libertação, alguns abraçaram o desafio de ir para as ruas ajudar as crianças e adolescentes que lá estavam – ida que era vista, ao mesmo tempo, como atividade profissional, solidariedade humana e elevação espiritual.

Mais precisamente, a ida para as ruas ocorreu em 1979. Uma dúzia (exata) de jovens, a maioria graduados em Antropologia, Sociologia ou Teologia, sob os auspícios da Pastoral do Menor, começou a trabalhar, organizadamente, nas ruas e praças do centro de São Paulo, sobretudo na praça da Sé. Este grupo de agentes de Pastoral foi o primeiro no mundo a se referir como Educadores Sociais de Rua ou, simplesmente, Educadores de Rua.

A PEDAGOGIA DA PRESENÇA

Como voluntários dos grupos jovens da Pastoral do Menor, os primeiros educadores de rua eram ligados, de uma ou outra forma, à ideologia cristã. Eram, também, autodidatas – não tiveram treinamento específico e contavam, no máximo, com uma precária supervisão. No processo de construção de um saber compartilhado, adotaram, como rotina, encontros semanais, onde trocavam ideias, avaliavam seu trabalho e balizavam suas experiências. Era como um grupo de estudos, onde circulavam textos, muitos deles proibidos pela ditadura, que eram contrabandeados, a maioria do Chile, que, à época, atravessava uma situação de maior liberdade. Desta forma desenvolveram, aos poucos, o arcabouço pedagógico da ESR, a que se denominou a *Pedagogia da Presença* (Costa, 1991).

A Pedagogia da Presença é uma metodologia caracterizada por princípios, posturas, atitudes e procedimentos, inicialmente aplicada ao trabalho com crianças nas ruas, e que norteava o trabalho dos educadores sociais. Pode-se apreender parte de suas premissas nas palavras de Costa (1991, p. 26):

Depois de aprender sobre o passado e as condições de muitos adolescentes em circunstâncias difíceis, é possível afirmar que a maioria não tem acesso a afeto estável e leal, quer dizer, não tem acesso aos benefícios da presença. É muito distante de suas experiências pensar que suas vidas são valorizadas por alguém, que sua existência pode fazer alguém feliz.

A crítica às posturas que levam à dificuldade de acesso da criança ao "afeto estável" se desenvolve na obra de Costa como crítica ao sistema social, desafia os princípios conformistas normalmente implicados nos métodos de "Reabilitação Social" e inverte a equação da culpabilidade, propondo que a sociedade e suas normas necessitam ser "reabilitadas", tanto ou mais que os jovens "anormais". Costa (1991, p. 26) analisa o que significa, na linguagem do *status quo*, "reabilitar" ou, como se usava, "ressocializar":

> O termo ressocialização geralmente implica uma identidade perfeita entre os hábitos de uma pessoa e as leis e normas que presidem o funcionamento da sociedade. Uma aderência prática à sua dinâmica, uma submissão a seu ritmo, uma total incorporação de seus valores. Em outras palavras, uma adaptação total.

Na visão tradicional o que conta é a adaptação comportamental. O objetivo é tornar o jovem capaz de funcionar no ambiente sem causar nenhum dano digno de nota. Nesta perspectiva a sociedade se impõe como valor em si e o mais importante. A perspectiva do jovem tem pouca ou nenhuma importância. A meta é mudar o comportamento antissocial, os atos transgressores e outros atos que perturbam a coexistência. "Espera-se que o jovem em circunstâncias difíceis se integre à sociedade como um elemento produtivo e obediente sem levantar nenhuma forma de problema social. Neste ponto se diz que o jovem foi 'ressocializado'" (Costa, 1991, p. 27).

Paulo Freire (1986, p. 12) chamou atenção para o conceito conservador de reabilitação social e propõe explorar novas possibilidades pedagógicas:

> Até que ponto vai ser possível inventar uma pedagogia que não seja a da conversão . . . mas a do crescimento, que não se faz sem a transformação da realidade concreta que está gerando injustiças . . . Vamos cair na dimensão política . . . não a serviço de dominações, mas a serviço da mudança radical da sociedade . . . Se pensamos numa Pedagogia que ajude a

preservação da sociedade tal qual ela está aí, esta sociedade irá continuar a preservar exatamente esta diferença radical entre estes dois mundos.

Do ponto de vista da Pedagogia da Presença, o primeiro e mais importante passo para ajudar o jovem a superar as dificuldades pessoais é *a reconciliação deste com ele mesmo e com os outros*. O foco não deve ser em ressocializar (uma expressão sem grande significado pedagógico), mas em possibilitar uma socialização que permita uma vida mais digna e mais humanizada. A primeira e mais importante tarefa de um educador que aspira a um papel verdadeiramente libertário é fazer-se construtivamente presente na vida de um jovem que está enfrentando circunstâncias difíceis. Um problema, do ponto de vista da aplicação pedagógica, é decifrar se a habilidade de fazer-se construtivamente presente no mundo e na realidade do educando é um dom aprendível e transferível. Os educadores de rua respondem que sim – isto pode se aprender e transferir, desde que haja uma compreensão do fenômeno pedagógico para além da técnica, desde que haja uma atitude aberta, disposição, sensibilidade e compromisso, além de dedicação por parte daquele que quer aprender, do educador-aprendiz.

Ao buscar uma relação significante e comprometida com a vida e a realidade do jovem, o educador abraça uma prática em que constantemente tem que balancear doação e contenção, equilibrando-se dialeticamente entre a proximidade e a distância. Por um lado, busca estar mais próximo do jovem, identificando-se com seus problemas, vinculando-se de forma empática e significativa e, por outro, certa distância lhe permite uma observação crítica, com o sentido de se perceber no contexto do processo educativo.

Assim, a Pedagogia da Presença rejeita uma adaptação baseada na mudança pura e simples do comportamento do jovem. Mudança de comportamento é esperada, mas como consequência de transformações estruturais na sociedade e de outras transformações pessoais resultantes do crescimento espiritual coletivo. Na perspectiva de uma pedagogia crítica, o foco em mudança comportamental não é a verdadeira ressocialização, esta vai muito além das aderências rudimentares ao *establishment*.

De acordo com a Pedagogia da Presença, o jovem positivamente socializado valoriza cada membro da comunidade e todos os seres humanos, respeitando-os em suas individualidades, seus direitos e propriedades. Este comportamento se instala não apenas por causa da lei ou por medo de sanções, mas por uma ética pessoal que determina o outro como valor em si mesmo.

> Este jovem estará apto a julgar aspectos positivos e negativos da sociedade da qual ele é membro. Ele reconhecerá os desvios que distorcem a coexistência coletiva e estará disposto, apesar das dificuldades, a lutar por seus legítimos interesses pessoais e sociais. A este jovem estará também garantido o direito de expressar livremente, voluntária e conscientemente, sua saudável indignação que leva à denúncia e à luta contra a injustiça e a opressão, que estão sempre presentes nesta sociedade em que vivemos. A verdadeira ressocialização, portanto, não é uma aceitação cega, uma concessão sem demandas, ou uma assimilação sem dignidade. É uma possibilidade humana que se desenvolve em direção a uma pessoa equilibrada e a um cidadão completo (Costa, 1991, p. 28)

O conceito de ressocialização foi reinterpretado por Bulgarelli e Almeida (1987, p. 25) à luz do problema da delinquência:

> Pedir para uma criança ou jovem que vive na rua para parar de roubar é como pedir a sua morte, é uma proposta que não leva a nada. A preocupação mais ampla do educador é que ninguém tenha que roubar para sobreviver, é buscar no imediato e emergencial alternativas de sobrevivência reais e consequentes.

Estes conceitos se refletem no trabalho de educadores sociais de rua até hoje, como demonstra esta jovem educadora de última geração:

> Nós não queremos acabar com as crianças de rua porque eles roubam ou matam. Nós queremos acabar com o fenômeno para que eles possam se transformar em outra coisa. Nós não estamos aqui para nos proteger, mas

para proteger a ele. Nós queremos que os jovens não precisem roubar... e esta é uma diferença fundamental (Oliveira, 2004, p. 104)

Bulgarelli e Almeida (1987, p. 29) deram outros exemplos da reconstrução pedagógica proposta pela ESR ao examinar outro assunto importante: o uso de drogas:

Não será arrancando o saquinho de cola das mãos dos meninos que iremos resolver o problema. Seria uma atitude desesperada e autoritária de quem não sabe o que fazer. Arrancar a cola é como arrancar o apoio, o prazer, a segurança, o mundo em que estão vivendo. É a maneira mais fácil de perder a confiança deles, aumentando ainda mais a distância que nos separa.

Por meio da Pedagogia da Presença, a ESR nega formas tradicionais de reabilitação social, que tendem a perpetuar a marginalização das crianças, advogando, ao invés, a necessidade de o educador trabalhar seu autodesenvolvimento profissional e pessoal, para melhor entender os jovens. Costa (1991, p. 21-24) faz sugestões para colocar estas ideias em prática:

A presença de adultos no mundo dos jovens em circunstâncias pessoais e sociais difíceis não deveria ser, como usualmente é entre nós, intervencionista e limitada. Estar-com-o-aluno é um ato que envolve consentimento, reciprocidade e respeito mútuo... A [principal] razão [para estar presente] será sempre a libertação dos jovens... O educador, praticando esta pedagogia, tem que estar politicamente engajado na luta por justiça social... É necessário entender os jovens individualmente e não em relação às normas e paradigmas que eles possam, por acaso, ter transgredido; é necessário entendê-los no contexto singular, na história única que é deles, e então libertá-los dos rótulos impostos, das categorias que ameaçam aprisioná-los.

A práxis da Presença

De acordo com a Pedagogia da Presença, o educador deve abordar a criança no meio em que ela se encontra, desenvolver vínculos produtivos e tornar-se importante na vida da criança, o que impacta ambos. A preocupação maior é com o desenvolvimento de relações individuais, embora o foco do trabalho seja o grupo. O educador deve catalisar experiências baseadas na solidariedade grupal e no interesse e respeito pelo coletivo. Uma ética do coletivo, que não ignore o indivíduo, norteia a construção de relações significativamente produtivas. Isto ocorre segundo três estágios: o "namoro", a construção da confiança e o estabelecimento do vínculo.

O Namoro é o processo inicial de abordagem, geralmente na rua. Como todo namoro, é um processo de sedução, uma maneira de chegar, de buscar a proximidade, de mostrar-se e produzir a vontade do encontro. Ao abordar a criança o educador entra em contato com a subcultura da rua e se não entender este cenário não entenderá os atores que a povoam. Deve observar e respeitar a liberdade do jovem, com atitude de escuta e aprendizado, num diálogo livre, para melhor entender o ambiente, suas características e costumes (UNICEF & Ministério da Previdência e Assistência Social [MPAS], 1983, p. 7).

Paulo Freire (1986, p. 13) também escreveu sobre esta abordagem nas ruas:

> Precisamos ter cuidado para não invadir o mundo do menor, se ele não quiser ser invadido; não ultrapassar o espaço vital da criança, que é real, se ela não quiser. Pois isto seria um ato de violência. Nós devemos esperar pelo "momento mágico" quando a criança está desarmada. É necessário uma paciência histórica, para esperar o desabrochar deste momento – o momento em que descobrimos o mistério existencial da criança.

Os primeiros educadores sociais de rua exercitavam esta escuta, com abordagem respeitosa, não impondo valores, mas tentando perceber os valores das crianças. A ideia era construir um projeto *com* a criança.

Como dito por um educador:

> não era "nós vamos para a rua para tirá-los da rua", mas "nós vamos para a rua para criar uma relação efetiva e pensar e discutir, com a criança, a situação delas nas ruas" . . . entender a dinâmica, a cultura, e somente então discutir possíveis propostas (Oliveira 2004, p. 106)

Uma vez tendo a criança aceitado o *namoro*, o educador começava o trabalho de construção da confiança com a criança com quem se estabelecia a primeira relação e, se fosse o caso, com o resto do grupo. São importantes aí a técnica (ex.: desenvolvimento de atividades lúdico-pedagógicas), as qualidades pessoais e uma vocação autêntica. Uma das tarefas do educador é atrair a criança para programas estabelecidos, para participar de atividades atrativas e interessantes, sem perder de vista a atitude de amor e respeito, a dignidade e a legitimidade (UNICEF & MPAS, 1987).

Na perspectiva da Pedagogia da Presença, o objetivo maior é a construção de um vínculo forte e significativo, cuja existência e qualidade constituem a medida do sucesso do trabalho[4]. As atividades educativas eram vistas não só como experiências coletivas estruturantes, mas também como um meio para o fortalecimento deste vínculo.

O processo de vinculação demanda grande disponibilidade pessoal de ambas as partes. Para que o educador adquira significância na vida dos jovens, estes devem adquirir significância na vida do educador – o princípio da reciprocidade. O educador tem que estar disponível e preparado para dar aos jovens seu apoio incondicional, demonstrar lealdade e amizade, ser seus advogados, e dividir com eles momentos de lazer. Deve ser cúmplice, embora não deva ser conivente com aquilo que desrespeite seus valores. Na cumplicidade aceita, acolhe, consola. Para não ser conivente, mostra seu desacordo, mas não trai, não é autoritário, e sim procura superar os contatos superficiais e efêmeros e as intervenções puramente técnicas.

---

[4] A ideia do vínculo como trabalhada pela ESR foi incorporada como objetivo primordial, entre outros, para o Programa Saúde da Família, estratégia fundamental do Sistema Único de Saúde (SUS).

Desta forma, com a sua presença, procura quebrar o profundo isolamento dos jovens sem violar seu universo pessoal (Costa, 1991, p. 29).

O princípio da reciprocidade admite transformações mútuas – tanto no jovem como no educador. Aceitando esta possibilidade o educador entra numa aventura existencial, contando com habilidades profissionais, repertório técnico e qualidades pessoais. Tem que liderar atividades pedagógicas interessantes para os grupos de educandos, conhecer os fundamentos teóricos que norteiam sua ocupação, adotar uma postura crítica para com os valores da sociedade e compreender os valores das crianças, dos grupos e da subcultura para onde dirige sua intervenção.

A ESR se mostra, assim, como pedagogia transformadora, em nível pessoal e social. O educador admite transformar-se, mudar pontos de vista, opiniões, sua relação com os jovens e com quem os cerca, suas ideias sobre as pessoas, grupos e instituições, pôr em dúvida verdades socialmente estabelecidas. Esta práxis sustenta-se na compaixão, no amor e no compromisso incondicional com a justiça e com as crianças e jovens que a sociedade coloca em situação de risco. Não tem lugar na ESR o educador que não quer se expor a esta transformação e os que não possuam uma força interior que lhes permita confrontar-se com estes riscos existenciais. As tarefas representam seu campo de ação, mas não definem a razão para sua presença junto ao jovem. As razões mais importantes serão sempre ligadas à libertação dos jovens, uma demanda existencial que se posiciona para além das burocracias e rotinas do trabalho institucional.

A esta fase, iniciada em 1979, caracterizada pelo desenvolvimento das práticas iniciais da ESR sob os auspícios da Pastoral do Menor, e de consolidação da Pedagogia da Presença, costumo denominar de fase Romântica da Educação Social de Rua.

O Projeto Alternativas de Atendimento aos Meninos de Rua

A fase romântica, pioneira, experimental, durou cerca de quatro anos e foi apoiada pelo UNICEF que implantou, com o MPAS, o Projeto

Alternativas de Atendimento aos Meninos de Rua que, formalizado em 1982, tinha como principal objetivo desenvolver intervenções com bases comunitárias. Reconhecia, portanto, que o atendimento às crianças e adolescentes "de rua" deveria envolver as comunidades de onde estes jovens se originavam (UNICEF & MPAS, 1983).

Por meio desse projeto, os educadores da Praça da Sé puderam disseminar, trocar e avaliar experiências. Criou-se uma base de dados sobre projetos de base comunitária já existentes e considerados de sucesso, principalmente os voltados para o problema do desemprego.

O desemprego já era, na época, um fenômeno preocupante, sobretudo nas áreas rurais, onde a economia fundava-se em processos de produção pouco competitivos. Muitos jovens migravam, sonhando em chegar às metrópoles, mas acabavam ficando nas pequenas cidades que iam encontrando pelo caminho e que se tornavam, temporariamente, seu novo lar. Aos poucos formou-se, nas cidades localizadas nas rotas de migração, uma subcultura de meninos rua, com seus costumes, sua ética e sua estética, baseados no morar na rua, no trabalho informal, na mendicância e nas pequenas infrações. Por isso, em pequenas cidades e algumas capitais do interior, já na década de 1970, havia uma grande variedade de projetos para crianças de rua. Muitos destes projetos ofereciam, além do acolhimento e da assistência social, ações profissionalizantes, para combater o desemprego, entre elas ações de qualificação, treinamento, busca de emprego e produção de bens, e estabelecimento de cooperativas. Os projetos geralmente forneciam refeições, atendimento em saúde e educação suplementar para os jovens participantes (UNICEF & MPAS, 1983, 1987).

Ao final de 1982, o UNICEF, por meio do Projeto Alternativas, já tinha visitado mais de 70 projetos e selecionou cinco para um estudo mais aprofundado, localizados em São José dos Campos (SP), Betim e Belo Horizonte (MG), Ipameri (GO) e Belém (PA). Quatro eram conduzidos por ONGs e o de São José dos Campos pelo governo municipal. Era comum um foco em treinamento para o trabalho, produção local de bens (principalmente objetos domésticos artesanais, como vassouras e vasos de cerâmica) e distribuição destes bens em mercados. Todos ofereciam benefícios, como convênios com serviços de saúde, e quatro forneciam refeições. Em todos era obrigatório o vínculo escolar e havia serviço suplementar de apoio, além de cursos como "Educação Moral". A Orientação Vocacional era o elemento metodológico norteador, e o trabalho era concebido como um processo pedagógico, dentro da filosofia da *Educação pelo Trabalho*[5]. Um dos desafios era promover o emprego, evitando a exploração do trabalho infantil.

O Projeto Alternativas facilitou a publicação dos primeiros textos sobre Educação Social de Rua no Brasil, uma série intitulada Ponto-de-Encontro. O primeiro título, Educador de Rua (UNICEF & MPAS, 1983), colocava os objetivos, metodologia e princípios pedagógicos aplicados pelos educadores sociais de rua, apresentando a ESR como projeto da Pastoral do Menor e usando como sinônimos os termos "educador social de rua" e "agente de pastoral".

A experiência da Praça da Sé, o número sempre crescente de crianças de rua e o apoio do UNICEF ao Projeto Alternativas proporcionou visibilidade aos educadores sociais de rua no cenário social e intelectual do país. Na metade da década de 1980, educadores, intelectuais e ativistas políticos do Brasil e do mundo já haviam ouvido falar da Praça da Sé, de suas crianças e dos educadores de rua. Estes educadores estabeleceram os parâmetros que definiam a qualidade do trabalho socioeducativo nas ruas no Brasil, e passaram a influir na questão da educação fora da escola em todo o mundo.

A Pedagogia Social de Base Comunitária

Eventualmente o "problema dos meninos de rua" tornou-se questão nacional e internacional. A experiência da Pastoral do Menor na Praça da Sé expandiu-se com o apoio reservado e limitado da Igreja e fomentou trabalhos similares em outras praças de São Paulo. Na metade

---

[5] Inspiravam-se na obra de Celestin Freinet (1973), educador francês do início do século XX. Era essencial que o trabalho servisse como meio formador, como contribuinte ao desenvolvimento cognitivo, ético e pessoal e não apenas como aproveitamento da mão de obra ou geração de renda.

dos anos 1980, a ideia já era trabalhar não somente com as crianças e adolescentes, mas com famílias e outros elementos da comunidade. Toda uma comunidade poderia ser vista como "cliente" em potencial para o trabalho de uma *Pedagogia Social de Base Comunitária*. Os educadores começaram a perceber a organização de situações de rua nos arrabaldes da cidade e a necessidade de trabalhar, na periferia, a organização comunitária. Passaram a priorizar ações para a defesa dos direitos, surgindo os Centros de Defesa de Direitos da Criança e do Adolescente (CDCAs), grupos comunitários voltados para a educação civil, enfatizando a igualdade de direitos para todos os cidadãos. Os CDCAs tornaram-se referência, um lugar onde a comunidade podia achar ajuda e educação sobre os direitos da cidadania. Foram eventualmente conveniados com agências governamentais, sendo-lhes delegados alguns serviços comunitários; tornaram-se uma base natural de trabalho comunitário para educadores sociais de rua.

A expansão da ESR continuou com o apoio do UNICEF. A Pastoral do Menor continuava a fornecer a metodologia e a orientar, eticamente, o trabalho dos educadores de rua, mas começou a dar sinais de deficiência de estrutura, que lhe impedia de prover os educadores com educação continuada, supervisão e trocas de experiências profissionais – no Projeto Alternativas eles eram provedores de ensinamentos, mas tinham poucas oportunidades de se colocar como aprendizes. As demandas eram muitas e havia a expectativa de que os educadores se tornassem líderes do movimento de expansão. Os educadores percebiam a necessidade de mudar para sobreviver, de novas ações de base comunitária e de novas parcerias institucionais.

A ESR atravessava, então, sua primeira crise de identidade. Não se podia defini-la simplesmente como um campo técnico, uma disciplina ou mesmo uma profissão. Embora reconhecida como uma inovação pedagógica, o compromisso, o envolvimento com a organização comunitária, o engajamento político e consequente risco, e o antagonismo diante de determinadas instituições e corporações caracterizavam-na como um movimento de transformação social. Envolviam-se neste movimento educadores sociais, trabalhadores de instituições para crianças e adolescentes, monitores de FEBEMs, estudantes, líderes comunitários e outros, desejosos de ir para as ruas ou trabalhar nas comunidades. Definia-se, desta forma, a identidade da ESR como uma *Pedagogia Política*, voltada para os direitos das crianças e dos cidadãos.

Educação em Meio Aberto

Outro conceito importante e estruturante da ESR é o de *Educação em Meio Aberto*. Este marco teórico surge durante o inverno de 1985, quando um grupo de monitores da FEBEM-SP, a partir de uma campanha de doação de roupas para crianças desabrigadas, fundou o primeiro abrigo não governamental para crianças, na periferia da cidade, batizado de Projeto Criança de Rua (PCR).

O PCR foi o primeiro abrigo institucional que permitia às crianças de rua ir e vir por sua própria iniciativa. Catalisando uma aliança entre a Secretaria da Promoção Social e a FEBEM conseguiu, além de apoio político, recursos humanos e financeiros. Numa típica noite, o PCR recebia cerca de 180 crianças que tinham acesso a um banho de chuveiro, jantar e atendimento médico e de enfermagem, em caráter limitado e provido por voluntários. Inicialmente as crianças tinham que sair pela manhã, mas depois passaram a poder ficar e realizar atividades, como recreação, artes e educação profissionalizante. As crianças podiam também lavar suas roupas, usar o espaço para estudos, fazer trabalhos de escola ou simplesmente ficar no Projeto durante o dia. Algumas ficavam apenas para não se exporem à polícia ou gangues.

Devido à falta de salas, o PCR realizava suas atividades no pátio. Eventualmente, o uso do espaço aberto passou a ser uma opção metodológica, abordagem que se mostrava diferente do ambiente limitado, contido e controlado da sala de atividades e da escola. Nascia a Educação em Meio Aberto como uma proposta pedagógica inovadora cujas ideias libertárias chocavam-se com a prática institucional da FEBEM, de onde eram oriundos seus criadores.

O MOVIMENTO NACIONAL DE MENINOS E MENINAS DE RUA

Os primeiros educadores sociais de rua, os agentes de Pastoral, visavam o desenvolvimento de consciência crítica das crianças, o que era impedido face às demandas assistenciais como necessidades de cuidados básicos de saúde, fome e frio. Os agentes de Pastoral, engolidos por estas demandas, precisavam de algum aliado que levasse a cabo o projeto político que eles não estavam conseguindo realizar.

Em 1984, o Projeto Alternativas patrocinou o Primeiro Seminário Latino-Americano de Alternativas Comunitárias para Crianças de Rua em Brasília. Vários grupos comprometidos com a causa das crianças de rua resolveram, aí, oficializar a ESR como um movimento de cunho político. Destas discussões surgiu uma ONG histórica na causa da criança e do adolescente: o Movimento Nacional de Meninos e Meninas de Rua, com vários militantes oriundos da Pastoral e que apresentava, como princípio fundamental

> Fortalecer as práticas libertárias que considerem meninos e meninas de rua como agentes de suas próprias vidas, promotores de uma nova sociedade justa, fraternal e participativa, em conjunto com todos os segmentos oprimidos que hoje lutam por sua liberdade. (Movimento Nacional de Meninos e Meninas de Rua, 1985, p. 1)

Como a Pastoral do Menor, o Movimento priorizava a defesa dos direitos das crianças e adolescentes e formas alternativas de educação. Enfatizava a construção de "projetos de vida" e o desenvolvimento de uma consciência crítica que levasse a uma transformação das estruturas injustas da sociedade (Movimento Nacional de Meninos e Meninas de Rua, 1985, p. 2). Uma estratégia era evitar a assistência para poder promover a organização política das crianças e adolescentes.

Estabeleceu-se, com o Movimento, o primeiro Centro de Formação em ESR, cujo modelo tornou-se a base para a formação dos educadores sociais de rua. Em junho de 1985 o Movimento promoveu seu primeiro encontro nacional, em Brasília e um ano depois promoveu, também em Brasília, o Primeiro Encontro Nacional de Meninos e Meninas de Rua, que continuou a se realizar a cada três anos, congregando crianças e adolescentes de 26 estados brasileiros e do Distrito Federal. O Movimento estabeleceu-se como uma organização descentralizada em que as crianças e adolescentes participavam dos processos de decisão em praticamente todos os níveis. Com o apoio de organizações internacionais publicou vários relatórios sobre a violência praticada contra as crianças e adolescentes de rua no Brasil.

O Movimento avançou a proposta pedagógica inicial da ESR, priorizando a politização e a organização das crianças e adolescentes com fins de tornarem-se cidadãos participativos, autônomos ("senhores de seus próprios destinos") e críticos; focou a ação pedagógica na produção de "projetos de vida"; desenvolveu a formação pedagógica e política de Educadores Sociais e atuou na defesa das crianças e adolescentes, em nível nacional e internacional.

Os educadores sociais pioneiros, de primeira geração – os Românticos da Praça da Sé, do Projeto Alternativas, do PCR e do Movimento Nacional de Meninos e Meninas de Rua – efetivam, assim, as formas de abordagem e os marcos teórico-metodológicos da ESR: a Pedagogia da Presença, a Educação em Meio Aberto e a Pedagogia do Trabalho. Estas abordagens pedagógicas se contextualizam na evolução da ESR como uma *Pedagogia Política e de Direitos*.

A Educação de Rua como proposta de governo

Em 1987, durante o governo de Orestes Quércia, criou-se a Secretaria do Menor (SM) do Estado de São Paulo, primeiro órgão governamental voltado explicitamente para a criança em situação de rua. Com *status* de secretaria especial, a SM tinha recursos, independente da dotação orçamentária do Estado, situação privilegiada para os educadores de rua, inseridos, pela primeira vez, com esta denominação, na folha de pagamento estadual. A SM criou uma variedade de programas para diferentes categorias de crianças e adolescentes e privilegiou as artes como ferramenta pedagógica. Ficaram famosos seus circos, que levaram a educação artística às crianças e adolescentes da periferia.

O projeto pedagógico da SM caracterizava-se por abordagens técnicas, desprivilegiando o objetivo da transformação e propiciando um cisma com os educadores sociais, que prezavam a ESR como um processo político-pedagógico voltado para uma prática libertária. O educador da SM, na visão dos outros educadores, alienava-se da causa dos oprimidos, embora em seu Centro de Formação estudassem a obra de Paulo Freire, além das teorias da Psicologia do Desenvolvimento. Ao contrário dos Agentes da Pastoral e dos militantes do Movimento, atores políticos comprometidos com uma pedagogia emancipatória, os educadores da SM eram essencialmente técnicos e, o que era visto como pior, ignorantes das bases teórico-metodológicas que marcavam a ESR até ali. Além disso, a expectativa era que a Secretaria fosse uma entidade administrativa, normativa, sem atuação direta no campo, mas ela tornou-se provedora direta de serviços, competindo, na visão dos educadores sociais, em vez de somar. A cisão culminou com o anúncio, pela secretária Alda Marco Antônio, de que a SM havia inventado a ESR (Secretaria do Menor, 1987).

Por seu caráter governamental, a SM acabou partidarizando, mas despolitizando, o trabalho dos educadores sociais e reproduziu alguns dos mesmos problemas que haviam minado o Programa Nacional Biblioteca da Escola para o Ensino Médio (PNBEM): centralização de poder, marginalização dos articuladores do pensamento crítico, alienação dos grupos já existentes e negação do trabalho e da construção conceitual até ali desenvolvidos.

No campo da ESR passaram, assim, a conviver, duas vertentes profissionais aparentemente irreconciliáveis. Ao mesmo tempo, o movimento Diretas Já, que havia contribuído para a queda da ditadura, avançava como movimento popular pela promulgação de uma nova Constituição para o país. O movimento pela causa da criança e do adolescente influenciou fortemente na promulgação do Estatuto da Criança e do Adolescente.

O Estatuto da Criança e do Adolescente

O movimento Diretas Já contou com ampla base comunitária e amplos segmentos da sociedade. O novo governo convocou uma assembleia constituinte na qual a sociedade foi representada principalmente por ONGs, que atuaram decisivamente na formulação do artigo 227, que lida com a questão das crianças e adolescentes, e da Lei 8.069/90, que o regulamenta, conhecida como ECA.

O ECA promove descentralização e alterações no poder, tanto na relação entre os níveis federal, estadual e local, quanto em instâncias jurídicas e policiais. Enfatiza o *direito* das crianças e adolescentes a serviços sociais, inclusive socioeducativos e de saúde, e propõe transformações no sistema de justiça infantojuvenil. Por estes e outros motivos foi, desde o início, alvo de imensas controvérsias. Embora a disseminação, a implementação e o cumprimento do ECA tenha se tornado o foco de defensores dos direitos humanos e dos direitos das crianças e adolescentes, particularmente dos educadores sociais de rua, o ECA não foi uma unaminidade. Muitos educadores, como o resto da população, tinham restrições ao Estatuto, considerado por muitos como extremamente liberal.

Várias provisões do ECA tornaram-se foco de discussão pública, como por exemplo as relativas à regulação do trabalho infantil e juvenil, o estabelecimento de medidas socioeducativas para infratores, a inimputabilidade penal até 18 anos e o estabelecimento de Conselhos de Direitos e Conselhos Tutelares. O debate em torno do ECA levou os educadores a se dedicarem ao conhecimento do Direito, das leis e dos tribunais. De uma pedagogia social e teológica (Pastoral do Menor) e, posteriormente, laica e política (Movimento Nacional de Meninos e Meninas de Rua), a Pedagogia Social de Rua passou a caracterizar-se, com o ECA, como uma *Pedagogia de Direitos*.

Endereço Desconhecido: crianças e adolescentes em situação de rua

A LATÊNCIA E O RESSURGIMENTO DA EDUCAÇÃO SOCIAL DE RUA

A FUNABEM permaneceu como órgão político central do sistema de bem-estar do menor até o início da década de 1990, quando foi substituída pela Fundação Centro Brasileiro para a Infância e a Adolescência (FCBIA), que cumpriu importante papel na difusão do ECA, mas, com as mudanças de governo, se extinguiu. A Secretaria do Menor do Estado de São Paulo fundiu-se com a Secretaria da Promoção Social e incorporou a FEBEM, tornando-se a Secretaria da Criança, da Família e do Bem-Estar Social.

Em 1993 uma rebelião de proporções inauditas incendiou, pela primeira vez, o quadrilátero do Tatuapé, sede e símbolo maior da FEBEM. Seguiu-se a demissão da Secretária da Criança, Alda Marco Antônio, o que marcou o fim simbólico da SM e o retorno, na área da criança e do adolescente, da hegemonia da mentalidade correcional.

Com o enfraquecimento causado pela cisão promovida pela SM, mas também com o desgaste sofrido pelo processo de desenvolvimento de seu próprio campo – com muitos educadores de rua assumindo cargos de direção e supervisão – sem apoio financeiro e com as sucessivas mudanças políticas, a ESR entrou em estado latente. Alguns projetos esparsos sobreviveram e atravessaram o limiar do novo milênio, como o projeto Axé, na Bahia, a Escola Porto Alegre e o projeto comunitário da Mangueira, no Rio. Alguns educadores sociais continuam trabalhando, precariamente e sem grande apoio estrutural.

Nos últimos dez anos uma nova onda de Educação Social vem dando sinais de fortalecimento no país. Uma das primeiras iniciativas neste sentido foi o apoio estrutural, dado pelo Ministério da Saúde, a uma articulação nacional de Educação Popular. Ao mesmo tempo, volta-se a reconhecer, na mídia, projetos que incorporam o trabalho de educadores sociais, principalmente voltados para tirar as crianças das ruas e oferecer oportunidades educativas e de trabalho para estes jovens. Muitos destes projetos utilizam os métodos da Educação em Meio Aberto, inclusive a ênfase no esporte e nas artes, como medidas educativas, como

460

tradicionalmente fazia a Secretaria do Menor do Estado de São Paulo. Prefeituras municipais, como a de São Vicente-SP e Vitória-ES, incorporam o trabalho de educadores sociais em seus quadros funcionais e promovem eventos que fomentam a rediscussão do campo da Pedagogia Social e particularmente da Educação Social de Rua. Conselhos Tutelares e Conselhos Municipais de Direitos da Criança e do Adolescente, apesar de ainda funcionando, em sua maioria, de forma precária, e de ainda serem confundidos, pela população e pelo próprio poder público, quanto a suas finalidades e modos de atuação, vão, aos poucos, se consolidando em todo o território nacional.

Há um clamor da sociedade pela resolução de problemas para os quais os métodos tradicionais, inclusive o da Educação formal, não conseguem oferecer respostas adequadas. Novas configurações sociais, políticas e culturais surgem como consequência do fortalecimento do neoliberalismo que trouxe, junto com a afluência de alguns, a miséria de grandes contingentes populacionais. A destruição paulatina das redes de proteção social, a minimização do papel do Estado como protetor da cidadania e o estabelecimento da primazia do lucro e da competitividade como valores fundamentais da existência humana geram desemprego ou aumento dos subempregos, ampliam o escopo das populações de rua, e fomentam a violência. Não se tem encontrado uma saída nas ofertas tecnológicas disponíveis e a ESR tem, assim, a possibilidade de sua redescoberta.

A ESR não pode solucionar os problemas criados pelas nossas mazelas sociais, políticas e econômicas, como a corrupção, a impunidade, a alienação política e social ou as desigualdades econômicas. Não tem condições de acabar com o tráfico de drogas ou com a onda de crimes violentos perpetrados por jovens de todas as classes sociais. Mas pode ajudar indivíduos e grupos atingidos por estes problemas e ao mesmo tempo auxiliar em um processo mais geral de transformação da realidade social. Por sua tradição e pelo acúmulo de experiências, os ensinamentos da ESR adaptam-se perfeitamente para utilização junto a diferentes populações e comunidades.

Os problemas hoje enfrentados pelas comunidades e, por contingência, pelos poderes que têm obrigação de protegê-las e promover seu bem-estar, são em muitos aspectos diferentes dos enfrentados pelos educadores de primeira e segunda gerações. As práticas infracionais, a delinquência, a vitimização das populações desassistidas têm características diferenciadas. Os jovens que hoje transitam pelos aglomerados suburbanos portando escopetas e granadas, os egressos do tráfico, os que adquiriram defeitos físicos e mentais pelo uso de drogas ou pelos maus-tratos, têm necessidades diferentes dos meninos que roubavam bolsas na Praça da Sé. As famílias que dormem debaixo de marquises, os saltimbancos de esquina, os desempregados no limiar da infração, os presos das penitenciárias e reformatórios juvenis, todos podem ser auxiliados pela tecnologia social representada pelos métodos da ESR.

A revitalização da ESR significa um passo positivo para o bem-estar social. Adotada nos Estados Unidos, na Austrália, em vários países da Europa e em outros países, onde tomou formas e denominações diversas, a ESR tem certamente uma grande contribuição para a busca de soluções dos enormes problemas sociais de nosso país.

Educação social de rua

REFERÊNCIAS

Abranches, S.H. (1986). *Os despossuídos: Crescimento e pobreza no país do milagre.* Rio de Janeiro, RJ: Zahar.

Baizerman, M. (1988, November). *Dowe need detached youthworkers to work with street kids?.* Minneapolis, MN: Street Children Update Briefing.

Bulgarelli, R., & Almeida, M.T.F. (1987). *É possível educar na rua?* Brasília, DF: MPAS.

Costa, A.C.G. (1991). *Por uma pedagogia da presença.* Petrópolis, RJ: Vozes.

Freinet, C. (1973). *Para uma escola do povo* (A. Mota, Trad.). Lisboa, Portugal: Presença.

Freire, P. (1970). *Pedagogia do oprimido.* Rio de Janeiro, RJ: Paz e Terra.

Freire, P. (1986). *Paulo Freire e os educadores de rua. Uma abordagem crítica.* Brasília, DF: UNICEF.

Fundo das Nações Unidas para a Infância., & Ministério da Previdência e Assistência Social. (1983). *O que é o Projeto. Cinco experiências comunitárias identificadas pelo Projeto, que apresentam alternativas de atendimento a meninos de rua.* Brasília, DF: Autor.

Fundo das Nações Unidas para a Infância., & Ministério da Previdência e Assistência Social. (1987). *Observações iniciais sobre programas de atendimento a meninos de rua* (4. ed.). Brasília, DF: Autor.

Fundo das Nações Unidas para a Infância. (1990). *Situação mundial da infância* (J. P. Grant, Trad.). Brasília, DF: Autor.

Hannerz, U. (1992). *Cultural complexity: Studies in the social organization of meaning.* New York: Columbia University Press.

Hebdige, D. (1979). *Subculture, the meaning of style.* London: Methuen.

Ianni, O., & Krause, R. (1975). *O menor, a cidade e a lei.* Rio de Janeiro, RJ: Paz e Terra.

Kephart, W.M. (1982). *Extraordinary groups: The sociology of unconventional life-styles* (2. ed.). New York: St. Martin's Press.

Levinson, J., & Oníz, J. (1970). *The alliance that lost its way.* Chicago: Quadrangle Books.

Maurer, D.W. (1981). *Language of the underworld.* Lexington, KY: University Press of Kentucky.

Movimento Nacional de Meninos e Meninas de Rua. (1985). *Movimento Nacional de Meninos e Meninas de Rua* Brasília, DF: Autor.

Oliveira, W.F. (2004). *Educação social de rua.* Porto Alegre, RS: Artmed.

Oliveira, W.F., Baizerman, M.L., & Pellet, L. (1992). Street children in Brazil and their helpers: Comparative views on aspirations and the future. *International Social Work, 35,* 163-76.

Robock, S. H. (1975). *Brazil: A study in development progress.* Lexington, MA: Lexington Books.

Rosemberg, F. (1996). Estimativa sobre crianças e adolescentes em situação de rua: Procedimentos de uma pesquisa. *Psicologia: Reflexão e Crítica,* 9(1), 21-58.

Schwedinger, H., & Schwedinger, J. (1985). *Adolescent subcultures and delinquency.* New York: Prager.

Secretaria do Menor. (1987). *Luta pelo presente.* São Paulo, SP: Autor.

Van Manen, M. (1990). *Re searching lived experience: Human science for an action Sensitive Pedagogy.* New York: State University of New York Press.

18

INTER-RUA: EXPERIÊNCIA DE PORTO ALEGRE[1]

Maria Goreti de Souza
Maria Lucia de Andrade Reis
Naide Maria Baseggio Corrêa
Silvia Giugliani

Detergente

Não vale queixa,
Isto não deixa
Enxergar, pensar direito,
A lágrima no olho, a dor no peito.
A mágoa
Só enxágua
No desabafo,
Não nos deixa safo
Da sujeira vigente,
Há de ter gente
Movida pelo coração
Mas guiada pela razão

---

[1] Esse texto foi elaborado coletivamente pelo Fórum Inter-Rua e sistematizado por Maria Gorete de Souza – Serviço de Acolhimento Noturno; Maria Lucia de Andrade Reis – Escola Municipal de Ensino Fundamental Porto Alegre (EPA) e Naide Baseggio Corrêa – Lar Dom Bosco. Com a colaboração especial de Silvia Giugliani, coordenadora da equipe do Serviço de Educação Social da Rua da prefeitura Municipal de Porto Alegre (gestão 1997/2004), responsável pela sistematização da parte histórica deste texto.

Visando a perspectiva
Em discussão produtiva,
Levando o real
Mais perto do ideal.
A expectativa
É mãe da decepção,
A rede só fica viva
Por convicção e AÇÃO.
(Carlinhos Guarnieri[2])

INTRODUÇÃO

Este capítulo apresenta a sistematização da experiência da rede de serviços e das discussões ocorridas nas reuniões do Fórum Inter-Rua sobre questões que envolvem a situação de rua na região central de Porto Alegre. Nesse espaço, as diferentes instituições trouxeram as concepções que norteiam a intervenção na prática cotidiana do trabalho realizado com a população infantojuvenil em situação de rua.

Todas as discussões tiveram como paradigma a concepção de criança e adolescente expressa no Estatuto da Criança e do Adolescente ([ECA], 1990) em seus artigos 1º, 3º e 6º, em especial, a visão da "condição peculiar da criança e do adolescente como pessoas em desenvolvimento". Além disso, as discussões partiram da concepção proposta por Rizzini (2003), acerca de duas formas de utilização do contexto da rua pelas crianças e adolescentes. São elas: *Rua moradia*: "A criança de rua alterna entre a família e a rua, mas tem sempre a rua como campo principal. Ela determina o ritmo de suas atividades"; e *Rua sobrevivência*: "Espaço utilizado por criança e adolescente com vínculos familiares fragilizados por razões econômicas, sociais e emocionais e que utilizam diversas estratégias de sobrevivência, seja de subsistência ou de autoproteção, sendo que a família ainda é a sua referência" (p. 61).

---

[2] Integrante do Programa Redução de Danos/Secretaria Municipal de Saúde de Porto Alegre.

TRAJETÓRIA HISTÓRICA

Cabe neste momento, buscar na memória fatos, tensões e intervenções que constituíram a origem deste processo e compartilhá-los como parte deste caminho. Como tudo, os processos deixam marcas no tempo, na história e nos atores envolvidos. Essas marcas nos ajudam a compreender as experiências e trajetórias e, portanto, oportunizam aprendizados, base para a superação dos impasses, para a busca de maior resolutividade e de intervenções com maior impacto.

Até a Prefeitura Municipal de Porto Alegre chegar ao atual formato das ações apresentadas em relação à política de enfrentamento da situação de rua – Ação Rua –, o município de Porto Alegre viveu experiências que significaram avanços tanto no nível da gestão, como no nível da intervenção direta.

Sem desconsiderar processos anteriores, iniciaremos este histórico a partir da constituição do *Projeto Jovem Cidadão* (1993), movimento governamental para consolidar o ECA e estabelecer ações de retaguarda aos Conselhos Tutelares. Esse projeto propunha, por meio de uma intervenção intersecretarias, a priorização de ações voltadas à infância e adolescência vulnerabilizadas. Com ele iniciava-se o aprendizado da necessidade de que as ações acontecessem intersetorialmente, buscando uma complementaridade e maior eficácia nos resultados. Por resultado, entendíamos a garantia dos direitos fundamentais, uma maior agilidade no acolhimento e inclusão na rede de atendimento das situações mais vulneráveis, bem como a compreensão da importância de desenvolver um trabalho articulado e integral, dirigido à criança e ao adolescente, sempre buscando estabelecer conexões com suas referências familiares e comunitárias. Afirmávamos, desde aquele tempo, que o ECA deveria referenciar o cotidiano das ações governamentais e não governamentais. Na esteira deste Projeto, entre outras iniciativas, citamos duas ações *Projeto Sinal Verde*[3], e *Educação Social de Rua*[4].

---

[3] Projeto Sinal Verde: Intervenção com as famílias das crianças e adolescentes que pediam nas sinaleiras, coordenada pela Assistência Social.

[4] Educação Social de Rua: Composta por profissionais das Secretarias de Saúde, Esporte, Educação e Assistência Social que trabalhavam no mapeamento e na abordagem das crianças e adolescentes em situação de rua no centro da cidade.

Os anos seguintes contemplaram a implantação de serviços e programas fundamentais para o fortalecimento destas ações. Dessa forma, surgiram a Escola Porto Alegre (Educação-1995), o Programa de Apoio Sociofamiliar (Assistência Social-1996), o Serviço de Educação Social de Rua (Assistência Social-2000), o Abrigo Casa de Acolhimento (Assistência Social-2000), o Serviço de Acolhimento Noturno (Assistência Social-2001) e a Casa Harmonia (Saúde-2001). Estes projetos e programas, embora buscassem estabelecer interfaces com outras ações e políticas, no sentido de responder ao conjunto de necessidades dos sujeitos e suas famílias, viveram de forma oscilante seus níveis de efetividade. Era necessário reler os objetivos propostos, envolver mais atores nestes processos e fazer algo que surtisse efeito. Efeito de cuidado, efeito de vida.

Uma análise crítica da realidade dirigiu o foco para a fragmentação na qual ainda se constituíam as ações. Sem diálogo, sem complementaridade, sem eficácia, a realidade se agravava e apresentava novos desafios como, por exemplo, a presença cada vez maior da droga no cotidiano de crianças e adolescentes que faziam das ruas seu espaço de moradia.

Era tempo de enfrentar as fragilidades históricas que caracterizam as ações governamentais, era tempo de buscar conexões, parcerias. Era tempo de compartilhar responsabilidades. Era tempo de cada política se perguntar em que medida tinha algo a ver com este cenário. E todos tinham. Este foi o ponto de partida.

Movimentos do governo sinalizavam que estas questões encontravam eco na gestão e, nos meses iniciais de 1997, o Governo Municipal – prefeito e secretariado – assinou o Compromisso "Prefeito Amigo da Criança". Buscando concretizar ações de enfrentamento a esta realidade, o Fórum de Políticas Sociais (FPS), estrutura governamental intersecretarias, recebeu e analisou o relatório realizado pela Escola Porto Alegre (EPA) que detalhava a gravidade da situação.

A gestão tomou para si a responsabilidade de fazer algo. Foram convocadas reuniões com diversas secretarias, coordenadas pela Secretaria do Governo Municipal (SGM) – área do governo que atuava com as políticas sociais e coordenava o FPS. Esta ação foi considerada um avanço, pois não responsabilizou uma ou outra secretaria e sim a todas, cada uma na sua competência. As primeiras secretarias que responderam à questão colocada foram Assistência Social, Educação, Esporte e Saúde. Durante o ano de 1997, num processo intenso e coletivo foi escrito o Programa Municipal de Atenção Integral a Crianças e Adolescentes Usuários de Substâncias Psicoativas (PAIACAUSPA).

O tempo e a droga nos impunham a necessidade de acelerar o processo. O loló e a cocaína injetável nos apresentavam cenários de morte e de desestabilização. A articulação passou pelo Programa de Redução de Danos, pelas ações intersetoriais, pelo trabalho em equipe, pelo investimento na equipe enquanto grupo, do grupo como um coletivo que se fortalecia e enfrentava o desafio. Não sabíamos tudo, mas estávamos juntos.

Construímos e desconstruímos nossas ações muitas vezes. Sempre atentos aos resultados, fomos desenvolvendo estratégias de intervenção que fizeram sentido enquanto método. Deixamos de priorizar a droga e focamos o sujeito. A droga apareceria como um dos vínculos estabelecidos. Era tempo de iniciar o *PAICA-Rua* – Programa Municipal de Atenção Integral a Crianças e Adolescentes em situação de Rua. O ano era 2001.

Esta experiência criou identidade e intencionalidade. Para além do gestor, a experiência do PAICA articulava profissionais implicados com o cuidado, com a infância, com a juventude, com o futuro. Para além da gestão, a cidade nas suas mais diferentes expressões e segmentos era provocada a se perguntar como cuidava de suas crianças. O PAICA entendia que precisava dialogar com todos, era preciso criar ações que retirassem a criança e o adolescente deste lugar de invisibilidade, era preciso garantir seus direitos fundamentais e de proteção. Na lógica da atenção integral, percorremos as regiões da cidade e suas redes de atendimento, os conselhos de direitos, os espaços do orçamento participativo. Os aprendizados nos fizeram amadurecer, repensar nossos projetos, rever nossas práticas. Não era fácil, mas buscamos permanecer atentos aos processos e seus resultados. Muitas vezes foi necessário mudar. Não podíamos desistir.

No período de 2000/2002, por processos fomentados a partir do PAICA, vivemos o reordenamento e a implantação de serviços, visando a uma retaguarda mais efetiva e à constituição de uma rede que estivesse disponível ao acolhimento do sujeito, considerando diferentes níveis de complexidade.

Em anos mais recentes (2002/2004) e reconhecendo a participação, com diferentes intensidades, de dez secretarias de governo e de parceiros da sociedade civil – Lar Dom Bosco e Odomodê –, novas ações foram elaboradas. Produzimos conhecimento coletivamente, por meio da publicação "Série Fazer Valer os Direitos" da Organização das Nações Unidas para Infância e Adolescência ([UNICEF], 2002), consolidamos espaços de formação continuada, com o objetivo de construir conceitos que direcionassem a ação coletiva visando à superação, ainda que lenta, das ações fragmentadas e isoladas. Implantamos um *modo de gestão* (fórum executivo e fórum ampliado) como forma de articular, responsabilizar e fazer "andar" o Programa, visto sua estrutura basicamente governamental, portanto pesada, burocrática e lenta. Observávamos certa eficácia na ação de ingresso da criança/adolescente no Programa, mas eram poucas as experiências de saída. Qualificamos um *modo de atenção* que sinalizasse o ingresso, a permanência e a saída do Programa. Consolidamos o Núcleo Intersecretarias, o qual reunia semanalmente os serviços que atuavam no centro da cidade e que tinham em sua intervenção cotidiana, ações direcionadas a crianças e adolescentes em situação de "rua-moradia". Por meio do respeito e do (re)conhecimento das diferentes competências, aprendemos neste espaço a significar a palavra *rede*. O Núcleo Intersecretarias foi composto pela Casa Harmonia, Acolhimento Noturno, Escola Porto Alegre, Lar Dom Bosco, Serviço de Educação Social de Rua e Odomodê. Em um processo de constituição tenso, mas sólido, o Fórum entendeu a importância não só de acolher, mas de monitorar cada caso, reconhecendo a singularidade de cada sujeito, sua história, seus afetos e vínculos. Assim, buscávamos acompanhar o percurso de cada criança/adolescente na rede, suas tentativas e suas fragilidades na tentativa de construir respostas que superassem sua permanência na rua. Entendemos que não se tratava somente de oportunidades, mas de processos. Implantamos uma rotina de estudos de caso envolvendo todos os atores sociais implicados no acompanhamento. Implantamos o Acolhimento Inicial Integrado (o qual será descrito adiante nesse capítulo) em parceria com uma das instituições que compõem a rede – o Lar Dom Bosco, tendo como tarefa principal a investigação da história de vida desses sujeitos. Seu objetivo era incidir na diminuição das arestas pelas quais muitas vezes a criança/adolescente "escapava", por conta, entre outros motivos, dos ruídos de comunicação e do tempo institucional x tempo do sujeito.

Este processo não foi vivido sem conflitos ou sem enfrentamentos. Muitos foram os desgastes e o reconhecimento que os resultados alcançados não eram os pretendidos, mas, sem dúvida, avançamos, construímos métodos e iniciamos a experiência de práticas cotidianas intersetoriais. Como se trata de processo, esta experiência nos ensinou que é preciso aprender a aprender. Permanecer comprometido, propositivo, assumindo cada vez mais um lugar protagonista na luta pela promoção da cidadania e da vida.

NOVA CONFIGURAÇÃO E COMPOSIÇÃO: FÓRUM INTERINSTITUCIONAL SOBRE A RUA (INTER-RUA)

Em 2005, com a mudança de gestão na Prefeitura, houve um tensionamento quanto à legitimidade do Núcleo Intersecretarias, uma vez que na nova administração municipal não foi dada continuidade ao PAICA-Rua, o qual articulava ações no enfrentamento à situação de rua vivida por crianças e adolescentes. Embora o Núcleo Intersecretarias não fosse reconhecido pela nova gestão, os serviços que o compunham mantiveram a sistematicidade das reuniões, movidos pela necessidade de continuar articulando e complementando as ações destinadas a esse público.

Assim, com o reordenamento de alguns serviços governamentais e a ampliação das ações não governamentais direcionadas a esta população, fez-se necessário uma recomposição desse espaço, passando a ser denominado Fórum Interinstitucional sobre a Rua (Inter-Rua), coordenado de forma compartilhada e paritária, por um serviço governamental e uma ONG.

O *Fórum Interinstitucional sobre a Rua (Inter-Rua)* é um espaço de articulação e discussão de casos dos serviços governamentais e não

Endereço Desconhecido: crianças e adolescentes em situação de rua

governamentais que atuam com crianças e adolescentes que se encontram em situação de rua na região central de Porto Alegre. Esse espaço potencializou a necessidade de as ações destinadas a este público serem complementares e propositivas, quanto à alteração da situação identificada.

Atualmente, este Fórum passou a ser considerado como mais uma Rede de Atendimento da cidade, respeitada a sua configuração, diferente das demais Redes, que se organizam pelo critério de território. Fruto desse reconhecimento, o Fórum Inter-Rua tem sido convidado para apresentar sua experiência de Rede nos demais espaços de participação, formação, deliberação e representação na cidade.

Sistemática de funcionamento

O Fórum Inter-Rua reúne-se semanalmente, tendo como pauta central a dinâmica dos serviços e sua relação com a rua. Participam dessa discussão os serviços que desenvolvem ações diretas com esse público:

ONGs: *Lar Dom Bosco e Núcleo Ação Rua Centro/AICAS (Associação Intercomunitária de Atendimento Social)*[5];

Governamentais: *Núcleo Ação Rua Centro/FASC* (Fundação de Assistência Social e Cidadania)[6], *Acolhimento Noturno, Abrigo Municipal Ingá Brita* (AMIB), *Casa de Acolhimento, Escola Municipal de Ensino Fundamental Porto Alegre* (EPA), *Programa de Redução de Danos* (PRD) *e o Bonde da Cidadania.*

Mensalmente, o Inter-Rua realiza uma reunião denominada Ampliada, que tem como objetivo articular e socializar suas ações junto às

---

[5] Até setembro de 2006 fez parte desse Fórum, o Projeto SOBRESAIR/ACM (Sorrindo, Brincando e Saindo da Rua/Associação Cristã de Moças), realizado em parceria com Conselho Municipal de Direitos da Criança e do Adolescente (CMDCA). O referido Projeto realizou abordagens, encaminhamentos de casos à Rede, visitas domiciliares às famílias, atuou junto ao Conselho de Direitos de Porto Alegre e participou das discussões na elaboração do Plano de Enfrentamento à situação de rua de crianças e adolescentes da cidade de Porto Alegre (ACM/CMDCA-2005).

[6] A FASC é o órgão da Prefeitura de Porto Alegre responsável pela coordenação e execução de programas e serviços que promovem diretos e inclusão de cidadãos que estão em situação de risco e vulnerabilidade social.

representações das Secretarias e Autarquias, bem como apontar as lacunas e demandas levantadas pelos serviços nas reuniões sistemáticas.

Acompanham as reuniões mensais a Coordenação da Rede Especializada (CRE/ FASC), Assessoria de Serviço Social/Secretaria Municipal de Educação (SMED), um representante da Secretaria Municipal de Saúde e um representante do Núcleo de Políticas Sociais, vinculado ao Programa Infância e Juventude Protegida, ligado ao Gabinete do Prefeito.

Este Fórum, além de cumprir um papel primordial de articulação dos serviços, tem debatido e refletido a complexa realidade de rua das crianças e adolescentes, os processos familiares e comunitários que envolvem o contexto da rua moradia e sobrevivência e as fragilidades da rede na atenção integral e continuada dessa população.

Instrumentos: Plano de Ação, Monitoramento e Estudos de Caso Interinstitucional

Plano de Ação. Em maio de 2004, a partir de uma avaliação de que a criança e o adolescente acabavam circulando pelos diferentes serviços sem que estes tivessem a mesma agilidade em propor um plano de ação individual e negociado com cada sujeito, foi proposto à FASC, pelo Núcleo Intersecretarias, a implantação do Acolhimento Inicial Integrado. Essa metodologia de intervenção tinha como objetivo a definição de uma única porta de entrada para o acolhimento das situações identificadas em abordagem pelos educadores, tanto no que diz respeito à "rua-moradia" como quanto à "rua-sobrevivência". Esta estratégia buscava diminuir os ruídos de comunicação e agilizar um encaminhamento mais efetivo das situações. Muitas vezes, as crianças/adolescentes se distanciavam dos serviços por não estabelecerem um projeto mais envolvente e atrativo, podendo nas situações mais graves utilizarem-se da rede para permanecer na rua. A implantação do Acolhimento Inicial tornou possível avaliar que movimentos essas crianças e adolescentes faziam no sentido de permanecer mais tempo nos espaços de atenção e menos tempo na rua.

A metodologia para o acompanhamento foi construída coletivamente por este Fórum e prevê: abordagem de rua, estudo de caso, construção do Plano de Ação Individual, Monitoramento e a indicação de um educador e um serviço referência para a retomada do Plano de Ação, tendo sempre como retaguarda um técnico do Serviço Social do Núcleo Central/FASC.

As etapas metodológicas para a construção desse Plano, que subsidia a intervenção dos serviços que compõem o Fórum Interinstitucional sobre a rua se dão a partir da investigação da história de vida, nos três eixos: *oral, familiar e institucional*. Para investigação da história de vida individual, feita no Acolhimento Inicial, a equipe faz entrevistas, contatos com instituições, reuniões e visita domiciliar, entre outras atividades que possam contribuir para essa ação. Toda intervenção é pensada a partir do Plano de Ação, que deve ser revisto periodicamente, mediado e sob a responsabilidade do educador referência de um dos serviços que a criança e/ou o adolescente acessa. É importante ressaltar que no processo de construção desse Plano o sujeito também é protagonista, uma vez que suas diferentes manifestações e linguagens são observadas e contempladas, sempre que possível, na definição de sua inclusão nas atividades dos serviços. Os encaminhamentos poderão ser feitos a partir de três situações: (a) após avaliação feita, a partir da investigação da história de vida, que a criança/adolescente não tem uma trajetória de vida na rua que justifique sua inclusão em um dos serviços especializados, será encaminhada, via Núcleo Regional/Ação Rua/FASC, para sua família e serviços de sua comunidade de origem; (b) após avaliação feita, a partir da investigação da história de vida, o adolescente que tem trajetória de vida na rua será incluído nas atividades dos serviços especializados (rede de proteção da cidade e Grande Porto Alegre), conforme Plano de Ação; (c) poderá ser encaminhado, em qualquer momento de (re)avaliação do Plano de Ação, para acessar os serviços da comunidade, via Núcleo Regional/Ação Rua/FASC, e/ou Grande Porto Alegre.

Monitoramento. O Monitoramento, instrumento criado em 2003, é utilizado neste Fórum com o objetivo de acompanhar e monitorar o fluxo e o acesso das crianças e adolescentes nos serviços da Rede. É atualizado mensalmente com a inclusão de novos nomes e dos encaminhamentos feitos no período. Nesse momento, são apontados os nomes para os Estudos de Casos Interinstitucionais. O instrumento contém os seguintes dados: Nome da criança/adolescente; Data da Nascimento; Conselho Tutelar/Região; Conselheiro Responsável; Serviço e educador referência; Agenda de Atividades – Manhã, Tarde e Noite; Medida Socioeducativa; Observações e encaminhamentos. Todos os serviços têm acesso a esse documento, inclusive o Ministério Público, para informação e acompanhamento.

Estudo de Caso Interinstitucional. É um espaço de discussão mais aprofundada sobre a nossa intervenção junto às crianças e adolescentes, em especial da repercussão ou não do atendimento na vida deles. Participam sistematicamente os serviços desse Fórum envolvidos no atendimento direto à criança/adolescente, Conselheiro Tutelar e demais serviços da comunidade de origem, que possuem algum envolvimento com a situação. Nessas reuniões são elaborados coletivamente os Relatórios de acompanhamento de cada caso, tendo em vista o encaminhamento ao Ministério Público, Juizado da Infância, Conselho Tutelar, entre outros.

BREVE RELATO DA PROPOSTA DOS SERVIÇOS QUE COMPÕEM O FÓRUM INTERINSTITUCIONAL SOBRE A RUA (INTER-RUA)

Escola Municipal de Ensino Fundamental Porto Alegre – EPA[7]

A Escola Municipal de Ensino Fundamental Porto Alegre (EPA), criada em 1995, é um serviço da Secretaria Municipal de Educação, modalidade Educação de Jovens e Adultos, que visa a garantir a escolarização de jovens que se encontram em situação de sobrevivência na rua,

---

[7] Trecho elaborado pelo coletivo de professores da EPA. Organizado e sistematizado por Márcia Gil Rosa e Maria Aparecida Cândido – Direção; Guilene Salerno e Maria Lucia de Andrade Reis – Coordenação Pedagógica.

expropriados do ensino e da aprendizagem formal. Constitui-se num espaço de acolhimento, organização e socialização dos saberes, que atende a escolarização formal vinculada ao trabalho e lazer enquanto princípio educativo e a geração de renda como forma de sustentabilidade dos jovens para além das práticas ilícitas e ou de mendicância a que estão expostos nas ruas. Tem como objetivo ressignificar a relação desses sujeitos com seu processo de aprendizagem, como também contribuir na alteração de seu modo de vida, por meio da (re)construção de projetos de vida autônomos, na perspectiva da redução de danos. A partir do olhar e da escuta mais aproximada dos sujeitos que atende e de sua atuação político-pedagógica em diversas instâncias da cidade, a EPA visa contribuir com a formulação das políticas sociais em parceria com as demais Secretarias, Fundações e Departamentos que compõem a Rede de Atenção da Prefeitura Municipal de Porto Alegre (PMPA), na área da infância e juventude e assegurar a qualidade do atendimento aos jovens pelo princípio de complementaridade das ações.

Em termos de conceitos e conhecimentos essa escola pretende ser *interdimensional*, procurando trabalhar as diversas dimensões humanas, o homem em sua totalidade, o conhecimento (*lógos*), o sentimento (*páthos*), o corpo (*éros*) e o simbólico (*mýthos*), de uma forma articulada, integrada e equilibrada. Tratar o "conhecimento como possibilidade", uma relação em que todos estão abertos a ensinar o que sabem, a aprender com o outro, a construir hipóteses, e a conhecer os processos do conhecimento. Esta escola pretende se pautar pelo experienciar, pela participação, pelo fazer individual e coletivo, pelo vivenciar os saberes como fontes de iniciativa, compromisso e liberdade.

A EPA se organiza pelas Totalidades de Conhecimentos (que correspondem ao processo de alfabetização) e a construção de conceitos ocorre a partir de campos do saber. Portanto, as definições de enturmação ocorrem de acordo com as necessidades e demandas do estudante e a cada ano este processo é revisto. As totalidades são: (a) Totalidade 1 (T1) – construção dos códigos (exemplo: alfabético-numérico); (b) Totalidade 2 (T2) – construção dos registros dos códigos; (c) Totalidade 3 (T3) –construção da sistematização dos códigos.

Para o desenvolvimento da sua proposta político-pedagógica, a escola tem seu Modo de Gestão composto pela Direção, Conselho Escolar e o Serviço de Orientação Pedagógica. Utiliza para organização e monitoramento de seu trabalho os seguintes instrumentos: Plano de Gestão, Plano Anual e Planejamento Financeiro. Possui instâncias e espaços de formação, dentre elas destacamos: as reuniões setoriais, de planejamento e formação e as assembleias dos estudantes. Esses espaços de reflexão da prática são fundamentais para o cuidado com os cuidadores, uma vez que o desgaste físico e emocional é constante, em função da especificidade do público da escola.

O Modo de Atenção está organizado considerando os três momentos pedagógicos: Estudo da Realidade, por meio do Serviço de Acolhimento Integração e Acompanhamento (SAIA), Organização do Conhecimento (Totalidades) e Aplicação do Conhecimento, viabilizado pelo Núcleo de Trabalho Educativo (NTE).

A implantação do Serviço de Acolhimento Integração e Acompanhamento (SAIA) no ano de 2000 trouxe novos caminhos, possibilidades e desafios para o acolhimento, tendo como compromisso: acolher, acompanhar e investigar a realidade dos estudantes, através da construção de ações pedagógicas, envolvendo as dimensões sociocognitiva e socioafetiva.

O SAIA tem como objetivo qualificar o acolhimento e acompanhamento de novos estudantes, bem como acolher aqueles que se encontram afastados da escola. Este acolhimento é feito a qualquer momento, pois as matrículas são diárias. Atualmente, o ingresso dos estudantes na EPA ocorre por intermédio de encaminhamentos de serviços que compõem a Rede de Proteção e das demandas espontâneas. A EPA mantém, desde 1998, parceria com o Fórum Interinstitucional sobre a Rua (Inter-Rua) na perspectiva de cumprir seu papel de escola travessia, incentivando a convivência familiar, escolar e comunitária dos estudantes, como forma de inclusão nos espaços sociais, culturais e políticos.

A EPA contemplou em seu trabalho pedagógico uma questão identificada como central para os perfis dos seus estudantes: a sobrevivência. Assim, articulou e sistematizou as experiências desenvolvidas, por meio da implantação do Núcleo do Trabalho Educativo – NTE, com dois eixos: Educação Ambiental, porque trabalha com a vida – criação e recriação e Comunicação e Cultura, porque contempla as diferentes linguagens e formas de expressão. Para que isto se cumpra a EPA assegura em seu Plano Político-Pedagógico a continuidade de ações que já vem desenvolvendo ao longo dos anos, tais como: abrir o espaço da escola para ofertar oficinas conjuntas entre seus estudantes e a comunidade em geral e oportunizar que a escola seja também espaço de formação em diversidade cultural e educação ambiental, assim como da temática de juventude e mundo do trabalho.

Considerando a experiência acumulada a partir da implantação do acompanhamento dos estudantes nos Cursos do Trabalho Educativo, da Bolsa Jovem Adulto e dos Planos de Ação no Fórum InterInstitucional sobre a Rua (Inter-Rua), construímos internamente Contratos Pedagógicos, estabelecendo Direitos e Deveres dos estudantes, a partir de dois grandes eixos: Compromisso com o processo de aprendizagem e Respeito pelas pessoas, espaço físico e materiais pedagógicos e de consumo. No momento da assinatura do Contrato Pedagógico, são estabelecidas pelo estudante as sanções de reciprocidade, para os casos de não cumprimento do que foi acordado. Compõe o Contrato Pedagógico a agenda individual de cada estudante, construída pelo Professor Referência do Grupo de Aprendizagem, SAIA e COOPED (Coordenação Pedagógica) junto com o estudante, com o objetivo de definir os espaços e atividades que os mesmos participarão no turno da manhã (Grupos de Aprendizagem e Oficinas Educativas/outras escolas) e da tarde (Atividades do Núcleo de Trabalho Educativo/outras escolas). Além desses instrumentos, os Planos de Aprendizagem se constituem num espaço privilegiado de diálogo entre os três momentos pedagógicos, com acompanhamento e coordenação da COOPED. São realizados encontros sistemáticos, tendo como pauta a construção, avaliação e o monitoramento dos Planos de Aprendizagem.

Processo de trabalho do Serviço de Educação Social de Rua e sua transição para Ação Rua[8]

O Serviço de Educação Social de Rua se constituiu na Prefeitura Municipal de Porto Alegre compondo o Programa de Atenção Integral a Crianças e Adolescentes em situação de rua (PAICA-Rua), em articulação com as dez secretarias que o integravam. A partir deste programa, começou a identificar e atender as situações de rua na região central, com objetivo de ser um serviço de referência na cidade articulando com a rede o atendimento de crianças e adolescentes e suas famílias.

Este serviço se estruturou e passou a atender sistematicamente as crianças e adolescentes em situação de rua moradia e sobrevivência tendo como instrumento de trabalho a vinculação. A partir deste, então, buscava-se provocar na criança/adolescente o desejo de construir outras possibilidades de vida e de ser o protagonista da sua própria história. Tendo como metodologia de trabalho observar, abordar, construir a história de vida da criança e adolescente e a partir dessas informações poder trabalhar um projeto de intervenção que possa garantir não somente a vinculação do mesmo na rede, mas sim a possibilidade de retomar os vínculos sociais e familiares.

Desde sua constituição, o serviço apontava em seu projeto a descentralização do trabalho de acompanhamento de crianças/adolescentes e suas famílias, por serviços de referência na rede Intersecretarias, em especial nas áreas de assistência, educação, saúde, esporte e cult.ura, tendo como enfoque a implantação de Núcleos descentralizados nas regiões do Conselho Tutelar. Buscava-se, assim, de acordo com Giugliani (2002, p. 50):

> ... mapear os locais de concentração e fluxo de crianças e adolescentes em situação de risco estabelecendo uma leitura diagnóstica dos movimentos existentes na comunidade que, em algum momento, possam provocar a expulsão desta criança ou adolescente da sua comunidade, bem como a

---

[8] Texto elaborado por Luis Fernando da Silva Lima – Educador Social; Cíntia Marques da Rosa e Maria Juracema Viegas, Coordenação AÇÃO RUA CENTRO/FASC.

partir do processo de abordagem investir na vinculação e construção de movimentos que visem ao retorno e à permanência na rede de atendimento.

Na perspectiva de operacionalizar as reflexões já apresentadas, é implantado no ano de 2007 o Projeto Ação Rua que surge com o objetivo de potencializar, junto às famílias e aos serviços por elas acessados, a capacidade de acolhimento às crianças e adolescentes que têm como região de origem aquele território específico, e que se encontram em situação de rua. Para a constituição deste trabalho, o projeto tem como meta dezoito núcleos regionalizados, estando implantados no ano de 2007 onze núcleos, sendo um núcleo próprio (FASC) e dez conveniados.

É necessário contextualizar que neste processo de repensar o trabalho e suas interlocuções se fez presente o Fórum Inter-Ruas, discutindo e monitorando a situação de rua desde 2001. A participação das equipes neste espaço trouxe inúmeras contribuições para que juntos a rede pudesse não somente estabelecer uma relação de parceria, mas como também avaliar seu processo de trabalho e fluxos necessários no cotidiano institucional que pudessem atender de forma mais integrada a criança e o adolescente em situação de rua em Porto Alegre.

O desafio deste Fórum é poder continuamente estabelecer a integralidade da rede, tendo em vista que com a implantação do Projeto Ação Rua e a interlocução com os demais núcleos é de fundamental importância. Precisamos garantir que não se tenham ações paralelas, mas sim práticas que realmente possibilitem a efetividade dos atendimentos realizados, bem como garantindo a parceria entre Sociedade Civil e Governo.

Lar Dom Bosco[9]

O Lar Dom Bosco (LDB) foi criado em 1990 pela Congregação Salesiana para o atendimento de meninos e meninas em situação de rua. O trabalho iniciou numa pequena casa, aos cuidados de um padre, uma

---

[9] Texto elaborado por Naide Baseggio Corrêa – Coordenação do Lar Dom Bosco.

assistente social, uma cozinheira e um professor. A partir do ano de 2000, o Lar passou a desenvolver suas atividades numa casa ampla que foi toda reformada para esta finalidade. O trabalho foi ampliado, foram contratados novos funcionários e aumentou o número de meninos(as) atendidos(as).

Em dezembro de 2001, foi assinado o convênio de SASE (Serviço de Apoio Socioeducativo) com a FASC da PMPA. O convênio previa o atendimento diário de crianças e adolescentes na faixa etária de sete a dezesseis anos, em situação de rua moradia e que circulam pelo centro da cidade.

Em agosto de 2003, foi assinado novo convênio com a Prefeitura Municipal, desta vez para o Programa de Trabalho Educativo – Modalidade Informática, que previa o atendimento de 14 adolescentes da região Centro, em situação de vulnerabilidade, baixa renda e escolaridade mínima de 5ª série. Mesmo não se caracterizando como adolescentes em situação de rua, é importante destacar aqui o convívio harmonioso que todas as crianças/ adolescentes têm desenvolvido na casa, independente de terem ou não situação de rua. Nesse sentido e visando sempre a uma maior integração, busca-se planejar e realizar atividades conjuntas entre os grupos.

Em 2004, a fim de agilizarmos o atendimento aos meninos novos que vinham para a rua, evitando que se fixassem e tentando o retorno imediato para casa, conveniamos com a FASC o Projeto de Acolhimento Inicial. Com os recursos deste novo convênio, pudemos disponibilizar recursos humanos e transporte para o levantamento de dados, documentação e elaboração do plano de ação de cada criança/adolescente que acessava o serviço.

O Lar Dom Bosco atende em média 15 a 20 meninos/dia, na faixa etária de 8 a 18 anos no programa SASE; 14 alunos, de 14 a 18 anos, do Programa Trabalho Educativo – Modalidade Informática e mais 16 alunos, de 15 a 24 anos, na Oficina de Padaria.

O trabalho do SASE desenvolve-se das 8 às 17 horas São servidas três refeições básicas: café da manhã, almoço e lanche. As atividades iniciam-se com os meninos indo para Escola Municipal Porto Alegre (EPA), onde passam por uma avaliação pedagógica, conteúdos programáticos, atividades físicas e oficinas de interesse. Retornam da escola às 11 horas e 45minutos, acompanhados por um educador do LDB, almoçam, tomam banho e trocam de roupa. Após, há um tempo para descanso, período em que podem dormir em local apropriado para este fim, assistir televisão ou jogar *videogame*. As atividades reiniciam-se às 14h e variam conforme o dia da semana. Incluem atividades pedagógicas (leituras, exercícios, desenho, pintura, recortes, trabalhos com sucata), oficinas de culinária, informática, artesanato, jogos de mesa (dama, dominó, trilha etc.), vídeos, passeios, torneios e jogos amistosos de futebol, oficinas na Casa de Cultura Mário Quintana (centro artístico-cultural da cidade de Porto Alegre), e atividades com o Bonde da Cidadania (iniciativa da Secretaria Municipal de Esportes, Recreação e Lazer). Após o lanche da tarde, os meninos(as) têm tempo livre para televisão, sinuca, fla-flu (pebolim), até o encerramento das atividades, às 17 horas.

Os adolescentes do Programa Trabalho Educativo têm aulas três vezes por semana, divididas em Módulo Básico (formação humana) e Módulo Específico (Informática) com 15 minutos de intervalo para o lanche. A Oficina de Padaria do LDB acontece três vezes por semana, nos turnos da manhã e tarde, com um total de oito alunos em cada turno. A oficina também é composta por dois módulos: básico (formação humana) e específico (técnicas de padaria).

Para alcançar todos estes objetivos, assim como um atendimento mais qualificado, foram fundamentais os convênios com a FASC e os trabalhos em parceria com outras secretarias e serviços. A participação junto às diversas redes de atendimento que o Lar Dom Bosco passou a compor, a partir de 2001, possibilitou a complementaridade e o fortalecimento de seus serviços.

Conforme mencionado anteriormente, o Lar Dom Bosco compõe o Fórum Interinstitucional da Rua (Inter-Rua), o qual reúne representantes de secretarias municipais e serviços que atendem crianças e adolescentes em situação de rua moradia. Esta reunião é realizada semanalmente no Lar e tem se constituído em importante espaço para organização e entrosamento entre seus participantes.

A Rede Inter-Rua, mais do que uma rede de serviços que se complementa e qualifica o atendimento, passou a questionar e contribuir para a construção de políticas públicas na cidade de Porto Alegre. A consequência desta opção é uma política social mais adequada às reais necessidades dos usuários e um trabalho mais qualificado que beneficia diretamente nosso educando.

O "fio condutor" de todo nosso trabalho e a inspiração deste processo fundamenta-se na pedagogia de Dom Bosco e na vontade de fazer o melhor possível àqueles que mais necessitam.

Bonde da Cidadania[10]

O Bonde da Cidadania é a principal ação desenvolvida pela Secretaria Municipal de Esportes, Recreação e Lazer (SME) em parceria com as demais secretarias e ONGs voltadas ao atendimento da população infantojuvenil em situação de rua. Pretende-se resgatar o universo lúdico, recreativo, esportivo e cultural a fim de conquistar estes jovens para a ressignificação de um projeto de vida, no qual seus direitos sejam assegurados.

O projeto existe desde 2005. Iniciou-se com um projeto piloto e a partir de outubro deste mesmo ano efetivou-se. Atualmente é constituído por um ônibus, chamado de "Bonde da Cidadania", que sai de três a quatro vezes por semana passando em alguns pontos do centro da cidade e instituições parceiras levando as crianças e adolescentes para participar de um passeio e integrarem-se às diversas atividades que são oferecidas e previamente agendadas. Normalmente, o "Bonde" desloca-se para as unidades da Secretaria de Esportes onde são oferecidas atividades esportivas, recreativas e culturais como: natação, futebol, vôlei, basquete, dança e percussão. Além de passeios a museus, exposições, estádios de futebol, clubes, parques, praias, teatros e cinemas. Durante as atividades sempre é oferecida alimentação aos participantes.

O Bonde da Cidadania objetiva com estas atividades: (a) Estimular a prática esportiva e recreativa numa perspectiva relacional de confiança, respeito, solidariedade, cooperação e valorização da vida; (b) Propiciar diferentes vivências culturais, educativas e de lazer estimulando a

---

[10] Texto elaborado por Cleber da Silva Andrade e Olyntho Chagas Filho – Coordenação.

participação e o convívio social; (c) Proporcionar a interação, a troca e o reconhecimento para que tenha incidência na autoestima e autoimagem, fortalecendo a identidade dos indivíduos; (d) Incentivar o ingresso, o retorno e a permanência junto à família, comunidade, abrigos e escolas; (e) Reduzir os danos provocados pela ausência de cuidados e proteção básica comuns à vivência na rua; (f) Oferecer um espaço de escuta, atenção individualizada e reflexão; (g) Combater o preconceito e a indiferença das instituições e da sociedade em geral em relação às crianças e adolescentes de rua.

A equipe do Bonde da Cidadania desde o início participa das reuniões do Inter-Rua, compondo a rede de atendimento a crianças e adolescentes em situação de rua. A participação neste fórum tem sido fundamental para o desenvolvimento de suas ações, levando ao amadurecimento e reordenamento destas, dentre as quais se podem citar: (a) Adequação dos dias e horários de atendimento, evitando a concorrência e sobreposição de atividades com os demais componentes da rede; (b) Aumento dos dias de atendimento; (c) Realização de atividades conjuntas com os demais parceiros; (d) Mobilização, junto à sociedade civil, para ampliação de atividades diferenciadas; (e) Perspectiva de descentralização da ação, procurando atender às demais regiões da cidade; (f) Acompanhamento da discussão de casos e construção do plano de ação para as crianças e adolescentes.

Salienta-se que a intenção da Secretaria Municipal de Esportes, Recreação e Lazer, com esta proposta, é de colaborar com o seu "saber fazer", juntamente com as demais instituições, para a oferta de direitos e dignidade à infância e juventude da nossa cidade.

Casa de Acolhimento[11]

A Casa de Acolhimento compõe a rede própria de abrigagem da Fundação de Assistência Social e Cidadania da Prefeitura Municipal de

---

[11] Texto elaborado por Sandra Maria Rodrigues e Mirela de Cintra – Equipe Técnica da Casa de Acolhimento.

Porto Alegre. Inaugurada em 17 de julho de 2000, surgiu a partir da necessidade de equacionar a difícil problemática das crianças e adolescentes com história de vida na rua. Caracterizada como um abrigo de proteção com caráter transitório e regime de atendimento integral, conforme os princípios estabelecidos no ECA (1990, Art. 92), a Casa de Acolhimento amparava de imediato crianças e adolescentes de ambos os sexos, na faixa etária dos 7 aos 18 anos, independente da sua vinculação com a rua (situação de moradia ou sobrevivência). À época, propunha um trabalho embasado em acolher estas crianças e adolescentes, possibilitando a retomada dos vínculos familiares e comunitários ou definindo a vinculação a outro espaço protegido.

Inicialmente, os resultados obtidos apontavam um avanço em relação à vinculação de algumas crianças e adolescentes neste abrigo. Muitos, devido à vivência de rua, tinham dificuldades em permanecer em espaço protegido. As dificuldades relacionavam-se às situações que envolviam uso abusivo de substâncias psicoativas, somado muitas vezes a distúrbios psíquicos. Neste período, alguns conseguiam permanecer no abrigo, ficando no espaço por mais de dois meses.

As crianças e adolescentes passaram a entender o espaço do abrigo na medida em que as regras e normas eram construídas no coletivo. Havia até então, a compreensão de que a Casa de Acolhimento atenderia como um albergue, em que eles poderiam entrar no final da tarde, passar a noite e ir para rua durante o dia. Porém, na medida em que o espaço foi sendo organizado, tanto os que permaneciam na Casa, bem como aqueles que evadiam, passaram a entender melhor o funcionamento do serviço.

Muitos dos que estiveram abrigados, solicitavam retorno para o abrigo, referiam que gostavam de estar no espaço de abrigagem, mas que tinham dificuldades em relação ao uso de drogas e também ao cumprimento das regras de convivência estabelecidas. No decorrer do tempo, algumas dificuldades surgiram como, por exemplo, a faixa etária muito ampla para a abrigagem (dos 7 aos 18 anos). O serviço previa dois espaços diferenciados para crianças e adolescentes do sexo feminino e outro para adolescentes masculinos, com atividades de coeducação. O espaço físico, na época da implantação era bastante reduzido e deveria acolher

34 crianças e adolescentes na referida faixa etária de ambos os sexos. O abrigo enfrentou muitas dificuldades em atender este público num mesmo espaço.

A experiência mostrou o quanto era importante realizar um trabalho em pequenos grupos, tendo em vista a trajetória de vida na rua e as demandas que procediam de tal experiência. As necessidades que permeavam a trajetória das crianças e adolescentes atendidas (violência, uso de drogas, negligência e abandono familiar, por exemplo) impunham um atendimento voltado para as suas dificuldades mais urgentes, o que tornava difícil as ações num grande grupo.

Em 2003, a Casa de Acolhimento passou por uma mudança, tanto no que se refere à estrutura física, quanto na alteração do público-alvo atendido. Assim, uniu-se à população de rua, prioridade no Projeto inicial, outras realidades, também necessitadas de acolhimento e proteção. Diante dessa reformulação, o abrigo passou a acolher adolescentes do sexo feminino, trazendo uma importante mudança de perspectiva. A necessidade de trabalhar as questões de gênero e principalmente a reinserção social das adolescentes acabou por suscitar questões diferentes daquelas que envolviam exclusivamente a população de rua. O grande desafio de trabalhar com essas crianças e adolescentes envolvia a possibilidade de lidar com a frustração e impotência dos mesmos e tentar acabar com o lugar de dependência, estimulando-os a pensar no seu dia a dia.

Hoje o abrigo acolhe crianças e adolescentes entre três e 18 anos, de ambos os sexos, encaminhados por requisições dos Conselhos Tutelares e/ou por Determinação Judicial. Estas abrigagens envolvem os mais diversos motivos, tais como: abandono, negligência, uso de drogas, situação de rua, morte do cuidador, exploração sexual, abuso sexual, maus-tratos, conduta, doença do cuidador (como problemas de saúde mental, por exemplo) risco de morte da criança ou adolescente na comunidade.

O abrigo, como modelo de acolhimento institucional de alta complexidade, deve ser visto como uma forma de proteção, aplicável diante de uma ameaça ou violação dos direitos fundamentais da criança e adolescente, entendidos como sujeito de direitos. A medida protetiva de abrigo, além das características da excepcionalidade, provisoriedade e transitoriedade, não pode ter um fim em si mesma. Antes, deve ser vista como um recurso a ser utilizado somente em situação de extrema necessidade, depois de esgotadas todas as alternativas para a manutenção da criança e adolescente em sua família natural ou sua colocação em família substituta.

Como já mencionado anteriormente, o projeto inicial da Casa de Acolhimento previa 34 vagas para crianças de sete a 12 anos em situação de rua, tendo surgido a partir da necessidade de equacionar a difícil problemática das crianças com história de vida na rua. A partir da inauguração do novo espaço, situado geograficamente fora do circuito a que a população de rua estava acostumada, passamos a verificar o aumento contínuo da população abrigada.

Sabemos que com a reformulação do Projeto do Abrigo – de um abrigo transitório voltado prioritariamente para o atendimento de crianças e adolescentes em situação de rua, para acolher também adolescentes do sexo feminino – ocorreu uma mudança de perspectiva, envolvendo a necessidade de levar em consideração as questões de gênero e de reinserção social, diferentes das questões pertinentes exclusivamente às populações de rua.

Essa nova realidade nos faz defender que os espaços protetivos devam garantir a heterogeneidade de perfis, sem que haja prevalência de nenhum deles, em pequenos grupos, garantindo a coeducação. Os casos de sucesso com população com vivência intensa de rua passaram pela possibilidade daqueles sujeitos submeterem-se a limites propostos como regras de convivências e um paulatino, mas definitivo, afastamento dos espaços de circulação da rua.

O abrigo é um equipamento criado para solucionar as necessidades da sociedade em dar acolhimento às suas crianças e adolescentes em situação de vulnerabilidade social. As crianças e adolescentes oriundos do espaço da rua e que são abrigados devem poder pertencer ao abrigo e não mais à rua, sob pena de manterem-se na "porta giratória", não pertencendo, no fim, a lugar nenhum.

O abrigo deve ser, além de um lugar de passagem, um lugar de pertencimento, onde, diante dos limites e das possibilidades de atendimento, possamos identificar a circulação de crianças e adolescentes nas suas comunidades de origem, a vivência de adolescentes que já acessaram a rede de abrigagem e que necessitam de outros encaminhamentos, o resgate da história de vida familiar e comunitária, entre outros. Todas essas medidas devem ser tomadas a fim de garantir o direito à convivência familiar e comunitária, e de forma que o abrigo seja uma passagem, utilizada por absoluta necessidade, mantendo seu caráter de excepcionalidade e transitoriedade.

Serviço de Acolhimento Noturno[12]

O Serviço de Acolhimento Noturno foi criado em 2001 e funciona de segunda a domingo das 19h30min às 07h30min, tendo por finalidade oferecer cuidados de alimentação, higiene e pernoite para adolescentes em situação de rua moradia. O Acolhimento Noturno foi pensado como um espaço de acolhida, onde o tempo de permanência fosse reduzido, representando então um espaço de transição para o retorno do adolescente para casa ou para uma medida de proteção em abrigos.

Desde sua criação, o serviço atendeu uma população diversificada no que tange à idade, experiência e estratégias de moradia na rua. O Acolhimento Noturno, enquanto um serviço de proteção, apresenta uma característica diferenciada pelo fato de focalizar fundamentalmente no pernoite para adolescentes. No entanto, tem-se procurado constantemente qualificar o atendimento, e assim incidir conjuntamente com outros serviços, como o Lar Dom Bosco e a Escola Municipal Porto Alegre, no desenvolvimento de ações que buscam o enfrentamento da problemática de adolescentes em situação de rua moradia.

Ao longo do ano de 2006, 218 diferentes adolescentes passaram pelo serviço, sendo 178 do sexo masculino e 40 do sexo feminino, oriundos das diferentes regiões de Porto Alegre e Região Metropolitana.

---

[12] Texto elaborado por Maria Gorete Souza – Assistente Social e Santa Júlia da Silva – Monitora do Serviço de Acolhimento Noturno.

Muitos são os adolescentes que passam pelo Acolhimento Noturno por uma ou duas noites, mas muitos também são os que se apropriam do serviço de forma meramente utilitária, isto é, não como espaço para organizar a vida, mas como espaço para organizar a noite, o banho, a janta etc., porque durante o dia preferem circular pelas ruas da cidade, quando deveriam estar em outros espaços da rede (Lar Dom Bosco e EPA, por exemplo). Historicamente, o serviço tem como característica um percentual de usuários com frequência regular e um percentual com frequência irregular. Com base no ano de 2006, dos 218 adolescentes diferentes que utilizaram o serviço, 55% destes acessaram mais de 100 noites.

A realidade que se apresenta no momento atual é de muitos adolescentes, com permanência no serviço até os 18 anos, fazendo com que o Acolhimento Noturno assuma para alguns a característica de um abrigo, e esperando dele respostas que só são possíveis dentro de um espaço de abrigagem. Assim, com o passar do tempo, os adolescentes com idade superior a 15 anos começam a demandar dos serviços um outro olhar, a saber, a preparação para uma vida adulta e o encerramento do atendimento na rede de criança e adolescente. Sendo assim, temos que trabalhar com agendas menos flexíveis, tanto no cumprimento das regras do serviço, quanto nos compromissos assumidos com a rede: escola, cursos etc. Entendemos que nesta idade a articulação entre direitos e deveres torna-se crucial para o desenvolvimento juvenil.

A metodologia da proposta de trabalho do Serviço de Acolhimento Noturno leva em consideração alguns conceitos importantes já construídos pela rede de atendimento à criança e ao adolescente de Porto Alegre. Dentre eles destacam-se alguns conceitos sistematizados nas reuniões coordenadas pelo Conselho Municipal de Direitos da Criança e do Adolescente (CMDCA), dentro do Plano Municipal de Enfrentamento da Situação de Rua, ocorrido no final de 2005, além de conceitos "tomados de empréstimo" do Projeto Ação-Rua/ FASC (PMPA, 2006).

> Acolhimento é "uma relação singular entre o educador e o adolescente. Atravessa as práticas refletidas nos diferentes serviços, não é prioridade de um grupo, mas construção coletiva. Pressupõe disponibilidade, empatia,

estabelecendo uma postura dialógica baseada no respeito, confiança e solidariedade" (PMPA, 2006, p. 11)

Adolescer ". . . travessia do mundo infantil para o adulto em que riscos e desafios contribuem para intensa 'vulnerabilidade'" (Takiuti, 2006). Sabe-se que esse quadro está posto para a juventude de um modo geral e tanto mais verdadeiro para o público que acessa o Acolhimento Noturno:

> Ser adolescente e jovem, hoje, é viver o amor no tempo da AIDS; da violência que faz do homicídio a maior causa de morte juvenil; do tráfico de drogas que se torna mercado de trabalho, e do uso abusivo de drogas transformado em combustível de ilusões . . . (Takiuti, 2006)

A esse quadro agrega-se a pesquisa recentemente realizada pelo Departamento Intersindical de Estatística e Estudos Socioeconômicos (DIEESE), que escancara o drama do desemprego para jovens com idade entre 16 anos a 24 anos.

> Rede: O termo rede sugere a ideia de articulação, conexão, vínculos, ações complementares, relações horizontais entre parceiros, interdependência de serviços para garantir a integralidade da atenção aos segmentos sociais vulnerabilizados ou em situação de risco social e pessoal . . . (Bourguignon, 2001, p. 4)

Por fim, é importante salientar que o Serviço de Acolhimento Noturno também participa das reuniões semanais do Fórum Inter-rua. Esse espaço tem se constituído como um importante fórum de articulação, informação e esclarecimento que contribui para construção e potencialização das ações desenvolvidas pelos serviços que compõem a rede de atendimento de crianças e adolescentes em situação de rua da cidade de Porto Alegre.

Programa de Redução de Danos[13]

Chama

Na Redução de Danos
A simples troca de seringa,
Por si só não vinga,
Temos que agir em outros planos.
Trocar principalmente informação
Mostrar que o usuário é CIDADÃO,
E, como nós, também é SER HUMANO.
Não é somente a troca taco a taco,
É dar a mão para sair do buraco
Saúde mental para quem se sente insano.
Mais que agulha
Que a gente recolhe
Pela vizinhança
O que nos orgulha
É o usuário que acolhe
E que nos dá confiança.
E sobre essa fagulha
Nós seremos fole
E a chama da esperança
Vai arder muito mais forte
Nessa luta contra a morte.
(Carlinhos Guarnieri, 2002).

O Programa de Redução de Danos (PRD) foi implantado na cidade de Porto Alegre, no ano de 1996, vinculado ao Programa DST/AIDS da Secretaria Municipal de Saúde.

A partir de 2002, com a migração em massa dos usuários de drogas injetáveis para o *crack*, o PRD identificou a necessidade urgente de

---

[13] Texto elaborado por Carlinhos Guarnieri, redutor de danos.

Endereço Desconhecido: crianças e adolescentes em situação de rua

uma reciclagem, redimensionando sua área de atuação e sua concepção de estratégia de redução de danos. Buscando subsídios no Centro de Referência em Redução de Danos da Escola de Saúde Pública do Estado, foi criado nesse mesmo ano, o grupo de estudos sobre o *crack*, do qual participam vários Programas de Redução de Danos (PRDs) do Estado.

Outro movimento significativo desse período foi a reaproximação aos serviços de proteção à criança e ao adolescente, tendo como passo inicial a busca de vínculo com os destinatários, por meio da participação de Redutores de Danos em atividades do Projeto Verão no ano de 2003, junto à Escola Porto Alegre. Na ocasião, foi realizada a 1ª Oficina de DST/AIDS e Drogas com adolescentes, coordenada por Redutores, nessa nova fase.

A partir daí, um convite da EPA e da Casa Harmonia[14] (Centro de Atenção Psicossocial), integrou Redutores na atividade de Terapia Comunitária, cujos participantes eram os adolescentes e jovens que acessavam os dois serviços. Essa atividade semanal acrescentou elementos fundamentais às práticas de abordagens, que hoje são desenvolvidas pelo PRD, tais como: o questionamento como instrumento de estímulo aos usuários de drogas para racionalização e identificação das próprias demandas e competências; o protagonismo nas escolhas dos encaminhamentos; e a escuta como base para qualquer plano de ação. Conhecendo a Rede e as crianças e adolescentes em situação de rua, usuários de *crack* e solvente, foi possível concluir que a melhor forma de redução de danos para esse público é uma manhã na EPA, uma tarde no Lar Dom Bosco ou no Bonde da Cidadania e uma noite no Acolhimento Noturno.

O trabalho de abordagem também necessitava de articulação, evitando contradições ou sobreposições. Ainda em 2003, convidado pela EPA e Casa Harmonia, os Redutores iniciaram sua participação no Núcleo Intersecretarias (Inter-Rua). Desde então, a articulação em rede proporcionou

---

[14]   A Casa Harmonia foi criada em 2001 com o objetivo de servir como um centro de referência às demandas de Saúde de crianças e adolescentes em situação de rua em Porto Alegre. Assim funcionou até o ano de 2005, quando se transformou em um Centro de Atenção Psicossocial (CAPS) destinado ao atendimento de crianças e adolescentes de uma forma geral e não mais exclusivamente para a população infantojuvenil em situação de rua.

reconhecimento ao PRD, possibilitando a participação de representantes do Programa nas atividades do PAICA-Rua e Programa de Atenção Integral à População Adulta da Rua (PAIPAR). O Programa atua, assim, com todas as faixas etárias, facilitando a elaboração de estratégias de trabalho com as "famílias" de rua, articulado aos demais serviços da Rede. Além disso, começou a ser desenvolvido nessa mesma época um trabalho de campo sistemático em áreas de concentração de pessoas em situação de rua, como praças, pontes, viadutos, mocós e vias públicas.

Em agosto de 2004, os redutores dão inicio à formação em Terapia Comunitária no Centro de Ensino e Atendimento Familiar (CAIF), graças às bolsas concedidas pela articulação da EPA e Casa Harmonia com a instituição formadora. Em janeiro de 2005, com a transição do governo municipal, o PRD fica quatro meses "em recesso". Com o apoio da Rede e do Conselho Municipal de Saúde, o Programa foi retomado, agora vinculado à Política de Saúde Mental, destacando a necessidade cada vez maior da articulação em rede como garantia de retaguarda em assistência social, respeitado o princípio da integralidade.

Com o afastamento do CAPS (Casa Harmonia da Rede de Serviços da População Infantojuvenil em situação de rua), no ano de 2005, houve um aumento na demanda para tratamento e a falta de alternativas acabou gerando internações compulsórias em clínicas particulares, na maioria dos casos, dispendiosas e com pouca efetividade. Essas lacunas foram levadas pelos redutores ao Núcleo de Políticas Sociais, contribuindo de alguma forma na elaboração da Política Municipal de Atenção à Dependência Química, contempladas no conveniamento com as Fazendas Terapêuticas, ainda não efetivado (até julho de 2007).

Desde 2005, a partir do reordenamento do Bonde da Cidadania, o PRD tem sido parceiro sistemático na realização dessa atividade, não só como educadores, mas como articuladores dessas atividades, como no passeio de Barco em Itapuã e na visita ao Museu da Pontifícia Universidade Católica do Rio Grande do Sul (PUC-RS).

Atualmente, a equipe do PRD conta com nove redutores e uma coordenação. Realiza trabalho de campo em 22 áreas nas diferentes regiões da cidade, atuando com população adulta e infantojuvenil. Em função do número reduzido de redutores, a equipe prioriza em sua intervenção os casos que se encontram mais vulneráveis, por isso o foco na população de rua.

Na perspectiva de qualificar sua intervenção, todos os integrantes fizeram capacitação em Terapia Comunitária e estão utilizando essa metodologia como mais uma ferramenta no trabalho cotidiano. São realizadas sessões semanais de Terapia Comunitária em equipamentos da FASC e rede conveniada, Unidades de Saúde e Hospitais, numa prisão albergue, nas ruas e mocós.

Representações de secretarias e autarquias no Inter-Rua

A SMS – Secretaria Municipal de Saúde é o órgão gestor do Sistema Único de Saúde (SUS) em Porto Alegre, que tem como atribuições coordenar os serviços, as ações e políticas de saúde na cidade. Estabelece ações integradas e intersetoriais com outros setores públicos e privados das esferas municipal, estadual e federal. Desde a implantação do Núcleo Intersecretarias, a SMS esteve representada neste Fórum, inicialmente por representação da Assessoria de Planejamento (ASSEPLA), depois pelo serviço especializado para crianças e adolescentes em situação de rua (Casa Harmonia). Atualmente, depois de dois anos de afastamento, voltou a compor o Fórum Inter-Rua, nas reuniões ampliadas, através da representação da Política da Criança e do Adolescente.

A SMED – Secretaria Municipal de Educação, órgão responsável pelo planejamento e administração da política pública de ensino representada pela Assessoria de Serviço Social, integrou-se ao Inter-Rua a partir do segundo semestre de 2003, com o objetivo de contribuir na construção, mediação e articulação de ações para o enfrentamento à situação de rua vivenciada por crianças e adolescentes, junto às demais escolas que compõem a Rede Municipal de Ensino, bem como os demais serviços governamentais e não governamentais da Rede de Proteção da cidade de Porto Alegre.

CRE/FASC – A Coordenação da Rede Especializada, vinculada à Direção Técnica da FASC, coordena a rede de serviços que atende à população que está em maior grau de vulnerabilidade social, como crianças e adolescentes em situação de rua, pessoas com deficiências e adultos moradores de rua, oferecendo programas e serviços de atendimento de alta complexidade, exigido por essa população, como, por exemplo, os abrigos, onde são acolhidas pessoas oriundas de qualquer região da cidade de Porto Alegre.

NPS – O Programa Infância e Juventude Protegida, do qual faz parte o Núcleo de Políticas Sociais (NPS), destina-se a proteger a população infantojuvenil das circunstâncias de risco pessoal e social, tais como abandono, negligência, violência, discriminação, exploração, maus-tratos e opressão, bem como prevenir a ocorrência de eventos do uso de substâncias psicoativas, da gravidez precoce, o abandono escolar e o afastamento do convívio familiar e comunitário de crianças e adolescentes, por meio da articulação de ações de caráter intersetorial, a serem desenvolvidas pelo Poder Executivo Municipal, em parceria com a rede de atendimento à infância e juventude e a sociedade porto-alegrense em geral. As atividades e ações deste Núcleo orientam-se pelos princípios da proteção integral e da prioridade absoluta no atendimento de crianças e adolescentes, conforme o disposto no artigo 227 da Constituição Federal e no ECA (1990), buscando contemplar as diferentes necessidades de cada público que compõe a população alvo do Projeto.

Desafios

O Fórum Interinstitucional sobre a Rua (Inter-Rua) elaborou seu planejamento para as ações de 2008 a 2012 no Seminário de Imersão realizado em 20 de outubro de 2006, coordenado pelo Núcleo de Políticas Sociais/Programa Infância e Juventude Protegida/PMPA. Foram apontados como problemas principais para o enfrentamento à situação de rua: falta de atendimento em saúde mental e drogadição; fluxos de comunicação; desarticulação, descontinuidade e ausência de programas nas comunidades; descuidado com os cuidadores; problemas na infraestrutura de vários serviços; inexistência de programas para jovens; abrigagens inadequadas e superlotação dos abrigos; falta de planejamento familiar e violação de direitos das crianças e adolescentes.

Para superar essas questões, foram levantadas as seguintes ações, considerando o período proposto de planejamento:

1. Fortalecer o Fórum Inter-rua como espaço de interlocução entre os diferentes serviços que atuam com a população infantojuvenil em situação de rua, construindo ações complementares e propositivas para alterar a situação encontrada.

2. Contribuir e pautar na política do governo, do Conselho Municipal de Direitos da Criança e do Adolescente (CMDCA), Conselho Municipal de Assistência Social (CMAS), Conselho Municipal de Saúde (CMS) a problemática da situação de rua vivida por crianças e adolescentes, apontando a necessidade de agenda permanente para a garantia de: Investimento e comprometimento do governo com relação às estruturas físicas de trabalho e recursos humanos necessários; campanhas efetivas de conscientização da população de forma continuada; maior proximidade, comunicação e acordos éticos entre o Poder Judiciário e o Conselho Tutelar; publicização do balanço social do FUNCRIANÇA[15] (Fundo Municipal dos Direitos da Criança).

3. Qualificar o fluxo e o atendimento através de: Conhecimento e respeito às regras de cada serviço; aproximação, integração e alinhamento da rede básica e especializada; garantir a interlocução com os diferentes poderes; parcerias para o trabalho em rede; construção de um sistema de avaliação dos projetos, programas e serviços sociais (indicadores globais de impacto – efetividade – eficácia).

4. Contribuir para a construção de políticas inclusivas nas áreas da assistência social, saúde, educação e geração de trabalho e

---

[15] O FUNCRIANÇA (Fundo Municipal dos Direitos da Criança) é um órgão autônomo, administrado pelo Conselho Municipal de Direitos da Criança (CMDCA) e que tem como objetivo financiar programas e projetos de promoção e defesa dos direitos de crianças e adolescentes, por meio de doações recebidas.

renda, a partir da participação nas diferentes instâncias deliberativas da cidade.

5. Trabalhar com planejamento; Produzir dados atualizados; Efetivar seminários semestrais do Inter-rua; Qualificar os registros de atendimento; Alimentar o sistema informatizado da Rede de Proteção da Grande Porto Alegre; Estudo de casos e monitoramento.

6. Propor a inclusão da discussão do Plano Nacional de Convivência Familiar e Comunitária e implantação/implementação do Sistema Único de Assistência Social (SUAS) internamente nas reuniões do Fórum Inter-Rua, bem como nas demais Redes da cidade.

7. Oferecer formação permanente, tendo em vista o cuidado com o cuidador: Destinação de carga horária e estrutura para ações; Estudos e pesquisas sobre o impacto do trabalho na vida dos sujeitos; Valorização das produções escritas dos funcionários – publicações, seminários, e outros; Espaços permanentes de escuta, potencializando o processo grupal; condições dignas de trabalho condizentes com a peculiaridade do público; Oportunizar espaços de intercâmbio e experiências; Seminários sobre temas relevantes do cotidiano.

8. Potencializar e disponibilizar o *site* (na internet) em construção; Participar da rede municipal, buscando a troca e cooperação pró-proteção; "CASE" – Inter-ruas – documentar; Trabalhar para efetivar a rede Inter-Rua enquanto um sistema funcional.

O Fórum Inter-Rua tem presente que não há fórmulas mágicas ou prontas. Mas que há um processo, uma caminhada, que se fortalece no coletivo, ou como nos diz o poeta:

A certeza de que estamos sempre começando, a certeza de que é preciso continuar e a certeza de que podemos ser interrompidos antes de continuarmos. Fazer da interrupção um caminho novo, da queda um passo de dança, do medo uma escada, do sonho uma ponte, da procura um encontro. (Fernando Sabino)

REFERÊNCIAS

Bourguignon, J.A. (2001). *Concepção de rede intersetorial.* Recuperado em 4 agosto, 2008, de http://www.uepg.br/nupes/intersetor.htm

Estatuto da Criança e do Adolescente (1990). *Lei N° 8069 de 13 de julho de 1990.* São Paulo, SP: Cortez.

Giugliani, S. (2002). Educação social de rua. In Fundação de Assistência Social e Cidadania (Ed.), *I Seminário de Práticas Sociais: Troca de Experiências* (pp. 46-51). Porto Alegre, RS: FASC.

Organização das Nações Unidas para Infância e Adolescência. (2002). *Meninos e meninas em situação de rua: Políticas integradas para a garantia de direitos: Vol. 2. Fazer Valer os Direitos.* São Paulo, SP: Cortez.

Prefeitura Municipal de Porto Alegre. (2006). *Projeto Ação Rua. Sistema Municipal de Proteção à Infância e Adolescência em situação de rua.* Porto Alegre, RS: FASC.

Rizzini, I. (2003). *Vida nas ruas – Crianças e adolescentes nas ruas: Trajetórias evitáveis?* Rio de Janeiro, RJ: Editora da Pontifícia Universidade Católica do Rio Grande do Sul.

Sabino, F. (s.d.).

Takiuti, A.D. (2006). *O desafio do autocuidado.* Recuperado em 4 agosto, 2008, de http://www.ondajovem.com.br/materiadet.asp?idtexto=78.

19

EXPERIÊNCIA DAS CASAS LARES: UMA ALTERNATIVA POSSÍVEL PARA CRIANÇAS E ADOLESCENTES EM SITUAÇÃO DE RUA

Aline Cardoso Siqueira
Normanda Araujo de Morais
Débora Dalbosco Dell'Aglio
Sílvia Helena Koller

INTRODUÇÃO

"Por que esse menino(a) não volta pra casa ou é levado para um abrigo?"

Essa é uma pergunta feita frequentemente por muitos cidadãos que, cotidianamente, se deparam com crianças e adolescentes nas ruas das suas cidades, seja dormindo, mendigando, trabalhando ou simplesmente perambulando e brincando. Ainda que, muitas vezes, implícito nesse pensamento esteja o desejo de não se deparar com tal realidade ameaçadora (estas crianças são descritas quase sempre como sujas, maltrapilhas e malcheirosas), há também certo consenso de que a família e/ou um abrigo são ambientes mais protetivos e, por conseguinte, adequados ao seu desenvolvimento.

A realidade dos serviços de atendimento às crianças e adolescentes em situação de rua, no entanto, costuma colocar algumas ressalvas a essa pergunta. Verifica-se que o contato diário com os meninos(as) que vivem nas ruas impõe muitos outros argumentos que tornam a reinserção familiar, ou no abrigo, muito mais complexa e difícil de se concretizar. Muitos são os relatos dos "encantos" da rua (drogas, amizade, liberdade), do ambiente violento e nada protetivo das famílias de origem, assim como das repetidas fugas dos abrigos, reclamações sobre a rotina e, muitas vezes, maus-tratos de que são vítimas nesses espaços, etc. Nesse sentido, essa gama de evidências leva a pensar acerca das reais limitações de se trabalhar promovendo a reinserção da criança/adolescente em situação de rua, seja no ambiente familiar ou em abrigos.

Ao mesmo tempo em que esses argumentos dão a verdadeira dimensão do "problema" com o qual se está lidando, a realidade social de abandono e vulnerabilidade (a situação de rua) continua a existir e reclamar de todos (sociedade civil, governos e ONGs) novas perspectivas de enfrentamento. Nesse sentido, algumas estratégias já foram descritas nos demais capítulos deste livro (abordagem social no espaço da rua, abrigos diurnos e noturnos, escolas específicas para a clientela em situação de rua). Em comum, tais estratégias caracterizam-se por não proporem à criança/adolescente atendido(a) uma ruptura radical com a "rua". As abordagens quase sempre se dão no próprio espaço da rua e, quando as crianças/adolescentes são atendidas em outros espaços institucionais, não há *a priori* a exigência de que ela "abandone" a rua. Dessa forma, uma criança/adolescente pode acessar uma instituição no turno da manhã e passar a tarde na rua, por exemplo. Ou, ainda, dormir na rua alguns dias da semana e outros dias no serviço de acolhimento noturno.

Obviamente que tal perspectiva de atendimento tem a sua razão de ser e se justifica pela própria dinamicidade e perfil da clientela atendida. No entanto, esse capítulo vem destacar uma medida de proteção relativamente recente, a qual se considera ser mais uma proposta possível no atendimento às crianças e adolescentes em situação de rua: as Casas Lares. Destaca-se, desde o início, que longe de se constituir como o grande "passe de mágica" que irá conseguir "tirar" toda e qualquer criança/adolescente das ruas de nossas cidades, a proposta das casas lares deve vir a somar no conjunto de medidas protetivas descritas nos demais capítulos.

Experiência das Casas Lares

NOVAS PERSPECTIVAS DE ATENDIMENTO APÓS O ESTATUTO DA CRIANÇA E DO ADOLESCENTE

Um caminho que pode ser percorrido, a seguir da experiência de rua ou logo após o afastamento familiar é o do ingresso em instituições de abrigo. O abrigamento é uma medida de proteção integral e especial, preconizada pelo Estatuto da Criança e do Adolescente ([ECA], 1990), utilizada sempre que os direitos dos mesmos são ameaçados ou violados. É de caráter provisório e excepcional, implicando a passagem da guarda provisória destes para o dirigente do abrigo (ECA, 1990; Gulassa, 2006). Entretanto, a realidade vivida pelas crianças e adolescentes em situação de vulnerabilidade social, incluindo as crianças/adolescentes em situação de rua, apresentava-se de forma diferente antes da promulgação e consolidação do ECA, que levou a uma série de modificações na forma de atendimento a esta população. Resultado de um amplo processo de articulação da sociedade civil e de trabalhadores sociais da área da infância e adolescência, o Estatuto se constituiu como uma importante e moderna legislação, tanto no que se refere à concepção de infância/adolescência proposta quanto pelo seu processo de implementação. Ao longo desse processo de elaboração e implementação, por sua vez, destaca-se a importante influência exercida pelo Movimento Nacional dos Meninos e Meninas de Rua – MNMMR (Costa, 1994; Santana, Doninelli, Frosi, & Koller, 2004).

Antes da promulgação do ECA (1990), as instituições de abrigo seguiam o *Código de Menores*, que estabelecia diretrizes e norteava o atendimento aos jovens com base na correção disciplinadora. Estas instituições eram caracterizadas por grandes espaços físicos, nos quais muitas crianças e adolescentes viviam em regime coletivo, com horários rigidamente determinados para toda atividade e sob um atendimento padronizado, agrupados por sexo e idade (Albornoz, 1998; Cabral, 2002; Guirado, 1986). Na época, a institucionalização e o reconhecimento da incompetência dos responsáveis provocavam a superlotação destas instituições (Cabral, 2002). Assim, o principal objetivo era fornecer condições mínimas de alimentação, moradia e escolaridade, não havendo uma preocupação com a individualidade e a conservação de laços familiares. Estas instituições, conhecidas como instituições totais, foram estudadas por inúmeros autores que, na grande maioria, destacavam os efeitos prejudiciais ocasionados pelo atendimento nas instituições (Cabral, 2002; Goffmam, 1974; Guirado, 1986; Marin, 1999; Saraiva, 2002; Silva, 1997).

O ECA (1990) definiu o abrigo como uma instituição de caráter residencial, oferecendo atendimento personalizado, em pequenas unidades e grupos reduzidos. Além disso, tem como obrigação não restringir nenhum direito que não tenha sido objeto de restrição por parte do Sistema Judiciário, preservar a identidade do abrigado, oferecer ambiente de respeito e dignidade, buscar a preservação e conservação dos laços familiares, propiciar escolarização, profissionalização, atividades culturais, esportivas e de lazer, entre outras determinações (Art. 94). Observa-se um amplo abismo existente entre a forma de estruturação e funcionamento das antigas instituições – as totais –, e o que o ECA preconizou em 1990, levando a uma profunda reformulação do espaço físico das instituições de abrigo, bem como da forma de funcionamento destas. Fonseca (2005) destaca que, pelo menos na região da capital Porto Alegre, praticamente todos os agentes sociais envolvidos com a infância e juventude possuem a consciência dos princípios básicos do ECA, percebida em ações de desmonte dos grandes abrigos institucionais, no esforço pela integração desses jovens à comunidade, entre outras.

Segundo Guará (2006), diante das determinações do Estatuto, a primeira providência desempenhada pelas instituições foi reordenar a estrutura física dos abrigos, transformando grandes espaços em pequenas salas e quartos, ou mesmo, diminuindo o número de abrigados. Entretanto, as determinações pontuadas pelo ECA (1990) não dizem respeito somente à redução do porte das instituições, mas também à indicação de que essas alterações físicas devem estar acompanhadas de um novo programa socioeducativo. Do contrário, pequenas residências reproduziriam o mesmo sistema de atendimento das grandes instituições (Guará, 2006). Da mesma forma, para Arpini (2003a), a renovação proposta pelo ECA não garantiu que alguns dos vícios, abusos e violências, característicos das instituições totais, não se reproduzissem no novo modelo, sendo necessário, assim, investir em uma mudança qualitativa no interior das instituições.

No Brasil, apesar da existência ainda de abrigos institucionais, aqueles de grande porte, tem havido um esforço conjunto de órgãos governamentais e não governamentais em se adequarem às determinações do Estatuto. Assim, hoje se tem como modalidade de abrigamento os abrigos residenciais, as casas lares, as repúblicas e as famílias acolhedoras. São abrigos públicos (municipais e estaduais) e abrigos administrados por organizações filantrópicas com ou sem convênio com os governos, muito dos quais de clara orientação religiosa (Fonseca, 2005). Segundo Albornoz (1998), os abrigos residenciais (ARs) são casas comuns com seus diversos cômodos: sala, cozinha, quartos, banheiro, área de serviço e pátio. Nessas casas, são abrigadas no máximo 15 crianças e adolescentes, sendo cuidados durante as 24 horas por, no mínimo, uma dupla fixa de monitores, preferencialmente de ambos os sexos, que se alternam em plantões. Além dos monitores, cozinheiras e serventes também atendem as casas; uma equipe técnica, composta por psicólogos, assistentes sociais; técnicos em educação, em recreação; nutricionistas, terapeutas ocupacionais, fonoaudiólogos, fisioterapeutas e enfermeiros. Os ARs utilizam os recursos da comunidade, como por exemplo, as escolas do bairro, os clubes, as áreas de lazer, os cursos, assim como o sistema de saúde da comunidade (hospitais e clínicas de atendimento). Além disso, esta modalidade oportuniza ao abrigado a vivência de situações que se aproximam de uma vida familiar, visto que cada um possui suas próprias roupas, sua cama, seu material escolar, sua festa de aniversário e seus brinquedos. Assim, as necessidades individuais são respeitadas e valorizadas (Albornoz, 1998).

Geralmente, vinculados aos órgãos não governamentais, têm-se as casas lares. Esta modalidade de abrigamento é semelhante aos abrigos residenciais, diferindo no fato de atender no máximo dez crianças e adolescentes, e dos mesmos serem atendidos por uma mãe social (podendo incluir seu esposo e seus próprios filhos), sendo esta figura constante nos três turnos do dia. As mães sociais são funcionárias registradas da entidade que promove o atendimento e, como tais, possuem todos os direitos trabalhistas, como folgas, férias e décimo terceiro salário. Nas situações de férias e folga, outros funcionários desempenham as tarefas das mães sociais. Muitas vezes, estas entidades de provimento das casas lares possuem uma equipe técnica restrita, com educadores para recreação/reforço escolar e assistentes sociais. Em geral, sob esse sistema, as crianças e adolescentes mantêm contato com uma estrutura mais próxima da familiar, possuindo uma rotina, colaborando com as tarefas de organização da casa e limpeza, inclusive, aprendendo a preparar alimentos em colaboração com os pais sociais. O sistema de casas lares existente na cidade de Goiânia, por exemplo, já foi descrito por Câmara, Medeiros, Ferriani e Moraes (2003) como um dos serviços que compõem a rede de atendimento às crianças e adolescentes em situação de rua nessa cidade. De acordo com esses autores, as casas lares

> possuem o objetivo de lares substitutos, com uma dinâmica bem próxima a um contexto familiar, propondo atividades de reinserção social e de resgate da cidadania. Trabalha-se com um número pequeno de moradores e há sempre a figura de um coordenador (a), que em alguns casos exerce a função de pai e/ou mãe social. (s.d.)

Em Porto Alegre, a modalidade de casa lar foi implantada pelo Governo Municipal em 1995, e esta experiência tem-se mostrado positiva para as crianças e adolescentes que aderem a este funcionamento, não sendo, muitas vezes, adequado àqueles cujas estruturas psíquicas ou de funcionamento exigem um atendimento técnico mais continente (Fundação de Assistência Social e Cidadania & Prefeitura Municipal de Porto Alegre, 2006). Nesse sentido, torna-se importante garantir a diversidade de modelos de atendimento para contemplar as diferentes necessidades das crianças e adolescentes.

Um exemplo de uma experiência de Casas Lares é apresentado a seguir, contemplando o Patronato Santo Antônio que atende a crianças e adolescentes em situação de rua na cidade de São José dos Pinhais, PR. A instituição é citada aqui pela grande credibilidade que apresenta no seu trabalho, assim como pela "particularidade" do atendimento (sistema de casas lares) oferecido às crianças e adolescentes (com e sem histórico de experiência de situação de rua). A descrição realizada baseou-se em entrevistas realizadas na instituição com dois dirigentes (ambos assistentes sociais), além do assistente social responsável pelas casas lares.

A EXPERIÊNCIA DAS CASAS LARES DO PATRONATO SANTO ANTÔNIO EM SÃO JOSÉ DOS PINHAIS, PR

Na cidade de São José dos Pinhais, grande Curitiba, no Paraná, localiza-se o Patronato Santo Antônio, fundado em 13 de Junho de 1949 por Frei Agostinho Girardi e pela Pia União de Santo Antônio. Desde o ano de 1963, o Patronato (incluindo as casas lares) vem sendo administrado pela congregação religiosa das Irmãs do Divino Salvador (as Irmãs Salvatorianas). O Patronato é uma instituição filantrópica e não governamental, vinculado à Igreja Católica, que tem como missão oferecer uma formação integral para crianças e adolescentes socialmente excluídos, sem qualquer distinção de raça, credo e gênero.

Foi fundado com a finalidade de abrigar, em regime de internato, crianças e adolescentes órfãos ou vítimas de abandono. Esse sistema vigorou até meados de 1986. A partir de 1987, reestruturou-se adotando o regime de semi-internato. Hoje, oferece à comunidade o serviço de apoio socioeducativo em meio aberto e também o sistema de casas lares. Quando procurado pelo poder público, sobre a possibilidade de abrir casas lares, o Patronato considerou a proposta possível, tendo como referência a missão da Instituição. Assim, a decisão de adotar as duas casas lares atendeu de um lado o apelo da esfera judiciária, tendo em vista a extinção do regime de internato e a existência de muitas crianças e adolescentes necessitando de medida de proteção e, de outro, o apelo da própria comunidade, que via a necessidade de amparar crianças ou adolescentes em situação de vulnerabilidade social.

A filosofia de trabalho da instituição é fortemente influenciada pelos valores humanos e cristãos, de respeito à vida e valorização da dignidade e promoção humana. Além disso, há implícito no trabalho a orientação da "Teoria da Modificabilidade" ou "Teoria da Mediação" desenvolvida pelo pedagogo e psicólogo romeno Reuven Feuerstein. De acordo com essa teoria, o ser humano possui a capacidade potencial de transformar e transformar-se a partir de investimentos e incentivos externos (C. M. A. Gomes, 2002).

Atualmente, o Patronato atende em média e diariamente (de segunda a sexta-feira) mais de 600 crianças e adolescentes nas atividades socioeducativas, tanto meninos quanto meninas, no turno inverso ao da escola. São crianças e adolescentes de nível socioeconômico baixo e em situação de vulnerabilidade social. Todos os jovens atendidos estudam numa escola situada dentro da área do Patronato, de modo que, quando saem da escola, eles podem deslocar-se rapidamente a pé até a sede do Patronato e vice-versa. Grande parte das crianças e adolescentes reside nas proximidades da Instituição.

O Patronato mantém duas casas lares, localizadas no mesmo espaço físico da instituição, que atende 23 crianças e adolescentes. As casas lares funcionam todos os dias da semana, inclusive final de semana e feriados, atendendo unicamente meninos. São crianças e adolescentes encaminhados pelo Conselho Tutelar e Sistema Judiciário, a maioria com vivência de rua e que estiveram expostos a uma série de fatores de risco, como violência doméstica, envolvimento com uso e tráfico de drogas, pequenos delitos, entre outros. As crianças/adolescentes estão divididos nas duas casas, sob a tutela de uma mãe social em cada uma. As mães sociais são selecionadas pelo Setor de Pessoal da instituição, sendo que, atualmente, uma possui nível superior (é formada em Letras) e a outra, nível médio. Os meninos atendidos nas casas lares, por serem encaminhados pelo Sistema Judiciário, podem vir dos mais diferentes bairros do município de São José dos Pinhais e Grande Curitiba. Eles participam e utilizam toda a estrutura do Patronato, possuindo atividades diárias conjuntas com as outras crianças e adolescentes do atendimento socioeducativo. Entre as atividades oferecidas pelo Patronato estão: reforço escolar, cursos profissionalizantes (mecânica industrial, marcenaria, informática), alimentação, além de atividades de artesanato, horta, teatro, música, dança e esportes.

Nas casas lares, os meninos podem ser admitidos até os 12 anos. Atualmente, o menino mais novo atendido tem seis anos e o mais velho, 17 anos. Como destacado no ECA (1990), eles podem ficar nesse espaço até os 18 anos incompletos. No entanto, de acordo com a necessidade da criança/adolescente, este pode entrar ou permanecer na casa com idades diferentes das acima indicadas, mesmo tendo completado os 18 anos. Eles organizam-se em quartos de três a quatro crianças/adolescentes, sendo que aqueles que têm mais tempo de casa são misturados, na medida do possível e da necessidade, aos mais novos. Há, em ambas as casas, sala de televisão, computador, sala de estudo, cozinha e banheiros próprios. Além disso, as roupas, materiais escolares e de higiene pessoal são de uso individual, no sentido de garantir a individualidade e a privacidade de cada criança/adolescente. As crianças e adolescentes participam ativamente das atividades da casa (limpeza, arrumação, cuidado do jardim etc.) e incentiva-se a formação de lideranças que ajudem na administração das casas.

Os recursos de manutenção do Patronato e das Casas Lares advêm, sobretudo, de iniciativas próprias, como bingos, festas, e outras, além de doações da comunidade e do convênio com a Prefeitura de São José dos Pinhais. Além disso, há convênios com a Pontifícia Universidade Católica (PUC), Serviço Nacional de Aprendizagem Industrial (SENAI) e outros, especialmente no que se refere à provisão de materiais, equipamentos e recursos humanos. As casas lares são acompanhadas e supervisionadas por assistentes sociais e psicólogas e pedagoga. Além disso, conforme já destacado, as crianças/adolescentes têm acesso a toda estrutura física e de atendimento oferecida pelo Patronato (atendimento médico, odontológico, oficinas, cursos profissionalizantes etc.).

Ao longo da análise da entrevista, alguns aspectos centrais emergiram da fala dos participantes entrevistados (dirigentes e assistente social). Esses aspectos são bastante relevantes para a compreensão do funcionamento das casas lares e são discutidos a seguir.

As mães sociais

As mães sociais foram descritas como sendo as figuras de referência dos meninos. Elas são apresentadas como a mãe que muitos não tiveram, como mostra a frase comumente dita no momento do ingresso na casa lar ao menino: *"agora você ganhou uma mãe"*. Elas acompanham os meninos, coordenam as tarefas escolares e domésticas do dia a dia. Têm o papel de dar apoio quando o menino precisa, como por exemplo, quando ele está com vontade de chorar, quando está com fome, quando está doente ou mesmo quando precisa de material escolar. Nas palavras de um dirigente: *"a mãe social acaba sendo a ordenadora das relações, quer sejam elas de natureza afetiva, quer sejam do grupo ou sociais. Ela interfere diretamente na disciplina, nos hábitos, e na consolidação dos valores"*.

Entretanto, elas não assumem essa responsabilidade sozinhas, elas contam com o auxílio das Irmãs Salvatorianas, que acompanham o cotidiano da casa, ajudando, especialmente, no manejo de situações mais difíceis, como quando há desentendimento entre os meninos, ou comportamento agressivo deles com as mães sociais. As dificuldades parecem estar relacionadas, portanto, aos limites instrucionais e ao desenvolvimento de competências para *"fazer frente a crianças e adolescentes tão diferentes e absolutamente carentes"*. Durante a entrevista, foi destacada, ainda, a dificuldade de encontrar pessoas que se disponibilizem a desempenhar o papel de mãe social, visto que é um trabalho integral e exigente, ocorrendo, muitas vezes, rotatividade.

Sem dúvidas, os cuidadores dos abrigos assumem papel crucial para a qualidade do atendimento disponibilizado, visto que a forma como as mães sociais cuidam, educam e manejam as situações do dia a dia influencia diretamente o desenvolvimento dessas crianças e adolescentes (Forgearini, 2006; Nogueira & Costa, 2005b; Sousa & Vectori, 2007). Além disso, estas interações também influenciam a percepção dos meninos de bem-estar e a maneira como eles responderão nos seus diversos contextos. Entretanto, são poucos os estudos que investigam o vínculo que se estabelece entre criança e mãe social, o ponto de vista dessas cuidadoras, assim como o papel desse vínculo para a construção da identidade da criança e do adolescente sob seus cuidados (Forgearini, 2006; Nogueira & Costa, 2005a, 2005b).

Segundo Forgearini (2006), em seu estudo sobre a concepção de maternidade entre as cuidadoras dos abrigos, foi possível constatar que a forma de atuação das cuidadoras, entre elas monitoras e mães sociais, estava diretamente relacionada com os seus valores, história de vida e experiência prévia de filiação e maternidade. Além disso, as participantes mencionavam os desafios implícitos no desempenho dessa função, visto que envolve o investimento afetivo, essencial para o desenvolvimento social, cognitivo e afetivo dos abrigados, e, ao mesmo tempo, uma "proteção" dessas mulheres diante deste investimento, em função da provisoriedade da relação. Os desafios envolvem, também, um manejo na distribuição da sua atenção entre os abrigados; a dificuldade de lidar com a realidade dessas crianças e adolescentes, vítimas de violência e abandono; e a necessidade de lidar com as suas famílias de origem. Os estudos de Nogueira e Costa (2005a, 2005b), a partir de observações da rotina de uma casa lar, apontaram a precariedade do trabalho desenvolvido pela mãe social, a qual demonstrava incapacidade de acolher e legitimar o sofrimento das crianças abrigadas, especialmente as pré-escolares, agindo com desrespeito e desconsideração. As autoras ainda destacam que as atividades desenvolvidas e a assistência prestada às crianças estavam diretamente relacionadas à organização da instituição, e não à necessidade e ao ritmo das crianças e adolescentes, apontando a dificuldade de considerar cada criança individualmente. E o estudo de Sousa e Vectori (2007), buscando compreender as concepções das educadoras sobre o brincar e o espaço dessa atividade no contexto institucional, apontou para uma incoerência quanto ao relato das mesmas, marcado pelo reconhecimento da importância do envolvimento delas no brincar, e à realidade, marcada pela limitação de tempo, espaço e integração das cuidadoras. Os estudos convergem quanto à necessidade de preparar e capacitar as cuidadoras para desempenhar esse papel, como também proporcionar um acompanhamento técnico-metodológico do trabalho (Forgearini, 2006; Nogueira & Costa, 2005a, 2005b; Sousa & Vectori, 2007).

As famílias de origem

A maioria das famílias de origem das crianças e adolescentes das casas lares foi descrita como *"pedaços de família"*, visto que muitos foram abandonados pelas mães e nem conheceram os pais. Segundo os entrevistados, estas famílias *"não criaram e nem conservaram o vínculo afetivo com seus filhos"* e foram *"abandonadas pela sociedade"*. Assim, as lembranças das relações familiares são, em muitos casos, inexistentes e tênues, ou ainda, são lembranças de solidão e sofrimento. Após serem rejeitados pela família, eles foram buscar a sobrevivência nas ruas, espaço que acaba se tornando o principal contexto de socialização. Muitas vezes os outros familiares apresentam condições econômicas, emocionais e afetivas tão comprometidas, que não reúnem as mínimas condições para assumir a educação desses jovens. A ideia de que a família é incapaz ou limitada para criar, cuidar e educar seus filhos apresentou-se com muita força no discurso dos dirigentes da instituição. Segundo eles, *"tudo o que é construído aqui, em anos de trabalho, é destruído lá, em pouco tempo"*.

A problemática das famílias em situação de vulnerabilidade social tem sido foco de estudos, na atualidade. O perfil das famílias dos meninos, apresentado pela instituição, apontou uma família abandonada pelo sistema, e incapaz de acompanhar e promover o desenvolvimento saudável de seus filhos. Por não conseguir desempenhar seu papel de proteção, acaba "mandando-os" para rua, fazendo com que o trabalho da instituição seja destruído. A literatura menciona que muitas famílias, por estarem expostas a inúmeros fatores de risco, como violência doméstica, miséria, desemprego, baixa escolaridade, entre outros, podem não conseguir desempenhar o papel de provimento da sobrevivência e de proteção para seus filhos, apresentando mecanismos de desagregação familiar (Ferrari & Kaloustian, 1994; Gomes & Pereira, 2005; Petrini, 2003; Saraiva, 2002). Estes aspectos, para essa população, acabam enfraquecendo-as ainda mais enquanto instituição provedora das condições materiais e nutricionais mínimas, e de proteção para seus filhos, resultando em famílias com problemáticas bastante comuns na realidade brasileira: negligência em relação à educação dos filhos, ou mesmo o seu abandono (Saraiva, 2002).

Yunes e Szymanski (2003), em seu estudo sobre crenças a respeito de famílias pobres, encontram, entre profissionais da Saúde e Educação, a ideia de que a maioria das famílias é acomodada à pobreza, "desorganizada", "comprometida" e "desestruturada". Na percepção destas profissionais, as famílias pobres têm escassas possibilidades de sucesso diante das adversidades da pobreza. Por outro lado, Gomes e Pereira (2005) afirmam que a situação de vulnerabilidade social da família pobre se encontra diretamente ligada à miséria estrutural, agravada pela crise econômica que lança o homem ou a mulher ao desemprego ou subemprego. Para Ferrari e Kaloustian (1994, p. 13), *"por detrás da criança excluída da escola, nas favelas, no trabalho precoce urbano e rural e em situação de risco, está a família desassistida ou inatingida pela política oficial"*. Corroborando este autor, Martins (1993) afirma que a criança abandonada é apenas a contrapartida do adulto abandonado, da família abandonada e de uma sociedade abandonada.

Esta caracterização acaba reproduzindo uma ideia depreciativa dessas famílias, reforçando ainda mais a impotência atribuída a elas. Por outro lado, vale a pena destacar a importância de se considerar o potencial saudável de algumas famílias, e não generalizar a ideia de que todas as famílias pobres são desinteressadas e incapazes (Ferrari & Kaloustian, 1994). Enxergar a família como um recurso saudável é um desafio e tarefa necessária para uma tentativa de inversão desse panorama (Cabral, 2002; De Antoni, Hoppe, Medeiros, & Koller, 1999; Yunes & Szymanski, 2003).

A reinserção familiar

Para os dirigentes da instituição, *"essa história de* [a criança] *voltar imediatamente para o convívio familiar é altamente questionável"*, visto que sem que a família seja preparada e capacitada, não haverá uma efetiva inserção social e, em breve, eles estarão de volta às ruas. Por outro lado, há um incentivo vindo do Sistema Judiciário para que as crianças institucionalizadas voltem para casa, e confrontar esta decisão é tarefa árdua e difícil. Para o Judiciário, deve-se implementar o retorno familiar, mas *"para que família?"* Em muitos casos, questões sobre a fragilidade da família e a sua desorganização socioeconômica são colocadas pelo assistente social das casas lares para a juíza, com o objetivo de mostrar-lhe a frágil realidade e alertar para o fato de que se a criança ou o adolescente retornam ao convívio familiar (sem que seja realizada nenhuma intervenção), o trabalho desenvolvido pela instituição será destruído. Antes de se pensar em reinserção, deve-se subsidiar e capacitar suas famílias, tanto no plano econômico quanto emocional – elas devem possuir estrutura material, financeira e de alimentação, além de estrutura emocional/afetiva para que o retorno seja bem-sucedido. Discutiram-se os temas da institucionalização e da reinserção familiar, criticando a ideia de que *a priori "criança não pode e não deve ser institucionalizada"*. Ao invés de se generalizar, os participantes defenderam o argumento de que *"é preciso ver o que é melhor para cada criança. E a necessidade, particularidade de cada criança e cada adolescente. E a partir daí se dá a resposta"*.

O tema da reinserção familiar foi constante ao longo da entrevista, indicando que está presente nas discussões e reflexões cotidianas da instituição. Segundo os dirigentes, o retorno à família de origem não deve ser tratado como "norma", mas sim, avaliado com cautela. Deve-se analisar caso a caso, considerar a realidade dos vínculos familiares existentes e as reais condições financeiras e emocionais/afetivas para a efetivação desse retorno. O ECA (1990) contempla a questão da reinserção familiar ao definir o abrigamento como medida de proteção excepcional e temporária, estabelecendo que toda a criança e o adolescente têm o direito à convivência familiar e comunitária, tanto junto à sua família de origem quanto a uma família substituta. Por outro lado, Fonseca (2005) chama a atenção para um fenômeno, denominado pela autora de "política da brevidade institucional", caracterizado por ações e pelo desejo de efetivar a transitoriedade da medida de proteção, muitas vezes, a qualquer custo. Segundo a autora, na pressa de "retorno à família", muitas crianças e adolescentes são desligados para famílias que não têm condições de reassumir sua parentalidade, não conseguindo cuidar e socializar seus filhos.

Os dirigentes entrevistados sinalizaram também a necessidade de preparar e capacitar as famílias, corroborando outros autores da área (Enout, 2004; Juliano, 2005; Siqueira, 2006). Os estudos de Azor e Vectore (2007a), Silva e Nunes (2004) e Siqueira (2006) são exemplos de pesquisas sobre o processo de reinserção de crianças e adolescentes afastados de suas famílias de origem realizadas na realidade brasileira. No estudo de Azor e Vectore, os fatores que contribuíram para o retorno ao convívio familiar das crianças e adolescentes abrigados estudados foram (a) insistência do Poder Judiciário; (b) acompanhamento familiar por profissionais; (c) adequação da moradia; e (d) desejo dos genitores. Para estas autoras, muito mais do que se ter condições econômicas que viabilizem o retorno, é preciso conhecer as condições emocionais e a motivação da família, como também as expectativas relacionadas às crianças e aos adolescentes.

Silva e Nunes (2004) constataram que, tanto os familiares quanto os egressos dos abrigos, apresentavam-se fora do mercado de trabalho formal, desempenhando atividades, na sua maioria, informais, como atividades esporádicas de venda ou limpeza, além do recolhimento de papel nas ruas; 57% dos egressos não frequentavam mais a escola; e as relações afetivas familiares eram pobres e conflituosas. Siqueira (2006) desenvolveu um estudo exploratório e longitudinal com uma adolescente, egressa de um abrigo de proteção, e observou a existência de inúmeros e expressivos fatores de risco no ambiente familiar, tais como família numerosa, mãe com história de abuso sexual, doença física da mãe, uso de práticas educativas coercitivas e punitivas, ausência de rotina familiar, falta de valorização da escola, desemprego dos provedores da família, ausência de relações de amizades próximas e efetivas, entre outros fatores. Estes fatores apresentavam-se de forma clara e já estavam presentes antes do desligamento da jovem, o que leva à conclusão de que faltou uma avaliação objetiva da situação familiar na efetivação da reinserção familiar. Os três últimos fatores descritos corroboram o estudo de M. R. Silva e Nunes, apontando que a ausência do trabalho, da continuidade escolar e de uma rede de apoio tem sido aspectos presentes nas famílias que possuem filhos afastados do convívio familiar. Estes estudos provocam a discussão sobre a forma como está sendo implementada a reinserção de crianças e adolescentes institucionalizados nas suas famílias de origem, e, para isso, mais estudos devem ser desenvolvidos com esse intuito (Siqueira, 2007). Com o objetivo de garantir o direito fundamental à convivência familiar e comunitária, crianças e adolescentes estão sendo desabrigados e expostos a condições desumanas e a mais eventos de risco. Torna-se necessário desenvolver estratégias sólidas e seguras de acompanhamento desses processos de reinserção familiar, visto que qualquer falha nesse processo pode levar ao reabrigamento e, consequentemente, a novos rompimentos de vínculos afetivos, dificultando ainda mais a próxima tentativa de reinserção (Siqueira, 2006).

Funcionamento institucional baseado nas demandas específicas de Crianças/Adolescentes atendidos

Por muitas vezes, durante a entrevista, mencionou-se o fato de que a configuração das casas lares e a sua metodologia de trabalho precisavam levar em consideração o perfil da população atendida. Nesse sentido, um dirigente afirmou: *"o modelo de casa tem que ser definido a partir da realidade apresentada pelas crianças e adolescentes e não o contrário. Senão, você nunca vai chegar a ter eficiência no encaminhamento do teu caso"*. Esse participante referia-se ao universo bastante diferenciado vivido pelas crianças e adolescentes atendidos, com cultura e históricos familiares diferentes (orfandade, abandono, negligência familiar), além de diferentes graus de envolvimento com questões como trabalho infantil, tráfico de drogas etc. Além disso, a própria inserção das crianças e adolescentes nas atividades foi vista como devendo considerar as "possibilidades" de cada uma (*"cada ser humano é um universo e merece ser considerado como tal. E respeitado na sua particularidade"*).

A respeito de a configuração dos objetivos e formas de atuação das casas lares considerarem os objetivos dos próprios jovens atendidos, Santana *et al.* (2005a) relatam a experiência de profissionais da rede de assistência de Porto Alegre. Estes profissionais acreditam que o objetivo de reinserção familiar não é pretendido pelos jovens e que, inclusive, a verbalização desse objetivo institucional para os adolescentes poderia amedrontá-los, fazendo com que estes interrompessem a frequência aos serviços. Sendo assim, as instituições vão moldando os seus objetivos aos dos jovens atendidos e passam a cumprir eminentemente um papel de garantia de sobrevivência destas crianças/adolescentes, além de se constituir como um espaço privilegiado de acolhimento e promoção de cidadania (Morais, 2005).

A consideração da "particularidade" de cada criança ou adolescente ficou clara a partir dos relatos sobre a preocupação com o acolhimento destes no espaço das casas lares e no Patronato. A instituição conta com uma equipe que possui uma percepção diferenciada a respeito dos meninos abrigados nas casas lares, constatada a partir da compreensão e acolhimento desses meninos e do reconhecimento de sua origem familiar e de sua experiência de rua. Há uma tentativa de entender essas histórias de vida, e não anulá-las a qualquer preço. Isso, muitas vezes, leva a equipe a ir em busca da família de origem desses jovens. Além dessa tentativa de resgate, há a prática de construção da história de vida desses meninos, a partir da valorização das atividades e conquistas diárias, concretizada na produção de uma pasta arquivo individual e à disposição do dono, onde eles guardam, além de documentos pessoais e escolares, desenhos, fotos, cartas e poemas, produzidos por eles mesmos. Esta iniciativa é crucial para a formação de sua identidade, à medida que contribui para a concretização de uma história com conquistas e aspectos positivos e não mais fixada em fracassos e aspectos depreciativos.

Existe uma preocupação clara com os objetos pessoais dos meninos, como roupas, calçados, material escolar, brinquedos, entre outros. A instituição evita fornecer roupas ou calçados velhos e usados, visto que acredita que eles têm o direito a uma vestimenta nova e objetos pessoais da melhor qualidade e em bom estado: *"o que não se faz para um filho da gente, a gente nunca deve fazer com as crianças das casas lares"*. Esta preocupação parece, também, refletir a preocupação dos dirigentes em sinalizar com atitudes concretas a diferença entre estar na casa lar ou na rua, visto que se o menino estivesse em situação de rua, sua vestimenta e objetos pessoais estariam em mau estado. O estímulo à conservação dos objetos pessoais pode despertar nele a autoestima e um sentimento de autocuidado. Além disso, há uma atenção especial quanto ao futuro desses meninos, traduzida na inserção dos mesmos na rotina doméstica da casa lar (desempenho de tarefas, como arrumar a mesa, sua cama, entre outras) e nas múltiplas atividades e cursos profissionalizantes oferecidos aos meninos pela instituição. De acordo com Câmara *et al.* (2003), essa atitude de tentar envolver as crianças/adolescentes nos cuidados de higiene, manutenção das instalações físicas, dos seus pertences pessoais e da sua própria "história de vida" é um princípio que deve ser visto com muita positividade, pois representa um resgate de autoestima e senso de responsabilidade desta população.

Toda a "acolhida" das crianças/adolescentes recém-chegados é feita através das próprias crianças, da mãe social e da Irmã responsável por cada Casa Lar. O ambiente do Patronato é mostrado à criança/adolescente e o funcionamento da casa é explicado. Aos poucos, o medo do ambiente desconhecido vai dando espaço a um sentimento de bem-estar, dado o bom acolhimento e a boa inserção realizados.

Dificuldades específicas colocadas pelas crianças em situação de rua às Casas Lares

As maiores dificuldades destacadas foram: o manejo da "carência afetiva" e das memórias de situações vividas pelas crianças e adolescentes. De acordo com a Irmã dirigente do Patronato e responsável por uma das casas lares, entre as crianças e adolescentes que tiveram a vivência de rua e para quem os vínculos familiares são ausentes ou bastante frágeis, o comportamento é comumente mais agressivo, de insubordinação e revolta. *"Sua adaptação é mais lenta, demandando muito afeto, atenção e compreensão... Até descarregarem toda a explosão que eles têm dentro deles, eles descarregam nas costas de alguém"*. Há também a dificuldade de integração com outros colegas, expressa no "não falar" e na desconfiança uns dos outros, uma vez que *"lá fora não sabiam com quem estavam se relacionando*". São frequentes, ainda, os choros e a busca de respostas para a situação de abandono vivido, assim como os relatos da fome que passaram e do fato de ter que roubar para comprar comida ou roupa para se vestirem. Algumas crianças, inclusive, expressam a "saudade" de algumas atividades como, por exemplo, juntar latinha para trocar por dinheiro e comprar comida para mãe e irmãos. Nas palavras de uma participante da pesquisa de Santana *et al.* (2005a, p. 171), *"é fácil tirar o menino da rua. O difícil é tirar a rua do menino"*.

No que se refere ao uso de drogas e às questões de abstinência que a vida na Casa Lar poderia gerar, os participantes informaram que o envolvimento com drogas das crianças e adolescentes por eles atendidos é incipiente (*"são usuários leves, não tão comprometidos, que foram socorridos logo"*) e que as situações de crise geradas pela abstinência foram contornadas pelo atendimento médico/psiquiátrico oferecido, assim como pela "compensação" com as atividades oferecidas pela instituição.

De acordo com Arpini (2003a), a compreensão e acolhida das dificuldades decorrentes do afastamento familiar e das experiências prévias consistem num grande desafio às instituições e aos educadores. É preciso que seja permitida, portanto, a expressão de sentimentos, muitas vezes ambivalentes, relacionados aos cuidadores que perpetraram a violência, definida pela diretora das casas lares como *"um trabalho para desbloqueá-los"*. Muitas vezes, segundo Arpini (2003a), a instituição tem dificuldades em lidar com esse processo ao exigir desses jovens um deslocamento de afetos que eles não conseguem executar, ao criticar o desejo de manter seus vínculos familiares, ou, ainda, ao rejeitar as críticas dirigidas às suas famílias. Dessa forma, a instituição não abre espaço para trabalhar suas histórias de vida, suas dores, tristezas e violências. Marin (1999) menciona, ainda, que não é permitido, em muitas instituições, que a criança viva a frustração ou a raiva que sentiu ou ainda sente de seus pais/cuidadores. Estabelece-se um silenciamento, gerado pelo temor a esse passado, de modo que, quando este aparece, é de forma depreciativa, produzindo um efeito muito negativo. Dessa forma, é preciso que o educador ajude as crianças e os adolescentes a compreenderem as suas histórias pregressas, de modo a elaborar o passado e evitar a mera repetição (Vicente, 1994). Somente após esse processo as crianças e adolescentes abrigados poderão resgatar a esperança no futuro (Guará, 2006). Além das questões relacionadas à família, ressalta-se também a necessidade de que cada criança e adolescente tenha a sua experiência de vida (incluindo a "rua") acolhida. Nesse sentido, experiências vividas, linguagem e valores trazidos desse contexto precisam ser acolhidos e igualmente trabalhados, e não simplesmente rechaçados, ignorados ou tolhidos.

Avaliação positiva das Casas Lares por crianças e adolescentes atendidos

Perguntados sobre o "sucesso" das casas lares, um dirigente afirmou: *"Olha, nem todas as casas lares são uma experiência positiva"*. De acordo com ele, o diferencial das casas lares existentes no Patronato Santo Antônio seria: *"a responsabilidade de pessoas que estão 24h durante 365 dias do ano à disposição (as irmãs e ao lado disso, as mães sociais)"*, bem como o fato de as casas lares estarem *"dentro de uma outra instituição que interage dinamicamente, de uma forma contínua com o universo, com o mundo real"*. Nesse sentido, o convívio com outras crianças e adolescentes da comunidade, assim como o convívio com a "família" das casas lares agiriam como um aspecto bastante positivo e não segregador dessas crianças. Ao contrário do que acontecia em outros sistemas de abrigamento. Além disso, nas casas lares e a partir do acesso às atividades do Patronato, essas crianças e adolescentes têm a oportunidade de realizar cursos profissionalizantes e de ter acessos múltiplos, à arte, à cultura, ao lazer e ao convívio, que a maioria das famílias brasileiras em situação de vulnerabilidade social não possui.

É no mínimo um paradoxo que a inclusão em um mundo social de garantia de direitos tenha se dado para as crianças e adolescentes atendidas nas casas lares do Patronato, a partir de uma situação de "exclusão" (a ida para a rua e a situação de abandono ou negligência vivida). Essa realidade é também descrita por Santana *et al.* (2005a) e Morais (2005) quando descrevem os serviços de atendimento a crianças e adolescentes em situação de rua em Porto Alegre. As autoras constatam em seus estudos a inviabilidade da reinserção social dessas crianças/adolescentes nas suas comunidades de origem, dada a deficiência dos serviços oferecidos, em contraposição ao atendimento individualizado e de qualidade que possuem na rede especializada.

A influência que o cunho religioso tem sobre o funcionamento da instituição e comportamento das crianças e adolescentes atendidos no Patronato é avaliada como positiva pelos entrevistados. Eles afirmaram que a religião representa um elemento de equilíbrio, de estimulação e de unificação em diversos momentos da vida de cada criança e adolescente e do próprio grupo. Além disso, oportuniza meios para firmar a sua identidade (leituras, cantos, coordenação de atividades etc.) e representa um espaço para alargar o relacionamento com outras pessoas e/ou grupos. A rotina relacionada a eventos/momentos religiosos consiste em orações diárias no início das atividades de cada dia e, no caso das crianças atendidas nas casas lares, na participação das celebrações dominicais com a comunidade da região. Sobre a adaptação dos meninos das casas lares a essa rotina, foi dito que:

> na medida em que vão conhecendo e aprendendo a proposta da casa e da Instituição, vão se motivando e se engajando. O grupo dos mais antigos acaba influenciando os novos no que tange ao seu envolvimento em todas as atividades.

Vários estudos têm mostrado a relevância das instituições (nas suas diferentes configurações) no atendimento às crianças e adolescentes em situação de rua. Tais estudos salientam que tanto o funcionamento da instituição quanto seus funcionários desempenham um importante papel na rede de apoio social e afetivo dos atendidos (Brito, 1999; Forster, Barros, Tannhauser, & Tannhauser, 1992; Santana *et al.*, 2004; Siqueira, Betts, & Dell'Aglio, 2006).

Durante a entrevista, muitos foram os relatos sobre a existência de jovens e adultos que passaram pelas casas lares e que voltam para visitar a instituição, rever pessoas e, inclusive, para fazer doações. No discurso desses jovens e adultos, segundo os entrevistados, está presente a fala de que se não fossem as casas lares e as oportunidades que tiveram ali, eles *"estariam mortos, seriam drogados, não teriam estudo ou seriam 'marginais'!"* Efetivamente, esses jovens e/ou adultos, quando crianças ou adolescentes, parecem ter encontrado no Patronato e nas casas lares um ambiente que favoreceu o seu desenvolvimento, sobretudo porque estimulou as suas capacidades, potencialidades e talentos. Além disso, as relações estabelecidas com educadores, irmãs, funcionários e outras crianças pressupõem valores de dignidade e respeito, assim como a consideração das suas características positivas e limites pessoais, tornando-os mais confiantes e seguros para enfrentar os obstáculos da vida e suas frustrações.

Estudos mais recentes sobre institucionalização já mencionam as melhorias no contexto institucional e na qualidade da assistência oferecida aos abrigados (Arpini, 2003a, 2003b; Azor & Vectore, 2007a, 2007b; Dell'Aglio, 2000; Guará, 2006; Martins & Szymanski, 2004; Oliveira, 2006; Pasian & Jacquemin, 1999; E. R. Silva, 2004; Siqueira *et al.*, 2006; entre outros). Esses estudos mostram que a reformulação do funcionamento das instituições de abrigo, com base nas diretrizes preconizadas pelo ECA (1990), está virando realidade, visto que os principais interessados, as crianças e adolescentes abrigados, estão considerando o abrigo como um lugar fornecedor de apoio e proteção. Alguns resultados dessas pesquisas são descritas nos parágrafos que se seguem.

Em entrevistas com adolescentes que tiveram em situação de institucionalização, estes jovens destacaram as experiências positivas e momentos de alegria vividos na instituição, onde puderam estabelecer novos vínculos, alguns dos quais se mantiveram mesmo após deixarem a instituição (Arpini, 2003b). Um estudo com 143 crianças e adolescentes institucionalizados de Porto Alegre e Viamão investigou os eventos de vida positivos e negativos. Entre os eventos positivos, destaca-se que cerca de 37,8% dos eventos citados estavam relacionados à família, como "ganhar uma bicicleta da avó", "ter a mãe por perto"; e 36,6%, ao contexto institucional, como "ir ao parque com a mãe social", "ganhar um presente da madrinha afetiva", entre outros. Nos eventos negativos, 66,2% dos eventos estavam relacionados à família, como morte de familiares e vivência de situações de violência; e por outro lado, somente 22,7% destes eventos eram advindos do contexto do abrigo. A partir da análise qualitativa dos dados, foi possível compreender que tanto a família quanto o abrigo apresentaram-se como fontes de eventos positivos, mas, por outro lado, a família foi marcadamente mais fonte de eventos negativos do que o abrigo (Otero, Ávila, Siqueira, & Dell'Aglio, 2006).

Um estudo investigou a autoimagem, através do autoretrato gráfico, com crianças institucionalizadas, sendo que as crianças com mais tempo no abrigo apresentaram elementos de uma autoimagem mais integrada em comparação aos recém-chegados (Pasian & Jacquemin, 1999). Assim, foi possível afirmar que o tempo de contato da criança com uma estrutura institucional, propiciadora de uma rotina e de experiências de vida positivas, pode favorecer a diminuição do número de sinais de dificuldades emocionais. O estudo desenvolvido por E. Martins e Szymanski (2004) investigou a percepção de família de crianças em instituição de abrigo, a partir da análise da brincadeira de faz de conta, empreendida por elas. Dentre os resultados, destacaram que a cooperação ou ajuda mútua permeou a maioria das interações. As crianças organizaram-se dentro dos papéis familiares, cooperando com a organização da casa e auxiliando umas às outras em diversos momentos. Outro resultado interessante foi a referência predominante ao modelo de família nuclear, apesar de suas famílias de origem não possuírem esta forma de configuração, apontando para a forte influência dos valores culturais macrossistêmicos.

Ao investigar diversos aspectos no desenvolvimento de crianças e adolescentes que viviam em instituições de abrigo e que viviam com a família, Dell'Aglio (2000) não constatou diferenças consistentes entre os grupos. As análises apontaram resultados semelhantes no nível intelectual, desempenho escolar, estratégias de *coping* e estilo atribucional, tendo sido encontrada diferença somente nos índices de depressão, que foram mais altos entre as meninas institucionalizadas. Entretanto, este resultado não pode ser interpretado como indicação de que haja alguma relação causal entre institucionalização e depressão. Na maioria dos casos, a institucionalização se deu em consequência de eventos traumáticos na família (abandono, violência doméstica, negligência), podendo ter sido este o principal fator de risco para a depressão (Dell'Aglio, 2000). Um estudo sobre rede de apoio social e afetivo de adolescentes institucionalizados indicou que os diretores, técnicos, monitores e voluntários dos abrigos são os principais fornecedores de apoio afetivo e emocional (Siqueira *et al.*, 2006). O apoio emocional e afetivo é descrito na literatura como o apoio mais efetivo para reduzir os efeitos negativos de uma situação adversa vivenciada, sendo essencial para os adolescentes, que podem perceber que poucas pessoas entendem seus sentimentos.

CONSIDERAÇÕES FINAIS

A descrição e a discussão sobre a forma de funcionamento das casas lares do Patronato podem levar a ideia de que o abrigamento é a melhor opção para crianças e adolescentes em situação de rua. Certamente, esta não foi a intenção desse capítulo. Descreveu-se a realidade de uma instituição de atendimento específica, construída ao longo de muitos anos, a partir de acertos e erros, e que pode ser diferente da realidade de muitas outras instituições do Brasil. A modalidade de casas lares, por propor atendimento singular, individual e próximo, coloca-se como uma medida de proteção singular para o atendimento de crianças e adolescentes em situação de risco, inclusive em situação de rua. Entretanto, destaca-se que mais do que simplesmente falar da modalidade de atendimento, o mais importante é conhecer a *qualidade* desse atendimento, que pode ser diferente em diferentes modalidades. Por isso, fala-se nas casas lares do Patronato, e não nas casas lares de todo o Brasil. Nesse sentido, reconhece-se que o trabalho desenvolvido nas casas lares da instituição Patronato é diferenciado e reflete o amadurecimento técnico-afetivo dos dirigentes da instituição. Desperta a atenção a clareza demonstrada pelos dirigentes quanto à necessidade de compreender o contexto e família de origem desses meninos, além de investir na construção de suas identidades e no planejamento de planos para seus futuros. A seriedade constatada no desenvolvimento do trabalho é coerente com o estabelecimento de relações pautadas no respeito e nas trocas afetivas, a partir de uma influência claramente religiosa. A influência religiosa, o caráter de missionaridade e a identificação com a causa (defesa dos direitos de crianças/adolescentes) vem sendo destacada em outros estudos como uma das principais e mais fortes motivações para o exercício de atividades de ONGs dedicadas ao trabalho com crianças e adolescentes em situação de rua (Câmara *et al.*, 2003; Morais, 2005; Santana *et al.*, 2005b).

Sem dúvida nenhuma, existem inúmeros aspectos a serem modificados e trabalhados no interior das instituições, como também não existe um modelo perfeito ou uma instituição sem ter o que aprimorar. Inclusive alguns estudos apontam os prejuízos que um período de abrigamento pode trazer ao desenvolvimento de crianças e os adolescentes abrigados (Altoé, 1993; Carvalho, 2002; Nogueira & Costa, 2005a, 2005b; Weber & Kossobdudzki, 1996; Yunes, Miranda, & Cuello, 2004). O contexto institucional, independente da modalidade de atendimento assumida, pode reproduzir a violência que muitos abrigados vivenciaram em suas famílias de origem e, dessa forma, constituírem-se em fatores de risco ao seu desenvolvimento.

Formular, desenvolver e consolidar uma ação educativa no cotidiano dos abrigos de proteção é a tarefa mais difícil e importante proposta pelo ECA (1990). Estratégias de capacitação e qualificação dos monitores, mães sociais e funcionários dos abrigos são descritas na literatura como necessárias para um aprimoramento contínuo do atendimento dos abrigos (Arpini, 2003a, 2003b; Azor & Vectori, 2007a, 2007b; Nogueira & Costa, 2005a, 2005b; Siqueira, 2006; Yunes *et al.*, 2004). A realização de seminários de estudo e discussão com estes agentes sociais, que lidam diretamente com as crianças e adolescentes abrigados, proporcionaria uma prática guiada e planejada teoricamente, além de um espaço para trocas e resoluções das dificuldades. Outro aspecto consiste na promoção de atividades integradoras junto à comunidade, fazendo com que os abrigados não sejam considerados "problemas", combatendo o estigma social depreciativo que os atinge. E ainda, sugere-se a sistematização de periódicas avaliações das famílias dos abrigados, com vistas à promoção da reinserção familiar dos casos, evitando a permanência longa e contínua desses jovens e proporcionando o direito fundamental à convivência familiar e comunitária, estabelecido pelo ECA (1990).

Mudar a forma de atendimento do antigo sistema é mexer em práticas sociais intrínsecas e enraizadas na sociedade há séculos, sendo um desafio articular um atendimento não voltado única e exclusivamente para o provimento material, como alimentação, vestiário e moradia. Primeiramente, para que uma ação educativa seja executada, é preciso superar a confusão sobre a identidade do abrigo, que ora está associada a sentimentos de valorização, ora a sentimentos de condenação, não estando legitimado o seu papel de proteção (Guará, 2006; Gulassa, 2006). A busca por uma identidade positiva para o abrigo é um pré-requisito para o enfrentamento da ausência de legitimidade e da ambivalência quanto às expectativas sociais relacionadas às crianças e aos adolescentes abrigados e para o combate deste estigma social (Guará, 2006).

Esse capítulo veio ilustrar, através de uma experiência avaliada como positiva pelas autoras, pela sociedade civil, pela equipe dirigente, pelos funcionários e crianças/adolescentes atendidos, a possibilidade concreta e real de que as casas lares venham a servir como mais uma alternativa possível, viável e eficaz ao atendimento de crianças e adolescentes que tiveram histórias de vinculação com a rua. Dada a variedade de perfis de crianças e adolescentes em situação de rua, é preciso que diferentes aparatos de acolhida e atenção a essa população sejam criados. A abordagem nas ruas, as casas de acolhimento, abrigos diurnos, escolas abertas, serviço de acolhimento noturno e as casas lares são dispositivos igualmente necessários ao atendimento dessa população com perfis, desejos e histórias de vida tão diferenciadas.

REFERÊNCIAS

Albornoz, C.G. (1998). Os efeitos preventivos e curativos dos cuidados parentais substitutos com relação à doença mental graves: Fundamentando a práxis. *Alethéia, 7*(1), 27-33.

Altoé, S. (1993). Do internato à prisão: Quem são os presidiários egressos de estabelecimentos de assistência à criança e ao adolescente? In I. Rizzini (Ed.), *A criança no Brasil hoje: Desafio para o terceiro milênio* (pp. 213-229). Rio de Janeiro, RJ: Editora Universitária Santa Úrsula.

Arpini, D.M. (2003a). Repensando a perspectiva institucional e a intervenção em abrigos para crianças e adolescentes. *Psicologia: Ciência & Profissão, 21*(3), 70-75.

Arpini, D.M. (2003b). *Violência e exclusão: Adolescência em grupos populares.* São Paulo, SP: EDUSC.

Azor, A.M., & Vectore, C. (2007a). Abrigar os filhos: Um estudo com as famílias de abrigados [Resumo estendido]. In Associação Brasileira de Psicologia Escolar e Educacional (Ed.), *Resumos de comunicações científicas, VIII Congresso Nacional de Psicologia Escolar e Educacional* (pp. 1-17). São João Del Rei, MG: ABRAPEE.

Azor, A.M., & Vectore, C. (2007b). Vivendo em abrigo: Um olhar dos abrigados [Resumo estendido]. In Associação Brasileira de Psicologia Escolar e Educacional (Ed.), *Resumos de comunicações científicas, VIII Congresso Nacional de Psicologia Escolar e Educacional* (pp. 1-9). São João Del Rei, MG: ABRAPEE.

Brito, R.C. (1999). *Uso de drogas entre meninos e meninas em situação de rua: Subsídios para uma intervenção comunitária.* Dissertação de mestrado não publicada, Universidade Federal do Rio Grande do Sul, Porto Alegre, Brasil.

Cabral, C. (2002). Mudança de paradigma: Um desafio. In Terra dos Homens (Ed.), *Cuidar de quem cuida: Reintegração familiar de crianças e adolescentes em situação de rua* (pp. 13-16). Rio de Janeiro, RJ: Booklink.

Câmara, M.F.B., Medeiros, M., Ferriani, M.G.C., & Moraes, M.M. (2003). Aspectos da assistência prestada a crianças e adolescentes em situação de rua no município de Goiânia [Versão eletrônica]. *Revista Eletrônica de Enfermagem, 3*(1). Recuperado em 04 julho, 2007, de http://www.fen.ufg.br/revista.

Carvalho, A. (2002). Crianças institucionalizadas e desenvolvimento: Possibilidades e desafios. In E. Lordelo, A. Carvalho & S.H. Koller (Eds.), *Infância brasileira e contextos de desenvolvimento* (pp. 19-44). São Paulo, SP: Casa do Psicólogo.

Costa, A.C.G. (1994). *O Estatuto da Criança e do Adolescente e o trabalho infantil no Brasil: Trajetória, situação atual e perspectivas.* Brasília, DF: OIT.

De Antoni, C., Hoppe, M.W., Medeiros, F., & Koller, S.H. (1999). Uma família em situação de risco: Resiliência e vulnerabilidade. *Interfaces: Revista de Psicologia, 2*(1), 81-85.

Dell'Aglio, D.D. (2000). *O processo de coping, institucionalização e eventos de vida em crianças e adolescentes.* Tese de doutorado não publicada, Universidade Federal do Rio Grande do Sul, Porto Alegre, Brasil.

Enout, R. (2004). A base legal dos projetos de acolhimento familiar. In C. Cabral (Ed.), *Acolhimento familiar: Experiências e perspectivas* (pp. 18-24). Rio de Janeiro, RJ: Terra dos Homens.

Estatuto da Criança e do Adolescente. (1999). *Lei nº 8069, de 13 de julho de 1990.* Campinas, SP: CMDCA.

Ferrari, M., & Kaloustian, S.M. (1994). Introdução. In S.M. Kaloustian (Ed.), *Família brasileira: A base de tudo* (pp. 11-15). São Paulo, SP: Cortez.

Fonseca, C. (2005). Conexões internacionais em famílias acolhedoras. *Praiavermelha: Estudos de Política e Teoria Social, 13,* 154-173. Recuperado em 08 julho, 2007, de http://www.ess.ufrj.br/download/revistapv_13.pdf .

Forgearini, B. (2006). *Um olhar sobre as cuidadoras de abrigos: A concepção de maternidade.* Monografia de conclusão de curso não publicada, Curso de Psicologia, Universidade Federal de Santa Maria, RS, Brasil.

Forster, L.M.K., Barros, H.M.T., Tannhauser, S.L., & Tannhauser, M. (1992). Meninos na rua: Relação entre abuso de drogas e atividades ilícitas. *Revista da ABP-APAL, 14,* 115-120.

Fundação de Assistência Social e Cidadania & Prefeitura Municipal de Porto Alegre. (2006). *Programa de Abrigagem Modalidade Casa Lar* [Versão eletrônica]. Porto Alegre, RS: Autor. Recuperado em 07julho, 2007, de http://lproweb.procempa.com.br/pmpa/prefpoa/fasc/usu_doc/projetocasalarfinal.pdf.

Goffmam, E. (1974). *Manicômios, prisões e conventos.* São Paulo, SP: Perspectiva.

Gomes, C.M.A. (2002). *Feuerstein e a construção mediada do conhecimento.* Porto Alegre, RS: ArtMed.

Gomes, M.A., & Pereira, M.L.D. (2005). Família em situação de vulnerabilidade social: Uma questão de políticas públicas. *Ciência e Saúde Coletiva, 10*(2), 357-363.

Guará, I.M.F. (2006). Abrigo: Comunidade de acolhida e socioeducação. In M.V. Baptista (Ed.), *Abrigo: Comunidade de acolhida e socioeducação* (pp. 63-75). São Paulo, SP: Instituto Camargo Corrêa.

Guirado, M. (1986). *Instituição e relações afetivas: O vínculo com o abandono.* São Paulo, SP: Summus.

Gulassa, M.L.C. (2006). A fala dos abrigos. In M.V. Baptista (Ed.), *Abrigo: Comunidade de acolhida e socioeducação* (pp. 53-61). São Paulo, SP: Instituto Camargo Corrêa.

Juliano, M.C. (2005). *A influência da ecologia dos ambientes de atendimento no desenvolvimento de crianças e adolescentes abrigados*. Dissertação de mestrado não publicada, Fundação Universidade Federal de Rio Grande, Brasil.

Marin, I.S.K. (1999). *FEBEM, família e identidade: O lugar do outro*. São Paulo, SP: Escuta.

Martins, E., & Szymanski, H. (2004). Brincando de casinha: Significado de família para crianças institucionalizadas. *Estudos de Psicologia, 9*(1), 177-187.

Martins, J.S. (1993). *O massacre dos inocentes: A criança sem infância no Brasil* (2. ed.). São Paulo, SP: Hucitec.

Morais, N.A. (2005). *Um estudo sobre a saúde de adolescentes em situação de rua: O ponto de vista dos adolescentes, profissionais de saúde e educadores*. Dissertação de mestrado não publicada, Universidade Federal do Rio Grande do Sul, Porto Alegre, Brasil.

Nogueira, P.C., & Costa, L.F. (2005a). A criança, a mãe social e o abrigo: Limites e possibilidades. *Revista Brasileira de Crescimento e Desenvolvimento Humano, 15*(3), 36-48.

Nogueira, P.C., & Costa, L.F. (2005b). Mãe social: Profissão? Função materna? *Estilos da Clínica, 10*(19), 162-181.

Oliveira, R.C. (2006). A história começa a ser revelada: Panorama atual do abrigamento no Brasil. In M.V. Baptista (Ed.), *Abrigo: Comunidade de acolhida e socioeducação* (pp. 39-51). São Paulo, SP: Instituto Camargo Corrêa.

Otero, T., Ávila, P., Siqueira, A., & Dell'Aglio, D. (2006). *Eventos de vida descritos por crianças e adolescentes abrigados* [Resumo]. In Pró-Reitoria de Pesquisa da Universidade Federal do Rio Grande do Sul (Ed.), *Resumos de comunicações científicas, XVIII Salão de Iniciação Científica* (pp. 923). Porto Alegre, RS: Editora da Universidade Federal do Rio Grande do Sul.

Pasian, S., & Jacquemin, A. (1999). O autorretrato em crianças institucionalizadas. *Paidéia, 9*(17), 50-60.

Petrini, J.C. (2003). *Pós-modernidade e família*. Bauru, SP: EDUSC.

Santana, J.P., Doninelli, T.M., Frosi, R.V., & Koller, S.H. (2004). Instituições de atendimento a crianças e adolescentes em situação de rua. *Psicologia e Sociedade, 16*(2), 59-70.

Santana, J.P., Doninelli, T.M., Frosi, R.V., & Koller, S.H. (2005a). É fácil tirar a criança da rua. O difícil é tirar a rua da criança. *Psicologia em Estudo* (Maringá), *10*(2), 165-174.

Santana, J.P., Doninelli, T.M., Frosi, R.V., & Koller, S.H. (2005b). Os adolescentes em situação de rua e as instituições de atendimento: Utilizações e reconhecimento de objetivos. *Psicologia: Reflexão e Crítica, 18*(1), 134-142.

Saraiva, J.E.M. (2002). Contextualizando a problemática. In Terra dos Homens (Ed.), *Cuidar de quem cuida: Reintegração familiar de crianças e adolescentes em situação de rua* (pp. 7-12). Rio de Janeiro, RJ: Booklink.

Silva, E.R. (2004). *O direito à convivência familiar e comunitária: Os abrigos para crianças e adolescentes no Brasil*. Brasília, DF: IPEA.

Silva, M.R., & Nunes, K.S. (2004). Avaliação e diagnóstico do processo de reinserção familiar e social de crianças e adolescentes egressos de uma casa de passagem. *Cogitare Enfermagem, 9*, 42-49.

Silva, R. (1997). *Os filhos do governo*. São Paulo, SP: Ática.

Siqueira, A.C. (2006). *Instituições de abrigo, família e redes de apoio social e afetivo em transições ecológicas na adolescência*. Dissertação de mestrado não publicada, Universidade Federal do Rio Grande do Sul, Porto Alegre, Brasil.

Siqueira, A.C. (2007). *Crianças, adolescentes e transições ecológicas: Instituições de abrigo e família como contextos de desenvolvimento*. Projeto de tese de doutoramento não publicado, Universidade Federal do Rio Grande do Sul, Porto Alegre, Brasil.

Siqueira, A.C., Betts, M.K., & Dell'Aglio, D.D. (2006). Redes de apoio social e afetivo de adolescentes institucionalizados. *Interamerican Journal Psychology, 40*(2), 149-158.

Sousa, A.R.R., & Vectore, C. (2007). Explorando as vivências lúdicas entre educadoras e crianças abrigadas [Resumo estendido]. In Associação Brasileira de Psicologia Escolar e Educacional (Ed.), *Resumos de comunicações científicas, VIII Congresso Nacional de Psicologia Escolar e Educacional* (pp. 1-11). São João Del Rei, MG: ABRAPEE.

Vicente, C.M. (1994). O direito à convivência familiar e comunitária: Uma política de manutenção do vínculo. In S.M. Kaloustian (Ed.), *Família brasileira: A base de tudo* (pp. 47-59). São Paulo, SP: Cortez.

Weber, L.N., & Kossobdudzki, L.H. (1996). *Filhos da solidão*. Curitiba, PR: Governo do Estado do Paraná.

Yunes, M.A., Miranda, A.T., & Cuello, S.S. (2004). Um olhar ecológico para os riscos e as oportunidades de desenvolvimento de crianças e adolescentes institucionalizados. In S.H. Koller (Ed.), *Ecologia do desenvolvimento humano: Pesquisa e intervenções no Brasil* (2. ed., pp. 197-218). São Paulo, SP: Casa do Psicólogo.

Yunes, M., A., & Szymanski, H. (2003). Crenças, sentimentos e percepções acerca da noção de resiliência em profissionais da Saúde e Educação que atuam com famílias pobres. *Psicologia da Educação, 17*, 119-137.